O QUE HÁ DE NOVO SOBRE O ESTADO NOVO?

Autoritarismos e democracia

Américo Freire
Francisco Carlos Palomanes Martinho
Marco Aurélio Vannucchi
ORGANIZADORES

O QUE HÁ DE NOVO SOBRE O ESTADO NOVO?

Autoritarismos e democracia

Copyright © 2019 Américo Freire, Francisco Carlos Palomanes Martinho, Marco Aurélio Vannucchi

Direitos desta edição reservados à
FGV Editora
Rua Jornalista Orlando Dantas, 37
22231-010 | Rio de Janeiro, RJ | Brasil
Tels.: 0800-021-7777 | 21-3799-4427
Fax: 21-3799-4430
editora@fgv.br | pedidoseditora@fgv.br
www.fgv.br/editora

Impresso no Brasil | *Printed in Brazil*

Todos os direitos reservados. A reprodução não autorizada desta publicação, no todo ou em parte, constitui violação do copyright (Lei nº 9.610/98).

Os conceitos emitidos neste livro são de inteira responsabilidade dos autores.

1ª edição: 2019

Copidesque: Sandra Frank
Revisão: Fatima Caroni
Projeto gráfico de miolo e diagramação: Abreu's System
Capa: Estudio 513

Ficha catalográfica elaborada pela Biblioteca Mario Henrique Simonsen/FGV

O que há de novo sobre o Estado Novo? : autoritarismos e democracia / Organizadores: Américo Freire, Francisco Carlos Palomanes Martinho, Marco Aurélio Vannucchi. – Rio de Janeiro: FGV Editora, 2019.
352 p.

ISBN: 978-85-225-2174-6

1. Brasil – História – Estado Novo, 1937-1945. 2. Autoritarismo. 3. Democracia. 4. Ditadura. 5. Intelectuais e política. I. Freire, Américo. II. Martinho, Francisco Carlos Palomanes. III. Vannucchi, Marco Aurélio. IV. Fundação Getulio Vargas.

CDD – 981.0624

Sumário

Apresentação   7

Historiografia e comemorações

1. O que há de novo sobre o Estado Novo?   11
   Lucia Lippi Oliveira

2. Saia justa, salto sete: o Estado Novo comemora os 50 anos da República   25
   Angela de Castro Gomes

Sociedade e Estado

3. Os comunistas, os militares e o Estado Novo   53
   Marly de A. G. Vianna

4. A sociedade contra o Estado: OAB e Estado Novo   79
   Marco Aurélio Vannucchi

5. Democracia e Justiça: tribunais do Trabalho no Estado Novo   111
   Valéria Marques Lobo

6. Argumentos liberais frente ao Estado Novo: Buenos Aires e Minas Gerais (1937-1945)   135
   Ernesto Bohoslavsky e Martín Vicente

7. O processo de construção dos direitos das mulheres no pacto getulista: da Constituição Federal de 1934 ao golpe do Estado Novo   155
   Hildete Pereira de Melo

8. Mães do ano: a Camde e a imagem da mulher nos primeiros anos da ditadura civil-militar 177
Janaina Martins Cordeiro

Estado Novo Português

9. A União Nacional: "partido único" do Estado Novo? 201
Luís Reis Torgal

10. Marcello Caetano nos anos 1950: doutrina, corporativismo e ditadura em tempo de crise 227
Francisco Carlos Palomanes Martinho

11. A Igreja católica e o Estado Novo na África portuguesa: entre a cooperação institucional e a dissensão política 239
Fernando Tavares Pimenta

Intelectuais

12. Intelectuais e poder: de volta ao debate sem trégua 263
Helena Bomeny

13. Intelectuais entre dois autoritarismos 285
Marcos Napolitano

Democratização

14. Por uma agenda popular para a democratização brasileira (1970-1990) 309
Américo Freire

15. História, memória e testemunho: narrativas da resistência às ditaduras no Brasil e em Portugal 329
Maria Paula Nascimento Araujo

Os autores 349

Apresentação

O golpe do Estado Novo brasileiro, a 10 de novembro de 1937, abriu caminho para uma ditadura apenas encerrada com os ventos redemocratizantes do pós-II Guerra Mundial. Encerramento dos partidos políticos e do Parlamento, perseguições, prisões, censura, propaganda nacionalista, doutrinação e todo o leque da cartilha das ditaduras demonstram sua inequívoca natureza. Também, em larga medida, o Estado Novo se assemelhou a outros regimes que, na Europa e nas Américas, foram de encontro aos princípios do liberalismo do século XIX e primeiras décadas do XX. Um liberalismo velho e definitivamente superado, como bem ficara evidente na profunda crise do pós-I Guerra Mundial. Daí a evocação do "novo", palavra encantadora e impressa nas diversas experiências autoritárias dos anos 1920 e 1930. Dessa forma, um regime de feição corporativa alterou as formas de representação institucional do Brasil, procurando substituir a democracia dos indivíduos pela "democracia social". Mas no empenho de institucionalizar o novo modelo, o Estado Novo impôs uma forma de gestão pública que se afirmou como um legado para a democracia de 1946 e para a ditadura militar instaurada em 1964. Em outras palavras, a institucionalização verificada desde os anos 1930 e consolidada a partir de 1937 deixou marcas profundas na sociedade brasileira e em sua cultura política. Marcas de tal maneira enraizadas que a cada 10 anos historiadores, cientistas políticos, sociólogos e juristas se debruçam sobre seus mais diversos aspectos. Este contributo está consagrado em importantes contribuições disponíveis aos que se interessam pela história contemporânea, no Brasil e no mundo.[1]

A tarefa de encontrar "O que há de novo sobre o Estado Novo" – tomando de empréstimo o título do texto de Lúcia Lippi que abre esta coletânea – revela-se, pois, difícil. A presente publicação talvez seja, por isso, algo ambiciosa. Mas queremos deixar claro que nosso desafio está em apresentar novas abordagens tendo em conta o legado dos relevantes estudos que nos precederam. Em primeiro lugar, procuramos abarcar outras experiências antiliberais contemporâneas ao caso brasileiro, como Argentina, Portugal e Itália. Em segundo lugar, procuramos entender a questão do autoritarismo para além das ditaduras estado-novistas propriamente ditas. Daí a presença de estudos acerca da ditadura militar tanto em suas dimensões internas quanto internacionais. Ao mesmo tempo, incluímos novas abordagens caras à historiografia que nos é contemporânea e talvez ainda algo ausentes nos estudos sobre os regimes autoritários. Foram esses os casos da história das mulheres durante as ditaduras de 1937 e 1964, as relações entre história e memória e o significado das comemorações.

O algo de "novo" que a ambição dos organizadores deste livro pretende alcançar não é, pois, a ruptura com o passado, mas um diálogo com ele. Em qual medida alcançamos nossos objetivos, estamos certos, os leitores saberão avaliar.

Américo Freire
Francisco Carlos Palomanes Martinho
Marco Aurélio Vannucchi

---

[1] Apenas como exemplo, fazemos referência a duas importantes publicações nascidas da efeméride do Estado Novo: PANDOLFI, Dulce (Org.) *Repensando o Estado Novo*. Rio de Janeiro, FGV Ed., 1999; DOSSIÊ Estado Novo. *Locus*: revista de história, Juiz de Fora, v. 13, n. 2, 2007.

HISTORIOGRAFIA E COMEMORAÇÕES

1. O que há de novo sobre o Estado Novo?

Lucia Lippi Oliveira

Vou abordar os 80 anos do Estado Novo apresentando um balanço das comemorações sobre a Revolução de 1930 e sobre o Estado Novo. A seguir, quero pontuar alguns traços do regime sobre os quais há consenso por parte de diversos analistas e estudiosos e, por fim, sinalizar duas pesquisas publicadas em livro que, a meu ver, merecem ser destacadas.

Em 1980, foram organizados dois seminários, um no Rio de Janeiro, outro em Porto Alegre, sobre a Revolução de 1930 que então completava 50 anos. Há dois livros resultantes desses eventos. São eles: *A Revolução de 30: seminário internacional* e *Simpósio sobre a Revolução de 30*, ambos publicados em 1983 e que oferecem não só um panorama do "estado da arte" das pesquisas e interpretações sobre a Revolução de 1930 como também servem de fonte de informação sobre a composição da comunidade acadêmica daquele tempo dedicada ao tema. Os 50 anos do Estado Novo não foram tratados da mesma forma, ainda que tenham merecido alguma atenção, como veremos a seguir.

Desde o final dos anos 1970, escrevemos sobre a chamada era Vargas. Este foi um projeto do Centro de Pesquisa e Documentação de História Contemporânea do Brasil (Cpdoc) – analisar a Revolução de 30, os anos 1930, o Estado Novo – centro este que pretendeu fazer pesquisa lançando mão de documentação, ou seja, analisar a conjuntura dos anos 1930 fazendo uso de documentos reunidos no arquivo de Vargas e de seus ministros. Cada um de nós, jovens pesquisadores do centro à época, compromissado com tal proposta se dedicou a uma temática.

No meu caso, tive como primeiro tema de pesquisa acompanhar as interpretações da Revolução de 1930 contemporâneas ao próprio movimento. Nesse caso, os meus documentos foram os livros publicados na época do evento. Para compreender o contexto das lutas políticas e ideológicas da década, passei a pesquisar também as revistas então editadas. Ao tomar livros e artigos de revistas como objeto, acabei me dedicando ao estudo do papel dos intelectuais na vida política nos anos 1920 e 1930 e, por consequência, conhecendo os principais temas que circunscreviam o debate político e intelectual da época, a saber: o legado das gerações, a formação das elites, a questão do liberalismo e da democracia, a crise política entre ordem e desordem, entre outros. Um tópico que também se destaca naquela conjuntura é a crítica ao "bacharelismo" e ao "mimetismo", assim como a necessidade dos intelectuais de assumirem uma missão salvadora da nação. Um dos principais temas que complementa tudo isso e que foi se delineando a partir dos anos 1920 tinha a ver com a construção, com a definição de uma identidade nacional. Tal demanda "voltou" a ser um item central da pauta política quando foi sendo construído um ideário nacionalista que veio a se tornar ideologia do Estado Novo. Falo em "voltou" já que tal temática tinha marcado presença durante o século XIX no movimento romântico.

Ao procurar explorar as relações entre intelectuais e o poder, entre ideologia e poder no Estado Novo, escrevi um artigo sobre Almir de Andrade, editor da revista *Cultura Política*, figura muito importante e relativamente obscurecida pela presença marcante de intelectuais de grande porte, como Francisco Campos, Oliveira Vianna e Azevedo Amaral.

Os intelectuais que se dedicavam à revista *Cultura Política*, publicada pelo Departamento de Imprensa e Propaganda (DIP), por exemplo, tinham um perfil especial: eles se esmeravam em afirmar a compatibilidade entre modernidade e tradição, entre futuro e passado, entre política e história. Almir de Andrade, Prudente de Moraes Neto (sob o pseudônimo de Pedro Dantas) e Rosário Fusco podem ser considerados os principais responsáveis pela publicação, e foram pródigos em mostrar como a revolução estética de 1922, a revolução política de 1930 e o Estado Novo guardavam uma relação de continuidade.

O artigo sobre Almir de Andrade, intitulado "Tradição e política: o pensamento de Almir de Andrade", veio a compor o livro *Estado Novo: ideologia e poder* publicado em 1982, que reúne textos meus, de Angela de Castro Gomes e de Mônica Pimenta Veloso (o livro se encontra na internet, no Google Acadêmico). Esse livro, creio, foi um marco nos estudos a respeito do Estado Novo, já que ali se procurou não defender ou acusar o regime, e sim compreender e expor sua lógica interna. Mais adiante, voltei ao tema com o artigo "O intelectual do DIP: Lourival Fontes e o Estado Novo" que faz parte do livro organizado por Helena Bomeny, *Constelação Capanema*, publicado em 2001.

Em outros textos sobre o Estado Novo, valorizei a construção de um pensamento nacionalista que tomava como fundamento a consolidação territorial e a importância da configuração do campo disciplinar da geografia nesse cenário. Tratei de tais temas, por exemplo, no artigo "Nação, região e geografia" (Oliveira, 2010:45-55).

A realização de tais estudos sobre os anos 1930-1945, volto a sinalizar, fez parte do projeto de uma instituição – o Cpdoc – e foi favorecida por conjuntura específica. A comemoração dos 50 anos da Revolução de 1930 e da implantação do Estado Novo aconteceu em 1980 e em 1987, quando foi possível fazer uma comparação, ainda que implícita, entre os tempos da ditadura militar de 1964 e os anos da ditadura Vargas (1937-1945). Foi, por assim dizer, a segunda ditadura que nos permitiu olhar em perspectiva a anterior e nos libertar da dicotomia – varguismo *versus* antivarguismo –, que definia, pelo menos até 1964, a divisão dos campos da política brasileira.

As comemorações dos 50 anos do Estado Novo em 1987, ainda que mais singelas, deram oportunidade para que o *Jornal do Brasil* publicasse um caderno especial nomeado de "Lembrai-vos de 37" <www.jb.com.br/paginas/news-archive>. Esse é também o título de um DVD roteirizado por Eduardo Gomes e Maria Antonieta Parayba e realizado pelo setor de audiovisual da Universidade Federal Fluminense (UFF) a propósito do Estado Novo.

Agora, nos 80 anos do Estado Novo, pudemos assistir ao primeiro capítulo do filme de Eduardo Escorel, em que ganha destaque a dimensão da campanha do candidato paulista Armando Sales à presidência em 1937, nas eleições que foram canceladas pela decretação do Estado Novo. Assim podemos compreender melhor o sentido do aviso presente em tal título "Lembrai-vos de 37", ou seja, não se deixe enganar por Vargas!

Entre os trabalhos de pesquisa desenvolvidos no Cpdoc, quero destacar aqui o importante artigo de Ricardo Benzaquen de Araújo "O dono da casa: notas sobre a imagem do poder no 'mito Vargas'" (1986), que influenciou nossas reflexões e as análises sobre a era Vargas. O artigo analisa um pequeno livro escrito para crianças intitulado *História de um menino de São Borja*, editado pelo DNP (Departamento Nacional de Propaganda), precursor do DIP, em 1939, tendo uma "tia Olga" apresentada como autora do texto.

Continuando a percorrer essa cronologia dos estudos sobre o Estado Novo, vale mencionar que o Cpdoc organizou, em 1997, o seminário "Estado Novo 60 anos", que deu ocasião à publicação do livro *Repensando o Estado Novo* (1999), organizado por Dulce Pandolfi. Nessa oportunidade, foi oferecido um amplo painel de temas até então estudados, assim como foi feita a apresentação de novas pesquisas, entre elas a que analisava a política de imigração judaica na era Vargas. Foi então que a professora da USP, Maria Luiza Tucci Carneiro, apresentou Osvaldo Aranha como aquele que restringiu, dificultou e/ou se omitiu frente ao pedido de ingresso de judeus no país. Tal tema deu margem à produção de artigo de Marcos Chor Maio que contesta e se contrapõe a tais interpretações (Maio, 1999). Vale lembrar que Osvaldo Aranha, como chefe da delegação brasileira, foi quem presidiu a sessão da ONU em que foi aprovada a partilha da Palestina e a futura criação do Estado de Israel em 1948. Desde então ele era, e ainda é, homenageado pela comunidade judaica.

Vou agora destacar alguns traços do regime do Estado Novo que mereceram a atenção dos que analisam a relação entre intelectuais e política na história brasileira.

O continuado interesse sobre o Estado Novo, creio eu, se deve ao fato de ele permitir a realização de estudos comparativos com outros regimes autoritários fascistas da época e também por ele constituir, por assim dizer, um *case* para a análise da relação entre intelectuais e política. Abriu-se um enorme espaço para a participação dos intelectuais na definição, na construção de políticas de modernização do Estado. Assim o governo pôde contar com a participação de diversos e diferentes intelectuais que foram valorizados e tiveram espaço nas instituições e organismos então criados. A maioria dos intelectuais, como já lembrou Helena Bomeny (2001), apoiou a transferência do mecenato das elites regionais do antigo Partido Republicano para o Estado nacional sem questionar a centralização e o autoritarismo. Ao contrário, centralização e governo forte se constituíram mesmo uma demanda política, tanto aqui quanto na Europa de então.

São muitos os exemplos dessa aproximação maior ou menor entre intelectuais de diversas tendências e procedências e instituições do governo. Intelectuais e artistas modernistas, conservadores, católicos (com exceção dos integralistas?) procuraram todos preservar e/ou ganhar espaços nas novas instituições então criadas.

Os modernos conseguiram se posicionar dentro do Estado autoritário e conservador por meio da inserção no Ministério da Educação, ocupado por Gustavo Capanema. O Estado, por intermédio do ministro Capanema, garantiu o apoio da política cultural oficial aos arquitetos intelectuais modernos, como no concurso do prédio do Ministério da Educação e Saúde (Cavalvanti, 1993). Por outro lado, foi também nesse ministério que se abrigou o Serviço do Patrimônio Histórico e Artístico Nacional (Sphan) que, sob a direção de Rodrigo Melo Franco de Andrade, destronou o projeto de conservação do patrimônio defendido por Gustavo Barroso no Museu Histórico Nacional. Vale registrar que foi no Sphan, órgão responsável pela política pública no campo do patrimônio, que se consagraram as raízes da sociedade brasileira em uma época, a colônia, e em um espaço, Minas Gerais.

Os modernos tinham assim preocupações preservacionistas, desejavam cuidar de parte do passado brasileiro representado pela arquitetura colonial barroca das cidades mineiras. Essa junção aparentemente esdrúxula se mostra comum na América Latina. Aqui, os intelectuais e artistas vanguardistas se mostraram capazes de representar o passado e "vão encontrar no Estado um aliado fundamental para construir uma cultura, uma sociedade e uma economia nacionais" (Gorelick, 1999:67).

No campo do futuro, é importante lembrar que o regime pretendeu construir um Estado que seria capaz de criar uma nova sociedade e de fomentar, de produzir um sentimento de nacionalidade para o Brasil. Era o "país do futuro" tornado presente. Uma dimensão-chave desse projeto era a geopolítica, que tinha no território seu foco principal. Não por acaso, foram criadas no período instituições encarregadas de fornecer dados confiáveis para a ação do governo, como o Conselho Nacional de Geografia, o Conselho Nacional de Cartografia, o Conselho Nacional de Estatística e o Instituto Brasileiro de Geografia e Estatística (IBGE). Essas agências ajudaram o Estado a formular e a desenvolver políticas destinadas a vencer os "vazios" territoriais e a pouca interação da rede urbana do país. A noção de "vazio" territorial atualizava o conceito de "sertão", entendido como espaço abandonado ou desconhecido desde as denúncias de Euclides da Cunha. Essa política ganhou visibilidade com um programa específico que anunciava uma "Marcha para o Oeste".

A "Marcha para o Oeste", programa que Getúlio Vargas anunciou em 1940, pretendia ser uma diretriz de integração territorial para o Brasil. E Vargas o lançou durante os festejos de inauguração da cidade de Goiânia. Essa cidade, obra do interventor Pedro Ludovico Teixeira, foi projetada pelo arquiteto Atílio Corrêa Lima, o mesmo que esteve envolvido com a construção da cidade industrial de Volta Redonda, onde se situa a usina siderúrgica, projeto estratégico do governo Vargas.

Outro exemplo da mesma estratégia geopolítica foi a Expedição Roncador-Xingu e a Fundação Brasil Central, ambas de 1943, que visavam expandir a autoridade federal sobre a Amazônia e o Centro-Oeste e assim intensificar o processo de colonização dessas áreas sobre as quais não havia sequer dados cartográficos e demográficos precisos (Maia, 2012).

O Estado Novo foi assim pródigo em buscar a integração nacional. De um lado, o governo estava empenhado na política de combate ao federalismo, defendendo o país das "ameaças" de separatismo e, de outro, enfrentou as lutas ideológicas que, no período, ameaçavam dividir os brasileiros.

Há vários estudos e pesquisas sobre tais temas e sobre a construção de diversas instituições. Sendo assim, cabe perguntar: ainda há algo de novo a ser dito ou que possa oferecer uma reinterpretação do Estado Novo?

Quero aqui mencionar dois trabalhos, dois livros mais recentes que se relacionam com questões já levantadas nos anos 1980 e que receberam investigação mais aprofundada. Vou citar o livro *Clássico por amadurecimento: estudos sobre Raízes do Brasil*, de Luiz Feldman (2016). Em seguida, vou mencionar o livro de Maurício Parada, *Educando corpos e criando a nação: cerimônias cívicas e práticas disciplinares no Estado Novo* (2009). Esses trabalhos analisam em profundidade, e por novas perspectivas, temas que já foram levantados anteriormente e fazem uso de documentos ignorados ou pouco utilizados até então.

Vale pontuar, ainda que de modo superficial, os eventos e o ambiente político que marcaram os anos 1930: a deposição do presidente Washington Luis, a Guerra Civil de 1932, a Constituição de 1934, a divisão do país entre integralistas da AIB e comunistas da ANL, a rebelião de 1935, estado de sítio e perseguição aos comunistas, o fechamento do Congresso e abolição das eleições.

Assim, a vida política do país no período entre 1930 e 1937 foi conturbada, marcada por comícios, greves, marchas, conflitos de rua, rebeliões, revoltas, censura. Frente a tal situação, o regime implantado em 1937 tomou a si uma demanda política da época, ou seja, a de restabelecer a ordem. Esta foi uma providência tomada pelo Estado Novo, fazendo uso tanto da repressão quanto da propaganda.

É preciso ressaltar que várias propostas de reformulação do Estado, de renovação institucional, de alterações no seu escopo e estrutura estavam em curso durante a década, ou seja, não foram inauguradas pelo regime de 1937. Vale citar a criação do Ministério da Educação e Saúde e do Ministério do Trabalho, e lembrar as diversas propostas que envolviam a integração territorial e a participação das camadas urbanas no novo formato de representação corporativa.

O livro *Clássico por amadurecimento: estudos sobre Raízes do Brasil*, de Luiz Feldman, dedica-se a mostrar as mudanças realizadas por Sérgio Buarque entre a primeira edição de 1936 e a segunda edição de 1948 do livro *Raízes do Brasil*. Na edição de 1948, o autor muda o conceito de cordialidade e também altera suas avaliações sobre a herança ibérica e a democracia. Assim, a primeira edição foi renegada e relegada ao esquecimento, e o texto modificado em 1948 passou a ser considerado como se fosse datado de 1936. Luiz Feldman também nos lembra que a consagração de fato do livro só se dá por ocasião da quinta edição, em 1969, quando Sérgio Buarque introduziu novas mudanças e a obra ganhou o famoso prefácio de Antonio Candido.

O que quero destacar aqui é a relação entre Almir de Andrade e Sérgio Buarque, tratada no capítulo 4 intitulado como "Raízes do Estado Novo". Feldman vai mostrar que a primeira edição de *Raízes do Brasil*, publicada em 1936, foi lida e utilizada por Almir de Andrade para justificar o Estado Novo. O texto publicado em 1936 ofereceu um diagnóstico do mimetismo e se posicionou contra o regime artificial representado tanto pela democracia anglo-saxã quanto pela democracia jacobina, ambas presentes na República brasileira.

Para além das trajetórias dos dois autores – Sérgio lembrado como opositor ao regime e Almir esquecido por sua associação ao regime –, Feldman observa que Almir de Andrade leu a primeira edição onde estão registrados sinais positivos atribuídos à cordialidade e à centralidade do poder. Almir considera tal diagnóstico – o da cordialidade – admirável, ainda que registre, junto com outros comentaristas, que a obra se enfraqueceria por não apresentar uma visão política capaz de fazer a transposição da esfera social para o plano político.

E é isso o que Almir de Andrade faz propondo a solução de um "Leviatã" benevolente capaz de garantir a estabilidade do regime. Aceita o diagnóstico presente na interpretação de Sérgio sobre os traços da sociedade brasileira e preenche a lacuna existente em *Raízes do Brasil*. No seu livro *Força, cultura e liberdade: origens históricas e tendências atuais da evolução política do Brasil*, de 1940, ele vai expor suas propostas e interpretações que podem ser sintetizadas pelo lema "a cordialidade como sustentáculo político do Estado Novo". Segundo versão de Almir de Andrade em entrevista a mim concedida (10 de janeiro de 1981), Vargas teria expressado a Lourival Fontes seu desagrado quanto à interpretação dada por Francisco Campos ao Estado Novo. Outra visão do "espírito" do regime, mais próxima à orientação do presidente, foi solicitada a ele, Almir, por sugestão do próprio Vargas, movido por sua concordância com as interpretações presentes no artigo onde comentou os quatro primeiros volumes de *A nova política do Brasil*, artigo este publicado na *Revista do Brasil* em seu n. 7, de janeiro de 1939 (p. 102-111).

Almir de Andrade vai analisar as mudanças do rumo da política a partir de 1930 e 1937 e se pergunta: quais seriam as verdadeiras tendências, o espírito da sociedade brasileira, suas tradições, suas necessidades? Para Almir de Andrade, cada nação deve constituir suas instituições obedecendo às inspirações históricas, deve criar suas soluções em conformidade com suas tendências naturais e com a fisionomia específica de seus problemas. Para este autor, a tradição se identifica como o esforço de recuperar a dimensão do passado capaz de legitimar a autoridade política (Oliveira, 1982). E quais seriam as tradições a serem recuperadas?

A colonização portuguesa no Novo Mundo transferiu o poder político para a família, e tal poder foi centralizado nas mãos dos senhores de engenho, donos dos homens, das terras e das leis. Isso, segundo Almir de Andrade, gerou duas consequências: o localismo e a cordialidade. Tais componentes já tinham sido analisados por Oliveira Vianna em *Populações meridionais*, por Gilberto Freyre em *Casa grande & senzala*, assim como por Sérgio Buarque em *Raízes do Brasil*. Há uma conversa, um diálogo com pontos comuns e divergentes entre esses três grandes intérpretes do Brasil, como ressalta Feldman, mas isso não será possível expor aqui.

Se o localismo produz "coronelato" e "caudilhismo", a outra herança derivada do privatismo vai ser a cordialidade, considerada por Sérgio central na definição da mentalidade brasileira e do seu espírito plástico. Almir vai beber dessa fonte dizendo que o espírito "cordial" do homem brasileiro será vantajoso no futuro. A contribuição brasileira para a civilização – a cordialidade – singulariza positivamente o Brasil. Assim, entre as duas heranças coloniais o localismo é rejeitado por Almir e a cordialidade, valorizada. Ainda segundo Feldman, Almir de Andrade faz uma confusão entre cordialidade e plasticidade, que são empregados como intercambiáveis, o que não aconteceria no caso da análise de Gilberto Freyre.

Para Almir de Andrade, o passado que se faz presente como traço marcante da vida social brasileira é a cordialidade, traço criado desde tempos coloniais e que permaneceu marcante constituindo a tradição brasileira e sua contribuição singular ao concerto das nações, como diria Mário de Andrade. Aqui vale notar, por sua singularidade, Almir de Andrade considerar que a tradição imperial deve ser lida positivamente. A plasticidade da política desde a colônia permanece no instinto moderador de Pedro II, "enérgico, mas pouco rígido e nada intolerante" e que soube corrigir os "excessos localistas" sem desrespeitar a autonomia municipal. O Império é analisado positivamente, já que foi realista e brasileiro. A tendência localista e regionalista foi contrabalançada pelo poder central. O poder moderador, símbolo do espírito de força e tolerância, se encontrava encarnado na pessoa do monarca.

O Império teria sido capaz de incorporar a cordialidade e sua política centralizadora que, ainda que artificial, foi necessária, já que seguiu a tradição de equilíbrio e flexibilidade. Tal tradição não existiu na República, tendo sido substituída pela intransigente democracia liberal importada da França e dos Estados Unidos.

É com tal fundamentação que justifica o papel de Getúlio Vargas como restaurador das tradições políticas brasileiras. Almir se mostra otimista ao possível aproveitamento racional dos traços psicológicos do homem brasileiro, traços esses passíveis de serem o fundamento de uma doutrina política para o Estado Novo. Propõe a incorporação de um método político marcado pela proximidade entre governantes e governados, definindo uma forma concreta, íntima, pessoal de dominação, quando as relações entre governantes e governados são tornadas pessoais, como no caso do estilo Vargas de governar. Aqui, digo eu, já estamos a um passo da figura do "pai", diferente do mito Vargas expresso na proposta de um Francisco Campos.

O capítulo "Raízes do Estado Novo", do livro de Luiz Feldman aqui citado, analisa as ideias políticas, os fundamentos da montagem de uma particular ideologia do Estado Novo baseada em aspectos da cultura brasileira. É sabido que há outros fundamentos para o regime, derivados das ideias de Azevedo Amaral, decorrentes das ideias de Francisco Campos que são muito mais lembradas e estudadas. Daí a relevância do trabalho de "exegese" da obra de Almir de Andrade realizada por Luiz Feldman.

O livro que quero mencionar a seguir vai apresentar a "logística" da institucionalização do Estado Novo tomando como foco o calendário cívico que visava exatamente garantir a estabilidade política e permitir a construção simbólica da identidade nacional. Foi preciso e urgente pôr em andamento um ideário nacionalista capaz de integrar indivíduos, estados e regiões em um todo nacional. E as cerimônias cívicas do Estado Novo podem ser entendidas como um ponto alto dessa experiência e são analisadas por Maurício Parada em seu livro *Educando corpos e criando a nação* (2009). O autor toma como principal fonte de sua pesquisa os jornais de época e produz como que uma etnografia de tais eventos.

O calendário de festas, de feriados nacionais já existia; não foi inventado pelo Estado Novo. O Dia da Pátria como feriado nacional já existia; o Estado Novo alargou o dia para Semana da Pátria. Tal semana passou a começar com a cerimônia do Dia da Juventude ou o Desfile da Juventude (instituído a partir de 1936 pelo Ministério da Educação e Saúde que tinha à frente Gustavo Capanema) e a terminar com a Hora da Independência.

Os ministérios da Guerra, da Educação e, mais adiante, o Departamento de Imprensa e Propaganda (DIP) dividiram as responsabilidades pelas celebrações que começaram em 1936 e 1937 e se consolidaram a partir de 1938. Tais cerimônias permitiram a integração das massas a uma nova política, fomentada e divulgada pelo rádio, pela fotografia e por filmes. Realizadas na capital federal, serviam de exemplo e se multiplicavam nas demais capitais e em cidades menores.

Vale registrar que as cerimônias cívicas do Estado Novo, acontecidas no espaço público, permitiram a junção entre a educação dos corpos, o canto orfeônico e a criação da nação. A Hora da Independência desde 1937 contou com a irradiação do canto orfeônico por todas as rádios do país e com filmagens visando à realização de um cinejornal a ser distribuído por todo o Brasil. Tal cerimônia era realizada, até 1938, na Esplanada do Castelo, sendo a partir de então transferida para o estádio do Vasco da Gama, espaço fechado e mais apropriado a uma cenografia teatral do que a um desfile. Cabe lembrar que muitas celebrações do calendário cívico do Estado Novo passam a ocorrer nos estádios de futebol, como o do Fluminense. Para os trabalhadores, a cerimônia central foi o 1º de Maio, que passou a ter como palco o Estádio de São Januári.

O Desfile da Juventude, que em seus primeiros anos fora denominado Desfile da Mocidade e da Raça, contava com participação de estudantes das escolas públicas e particulares do Distrito Federal e de professores e alunos da Escola Nacional de Educação Física e Desportos, criada na época e ligada ao Ministério do Exército. A partir de 1938, tal celebração foi assumida pelo Ministério da Educação e Saúde juntando culto cívico e prática escolar.

Nos dois eventos centrais voltados para os jovens – o Desfile da Juventude e a Hora da Independência –, estão associadas duas disciplinas – o canto orfeônico e a educação física –, tornadas obrigatórias no currículo escolar. Aqui só darei destaque ao caso do canto orfeônico. A educação física mereceu atenção de outros trabalhos (Melo, 2008; Drumond, 2009).

O canto orfeônico como ideal educativo modernista teve como protagonista máximo Heitor Villa-Lobos. Foi ele quem propôs, à frente da Superintendência da Educação Musical e Artística (Sema), órgão da Prefeitura do Distrito Federal, o projeto de unificar o Brasil por meio do canto coral, como propunha Mário de Andrade. Mário e Villa-Lobos, por um lado, comungavam de muitos ideais, tomavam sons populares e folclóricos como base de suas músicas comprometidas com a construção da identidade nacional. Por outro, divergiam ao avaliar o papel dos meios de comunicação de massa. Para Mário, as criações populares, ao serem contaminadas pelos meios de comunicação de massa, perdiam sua autenticidade e a alma nacional (Naves, 2008).

Um dos ideais do projeto musical modernista foi assim incorporado pelo governo Vargas ao viabilizar o ensino de canto orfeônico nas escolas. Entretanto, o regime não recusou o mundo do entretenimento presente na música do rádio e dos discos. Foi nos anos 1930 e 1940 que os gêneros carnavalescos – samba e marchinha – se consolidaram e quando os desfiles das escolas de samba e os concursos de marchinhas se tornam populares no sentido de alcançar público cada vez maior.

Quero então ressaltar que há, por assim dizer, um repertório de ações, de procedimentos que entraram em funcionamento nas construções dos campos do patrimônio, do folclore, da educação física e do canto orfeônico durante o Estado Novo. Cada um desses campos envolveu disputas de poder entre os diversos órgãos e/ou ministérios e levou à criação de um conjunto treinado de profissionais responsáveis pela execução dos eventos: professores de educação física, de canto orfeônico, burocratas, militares, fotógrafos, cinegrafistas e jornalistas.

As diferentes justificativas para a construção do novo regime, do Estado Novo, foram traduzidas por um processo de institucionalização que envolveu, repito, um repertório de ações, de procedimentos, que se fez presente em cada um dos campos nos quais o Estado operou.

Se pudermos lançar um olhar comparativo sobre as duas ditaduras, a do Estado Novo e a civil-militar de 1964, identificaremos entre as similaridades: as duas tinham um ideal ufanista; fizeram censura à imprensa e a outros meios; em ambas os militares tiveram papel destacado; tiveram o comunismo como inimigo principal; ambas fizeram largo uso da propaganda.

Entre as diferenças pode-se citar que o Estado Novo usou mais e melhor os recursos simbólicos, entrelaçou mais e melhor passado, presente e futuro (a presença dos arquitetos modernos no Sphan com a valorização da arquitetura colonial e da arquitetura moderna vale como exemplo); o Estado abriu espaços, convocou os intelectuais para participar, para assumir a direção de diversos órgãos. O Estado Novo foi tutelado pelos militares, mas não foi uma ditadura militar; ambas reprimiram comunistas, mas Vargas reprimiu também os integralistas; a propaganda do Estado Novo teve como foco enfatizar o papel do líder, criar o mito Vargas (como no caso do concurso anual de biografias do presidente realizado pelo DIP). A ditadura civil-militar de 1964 não ousou escolher um de seus generais para consagrá-lo como "pai dos pobres".

Referências

ANDRADE, Almir de. *Força, cultura e liberdade*: origens históricas e tendências atuais da evolução política do Brasil. Rio de Janeiro: J. Olympio, 1940.

ARAÚJO, Ricardo Benzaquen de. O dono da casa: notas sobre a imagem do poder no "mito Vargas. *Religião e Sociedade*, v. 13, n. 2, p. 102-122, 1986.

A REVOLUÇÃO de 30: seminário internacional. Realizado pelo Centro de Pesquisa e Documentação de História Contemporânea da Fundação Getulio Vargas. Brasília, DF: Ed. UnB, 1983. 722 p. (Coleção Temas Brasileiros, v. 54).

BOMENY, Helena. Infidelidades afetivas. In: _____. *Constelação Capanema*. Rio de Janeiro: FGV Ed., 2001. p. 11-35.

CAVALVANTI, Lauro (Org.). *Modernistas na repartição*. Rio de Janeiro: UFRJ Ed., 1993.

DRUMOND, Maurício. Vargas, Perón e o esporte: propaganda política e a imagem da nação. *Estudos Históricos*, v. 22, n. 44, p. 398-421, 2009.

FELDMAN, Luiz. Raízes do Estado Novo. In: _____. *Clássico por amadurecimento*: estudos sobre *Raízes do Brasil*. Rio de Janeiro: Topbooks, 2016. p. 197-254.

GORELICK, Adrián. O moderno em debate: cidade, modernidade, modernização. In: MIRANDA, Wander Melo (Org.). *Narrativas da modernidade*. Belo Horizonte: Autêntica, 1999. p. 55-80.

LEMBRAI-VOS de 37: Estado Novo 50 anos. *Jornal do Brasil*, 1 nov. 1987. Disponível em: <www.jb.com.br/paginas/news-archive>. Acesso em: fev. 2019.

MAIA, João Marcelo Ehlert. *Estado, território e imaginação espacial*: o caso da Fundação Brasil Central. Rio de Janeiro: FGV Ed., 2012.

MAIO, Marcus Chor. Qual antissemitismo? Relativizando a questão judaica no Brasil dos anos 30. In: PANDOLFI, Dulce (Org.). *Repensando o Estado Novo*. Rio de Janeiro: FGV Ed., 1999. p. 229-256.

MELO, Victor Andrade de. A educação física e o Estado Novo: a Escola Nacional de Educação Física e Desportos. In: PONTES JÚNIOR, Geraldo; PEREIRA, Victor Hugo Adler (Org.). *O velho, o novo e o reciclável Estado Novo*. Rio de Janeiro: Instituto de Letras da Uerj, 2008. p. 157-166.

NAVES, Santuza Cambraia. Os regentes do Brasil no período Vargas. In: PONTES JÚNIOR, Geraldo; PEREIRA, Victor Hugo Adler (Org.). *O velho, o* novo e o reciclável Estado Novo. Rio de Janeiro: Instituto de Letras da Uerj, 2008. p. 215-230.

OLIVEIRA, Lucia Lippi. Tradição e política: o pensamento de Almir de Andrade. In: ____; GOMES, Angela de Castro; VELOSO, Mônica Pimenta. *Estado Novo*: ideologia e poder. Rio de Janeiro: Zahar, 1982. p. 31-47.

____. O intelectual do DIP: Lourival Fontes e o Estado Novo. In: BOMENY, Helena (Org.). *Constelação Capanema*: intelectuais e políticas. Rio de Janeiro: FGV Ed., 2001. p. 37-58.

____. Nação, região e geografia. In: HEIZER, Alda; VIDEIRA, Antonio Augusto Passos (Org.). *Ciência, civilização e República nos trópicos*. Rio de Janeiro: Mauad, 2010. p. 45-55.

PARADA, Maurício. 2009. *Educando corpos e criando a nação*: cerimônias cívicas e práticas disciplinares no Estado Novo. Rio de Janeiro: Apicuri, 2009.

SIMPÓSIO sobre a Revolução de 30. Porto Alegre, out. 1980. Porto Alegre: Erus, 1983.

2. Saia justa, salto sete: o Estado Novo comemora os 50 anos da República

Angela de Castro Gomes

No dia 10 de novembro de 1937, o Brasil ficou sabendo pelo rádio, por meio de um discurso do presidente Getúlio Vargas, que passava a viver sob um novo regime político, que se autointitulava Estado Novo. O golpe ocorrera de forma silenciosa, pois, o barulho ficara para trás, cuidadosamente neutralizado pelas ações do Executivo federal. Vargas, de 1935 a 1937, fora derrotando as resistências de seus adversários e "inimigos". Contudo, o Estado Novo, desde sua instauração, sustentava-se em um discurso que construía a legitimidade de suas ações para além da força. Dois pontos fortes, repetidos sistematicamente, já estão claros na fala inaugural de Vargas e merecem atenção. Primeiro: o golpe é anunciado como um desdobramento natural, inevitável mesmo, da Revolução de 1930, cujos principais objetivos iriam ser garantidos pelo Estado Novo. Isso porque eles tinham sido desvirtuados pelo curso dos acontecimentos, especialmente pela rebeldia armada das oligarquias – na Guerra Civil de 1932 – e pela rebeldia das palavras da Constituição de 1934, que insistia na defesa de um modelo político de Estado ultrapassado, que punha em risco qualquer chance de progresso do Brasil. Segundo: o golpe definia claramente uma proposta antiliberal e anticomunista, afirmando-se como nacionalista e promotor de um projeto político inovador, singular e adequado para vencer o "atraso" do país. Esse projeto, além de nacionalista e intervencionista, combinava duas outras dimensões fundamentais – o autoritarismo e o corporativismo – como princípios de orientação e de organização do Estado e da sociedade.

Como se pode perceber, o discurso estado-novista realizava uma leitura, não só da história do Brasil, como a inseria em um contexto de mudanças políticas internacionais que o país devia acompanhar. Orientava-se, assim, por uma concepção de tempo linear e evolutivo, em que o esgotamento de certa etapa de experiências históricas – interna e externamente – conduzia à etapa seguinte, mais avançada e conforme às transformações que ocorriam. As propostas que o novo regime trazia – políticas, econômicas, sociais e culturais – eram o resultado desse movimento praticamente inevitável do tempo, que precisava ser acompanhado pelas decisões dos atores históricos, os quais deviam aproveitar-se da oportunidade ímpar que então se descortinava. Afirmando-se como novo e mais moderno, o Estado Nacional varguista construía uma das bases de sua legitimidade no confronto com o passado recente do país, já que era contra ele e a despeito dele que a adoção do regime autoritário se justificava e até mesmo se impunha.

Nesse sentido, fica muito evidente que os argumentos desse discurso vinham sendo alicerçados havia muitos anos. Eles se fundamentavam nas críticas dirigidas à experiência da República implantada pela Constituição de 1891, inspirada numa arquitetura institucional liberal, com partidos e Parlamento, em que o indivíduo cidadão participava do poder e o limitava pelo voto. Muitas das maiores dificuldades para a consecução do projeto liberal republicano foram fartamente diagnosticadas durante a Primeira República. Porém esse modelo de Estado, apesar de cada vez mais atacado, conseguia manter-se, havendo diversos planos para sua reforma e melhor atuação. É esse panorama que sofre abalos profundos com a eclosão da I Guerra Mundial. A partir desse evento, a constatação de que o mundo se transformara, alterando-se o equilíbrio de forças entre as nações e os modelos políticos acreditados como funcionais é muito disseminada. Nesse contexto, cresce o discurso autoritário que se opõe ao que é chamado de "ficções políticas liberais". Portanto, o Brasil apenas seguia essa tendência mundial ao implantar o Estado Novo.

O ano de 1938 anunciava a grandeza dos planos do novo regime, cujo alcance se projetava para as décadas futuras, tamanho o impacto que produziriam na sociedade brasileira. Por exemplo, esse é o ano de lançamento da política de "nacionalização", materializada na conhecida "Marcha para Oeste" (ocupação do território, povoamento, transportes etc.) e nos dispositivos da "nacionalização do ensino" (língua nacional e diversidade cultural regional).

Mas é bom remarcar que 1938 também é o ano do levante integralista, que ataca o Palácio Guanabara, residência oficial de Vargas. No que interessa mais de perto, 1938 marca o início de uma série de comemorações oficiais que buscavam destacar algumas datas, mobilizando a população em torno de um calendário festivo, o que evidencia o interesse e o cuidado do regime com a promoção de eventos que aproximassem o povo do Estado Nacional e de seu presidente. Entre eles estão, o Dia do Trabalho, 1º de maio, festejado ainda de forma restrita no Palácio Guanabara. O mesmo ocorre com o dia 10 de novembro, primeiro aniversário do Estado Novo, quando se inaugura a sede do Ministério do Trabalho, Indústria e Comércio e Vargas fala aos "trabalhadores do Brasil" (Gomes, 2005, cap. VI). Por fim, internacionalmente, 1938 é o ano da Noite dos Cristais, que assinala o deslanche da política racial e do expansionismo do Terceiro Reich. Já a partir de 1939, o "tempo festivo" do Estado Novo assumiria contornos muito maiores. A começar pelo Dia do Trabalho, que se realizou na Esplanada do Castelo, ganhando formas ritualizadas, até as comemorações do segundo aniversário do Estado Novo, que vão coincidir com uma data muito especial: o cinquentenário da proclamação da República.

1939, o ano de uma biografia para a República

Como a imprensa da época registra, 1939 era um ano privilegiado para evocações. Em sua coluna no *Correio da Manhã*, Carlos Pontes observa que 1939 marcava os 50 anos de nascimento de expressivas figuras de nossa história, entre as quais Machado de Assis, Casimiro de Abreu, Tavares Bastos, Tobias Barreto e Floriano Peixoto. Aniversários a que se somava um de grande destaque: o dos 50 anos da proclamação da República (Pontes, 1939:4).[1] Uma "efeméride tão relevante" não podia passar despercebida das autoridades do país, merecendo festejos planejados com cuidadosa antecipação. Essa era a oportunidade propícia para a realização de "um largo e sereno inquérito sobre as atividades do regime que se implantou a 15 de novembro de 89". Um

---

[1] As citações que se seguem são dessa matéria ("O cincoentenário da República", publicada no *Correio da Manhã*, Rio de Janeiro, 18 abr. 1939, p. 4). A imprensa grafa de duas formas o evento: cincoentenário e cinquentenário. Apesar de atualizar a grafia das citações, nesses casos mantive a original.

inquérito com a participação de "historiadores e publicistas, pensadores e homens de letras, políticos e jornalistas, economistas e sociólogos, [que] seria bem uma espécie de exame de consciência do país". O articulista afirma que, embora 50 anos fossem quase nada em termos de vida para as instituições, podiam oferecer uma perspectiva razoável para reflexões. Lembrava que o Segundo Reinado durara menos, porém "os estudiosos encontram nele uma fonte sempre renascente de novidades e de interpretação". Já da República "não se tentou ainda a história, nem algo que a isso se assemelhe. Existe muita coisa por aí fragmentária, palpitante de paixões grosseiras, onde homens e fatos aparecem deformados pelos ódios facciosos do tempo". E prossegue:

> Haverá em rigor uma história objetiva? A ressurreição de que fala Michelet não é antes uma criação, ou, pelo menos, uma renovação? O espírito de cada época traz consigo, não há negar, novos dados de entendimento, como novas formas de compreensão. Se um fato não é o mesmo para dois indivíduos, segundo demonstrou William James, muito menos o será para dois povos diferentes ou para duas gerações. [...] Cinco-enta anos de República merecem já dos historiadores e dos estudiosos uma atenção mais demorada. Dos homens que participaram nos acontecimentos, que formam por assim dizer a trama de todo esse período, não possuímos senão depoimentos e juízos defeituosos. [...] O momento é oportuno. Que os estudiosos e os competentes empreendam essa obra: será a melhor forma de comemorarmos o cincoentenário do 15 de novembro.

A citação é preciosa por demarcar algumas questões que sistematicamente serão lembradas durante o ano do cinquentenário da República. A efeméride mostrava a todos como ainda não havia estudos "sérios" e abrangentes sobre o período republicano, dominado por trabalhos fragmentários e, principalmente, cheios de faccionismo e paixões políticas, muito distantes da escrita da história, mesmo que se reconhecesse que não havia "história objetiva". Além disso, permaneciam vivos alguns dos homens que participaram diretamente da trama desse crucial acontecimento. A oportunidade do momento era inegável, merecendo a experiência republicana "juízos" mais demorados e menos defeituosos. O Estado Novo deveria responder a essa demanda comemorativa. De fato, ele o fez e de forma expressiva, sendo 1939 um dos anos mais intensos que o calendário festivo do regime produziu.

Entretanto, se era incontornável festejar os 50 anos da República, era igualmente um desafio fazê-lo a contento, pois significava dar realce ao período histórico contra o qual o Estado Novo definia seus projetos e construía sua própria identidade política. Considerando que esse foi um regime que investiu fortemente em políticas culturais, entre as quais se destacou a valorização do passado histórico do país, o objetivo deste capítulo é averiguar como se enfrentou a questão acima enunciada. Ou, usando o vocabulário do articulista, "se toda a verdade é uma forma de aproximação", como um regime autoritário recuperou a história do passado republicano liberal do Brasil, que era repudiado e considerado fracassado, tanto pela inépcia de seus princípios teóricos quanto pela inadequação de seus procedimentos práticos? Como, nesse momento de grandes comemorações, os chamados usos políticos do passado foram acionados, no sentido de harmonizar passado e presente, em nome de um futuro acreditado como luminoso?

O interesse é atentar para as negociações memoriais efetuadas, caminhando para além das "soluções" mais evidentes, devidas à proximidade das datas do golpe do Estado Novo, 10 de novembro, e da proclamação da República, 15 de novembro. Algo que foi imediatamente utilizado pelos promotores dos festejos, que viram no cinquentenário uma ocasião para engrandecer ainda mais as comemorações do segundo aniversário do Estado Novo. Essa intenção foi claramente veiculada bem no início dos preparativos da festa, que ficaram sob o comando do ministro da Justiça, Francisco Campos, também autor da Constituição de 1937. Em julho de 1939, ele faz uma das primeiras exposições sobre a "índole" das comemorações que se realizariam. Elas teriam o "duplo cunho histórico-evocativo dos acontecimentos da proclamação do regime e de demonstração das realizações do país no período republicano".[2] Quer dizer, tratava-se de comemorar o cinquentenário para demonstrar como o novo regime republicano, instaurado em 10 de novembro de 1937 (e nem tanto em 15 de novembro de 1889), havia colaborado para a ordem e o progresso do Brasil.

Porém, se a moldura para a difusão de uma memória histórica republicana era muito sólida e visível, ainda restavam questões de perspectiva para seu

---

[2] "Promovem-se festejos excepcionais para a comemoração do cincoentenário da proclamação da República". *Correio da Manhã*, 5 jul. 1939, p. 7.

enquadramento,[3] ou seja, para que a construção de uma narrativa sobre a história da República no Brasil pudesse se tornar mais homogênea, selecionando eventos e personagens fundamentais e desaguando nas realizações de sua versão contemporânea: o Estado Novo. As comemorações seriam uma ocasião inestimável para o trabalho de consolidação e divulgação de uma versão da história republicana, livre de maiores dissonâncias e que alimentasse a construção de uma memória histórica sobre a República, identificando um passado – mais remoto e mais próximo – e conectando-o ao presente. Para tanto, a grandiosidade e a capilaridade das festas contavam muito, sendo decisiva a participação da mídia impressa e falada, pública e privada. A ação planejadora e coordenadora do governo era estratégica para além do óbvio: o aparato repressivo do Estado Novo funcionava intensamente, ao lado das atividades de censura e propaganda, ao encargo do Departamento Nacional de Propaganda (DNP), então dirigido por Lourival Fontes.

Por isso, o objetivo é mapear o programa das comemorações, para destacar as iniciativas nos campos cultural e educacional, pois são elas que podem nos oferecer os melhores indícios sobre as formas de "usos políticos do passado" que o Estado Novo utilizou, nessa oportunidade. Elas também permitem uma identificação mais minuciosa do público-alvo da festa, em especial os segmentos que foram convocados a dela participar diretamente, inclusive por imposição governamental. Mais especificamente, são essas iniciativas que possibilitam uma aproximação maior da narrativa histórica que então se divulgou sobre a experiência republicana, atentando-se para o que foi destacado e também silenciado. As dissonâncias existentes são particularmente interessantes, embora fique claro que elas têm pouco espaço para se apresentar.

De toda forma, acompanhando alguns dos mais importantes jornais da época, fica evidente como existia demanda social por uma "boa e séria" história da República, já que o disponível era, em grande parte, uma literatura memorialista ou extremamente facciosa. Ora, considerando-se o clima político vigente, esse facciosismo pode muito bem ser entendido como uma aberta depreciação da Primeira República e de tudo e todos que a ela se vincularam.

---

[3] A noção de processo de enquadramento de memória é de M. Pollack e se refere ao esforço desenvolvido no sentido de interpretar o passado e controlar e difundir uma versão acerca dele, para que seja compartilhada por um grupo social, através do tempo.

Incitar os historiadores e demais figuras competentes a assumir a tarefa de escrever a história da República era pedir uma análise, senão "objetiva", menos apaixonada e deturpada. Por fim, cabe assinalar que as numerosas matérias sobre as festas do cinquentenário da República, que aparecem nos jornais consultados, têm de dividir espaço com as numerosas notícias sobre a guerra na Europa, que então deslanchava sobre o continente.[4]

Por telegrama: comemorar a República e legitimar o Estado Novo

Os "usos políticos do passado", também chamados por alguns autores de memória histórica de um grupo (não importando seu tamanho), evidenciam as fronteiras fluidas entre memória e história, assinalando as práticas de apropriação cultural às quais eventos e personagens estão submetidos através do tempo. Conforme Marie-Claire Lavabre:

> Chamaremos de memória histórica os usos do passado e da história feitos pelos grupos sociais, partidos, igrejas, nações ou Estados. Apropriações dominantes ou dominadas, plurais e seletivas, em qualquer situação, marcadas pelo selo do anacronismo, da semelhança entre o passado e o presente. A história propriamente dita terá, portanto, como seu princípio [...] a crítica das memórias históricas e o estabelecimento das diferenças entre o passado e o presente [Lavabre, 2001:242].

O processo de construção de memórias históricas recorre a uma série de práticas culturais que assumem formas ritualizadas, entre as quais as comemorações são, provavelmente, as mais importantes e espetaculares. Esse tipo de festa cívica, inaugurada pela Revolução Francesa e vinculada à concepção moderna de histórica do século XIX, torna-se, ao longo do tempo, um recurso fundamental para a legitimação do poder de Estados Nacionais e de seus projetos políticos. Comemorar significa convocar o passado histórico

---

[4] Utilizando a Hemeroteca Digital da Biblioteca Nacional (BN), escolhi me concentrar nos seguintes periódicos: *A Noite*, *Jornal do Brasil* e *Correio da Manhã*, do Rio de Janeiro; e *Correio Paulistano*, de São Paulo, todos durante o ano de 1939. Agradeço a Vinicius de Moura Ribeiro, graduando de história da Unirio e meu auxiliar de pesquisa, pela realização do levantamento na imprensa e pelo constante interesse e eficiência.

em determinado momento do tempo e com determinados objetivos, para encená-lo e transformá-lo em "lições vivas" da história, capazes de produzir coesão social e enquadrar memórias coletivas de grupos (Catroga, 2005). As comemorações, assim como a historiografia, ressuscitam o passado, silenciando que ele é fruto de seleção e organização, realizadas segundo a ótica e objetivo do presente. Contudo, o desejo de unificar e afastar conflitos – central à pedagogia das festas cívicas –, nem sempre é completamente alcançado, a despeito da força da narrativa épica que geralmente é divulgada sobre eventos e personagens, nesses momentos.

As comemorações dos 50 anos da República, durante o Estado Novo, são uma espécie de caso exemplar de produção de espetáculos cheios de simbologia e de apelos à emotividade, que nos dão especial acesso à produção da memória histórica nacional: a construção de narrativas históricas que, ultrapassando dissonâncias – perceptíveis para muitos dos contemporâneos –, produzem efeitos integradores e duradouros. O estudo dessas comemorações e de outras festas cívicas ocorridas durante o Estado Novo, em sua dimensão político-ritual, não é novidade, cabendo citar o estudo do historiador Maurício Parada, por suas contribuições ao que chama de cultura cívica varguista (Parada, 2009). Assim, não se tem como objetivo realizar uma análise semelhante, e sim colocar em foco a questão da construção da narrativa histórica que então foi amplamente divulgada, investindo na seleção e também na negociação que o presente do Estado Novo efetuou com o passado republicano do país, definido como "velho", no sentido de ultrapassado. Afinal, a terminologia que identifica o período histórico que vai de 1889 a 1930 como o da República Velha já está assentada nesse momento.

O ponto de partida é uma observação mais acurada sobre o início da festa, ou seja, sobre como se deram seus preparativos. As notícias de alguns dos principais jornais atestam que eles não foram tão imediatos nem tão fáceis assim. Em matéria do *Correio Paulistano* de março de 1939, o articulista sinaliza para um "desinteresse nacional" em relação às comemorações. Conforme explica:

> Ventilamos a efeméride, com bastante antecedência, e deixamo-nos ficar à espera de uma informação qualquer sobre possíveis festividades. Passaram-se os dias, no entanto, e, até hoje, nada. O gesto do Marechal Deodoro, na manhã histórica de novembro de 1889, parece não mais interessar aos homens do nosso tempo. Dizemos isso não só

com relação aos paulistas – os credores, a bem dizer, da forma republicana no Brasil, – mas com relação a todos os patrícios nossos.[5]

Esse não é um comentário isolado. No artigo citado do *Correio da Manhã*, no mês de abril, Carlos Pontes também insta as autoridades a trabalhar pelo tão privilegiado ano de evocações. Em junho, Domingos Barbosa, no *Jornal do Brasil*, observa o lento andamento dos preparativos da festa e, fazendo coro com Pontes, sugere a publicação de uma história da República como algo necessário, ante "a precipitação e injustiça demasiada em avaliações do regime republicano". Meses depois, em 4 de outubro, o *Correio Paulistano* publica que falta menos de um mês para o 15 de novembro, e "à medida que diminui a distância aumenta o receio de que o primeiro cinquentenário da República não tenha, em nosso país, comemoração condigna".[6] Tudo indica, portanto, que o governo federal demorou a se sensibilizar ante a demanda comemorativa que, é bom notar, vinha, com frequência, associada ao diagnóstico da importância de se ter uma visão histórica menos apaixonada, injusta, deformada ou precipitada do regime republicano, quer dizer, da chamada "República Velha".

Essa constatação é corroborada quando se examina a cronologia das primeiras providências tomadas pelo governo. Apenas no início do mês de junho, os jornais da capital federal noticiam que uma comissão seria formada para a organização dos festejos oficiais do cinquentenário, ficando sob o comando do ministro da Justiça. Um mês depois, em 4 de julho, realiza-se uma reunião. Mas por matéria veiculada no dia 7 de setembro, pelo *Jornal do Brasil*, fica-se sabendo que nenhuma providência fora tomada. Apenas no dia 12 de setembro ocorre outra reunião de trabalho, e no dia 15, finalmente, vem a público um programa preliminar dos festejos. Não é preciso pensar muito para concluir que tudo caminhou a passos de tartaruga, e apenas dois meses antes da data os preparativos realmente começaram.[7] Além disso, é bom registrar que somente em 4 de novembro Vargas assinou a abertura de um

---

[5] "Os dez primeiros lustros". *Correio Paulistano*, 18 mar. 1939, p. 5.
[6] *Correio da Manhã*, 18 abr. 1939, p. 9; *Jornal do Brasil*, 11 jun. 1939, p. 5; *Correio Paulistano*, 4 out. 1939, p. 5.
[7] *Jornal do Brasil*, 6 jun. 1939, p. 5, 4 jul. 1939, p. 6, 7 set. 1939, p. 5, 12 set. 1939, p. 5 e 15 set. 1939, p. 9; *Correio da Manhã*, 7 jun. 1939, p. 2.

crédito de 350.000$000 para as festas e no dia 12 do mesmo mês o Tribunal de Contas o concedeu.

Há, contudo, uma exceção de peso. Em 27 de junho, o prefeito do Distrito Federal, Henrique Dodsworth, anunciou que a XII Feira Internacional de Amostras do Rio de Janeiro seria um "empreendimento cívico-social" voltado para as comemorações do cinquentenário da Republica do Brasil, sendo inaugurada em 15 de novembro e ficando aberta à visitação até 31 de dezembro. Na mesma oportunidade, informou que enviara telegramas a todos os interventores estaduais, convidando-os a participar da feira e alertando-os para "as vantagens que beneficiarão os expositores com interesses ligados ao Governo da União e dos Estados".[8] Antes disso, em 21 de abril, o prefeito reabrira uma escola municipal, dando-lhe o nome de *Tiradentes*. No mesmo dia, o DNP, associando-se às comemorações do grande herói republicano, promoveu um "espetáculo radiofônico de caráter histórico", no programa *Hora do Brasil*, encenando a peça *Tiradentes*, de Viriato Corrêa, com populares atores e atrizes do *cast* da Rádio Nacional.[9] Tiradentes, portanto, começava a marcar sua presença nas festas dedicadas aos 50 anos República, o que não chega a surpreender, mas cumpre observar, já que outros heróis com ele disputavam um lugar proeminente nesse panteão.

Os telegramas também marcaram presença na fase dos preparativos da festa, indicando que ela se fez, em boa parte, por convocação aos estados e municípios, em que duas redes e dois públicos foram muito significativos: os estudantes das escolas e os oficiais e soldados dos quartéis. Em setembro, quando a movimentação governamental estava começando, Francisco Campos enviou telegramas a todos os interventores, instruindo-os que, em todas as escolas públicas, estaduais e municipais, primárias e secundárias, o cinquentenário da República deveria ser assinalado por diversos eventos, entre os quais se destacaria um curso "versando temas explicativos dos acontecimentos ligados ao 15 de novembro".[10] Porém, em outubro, parecia que nem a pressão do ministro estava alcançando os resultados desejados, o que fez com que um articulista do *Correio Paulistano* sugerisse que a semana anterior

---

[8] *Correio da Manhã*, 27 jun. 1939, p. 5.
[9] *Correio Paulistano*, 21 abr. 1939, p. 9, 22 abr. 1939, p. 4.
[10] *Correio da Manhã*, 29 set. 1939, p. 2.

ao 15 de novembro fosse inteiramente dedicada à sua comemoração, como tentativa de corrigir o desinteresse vigente. E, em tom ambíguo, comentava o desempenho das instituições republicanas:

> Já é tempo, a nosso ver, de se ir pondo os pingos nos i's, em muitas questões diretamente relacionadas com o advento das novas instituições. A República deu-nos o regime da responsabilidade individual, mas esqueceu-se de nos dar os estadistas que deveriam consolidá-la. Disse-o, pelo menos, Ruy Barbosa. Mas... até que ponto é verdadeira a afirmação do imortal baiano? Na ocasião em que a espada de Deodoro derrubou a coroa da cabeça de Pedro II, estávamos ou não estávamos em condições de merecer o governo do povo pelo povo? [...] Como tudo quanto é humano, as instituições republicanas têm conhecido vicissitudes, mas possuem raízes profundas na consciência nacional e, sob a sua égide, deverá o Brasil realizar o seu luminoso destino.[11]

Em início de outubro, o Ministério da Guerra e o Itamaraty divulgam suas respectivas programações. No primeiro caso, o general Eurico Gaspar Dutra estabeleceu que, entre 1º e 14 de novembro, por todo o país, fosse oferecido um curso de História Político-Militar do Brasil a todos os oficiais e praças, sendo que, no Distrito Federal, ele ocorreria no Palácio Tiradentes, abrindo-se com uma preleção do próprio ministro e encerrando-se com a fala do chefe do Estado-Maior do Exército, general Góis Monteiro. Também se organizaria um concurso de cânticos marciais, que ofereceria prêmios em dinheiro aos três primeiros colocados, além da execução das melhores músicas na *Hora do Brasil*. Por fim, o Exército contribuiria para as festividades na Feira de Amostras, colaborando com a montagem de grande exposição histórica em seu recinto.[12] Já o Itamaraty seria a sede de uma das mais importantes cerimônias de toda a programação. No dia 15 de novembro, às 15 horas, haveria um despacho coletivo, com a presença do presidente Vargas e de seu ministério, no salão histórico onde havia ocorrido a primeira reunião ministerial, em 18 de novembro de 1889. Nessa ocasião, o presidente descerraria uma placa comemorativa e inauguraria a Exposição Histórica de Documentos e Obras Referentes à Campanha Republicana e à proclamação,

---

[11] "Cincoentenário da República". *Correio Paulistano*, 4 out. 1939, p. 5.
[12] *Jornal do Brasil*, 5 out. 1939, p. 10.

na qual serão apresentados, principalmente, os mapas que serviram para elucidar e resolver as questões limítrofes do Brasil. [...] Deverão ser, além disso, realizadas duas conferências sobre o papel do Itamarati na Proclamação, como primeira sede do Governo Republicano e sobre as questões de fronteiras.[13]

Como fecho, prometia-se a publicação de um Atlas Histórico da Colônia, Império e República do Brasil. Ainda no mês de outubro de 1939, o ministro da Justiça voltou aos jornais, ao determinar, por telegrama, que em cada localidade alguma praça ou rua recebesse o nome dos quatro maiores heróis republicanos: os militares, Deodoro da Fonseca, Floriano Peixoto, Benjamim Constant, e o civil e jornalista Quintino Bocaiúva. Essa era apenas uma das alterações na toponímia que, por ordem do próprio presidente Vargas, deveria ocorrer em função da passagem da data.[14]

Como se vê por esse conjunto de iniciativas, é claro o relevo que se procura dar, no caso do Exército e do Itamaraty, à documentação histórica que possuem e colocam em exposição para o grande público. No último caso, a resolução da questão das fronteiras é muito ressaltada e associada à figura de Rio Branco, um dos heróis nacionais consagrados pelo Estado Novo. Os mapas históricos pertencentes ao Itamaraty e a promessa de elaboração de um atlas histórico que poria alguns deles em circulação para o público escolar evidenciam o investimento do governo no ensino de história do Brasil. Por fim, começa a saltar aos olhos que a festa iria privilegiar o evento da proclamação e o período inicial da República.

O calendário festivo do cinquentenário

Os festejos dos aniversários da República e do Estado Novo se concentraram em três datas especiais, que modulavam o ciclo comemorativo. No dia 10 de novembro, ele se abriu com um discurso do ministro da Justiça, no Palácio Monroe, sede de seu gabinete. Previa-se a realização de um concerto de bandas militares nos jardins, o que acabou não ocorrendo por culpa do mau tempo.

---

[13] *Jornal do Brasil,* 6 out. 1939, p. 10.
[14] "Cincoentenário da proclamação da República". *Correio Paulistano,* 21 out. 1939, p. 2.

O discurso foi irradiado pelo DNP para todo país e, nele, a Constituição de 1937 e o Estado Novo tiveram todo o espaço. O ministro definiu o ambiente do novo regime como de harmonia, onde não havia vencedores ou vencidos, sendo ele "a última etapa de uma longa serie de crises políticas cuja crescente gravidade havia premunido a Nação de que estava próximo o acontecimento que ela, com impaciência, esperava [...]".[15]

No dia 15 de novembro, pela manhã, na praça Paris, junto à estátua de Deodoro, Vargas proferiu um discurso solene e assistiu a uma grande parada militar. Em sua fala, toda ela um exercício de aproximação entre o evento da proclamação da República e o Estado Novo, o presidente destacou os mesmos objetivos "regeneradores", a mesma atuação das Forças Armadas, interpretando "as verdadeiras aspirações da nacionalidade". Colocados em perspectiva histórica, os 50 anos de vida republicana indicavam um avanço notável do país.[16] Para tal acontecimento, os sobreviventes do grande fato, moradores do Rio, receberam convites especiais e foram colocados ao lado da referida estátua, para que sua posição de partícipes no fato histórico tivesse visibilidade ainda maior. Na parte da tarde, inaugurou-se a XII Feira de Amostras e ocorreu o Despacho Coletivo no Itamaraty, ambos com a presença do presidente. Já no dia 16 de novembro, ao final da noite, realizou-se uma récita cívica, no Teatro Municipal, da peça *Tiradentes*, com comparecimento de Vargas e autoridades governamentais.[17]

No dia 19 de novembro, Dia da Bandeira Nacional, as comemorações se deslocaram dos personagens históricos e do evento da proclamação para o símbolo da unidade do país. A festa da bandeira teve preparação particular, ganhando uma comissão específica, dado que encerraria o ciclo comemorativo e deveria fazê-lo com especial brilho. A solenidade que se montou no Campo do Russel, por seu caráter espetacular, vem chamando a atenção dos estudiosos de rituais cívicos. A dimensão sacralizada do culto laico à nação, simbolizada pela bandeira, não poderia se expressar melhor e de maneira mais evidente. Montou-se o "Altar da Pátria", diante do qual o cardeal d. Sebastião Leme ce-

---

[15] "O primeiro dia das festas comemorativas do cincoentenário da República". *Correio da Manhã*, 11 nov. 1939, p. 3.

[16] *A Noite*, 15 nov. 1939, p. 1. Trata-se de uma longa matéria, com muitas fotos. Na p. 3, transcreve-se o discurso de Vargas.

[17] *Correio da Manhã*, 16 nov. 1939, matéria principal da p. 1.

lebrou um ofício religioso e, a seguir, desfilaram duas paradas: a da juventude, composta por 15 mil escolares, e a militar, com pavilhões do Exército, Marinha, milícias estaduais e tiros de guerra. Encerrando o ciclo comemorativo, à noite, no Teatro Municipal, organizou-se outra récita cívica. Desta feita, houve a execução de números musicais sob a regência dos maestros Villa-Lobos e Francisco Braga, completados pela encenação de episódios históricos sob o patrocínio do Serviço Nacional do Teatro (SNT), do Ministério da Educação e Saúde.[18] Integrando a récita, e como última palavra oficial do governo, João Neves da Fontoura fez um discurso aos presentes e à nação.[19]

O apelo cívico-patriótico, mobilizado por hinos, paradas e encenações de fundo histórico bastante emotivo sobressaiu em vários momentos dos festejos. As primeiras páginas dos jornais, especialmente as dos dias 15 e 16 de novembro, estamparam imagens de Deodoro, Floriano e Benjamim Constant, ao lado de fotos de Vargas e convidados especiais dos eventos. Praticamente nada se falou dos governos presidenciais que se sucederam após 1891. O *Correio Paulistano*[20] ainda se permitiu nomear os quatriênios, com seus respectivos presidentes e uma ou outra de suas "realizações materiais", para finalmente chegar à Revolução de 1930. Com algumas palavras, como em tópicos, elencou a ocorrência da "Revolução Constitucionalista" de São Paulo, da Constituinte de 1934 e, finalmente, a chegada do Estado Novo em 1937, dissolvendo o Parlamento e dando ao país uma nova Constituição. A longa matéria se encerra dizendo que, equidistante do liberalismo e do totalitarismo, o Estado Novo "resultou das necessidades brasileiras e consulta sua tradição". Por fim, o destaque é para o fato de maior relevo da política externa desse novo regime: não adotar a diretriz internacional de aplicar sanções econômicas contra a Itália.

---

[18] Foram duas as teatralizações de acontecimentos históricos: uma reprodução cenográfica da tela de Bernardelli sobre a proclamação da República e a reprodução animada de cena que se passa no extinto Teatro Lírico, quando foi escolhido o Hino da República, de autoria de Leopoldo Miguez (*Jornal do Brasil*, 19 nov. 1939, p. 7, 10)..

[19] Durante o Estado Novo, João Neves da Fontoura ocupou o posto de consultor jurídico do Banco do Brasil e, a partir do início da década de 1940, desempenhou missões diplomáticas junto a organismos latino-americanos. Entre maio de 1943 e fevereiro de 1945, dirigiu a embaixada brasileira em Portugal.

[20] "Cincoentenário da República Brasileira". *Correio Paulistano*, 15 nov. 1939, p. 3. Nessa mesma página, há longa matéria sobre as celebrações do dia da proclamação na cidade de São Paulo.

Observando-se o calendário festivo, é possível concluir que o único evento diretamente relacionado à política da Primeira República foi uma missa celebrada na igreja da Candelária, no dia 14 de novembro, em homenagem à alma dos ex-presidentes mortos. Lembrados de forma coletiva e não individualmente, sem maior alarde e religiosamente, o Estado Novo desejava que eles descansassem em paz. Mas nem tudo foi cerimônia cívica ou religiosa no período das celebrações. Houve um baile oficial nos salões do Automóvel Clube, que abrigava igualmente uma exposição de desenhos evocativos do dia 15 de novembro, realizados pelos estudantes das escolas municipais do Distrito Federal.[21] Houve igualmente uma corrida de cavalos, muito ao gosto do presidente, no Jóquei Clube do Rio de Janeiro.

O ciclo comemorativo se irradiou por todo o Brasil por meio das escolas, repartições públicas e instalações militares, as quais garantiram uma grande capilaridade para o cumprimento das instruções que, vindas da capital federal, passaram pelos interventores e prefeitos. Os ministros da Justiça, da Guerra, e da Educação e Saúde foram muito ativos na coordenação e estimulação de um sem-número de eventos de proporções variadas. Internacionalmente, houve boa repercussão. Alguns países, como a Venezuela, o Chile, a Colômbia e os EUA enviaram representações ou missões militares ao Brasil, sendo que os americanos chegaram com as "fortalezas voadoras", aviões de grande porte que chamaram enormemente a atenção. Com eles, veio uma mensagem do presidente Roosevelt a Vargas, com cumprimentos mais do que protocolares, em função de sua viagem ao Brasil, ocorrida em 1936. No quesito de mensagens parabenizando o presidente pela data, inúmeros países da América Latina o fizeram, sendo que há casos, como o da Argentina, em que os jornais do dia de 15 de novembro abrem espaço para notícias sobre a República brasileira Uma nota interessante, que o *Jornal do Brasil* não deixa passar, são as felicitações que o *führer* e chanceler do Reich envia a Vargas pela data.[22]

---

[21] "2.000 escolares numa aplaudida demonstração de ginástica nacionalista". *Jornal do Brasil*, 21 nov. 1939, p. 6.
[22] "Hitler felicita o presidente Vargas por ocasião das festas comemorativas do cincoentenário da proclamação da República". *Jornal do Brasil*, 15 nov. 1939, p. 8.

O passado republicano do Brasil: uma história a ser contada

Com essa visão panorâmica dos principais eventos do calendário de festas dos 50 anos da República, é possível uma aproximação mais cuidadosa de como o Estado Novo, ritualmente, voltou-se para a história do Brasil, em particular a republicana. Nesse sentido, vale lembrar, mais uma vez, que esse é um momento em que o paradigma da modernização era bafejado pelo que R. Koselleck, de maneira seminal, batizou de "futuros presentes". Quer dizer, um sentimento de vivência do tempo/espaço e de percepção da história voltado para o novo, para o progresso, enfim, para o futuro que se divisava como melhor. Voltar ao passado, no contexto que caracterizou as primeiras décadas do século XX e que a II Guerra Mundial abalou de maneira definitiva, significava realizar uma operação seletiva capaz de desaguar no próprio discurso que o Estado Novo propagava, com todo o otimismo, como o do grandioso futuro do Brasil.

Para poder capturar melhor como essa volta ao passado histórico estava sendo construída, uma atenção maior será dada a algumas matérias da imprensa e discursos de autoridades políticas. Nos dois casos, o interesse específico é verificar: como os estudos então existentes sobre o passado republicano eram avaliados? Que história da República foi contada nesse momento tão simbólico? Como o testemunho dos sobreviventes foi utilizado? Como se construíram interpretações que, partindo da experiência da proclamação, chegavam à instauração do Estado Novo? Nesse percurso, diversos eventos dos festejos se entrecruzam, mas um deles será privilegiado pelo que significou no planejamento das comemorações. A encenação da peça *Tiradentes*, no palco do Teatro Municipal, considerada um dos momentos culminantes de toda a programação cultural do cinquentenário.

Desde os meses de março e abril de 1939, como se viu, os colunistas de diversos jornais assinalaram a aproximação da data dos 50 anos da República sem que o governo se movimentasse para comemorá-la. Algo lamentável, considerando que essa era uma grande oportunidade para um "exame de consciência" sobre um período em relação ao qual inexistiam trabalhos históricos "verdadeiros e imparciais". Por isso, concluíam que a melhor contribuição da comemoração era voltar-se para esse tipo de iniciativa que, atentando para o passado, "instruía" o futuro:

um trabalho dessa índole pode justificar um programa de tudo de que ainda se não cuidou para apressar o ritmo da nossa evolução social e econômica, retardada positivamente por uma política cincoentenária que não tem direito a muitas festas. O programa das comemorações deve ser [...] reduzido ao mínimo de pompas inúteis e sobrecarregado de empreendimentos proveitosos.[23]

Com esse intuito, valia à pena ouvir os que se envolveram diretamente no evento e que podiam contar suas recordações. O *Correio Paulistano*, por exemplo, dá grande destaque a uma entrevista com o ex-senador Rodolpho Miranda, propagandista do republicanismo e único sobrevivente da Constituinte de 1891. Positivista, aluno de Lafitte em Paris, ainda lúcido e animado, ele narra como fora um dos autores de uma proposta de plebiscito à população brasileira sobre a mudança de regime, em 1888. Integrante da Câmara de São Simão, "proclamara" a República nessa cidade paulista, entendendo-a como uma autêntica "contingência histórica".[24] Em 15 de novembro, várias páginas do mesmo jornal se dedicam à "contribuição de São Paulo à propaganda, implantação e conservação do regime". Figurando na primeira página, está uma carta de Washington Luís, o ex-presidente deposto em 1930, a um "velho amigo". O "eminente brasileiro" lembra que o estado de São Paulo "deve a sua prosperidade à autonomia consagrada pela forma política federativa", havendo especial importância em se recorrer aos contemporâneos para que registrem suas lembranças. Afinal, foram os republicanos paulistas que construíram a grandeza do estado "no Brasil forte e unido". Todo o tom da missiva é o da advertência para o risco do esquecimento das conquistas que a República assegurou. Algo que o *Correio Paulistano* garante que não acontecerá:

> Esse período claro e brilhante, de quase meio século, vale, merece, vasta e documentada referência. Se os tempos não permitem a crítica e o julgamento, não impedirão a rememoração de fatos, contados singela e despretensiosamente. Mesmo à guisa de memórias, devem ser pormenorizados os feitos dos propagandistas de São Paulo. E se elas não forem publicadas no presente, o futuro as acolherá com o mais vivo interesse.[25]

---

[23] "Cincoentenário da República". *Correio da Manhã*, 6 out. 1939, p. 4.
[24] *Correio Paulistano*, 30 jun. 1939, p. 16. A matéria é longa, e a entrevista fora concedida ao *Diário da Noite*, em função do cinquentenário do "golpe de 15 de novembro de 1889".
[25] *Correio Paulistano*, 15 nov. 1939, p. 1.

Nesse mesmo dia, o jornal menciona os depoimentos feitos por Campos Salles, Américo Brasiliense, Rangel Pestana e outros contemporâneos da proclamação. Eles são apresentados como "vultos máximos da democracia brasileira", sendo sua ação destacada desde o Manifesto de 1870, que deu início à formação de um partido republicano em São Paulo. Uma grande imagem da Convenção de Itu, realizada na casa de Carlos Vasconcelos de Almeida Prado, onde estava instalado o Museu Republicano, domina a página 6 da edição comemorativa.[26] Ainda no *Correio Paulistano* de 15 de novembro, merece destaque a Ordem do Dia do general Maurício Cardoso, comandante da Segunda Região Militar. Ela tem tom épico ao afirmar que coube ao Exército, de figuras como Deodoro, Floriano e Benjamim Constant, concretizar os ideais republicanos. Em um parágrafo, o general resume como se devia entender o trânsito entre a República anterior e posterior a 1930, traduzindo exemplarmente o que muitos outros discursos de autoridades também fizeram:

> Se é verdade que a nossa a infância republicana se agitou algumas vezes, em convulsões prejudiciais à marcha evolutiva de nosso progresso e da nossa grandeza, não é menos certo que desses mesmos episódios decorreu uma profunda experiência, abrindo caminhos à nossa destinação realizadora.[27]

A despeito de alguns arranhões no coro dos contentes com o Estado Novo, como é o caso da carta de Washington Luís e dos comentários sobre as injustiças que eram cometidas com a história do passado recente do país, o conjunto de matérias publicadas nessa ocasião fixa, sobre o republicanismo, uma narrativa que vinha sendo cuidadosamente construída durante a propaganda e a Primeira República e que, nesse momento, ganhou não só uma grande divulgação como igualmente um "fim" nas "realizações" do Estado Novo. Os 50 anos da República eram uma oportunidade ímpar para o enquadramento de uma memória histórica republicana, que envolveu batalhas simbólicas acirradas, nas quais se disputavam a importância de heróis e a prioridade de eventos gloriosos que datavam do período colonial, passando pelos dois rei-

---

[26] *Correio Paulistano*, 15 nov. 1939, p. 6.
[27] *Correio Paulistano*, 15 nov. 1939, p. 2.

nados. O IHGB e os institutos históricos e geográficos dos estados, na maior parte criados após a proclamação (a exceção é o de Pernambuco), tiveram um papel fundamental nesse processo, promovendo comemorações, erigindo monumentos e se dedicando a escrever a história de seus estados e regiões, quer para um público erudito (editando revistas), quer para um amplo público (usando a imprensa etc.).

Assim, nas primeiras páginas dos jornais do dia 15 de novembro, com grande destaque, foi comum encontrar-se uma espécie de "síntese" da história do Brasil republicano, em que era possível assinalar muitas convergências, atestando um conjunto de negociações que vinham sendo realizadas antes dos anos 1930. Nessa narrativa, a República é considerada uma "evolução natural" em direção ao progresso do Brasil. A ideia republicana, afirma-se, era muito antiga, datando da colônia, como a figura de Tiradentes tão bem traduzia em sua coragem e sacrifício. Mas ela teve muitos outros defensores, sobretudo em Pernambuco, em momentos decisivos de rebeldia e luta pela liberdade, como eram os casos das revoluções de 1817 e 1824. Essa síntese, ao interpretar o republicanismo como uma bandeira pela qual os brasileiros lutavam havia séculos, reforçava-se o esforço para a consagração de um panteão de heróis. Eles habitavam diversas regiões do país, manifestando-se em episódios muito diferenciados que se somavam na luta pela modernidade traduzida pela República. Nesse relato, os ideais republicanos tinham raízes profundas, ultrapassando dificuldades e sofrimentos que custaram as vidas de muitos idealistas para, por fim, se realizar em 1889. A partir de então, o Brasil viveu uma experiência convulsionada por excessos de liberdades individuais e carências de solidariedade social que a Revolução de 1930 e o Estado Novo estavam corrigindo. As turbulências prejudiciais ao progresso, sancionadas pela Carta de 1891 e reafirmadas pela de 1934, estavam finalmente sendo vencidas pela Constituição de 1937 e por Vargas, que, nessa posição, era um legítimo herdeiro dos ideais dos propagandistas republicanos.

> Desde o período colonial, o sonho republicano preocupava o espírito dos patriotas. Inúmeras vezes veio ele à tona dos acontecimentos políticos, especialmente em 1789, com Tiradentes; em 1817 e 1824, na revolução de Pernambuco; com Felipe dos Santos, em 1820; com a República de Piratini, em 1835, no Rio Grande do Sul. E em todo o

segundo reinado, o mesmo sonho do povo vinha, de vez em quando, turbar a paz do sono do governo monárquico.[28]

Portanto, o que se assinalava era que o percurso do republicanismo fora longo e difícil, contando com a contribuição de grandes homens e passando por marchas e contramarchas, mas sempre com uma "direção certa" que o Estado Novo retomara. Nesse percurso, fica claro que são os homens da propaganda e da proclamação da República, militares e civis, que estão em destaque. É esse momento "original" que é ressaltado, silenciando-se sobre o que ocorrera durante a Primeira República que, em bloco, é considerada um desvio do progresso que a República prometera. Vale então destacar que um dos pontos culminantes dos festejos tenha sido a encenação da peça *Tiradentes*. Se ele já era o grande herói da tradição republicana (e também da independência), construída desde os tempos da propaganda, é preciso entender que, naquele momento, vinha sendo questionado como símbolo máximo do republicanismo (Fraga, 2005). Um "homem comum", um mártir, talvez não fosse uma figura ideal para demarcar o "espírito" do Estado Novo. Personagens como frei Caneca, por exemplo, podiam encarnar melhor o que então se desejava como heróis do panteão nacional e republicano. Dessa forma, a peça *Tiradentes*, de Viriato Correia, integrava o enredo dessas disputas memoriais e assinalava que o personagem estava sendo reafirmado em sua posição de símbolo maior da República. Algo que, vale lembrar, devia agradar ao então ministro da Educação e Saúde, o mineiro Gustavo Capanema.

No dia 21 de abril, dia de Tiradentes, como referido, o DNP patrocinou a encenação dessa peça pelo *cast* da Rádio Nacional, na *Hora do Brasil*. Nesse mesmo dia, Viriato fez uma leitura do original para seleta plateia de convidados, no palco do Teatro Sant'Anna, em São Paulo. Na ocasião, os comentários dos jornalistas foram muito elogiosos. *Tiradentes* prometia ser tecnicamente superior à *Marquesa de Santos*, outro sucesso, de grande valor histórico e dramático, do mesmo autor. Ao ser entrevistado, ele comentou que teve de estudar muito para escrever *Tiradentes*, que era apresentado "sem a corda no pescoço" e como "um verdadeiro revolucionário". Aliás, o título da entrevista era "Tiradentes foi o primeiro liberal do Brasil", o que evidenciava o intuito

---

[28] *Correio da Manhã*, 15 nov. 1939, p. 1.

de Viriato de se contrapor a visões que procuravam diminuir seu papel e até negar sua importância no episódio da conjuração de 1789: "O grande herói mineiro tem sido diminuído por vários historiadores brasileiros. Injustamente, porque Tiradentes era homem culto, inteligente".[29]

Tiradentes, representado pela Companhia de Delorges Caminha, um dos maiores atores da época, foi de fato um êxito no palco do Sant'Anna. O *Correio Paulistano* acompanhou toda a montagem, ressaltando a agradável surpresa causada pela notícia de que o maestro Villa-Lobos compusera uma melodia, sobre letra de Viriato Corrreia.[30] São elogiados os croquis dos cenários e figurinos, feitos pelo artista Hippolyto Colomb, o mesmo de *A Marquesa de Santos*. A peça foi considerada o maior acontecimento teatral da temporada: "A assistência foi obrigada a interrompê-la várias vezes, movida pelo entusiasmo cívico que a assoberbou, e que se transformou na mais estrepitosa salva de palmas."[31] É interessante observar que *Tiradentes* substituiu uma peça de Ernani Fornari, *Iaiá Boneca*, que, embora não fosse focada em uma figura histórica, apresentava aos espectadores flagrantes sugestivos da sociedade brasileira de fim do Segundo Reinado.[32] A existência de outros dramaturgos trabalhando com episódios da história do Brasil e atraindo grande público demonstrava como esse gênero estava em alta, o que não passava despercebido aos críticos das seções especializadas dos jornais. Em 16 de maio de 1939, o *Correio Paulistano* assinalou:

> o grande serviço que o teatro poderá prestar ao Brasil, desde que aproveitado por escritores de talento para a evocação de grandes figuras e de grandes épocas. [...] O teatro é ou pode ser, na obra de educação nacional, um dos maiores esteios do poder público. Uma boa comédia repassada de sentimentos elevados, engendrada com elegância e com talento, executada com perfeito conhecimento de toda a carpintaria dos bastidores e levada à cena com entusiasmo, faz mais, pela saúde mental e cívica do povo, do que uma biblioteca de cem mil volumes.[33]

---

[29] *Correio Paulistano*, 19 abr. 1939, p. 9, 21 abr. 1939, p. 11.
[30] *Villa-Lobos: sua obra*. Museu Villa-Lobos, MinC/Ibran, 2010, p. 288.
[31] *A Noite*, 17 jun. 1939, p. 6.
[32] *Correio da Manhã*, 17 nov. 1939, p. 8.
[33] *Correio Paulistano*, 16 maio 1939, p. 5.

Uma reflexão que é complementada, após a estreia, em matéria de junho, na qual o colunista considera que as duas horas da peça são duas horas de civismo e de estética sadia, já que ela combinava sabedoria cênica e histórica. Dessa forma, o texto teatral conseguia atingir objetivos pedagógicos que os livros didáticos não alcançavam:

> Já se disse, e deve estar suficientemente provado, que o ensino de História do Brasil precisa de uma reforma. Não é que o ensino seja deficiente, nem incompleto, nem incorreto. O que há é que, assim como a nossa história é ensinada, nas escolas, ela não consegue fascinar o espírito da juventude, que, por mais patriótico que seja, mal suporta a chatice descritiva de historiadores que são, via de regra, mais ratos de biblioteca do que artistas da palavra. O que falta, pois, ao ensino da História do Brasil, é uma qualidade didática capaz de emocionar facilmente as gerações novas. [34]

O sucesso de público e as qualidades cênicas e históricas da peça, decantadas pelos críticos paulistas e reproduzidas nos jornais cariocas, sem dúvida devem ter pesado para que, sob os auspícios do SNT do Ministério da Educação e Saúde, em outubro de 1939 a peça fosse anunciada como parte das comemorações oficiais dos 50 anos da República. Assim, antes de iniciar sua temporada no Teatro Alhambra, no Rio, seria apresentada numa récita de gala no Teatro Municipal, em 16 de novembro, com a presença do presidente Vargas e autoridades dos governos federal e municipal. Essa representação seria enriquecida – no início, nos intervalos e ao final da peça –, com a execução dos hinos Nacional, da Independência, da Inconfidência e da República, pela orquestra do teatro, todos cantados pelo Orfeão dos Professores do Distrito Federal com regência de Villa-Lobos. As matérias que *A Noite*, *O Jornal do Brasil* e o *Correio da Manhã* dedicam ao espetáculo são minuciosas. Fica-se sabendo que o espetáculo começou após as 22 horas e terminou após as 24 horas, mas o presidente Vargas não se ausentou, aplaudindo de pé o elenco, como toda a plateia, até que Viriato Correia viesse ao palco.

A crítica de Mário Nunes, responsável pela coluna "Teatro" do *Jornal do Brasil*, é particularmente valiosa por ressaltar pontos fortes e também os fracos. Para ele, todos os seis quadros em que se dividia a peça eram interessantes:

---

[34] *Correio Paulistano*, 14 jul. 1939, p. 7.

"Em Viriato Correia, autor dramático, o teatrólogo sobrepuja o historiador, sofrendo um e outro, claramente, a influência do educador." Mas, a virtude e o vício estavam próximos:

> *Tiradentes* começa e termina por quadros em que uma professora, rodeada de crianças, narra o que foi essa página da história pátria [...]. É o que gostamos menos na peça. O tom em que se acha escrita dispensa tal moldura, prejudicial à emoção pelo seu caráter didático.[35]

Talvez Viriato tenha ouvido o comentário de Nunes, pois, no texto da peça, publicado em 1941, com ilustrações de Porciúncula, não há essa cena, o que permite supor que ela foi suprimida (Correia, 1941). De toda a forma, a trajetória da peça no Rio replicou os aplausos recebidos em São Paulo, valendo registrar que houve sessões vesperais nas duas cidades e que, em ambas, os secretários de Educação se interessaram em comprar locações para serem distribuídas entre estudantes.[36] O caráter cívico-pedagógico do "bom teatro histórico" foi uma tônica das observações dos jornalistas e críticos teatrais: "O teatro histórico, feito assim, vale a pena, porque, acima de histórico é artístico; dá à história uma nobreza, que talvez ela não tenha tido, na realidade, mas que precisa ter, na noção fundamental de todo cidadão e de todo patriota [...]."[37] Como se pode observar, o articulista detecta uma questão historiográfica clássica e complexa – a das relações entre história e memória –, pontuando como a arte, quando de qualidade estética, podia emprestar emoções à narrativa história. Se esta não tinha "na realidade" tal "nobreza", era preciso que se socorresse de outras narrativas, capazes de despertar os sentimentos necessários à criação de cidadãos patriotas. Dito de outra forma, a construção de memórias históricas exige conhecimento e emoção para a produção de coesão social e cultural, um dos principais móveis do nacionalismo do Estado Novo.

---

[35] *Jornal do Brasil*, 18 nov. 1939, p. 11.
[36] *Jornal do Brasil*, 7 dez. 1939, p. 6.
[37] *Correio Paulistano*, 21 out. 1939, p. 11.

The party is over: o DIP

Quando as celebrações do cinquentenário da República e dos dois anos do Estado Novo chegaram ao fim, o ministro Francisco Campos voltou a usar o telégrafo para agradecimentos. Entre os telegramas, um foi endereçado a Lourival Fontes, diretor do DNP, que muito trabalhou, cobrindo todos os eventos pelos serviços de radiodifusão e realizando filmagens.[38] O DNP era, então, subordinado ao Ministério da Justiça, porém em dezembro de 1939 seria transformado no Departamento de Imprensa e Propaganda (DIP), ficando diretamente vinculado à Presidência da República, o que lhe dava muito mais prestígio e força. As atividades do DIP, entre 1940 e 1945, mostram como a propaganda do Estado Novo mobilizou a cultura brasileira e, especificamente, a história do Brasil, investindo na publicação e distribuição de livros, discos, filmes etc. para serem divulgados dentro e também fora do país. Internacionalmente, o ano de 1939 começou com o *Correio da Manhã* noticiando, em janeiro, a adesão da Hungria ao pacto anticomunista e a satisfação de Berlim com o fato que comprovava que "o século presente não pertencerá aos carrascos vermelhos de Moscou".[39] Em dezembro, acabou com o *Correio Paulistano* anunciando, "O orçamento de guerra francês para 1940", comprovação de que as hostilidades não iriam encontrar o governo desprevenido. Havia confiança de que a nação francesa sustentaria "o esforço heroico do exército e a preparação à vitória de amanhã".[40] Duros tempos, em que a vitória custou muito e o amanhã descortinou o inimaginável.

Referências

CAPELATO, Maria Helena. *Multidões em cena:* propaganda política no varguismo e no peronismo. São Paulo: Papirus, 1998.

CARVALHO, José Murilo de. *A formação das almas:* o imaginário da República no Brasil. São Paulo: Companhia das Letras, 1990.

---

[38] *Correio da Manhã*, 9 dez. 1939, p. 2.
[39] "O pacto anticomunista". *Correio da Manhã*, 15 jan. 1939, p. 9.
[40] "O orçamento de guerra francês para 1940". *Correio Paulistano*, 27 dez. 1939, p. 3.

CATROGA, F. Ritualizações da história. In: TORGAL, L. R., MENDES, J. A.; CATROGA, F. (Ed.). *História da história em Portugal (séculos XIX e XX)*: da historiografia à memória histórica. Lisboa: Temas e Debates, 1998.

_____. *Nação, mito e rito*: religião civil e comemoracionismo. Fortaleza: Ed. Nudoc-UFC, 2005.

CHARTIER, Roger. *A história ou a leitura do tempo.* Belo Horizonte: Autêntica, 2015.

CORREIA, Viriato. *Tiradentes:* comédia histórica com 3 atos e 7 quadros. Música de Villa-Lobos e ilustrações de Porciúncula. Rio de Janeiro: Gráfica Guarany, 1941.

FICO, Carlos. *Reinventando o otimismo:* ditadura, propaganda e imaginário social no Brasil. Rio de Janeiro: FGV Ed., 1997.

FRAGA, André Barbosa. *Os heróis da pátria:* política cultural e história do Brasil no governo Vargas. Curitiba: Prismas, 2005.

GIRARDET, Raul. *Mitos e mitologias políticas.* São Paulo: Companhia das Letras, 1987.

GOMES, Angela de Castro. *História e historiadores:* a política cultural do Estado Novo. Rio de Janeiro: FGV Ed., 1996.

_____. Cultura política e cultura histórica no Estado Novo. In: ABREU, Martha; SOIHET, Rachel; GONTIJO, Rebeca (Org.). *Cultura política e leituras do passado*: historiografia e ensino de história. Rio de Janeiro: Civilização Brasileira, 2007. p. 43-64.

_____. Nas gavetas da história do Brasil: ensino de história e imprensa nos anos 1930. In: FERREIRA, Marieta (Org.) *Memória e identidade nacional.* Rio de Janeiro: FGV Ed., 2010. p. 31-58.

KOSELLECK, R. *Futuro passado:* contribuição à semântica dos tempos históricos. Rio de Janeiro: Contraponto, 2006.

LAVABRE, Marie-Claire. De la notion de mémoire à la production des mémoires collectives. In: CEFAÏ, Daniel (Dir.). *Cultures polítques.* Paris: PUF, 2001.

MOTTA, Marly. *A nação faz 100 anos*: a questão nacional no centenário da independência. Rio de Janeiro: FGV Ed., 1992.

OLIVEIRA, Lúcia L.; VELLOSO, Mônica P.; GOMES, Angela de Castro. *Estado Novo*: ideologia e poder. Rio de Janeiro: Zahar, 1982.

PANDOLFI, Dulce (Org.). *Repensando o Estado Novo.* Rio de Janeiro: FGV Ed., 1999.

PARADA, Maurício. *Educando corpos e criando a nação*. Rio de Janeiro: Ed. PUC, 2009.

POLLACK, Michel. Memória, esquecimento e silêncio. *Estudos Históricos,* Rio de Janeiro, FGV Cpdoc, v. 2, n. 3, p. 3-15, 1989.

SOCIEDADE E ESTADO

3. Os comunistas, os militares e o Estado Novo

Marly de A. G. Vianna

Introdução

O Brasil não será o único, mas é um dos países em que os militares tiveram maior participação na vida política nacional. Podemos buscar as raízes dessa participação nem tanto na importância do Exército em seus primórdios (vamos considerar, a partir da Guerra do Paraguai) mas na fraqueza da sociedade civil.[1] Uma sociedade escravista, cujo povo não tinha voz – e quando se manifestava era violentamente reprimido –, cuja política era realizada por e para os grandes senhores de terra e, mais tarde, também por grandes senhores da indústria, quase toda ela internacionalizada.

O Exército não só foi, durante muito tempo, um instrumento dos donos do poder como adquiriu o caráter de uma corporação mediadora de conflitos, assumindo o poder quando os civis – os verdadeiros donos do poder – divergiam o suficiente para que nenhum dos lados tivesse forças suficientes para vencer a disputa. Desde sempre a classe dominante brasileira não esteve disposta a dar voz aos de baixo e muito menos tolerar suas reivindicações. Foi assim nos movimentos nativistas e pela independência, nas chamadas inconfidências, nas revoltas regenciais. O massacre de Canudos e a destruição

---

[1] Frank MacCann (2007:14) considera que sendo o Exército, no final do século XIX, a única instituição nacional, tornou-se central a partir da República, em 1889.

do Caldeirão[2] são exemplos da disposição dos donos do poder em relação aos subalternos na sociedade.

Com o processo de industrialização, a parte mais significativa das camadas médias urbanas, letrados e armados, foram os militares. Cristalizou-se nas Forças Armadas a ideia de que eram os militares os guardiões do bem e da moral pública, os únicos patriotas e incorruptíveis. Não foram poucas as vezes que se manifestaram politicamente pelas armas, em motins e revoltas, a maioria deles localizados. Outras vezes, tiveram papel fundamental na vida do país: a República resultou de um golpe armado; o movimento de 1930, que inaugurou a chamada Segunda República, resultou de outro golpe militar; em 1932 houve a Guerra Paulista, tentando derrubar o governo; em novembro de 1935 ocorreram também insurreições militares. Foram eles a base de sustentação para a implantação do Estado Novo e também o elemento principal na tentativa do golpe de maio de 1938.[3]

Não é de se estranhar que os comunistas dessem aos militares um destaque especial. Baseados nas ações dos tenentes em 1922 e 1924, consideravam-nos fundamentais para a revolução social, como elementos verdadeiramente nacionalistas e democráticos.

O Partido Comunista do Brasil (PCB) foi fundado em 25 de março de 1922 por militantes vindos do anarquismo, ligados ao sindicalismo revolucionário. Desde o início, as dificuldades dos jovens comunistas foram grandes. Não só seu número era muito pequeno como, fora alguns grupos operários, a sociedade não tomou conhecimento de sua existência. Como costumava dizer Astrojildo Pereira Duarte Silva, de início os comunistas só eram conhecidos deles mesmos e da polícia. Sua militância se deu quase todo o tempo na ilegalidade. Fundado em março, em julho daquele ano, por ocasião da revolta do Forte de Copacabana, foi posto na ilegalidade.

Numa primeira fase de sua existência, seus militantes procuravam ligar-se às lutas concretas do movimento operário e buscavam aliados para suas lutas. Analisando a correlação das forças sociais e tendo em vista as lutas tenentistas,

---

[2] Caldeirão foi o movimento cujo líder foi o beato Lourenço, a quem o padre Cícero concedera terras e que organizou uma comunidade em que todos trabalhavam e dividiam com igualdade os frutos de seu trabalho. Foi, por várias ocasiões, perseguido e as comunidades foram destruídas.
[3] Sobre as insurreições de maio de 1938, ver Vianna (2018).

os comunistas passaram a considerar que a Revolta do Forte de Copacabana, em 1922, representava uma primeira tentativa revolucionária e a de São Paulo, em 1924, uma segunda eclosão da revolução. A partir dessa apreciação, pensavam que em breve ocorreria uma terceira revolta e seria preciso preparar-se para ela. Para isso, no final de 1927, uma reunião do Comitê Central (CC) resolveu entrar em entendimentos com o líder da Coluna Invicta, Luiz Carlos Prestes, a fim de estabelecer as bases para uma pretendida aliança com os tenentes, mantendo-se a independência dos dois grupos. O PCB dava como certo um próximo movimento insurrecional do qual queria participar como dirigente político, tendo os tenentes como seu braço armado. Consideravam os tenentes uma pequena burguesia revolucionária e, por isso, seria importante realizar a unidade de ação entre essa camada da sociedade e o movimento operário.

Por outro lado, a luta armada nunca esteve fora das cogitações do PCB, e o sucesso dos jovens tenentes, o prestígio do Cavaleiro da Esperança faziam com que os comunistas previssem uma potente frente única com eles para a tomada do poder. O partido procurou, então, a direção do movimento tenentista para propor-lhes

> um trabalho preparatório paralelo e convergente, desde já, do Partido e do Comando Militar Revolucionário, estabelecendo-se um mínimo de ligação estreitamente controlada entre as duas direções; representação do Partido no Estado-Maior Revolucionário durante a luta; armamento do proletariado e formação de unidades proletárias de combate [Brandão, 1982:47].

Em junho de 1929, foi realizada em Buenos Aires uma Conferência dos Partidos Comunistas da América Latina, que marcou o início da interferência direta da Internacional Comunista (IC) na vida partidária, negando uma política ampla de frente única e condenando a iniciativa dos comunistas brasileiros de aproximação com os tenentes. Julles Humbert-Droz, representante da Internacional Comunista na conferência, criticou as pretendidas ligações do PCB com Prestes, o que não impediu que, mal acabada a reunião, a delegação brasileira procurasse o líder da coluna para apresentar uma proposta de unidade.

Leôncio Basbaum, que era membro da direção do PCB, foi ao encontro de Prestes. Recebido por ele, Siqueira Campos e Juarez Távora, Basbaum apresentou um programa para discussão que obteve uma contraproposta dos tenentes:

voto secreto, alfabetização, justiça, liberdade de imprensa e de organização e melhorias para os operários (Basbaum, 1978:70). Mas não houve consequências: os tenentes não estavam interessados em aliança com os comunistas e, por outro lado, a pressão da IC sobre o partido desmantelou a direção que estava interessada na ligação com os jovens militares. Astrojildo Pereira foi logo depois expulso do partido e Octávio Brandão não sustentou a luta.

Não é demais salientar a forte impressão que as lutas tenentistas deixavam no partido. Foi sob o impacto do movimento revolucionário paulista de 1924 que Otávio Brandão, sob o pseudônimo de Fritz Mayer, escreveu seu famoso *Agrarismo e industrialismo* (Mayer, 1926), que influiu na política partidária até o final da década, sempre em volta de uma esperada terceira revolta. Mas os contatos com os tenentes não frutificaram, e tal aliança só ocorreria em 1935.

As relações do PCB com Prestes foram simpáticas até 1929, como vimos. Mas depois das mudanças ocorridas na vida partidária, com a intervenção direta da IC, o partido passou a atacar os tenentes e, com especial virulência, Luiz Carlos Prestes, apesar de, no seu Manifesto de Maio de 1930, o líder dos tenentes declarar que aderia às ideias comunistas. Mas continuou a ser rejeitado pelo PCB. Exilado em Buenos Aires, Prestes foi procurado por um dos dirigentes da IC, Abraham Guralsky (o "Rústico"), contato que acabou em um convite para que o líder da coluna fosse trabalhar em Moscou. Aceito o convite, Prestes embarcou com a família para a capital soviética, de onde só retornaria ao Brasil em abril de 1935. Por aqui, continuava a ser rejeitado pelo PCB. No mês de outubro, quando Prestes embarcava para Moscou, a *Revista Comunista* publicou duas cartas, uma delas do Birô Sul Americano da IC (BSA) ao PCB, analisando as posições de Prestes depois do Manifesto de Maio:

> A luta contra o prestismo, contra o trotskismo e contra qualquer outra ideologia pequeno burguesa deve continuar sendo reforçada. Mas, nessa luta, Luiz Carlos Prestes já se coloca ao lado do PCB. [...] Estimados camaradas, nossa tarefa deve ser agora a de aproveitar o passo político de Luiz Carlos Prestes, dada a sua importância, para o reforçamento ideológico e orgânico do PCB.[4]

---

[4] "Luiz Carlos Prestes faz uma declaração que, por vários aspectos, tem grande importância" (Carta del BSA de la IC al CC a los CCRR del PC de Brasil)" (*Revista Comunista*, Buenos Aires, p. 51, out. 1931). CCRR são comitês regionais (N. do A.).

Mas nada de ser aceito nas fileiras do partido. Em um manifesto do PCB, publicado no mesmo número da *Revista Comunista*, apesar de se considerar que Prestes avançara e que sua ida para Moscou era uma espécie de autocrítica por seus erros, de sua vontade de passar "do caudilhismo pequeno-burguês ao campo da revolução proletária",[5] o partido continuou negando autorização para que o líder da coluna nele ingressasse (Prestes só seria admitido no PCB por ordem da IC, em agosto de 1934).

Não foi somente a empolgação pelas revoltas de 1922 e 1924 que aproximava os comunistas dos tenentes. Cada vez mais, aqueles consideravam que a revolução só ocorreria por meio da luta armada, o que reforçava o apelo aos militares. Referindo-se a esse período, disse Lauro Reginaldo da Rocha, o Bangu, membro da direção partidária:

> Nunca surgiu em nossas fileiras, nessa época, qualquer ilusão ou veleidade no que concerne à conquista do poder por vias pacíficas ou eleitorais. Algum que preconizasse a tomada do poder pelas massas populares por outro caminho que não fosse pela luta armada cairia no ridículo.
>
> Nós já estávamos com o espírito preparado, estávamos com o espírito já evoluindo com aquela ideia: um partido comunista, um partido revolucionário, ele tem que trabalhar é para libertar o povo. E libertar como? Só quando o povo tem armas. Não víamos outro caminho.[6]

Isso fez com que se intensificasse o trabalho nos meios militares. Se Prestes era rejeitado, os militares eram considerados os principais aliados nas grandes lutas que, segundo os comunistas, se aproximavam. A direção do partido falava em "solicitar e mesmo procurar o apoio de oficiais do Exército que quisessem se aliar ao proletariado".[7] Além de colocar a luta armada na ordem do dia, a direção do PC considerava o grupo potencialmente mais revolucionário da sociedade aquele formado pelos que chamava de "militares progressistas". Teoricamente, a classe operária continuava a ser dita como a única força

---

[5] "Nossas posições ante a declaração de Prestes: manifesto do PCB" (*Revista Comunista*, Buenos Aires, p. 59-61, out. 1931).
[6] Rocha (1987). Ver também Rocha (s.d.).
[7] PCB. *A Classe Operária*, Rio de Janeiro, ano IX, n. 160, abr. 1934.

revolucionária da sociedade capitalista, mas era entre os militares que o PCB concentrava sua atuação. Em 1929, sob a coordenação de Leôncio Basbaum, foi criado o Comitê Antimilitar, conhecido como "Antimil", para o trabalho dentro das Forças Armadas.

O trabalho nas Forças Armadas: o "Antimil"[8]

No final de 1929, o partido resolveu criar um Comitê Militar Revolucionário, para estreitar contatos com "oficiais envolvidos em conspirações e estar alerta para o momento em que se iniciasse a "terceira explosão revolucionária" e participar dela com armas nas mãos, se possível com formações paramilitares que deveríamos organizar" (Basbaum, 1978:73).

Ao mesmo tempo, organizou-se o Comitê Antimil. Leôncio Basbaum, encarregado do trabalho, mantinha contato com os escalões mais baixos das Forças Armadas, principalmente marinheiros e fuzileiros navais (Basbaum, 1978:74). O trabalho "antimil" obteve bastante êxito. O setor militar não fora atingido pelas lutas internas na época, conseguindo uma continuidade privilegiada entre as demais frentes de atuação do PCB. Por evidentes questões de segurança, o Comitê Antimil era mantido à parte na estrutura partidária, o que preservou o setor e permitiu que tivesse um crescimento significativo, tornando desproporcional a relação entre a força política do partido e sua organização nos meios militares.

Havia também um ambiente propício à receptividade do trabalho do partido nas Forças Armadas, pelo imenso entusiasmo com o tenentismo e especialmente com a Coluna Prestes. Ao mesmo tempo, as decepções com o movimento de 1930 faziam voltar as esperanças de continuação das lutas que vinham sendo travadas desde o levante do Forte de Copacabana. A partir de 1922, o que havia de progressista, democrático e em certo sentido revolucionário nas Forças Armadas estava ligado ao movimento tenentista. Os dois anos e pouco de marcha da coluna cimentaram a admiração pelos tenentes,

---

[8] Este item é um resumo – e ao mesmo tempo uma ampliação – de parte do capítulo 2 de meu livro *Revolucionários de 1935: sonho e realidade* (Vianna 2011).

criando um verdadeiro mito em torno da figura de Prestes. Mesmo depois do rompimento com os tenentes, o encanto não foi quebrado e Prestes não foi identificado com o PCB, conservando em torno de sua pessoa o grande prestígio que conquistara na liderança da coluna.

Com a vitória de 1930, os chefes tenentistas que nela se engajaram incorporaram-se ao governo e criaram sua própria organização: o Clube Três de Outubro.[9] No governo provisório, "ser tenente e pertencer ao Clube Três de Outubro foi, durante alguns meses, muito mais importante do que ser general ou fazer parte do Ministério" (Peixoto, 1960:79). Mas o desencanto com a revolução, entre boa parte dos meios militares, desacreditou a ala tenentista de Juarez Távora e mostrou que Prestes tivera razão em denunciar a ligação espúria dos tenentes com os políticos da Aliança Liberal. Os tenentes desiludidos, que não se acomodaram na carreira ou em postos do governo, queriam continuar a luta, mantendo um ambiente de fermentação política que facilitava a criação de bases do partido nas Forças Armadas.

No período de 1930 a 1935, foram inúmeros os movimentos de protesto, reivindicatórios ou insurrecionais, nas Forças Armadas. Militares de esquerda e de direita conspiravam, em todos os escalões, com uma ideia comum a todos eles: eram os únicos capazes de organizar um governo que resolvesse os problemas da nação.

Um grupo militar que influenciaria decisivamente os acontecimentos de l935 era o de oficiais e cadetes partidários do tenentismo e dispostos a *regenerar* (era o termo que empregavam) o movimento de 1930. Muitos dos alunos, por exemplo, que cursavam a Escola Militar de Realengo e que pouco sabiam da existência do partido comunista eram simpáticos ao tenentismo e entusiastas admiradores de Luiz Carlos Prestes.

---

[9] Com a negativa de Prestes de apoiar o movimento de 1930, e tendo renunciado a seu papel de comandante dos tenentes, quem assumiu o posto foi o então coronel Góis Monteiro.

Personagens importantes no trabalho nas FFAA

Apolônio de Carvalho, então tenente,[10] recorda-se da época:

> Os tenentes foram, verdadeiramente, a expressão irradiante dos anseios de liberdade de uma grande massa de nosso povo, que já começava a pensar politicamente. Eu sou de uma cidadezinha de 10 mil habitantes, no Pantanal: Corumbá. O que foi a chegada da Coluna, em 1926, a Puerto Soares, na Bolívia, em frente a Corumbá, o rebuliço que deu no mundo dos professores, dos jornalistas, dos adolescentes como nós... foi muito sério! [Carvalho, A., 1988].[11]

José Gutman, tenente como Apolônio, viveu a mesma experiência: "Eu não tinha nenhuma relação com o PC. Apenas eu era daquele resto de tenentismo, já tinha sido muito influenciado pelo tenentismo, desde o Colégio Militar" (Gutman, 1988).[12]

O Comitê Antimil desenvolveu grande atividade na Escola Militar. Lá, o recrutamento inicial não era feito diretamente para o partido, mas para duas organizações a ele vinculadas: a Juventude Comunista ou o Socorro Vermelho.[13]

Por volta de 1930, 1931, o cadete Amilcar Besouchet – irmão de Augusto Besouchet, membro do CC – fazia proselitismo entre seus colegas. Foi por meio dele que Francisco Leivas Otero,[14] por suas convicções anti-imperialistas, aproximou-se do partido. Por sugestão de Amilcar, começaram a trabalhar

---

[10] No final da II Guerra Mundial, Apolônio recebeu as mais altas condecorações, tanto da Espanha quanto da França, por sua luta contra o nazifascismo.

[11] Apolônio recebeu as mais altas condecorações de guerra dos governos da França e da Espanha por sua participação na luta antinazista.

[12] Gutman participou ativamente, como aliancista, no levante do 3º RI.

[13] O Socorro Vermelho Brasileiro, filiado ao Socorro Vermelho Internacional, foi criado no Brasil no final de 1923, início de 1924. Era conhecido pela sigla MOPR, de suas iniciais russas: Miegidunaródnaia Organizátzia Pômochi Rievolutzioniéram (Organização Internacional de Ajuda aos Revolucionários).

[14] O relato do trabalho do partido na Escola Militar foi feito com base na entrevista de Leivas Otero (1988) à autora. Militante do PCB, foi quem iniciou o levante de 27 de novembro no 3º Regimento de Infantaria (RI).

no sentido de formar uma célula da Juventude Comunista (JC) na escola, contando logo com a adesão de outro cadete, Ivã Ribeiro.[15] Organizado o grupo, seus membros passaram a ter contatos com o PCB por intermédio de um operário, Nepomuceno, membro do CC e do Comitê Antimil. Era a única ligação que tinham com o partido, e, por meio dela, recebiam materiais da JC e do PC. A partir daí foram ampliando o trabalho na escola e conseguindo agrupar vários simpatizantes.

A célula era bastante ativa e procurava desenvolver, como diziam os militantes da época, um "trabalho de massas", isto é, voltado para os problemas mais sentidos pelos cadetes. Chegaram até mesmo a dirigir greves na escola, e Leivas Otero recorda-se de pelo menos três: a primeira, em 1932, por ocasião do Movimento Constitucionalista de São Paulo, quando o governo tentou desarmar a escola, temendo que esta se levantasse em apoio aos paulistas. Nessa ocasião "encabeçamos um movimento contra o desarmamento da escola", conta Otero (1988). A segunda, por volta de 1933, foi em torno do problema mais sentido pelos cadetes: a boia (alimentação). E a terceira, esta com grande repercussão, foi a greve de 800 cadetes, em 1934, contra ordens dadas pelo comandante da escola, general José Pessoa. "Foram movimentos de massa, que conseguiram grande adesão, porque havia ainda muito daquele sentimento tenentista e popular dentro do Exército" (Otero, 1988). A célula realizava também tarefas fora da escola:

> Fazíamos todo o trabalho que era exigido de uma célula do Partido: pichações de muros [...]. Tínhamos um mimeógrafo, chamado reco-reco, no qual nós imprimíamos materiais que espalhávamos por Realengo. E botávamos bandeiras vermelhas, nas datas do partido, bandeiras vermelhas nos fios, com aquela aranha [Otero, 1988].[16]

Quanto à formação política, reuniam-se para estudar os materiais do partido e obras de Lênin e de Stalin, principalmente.

---

[15] Ivã Ribeiro foi um dos principais dirigentes do levante na Escola de Aviação. Era de uma turma anterior à de Leivas Otero, de quem viria a ser cunhado.
[16] Aranha é um dispositivo de arame enrolado, jogado para prender nos fios as faixas que se quer colocar.

O setor antimil firmou-se rapidamente na Escola Militar, na Escola de Aviação Militar (EAM)[17] e na Vila Militar, mantendo ainda ligações em quase todos os quartéis e navios.

Quando Leivas Otero saiu aspirante, em dezembro de 1933, passou da JC para o partido, que já tinha nessa época um efetivo razoável dentro da Escola Militar. Junto com Leivas, terminaram o curso Alberto Bomilcar Besouchet e Lamartine Coutinho. Estes dois últimos foram servir em Recife, onde já se encontrava o capitão Otacílio Alves de Lima – foram os três únicos oficiais a participar do levante de novembro de 1935 na capital pernambucana.

Leivas Otero foi servir no 2º Batalhão de Caçadores (BC), em Niterói, onde ficou todo o ano de 1934. Então, por sugestão do partido, conseguiu sua transferência para o 3º Regimento de Infantaria, não tendo dificuldades em obtê-la, pois contou com a ajuda de seu irmão, Augusto Leivas Otero, que era secretário de Getúlio Vargas. O PC, dada sua perspectiva insurrecional, tinha grande interesse em construir partido no 3º Regimento, porque este

> era um corpo de tropa muito importante, do ponto de vista militar: era uma unidade bem armada, bem dotada, sempre com os efetivos completos [...] e, inclusive, porque dava guarda no Palácio Guanabara. [...] Então, era importante, do ponto de vista insurrecional, a gente ter no 3º RI um bom trabalho. E havíamos previsto que, caso houvesse um movimento, iríamos fazê-lo coincidir com algum de nós no serviço de guarda de palácio [Otero, 1988].

Agliberto Vieira de Azevedo, um dos dirigentes do levante de 1935 na EAM, entrou para a Escola Militar do Realengo em 1927, já se dizendo favorável ao socialismo. Em 1929, Agliberto passou para a EAM, saindo oficial no final do ano e ficando como instrutor no Campo dos Afonsos. Foi lá que se filiou ao Socorro Vermelho, passando também a contribuir financeiramente para *A Classe Operária*, o jornal do partido. Junto com ele, estavam dois outros jovens oficiais: Benedito de Carvalho e Sócrates Gonçalves da Silva, que também seriam, em 1935, dirigentes do levante na EAM. O elemento de ligação entre o PC e os militantes da EAM era o major Carlos da Costa Leite,

---

[17] Naquela época a Aviação era uma arma do Exército, e os que desejavam segui-la iam para o Campo dos Afonsos depois de cursar os dois primeiros anos na Escola Militar de Realengo.

de quem recebiam materiais que, depois de lidos, colavam pelas paredes e muros do quartel.

Ivã Ribeiro, que vinha, como vimos, de militância política desde a Escola Militar, chegou ao Campo dos Afonsos para terminar seu curso no final de 1931. Sabedor dos contatos de Agliberto com Odilon Machado e Costa Leite, foi procurá-lo, e organizaram juntos, em 1932, uma célula do partido. Dinarco Reis também participava da célula e Carlos B. França, seu cunhado, se não chegou a filiar-se ao partido, atuava com os comunistas. Os dois eram sargentos da Aviação, promovidos a tenentes por terem participado da Revolução de 1930.

Benedito de Carvalho entrou para o Colégio Militar em 1922. Seu pai, que participava da política em Mato Grosso,

> era um apaixonado por Prestes. E minha cidade teve um papel de destaque, esteve inserida na historia da Coluna Prestes, porque formou-se lá um grupo de pessoas de esquerda – a começar pelo prefeito da cidade, e meu pai estava nisso – que dava dinheiro para a coluna. E eu vivia esse clima o dia inteiro [Carvalho, B., 1988].

Benedito – o Bené, como ficou conhecido – aproximou-se do movimento revolucionário antes de ter ouvido falar no Partido Comunista. Conta que ao entrar para o Colégio Militar já havia lido tudo o que se referia à Revolução Russa, consolidando suas simpatias socialistas por influência de professores do colégio. Em 1929, foi para a Escola Militar e iniciou seus contatos com o PC, filiando-se, como os outros, ao Socorro Vermelho e contribuindo para o jornal comunista. Para Bené, a organização do partido na escola deveu-se ao trabalho de Ivã Ribeiro: "Ele era dois anos mais moço que eu, mas era, do ponto de vista político, mais avançado. Ivã é que foi o grande organizador. Era um homem com grande vontade revolucionária, um agitador, sobretudo um grande agitador" (Carvalho, B., 1988).

Sócrates Gonçalves da Silva aproximou-se do partido por suas preocupações com as injustiças sociais e o racismo. Na Escola de Aviação foi contatado por Agliberto de Azevedo e começou a ler vários materiais marxistas, entre os quais *Lo Stato Operaio*, do PC Italiano, que muito o impressionou. Um dia, Agliberto apresentou-o ao major Costa Leite e este lhe disse:

"Você precisa se organizar, porque trabalhando organizadamente você trabalha com mais segurança. [...]". E então, muito bem, eu resolvi me organizar. Mas me organizei não como membro do Partido e sim como simpatizante. Era um simpatizante organizado e fazia parte de uma das células da EAM [Silva, 1988].

Da célula da escola, Sócrates recorda-se de Ivã Ribeiro, "que seria assim o nosso secretário político. Tinha o Agliberto, havia um cabo, Joselito Borges Rios. O Dinarco pertencia a outra célula, não era da nossa" (Silva, 1988). Havia três células no campo: duas de oficiais e uma da Escola de Sargentos. José Homem Correia de Sá (1988), que a cursava na época, conta que, no final de 1934, dos 98 cabos que faziam o curso, 18 estavam organizados no partido. "Ali, naquele curso de cabos e sargentos, tinha gente muito boa, muito boa mesmo. Nosso êxito na atividade do partido na escola foi, em grande parte, por causa dessa organização lá" (Azevedo, 1988).

As células da EAM eram muito ativas, sendo inclusive responsáveis pela edição do jornalzinho *Asas Vermelhas* (mais adiante falaremos mais detalhadamente sobre os jornais). Agliberto Vieira de Azevedo trabalhava junto com Ivã Ribeiro na confecção do jornal e de outros materiais de propaganda e nos conta:

> Ivã criou uma espécie de imprensa clandestina. Era um lugar mais ou menos ermo, numa casa – eu não sei como é que o Ivã arranjou aquela casa – que estava sempre vazia quando nós íamos trabalhar lá. Íamos ele, eu e mais uns dois, para fazer nosso jornalzinho [Azevedo, 1988].

Sócrates Gonçalves diz que o grupo pouco discutia sobre a situação política do país:

> Toda a nossa atividade chamada política era desvinculada da política nacional, era só negócio de União Soviética. Tínhamos um jornal chamado *Asas Vermelhas*, escreviam-se artigos radicalíssimos! Eu mesmo escrevi um artigo que era uma verdadeira demência de radicalismo. Era "cultivar o mais generoso ódio de classe contra os oficiais" [...] era esse o ambiente [Silva, 1988].

Como em Realengo, as atividades do partido não se restringiam à Escola:

Botávamos bandeiras vermelhas em frente ao quartel, durante a noite; distribuíamos o *Asas Vermelhas* debaixo dos travesseiros dos soldados [...] E pichávamos paredes. Pichamos a delegacia, lá em Marechal Hermes, fizemos no muro uma bruta inscrição do Partido Comunista [...] O nosso trabalho era de agitação e propaganda, mas sem ligação imediata com a política, era principalmente de agitação [Silva, 1988].

O grupo comunista da Escola de Aviação acabou sendo conhecido de seus colegas que, se não tinham certeza de sua filiação partidária, pelo menos desconfiavam. Conta Agliberto de Azevedo (1988) que frequentemente "os oficiais jogavam na minha cara: 'Como é, Agliberto, você não sabe como é que está esse jornalzinho *Asas Vermelhas*? Você não participa aí?' E eu respondia: 'Vocês estão fazendo o quê? Provocação?'"

Benedito de Carvalho também se recorda da situação: "O Agliberto era um tipo destacado, conhecido, e nesse sentido nós erramos barbaramente! Todos nós éramos conhecidos! E isso ficou bem claro no 27 de novembro" (Carvalho, B., 1988).

A política do partido de concentrar sua atenção em determinadas unidades, como no 3º RI, vinha desde o início do trabalho "antimil". Benedito de Carvalho, ao sair aspirante em dezembro de 1932, foi convidado pelo general Eurico Gaspar Dutra para servir em Mato Grosso, como comandante da base de lá, proposta que interessava a Bené, tanto do ponto de vista profissional quanto familiar. "Mas, com um sectarismo dos demônios eu disse não, porque a orientação do partido era ficar aqui" (Carvalho, B., 1988).

Na Vila Militar também havia bases do partido, cujos encarregados eram os tenentes Soveral Ferreira de Souza e Paulo Machado Carrion, ambos servindo no Batalhão de Transmissões, mas pouco se sabe de suas células.

A imprensa antimil

Na década de 1930, o partido tinha vários jornais para as Forças Armadas: o *União de Ferro* (que em suas primeiras edições chamou-se *Triângulo de Ferro*) era distribuído no Rio de Janeiro e o *Sentinela Vermelha*, em São Paulo. Circulavam também *O Marujo Vermelho* e *A Âncora*, para a Marinha de Guerra e a Marinha Mercante, respectivamente. Havia ainda jornais de responsabilidade das células do partido, como o *Asas Vermelhas,* que circulava na Escola de Aviação Militar, *O Soldado Comunista, O Infante Vermelho*. Como reconheceram mais tarde os responsáveis pelos jornais, apesar de tratar dos interesses dos militares, em especial dos subalternos, o linguajar era extremamente violento.

O número 147 do *União de Ferro* apresentava uma plataforma de luta para soldados e marinheiros, reivindicações que valiam para todos os militares subalternos. Seu não atendimento e a defesa que delas faziam os oficiais comunistas e aliancistas explicam a grande participação de sargentos, cabos e soldados nos levantes de 1935. Seus principais itens eram: melhoria do soldo, das gratificações e da boia; tratamento médico garantido; fornecimento, lavagem e reparo do fardamento por conta do quartel; direito de os praças se casarem; direito de votar e ser votado; anulação da continência obrigatória fora de serviço; direito de andar à paisana e "liquidação das exigências humilhantes do regulamento militar". Pedia-se ainda a diminuição dos vencimentos dos oficiais superiores, liberdade de palavra, reunião, organização, manifestação e direito de ler a imprensa operária, suspensão dos conselhos de guerra e, por fim, "a organização de conselhos de soldados e marinheiros para fiscalizarem as aplicações dessas medidas".[18]

O jornal dedicava duas páginas à correspondência dos quartéis e navios. "Patifaria e canalhismo" era o título de um comentário sobre a situação dos praças na Escola Militar, e seu conteúdo mostra-nos bem não só o ambiente que precedeu a greve contra o comandante da escola como o clima nos quartéis. Alguns trechos são ilustrativos. Os praças viviam

> sob um revoltante regime de opressão e exploração, a canalha agaloada, dirigida pelos patifes Zé Pessoa e Ten. Mauro, não satisfeita em desviar para os próprios bolsos vultuosas [sic] quantias, como a dos 107 contos de réis paga pelo Ministro da Guerra para as famílias dos soldados, agora deixa explorar vergonhosamente aquelas praças pelo indesejável ladrão Amorim, que mantém na Extra uma arapuca, onde vende a preços fantásticos gêneros alimentícios completamente podres e de ínfima qualidade num boteco onde a falta de higiene é um fato e a mesquinhez é a mais acentuada. [...] a pobre praça tem numerosa família que depende unicamente de seu mísero

---

[18] PC. Seção Brasileira da Internacional Comunista (SBIC) nas corporações armadas. *União de Ferro*, Rio de Janeiro, ano VI, n. 147, fev./mar. 1934.

ordenado. Entretanto, o canalha Zé Pessoa, para comemorar a própria promoção a general (ganha à custa de roubos e patifarias), desperdiça dezenas e dezenas de contos de réis para tomar porres de champanha com os demais lacaios de sua laia e respectivas amantes.[19]

Os praças não deveriam se iludir, mas lutar com operários, marinheiros, camponeses e soldados de outras unidades contra a "canalha de galão", seguindo o caminho apontado pelo Partido Comunista.[20]

O clima era insurrecional. Em julho de 1935 o jornal do partido conclamava: "Povo do Brasil, às armas! Por pão, terra e liberdade!" – "Pão, terra e liberdade!" era a consigna da Aliança Nacional Libertadora (ANL). Era um manifesto lançado pela direção do PCB e amplamente difundido entre os militares. No manifesto apareciam como forças decisivas da revolução os marítimos, da Marinha Mercante e da Marinha de Guerra, os operários dos transportes, os camponeses e o "proletariado em geral".[21]

O mesmo número do jornal analisava o papel do Exército na luta de libertação nacional:

> Apavorados com o crescimento diário da consciência anti-imperialista, antifeudal e antifascista das massas proletárias e populares, de que as forças armadas, como parte do povo, não estão isentas, as camarilhas dominantes, por intermédio do governo de Getúlio e seus paus-mandados mandam vigiar, prender, maltratar, transferir e excluir sumariamente soldados, cabos e sargentos que se manifestem contra o ignominioso regime atual.[22]

Por fim, conclamava:

> Luiz Carlos Prestes, chefe indiscutível da Aliança Nacional Libertadora, não é somente o maior entre os maiores soldados do Brasil revolucionário, símbolo das tradições revolucionárias democráticas de nossas forças armadas e do nosso povo secularmente oprimido e explorado mas sim, desde já, É O CHEFE DE NOSSO EXÉRCITO

---

[19] Ibid.
[20] Ibid.
[21] Povo do Brasil, às armas!. *A Classe Operária*, n. 151, p. 3, jul. 1935.
[22] O Exército e a luta pela libertação nacional. *A Classe Operária*, n. 151, p. 4, jul. 1935.

POPULAR ANTIIMPERIALISTA QUE, JUNTO E À FRENTE DO POVO TODO ACABARÁ COM O ATUAL REGIME [...] E INSTAURARÁ UM GOVERNO NACIONAL POPULAR REVOLUCIONÁRIO QUE DARÁ ÀS MASSAS PÃO, TERRA E LIBERDADE.[23]

Os comunistas, desde os movimentos tenentistas, da Coluna Prestes, depois de novembro de 1935 mas, principalmente, depois da adesão de Prestes ao comunismo, insistiam na ideia de que o Exército era *símbolo das tradições revolucionárias democráticas de nossas forças armadas e do nosso povo*, ideia que só se desfez depois de 1964.

O editorial do nº 152 de *A Classe Operária* mostrava o caminho da revolução nacional libertadora. Depois de analisar a situação do país, dominado pela chamada camarilha feudal-burguesa a serviço do imperialismo, voltava a conclamar à luta por um governo popular nacional revolucionário, com Prestes à frente, e acrescentava que esse governo, elevando o nível das massas, criaria

> as condições objetivas e subjetivas para a passagem a novas etapas do desenvolvimento da Revolução Brasileira, a passagem para a conquista do Governo Soviético, isto é, dos Conselhos de Operários, Camponeses, Soldados e Marinheiros e à construção do socialismo.[24]

O *Sentinela Vermelha* circulava em São Paulo, como vimos. O editorial do primeiro número dizia:

> Proletários dos quartéis e das divisões!
> Alertemo-nos contra a exploração, a escravidão e a humilhação a que criminosamente estamos subjugados por leis e regulamentos infames!
> Desmascaremos impiedosamente os cínicos agaloados e chefes, capangas profissionais dos ricaços nacionais e estrangeiros, que tentam ludibriar-nos em nome de uma "pátria" que só para eles é benigna, pois ganham parasitariamente contos de réis, gozando de todos os direitos e de todas as regalias![25]

---

[23] Ibid., p. 4, destaque no original.
[24] O caminho da revolução nacional libertadora. *A Classe Operária*, n. 152, ago. 1935.
[25] De pé!. *Sentinela Vermelha*, São Paulo, ano I, n. 1, ago. 1934.

Em agosto de 1935, a propósito da aproximação das comemorações do Dia do Soldado (em 25 de agosto), um folheto distribuído nos quartéis protestava contra o que afirmavam ser uma festa hipócrita:

O "Dia do Soldado" significa para nós ordem unida até dizer chega, debaixo de sol, marchar debaixo das vistas do beberrão Come Rama, da corja integralista dos pés de poeira Salvador, Polielo, Paladini, Bragança, Odílio, Tourinho, etc. O "Dia do Soldado" é xadrez devido a passo errado e outras mixarias É o boletim do canalha Ivo Borges e seu parceiro Eduardo Gomes nos chamando de "meus camaradas"! É um bom almoço com porre para os oficiais e a "boia melhorada" no rancho das praças![26]

E sugeria começar a luta contra os opressores mencionados acima, conclamando:

Neguemos a fazer física de madrugada no Regimento!
Esculhambemos o canto orfeônico até acabar com ele!
Limpemos nossos fuzis para a luta pelo Governo Popular Nacional Revolucionário com nosso companheiro Luiz Carlos Prestes à frente!
Todo poder à Aliança Nacional Libertadora!
VIVA O PARTIDO COMUNISTA DO BRASIL!
Uma célula do Partido Comunista nas Forças Armadas.[27]

Apesar do linguajar virulento, as denúncias eram verdadeiras e os artigos calavam fundo na tropa. No segundo semestre de 1935, um panfleto do partido terminava dizendo:

Colegas, nosso lema deve ser: PÃO, TERRA E LIBERDADE.
    Pão, SIM! Com pão mataremos a fome de nossos filhos. TERRA, sim! Com a terra tornaremos a nossa pátria livre. LIBERDADE, sim! Com a liberdade nós abraçaremos o culto que quisermos.
    Colegas, soldados, cabos, sargentos, suboficiais revolucionários, nosso lugar é ao lado do povo. Desse povo que sofre e passa fome, que vê os seus lares invadidos pela

---

[26] Abaixo a hipocrisia do dia do soldado!!!. Folheto do PCB, ago. 1935.
[27] Ibid. Destaque no original.

polícia da desordem social, que vê seus sindicatos invadidos e depredados. Este povo não pode esperar mais, ele vai para a rua, para as barricadas e conta com o nosso apoio para organizar UM GOVERNO POPULAR NACIONAL REVOLUCIONÁRIO, COM LUIZ CARLOS PRESTES à frente, LUIZ CARLOS PRESTES é o nosso comandante! APOIEMOS POIS AS LUTAS DOS NOSSOS IRMÃOS PAISANOS, DESDE A GREVE ATÉ A INSURREIÇÃO.[28]

Chama a atenção o fato de ser exigida a liberdade de culto! Na mesma época, um grupo de oficiais se manifestava:

É preciso que o Exército se levante como um só homem contra os abusos dessa panelinha de integralistas e defenda com a mesma energia e coragem que já demonstrou em tantas ocasiões, não só seus direitos como cidadãos brasileiros como os direitos e os interesses de todo o Povo brasileiro oprimido e explorado pelos magnatas estrangeiros!
ABAIXO OS PLANOS TENEBROSOS DOS INTEGRALISTAS JOÃO GOMES E PANTALEÃO!
VIVA O POVO E O EXÉRCITO BRASILEIRO!
"Um grupo de oficiais"[29]

Outro panfleto analisava a situação do país, que considerava catastrófica e terminava:

Só há um meio para sairmos dessa situação. É apoiardes um governo popular, constituído pelos próprios soldados, operários e camponeses, um governo que acabe com a exploração dos trabalhadores, dos pobres pelos ricos, dos humildes pelos poderosos. Soldado! Abrace teus irmãos trabalhadores do Brasil!
VIVA O GOVERNO POPULAR NACIONAL REVOLUCIONÁRIO!
VIVA LUIZ CARLOS PRESTES!
TRABALHADORES DE TODO O BRASIL – UNI-VOS![30]

---

[28] Militares! Reajamos contra as ordens absurdas de João Gomes. Folheto do PCB, sem data (entre julho e novembro de 1935). Destaque no original.
[29] Ao Exército e ao povo brasileiro!. Folheto do PCB, sem data (entre julho e novembro de 1935). Destaque no original.
[30] Soldado do Brasil! Leia isto que lhe interessa!. Folheto do PCB, de 1º de novembro de 1935. Destaque no original.

Transcrevo todo o folheto que respondia à reação desencadeada depois dos acontecimentos do Dia do Soldado para que se tenha uma ideia melhor do linguajar usado na época, a que se referiu o capitão Sócrates:

ABAIXO A REAÇÃO
A TODOS OS MILITARES DA AVIAÇÃO!

A distribuição de boletins em muitos quartéis, desmascarando toda a hipocrisia do "Dia do Soldado", serviu de parte para a canalha reacionária de generais, coronéis e lacaios desencadearem o mais podre e covarde ódio de classe sobre a massa dos soldados, cabos e sargentos!

Na Aviação Militar, em especial na Escola, a reação, tateando no escuro, não tendo por onde pegar, caiu em cima de dezenas de praças pelo motivo apenas das mesmas estarem tirando serviço de 24 para 25. Nossos companheiros foram mandados para o xadrez e depois levados a presença do repelente cão de fila Come Rama, para responder inquérito debaixo da maior opressão. O corneteiro de dia disse que tinha visto um homem botando boletins: "Seu capitão, não sei se era soldado, sargento ou oficial. Era assinzinho como o senhor. Magro, comprido, louro, vermelho". Come Rama ficou safado. Passaram o dia todo chamando gente. Foi gente assim, que nem era vida. A massa, que cumpriu na exata a nossa palavra de ordem de esculhambar com a festa de opressão e hipocrisia, comentou o dia inteiro a festa, os boletins e o inquérito. Só se ouvia dizer: "Chi... está uma banda danada!" E todo mundo se ria.

No fim de tudo, companheiro, não se apurou nada. Desenganados de arranjarem qualquer coisa com o tal de inquérito, Ivo Borges, Come Rama, Salvador, Bragança, Odílio, Melanide, Guaycurú, toda a cambada integralista vendida aos exploradores do povo brasileiro, organizaram um grande plano para pegar os comunistas e acabar com essa praga dentro da Aviação. Este plano, companheiros, é mais um canalhismo que está sendo despejado sobre toda a massa a fim de serem expulsos nossos companheiros mais revoltados. É um plano de mais opressão, de mais xadrez, mais instrução, mais cantoria orfeônica, mais humilhações! Tem também uma parte secreta que todo mundo já sabe. Chamaram cinco tiras da Ordem Social para dedar e farejar de dentro do quartel, como se ninguém logo não visse quem é que eles são. Os espiões do porco serviço de espionagem que todo mundo conhece foram mandados vigiar a Escola, principalmente depois do expediente. As escadas de toda as Cias. *estão vigiadas.*

Finalmente, os cães vira-latas da reação foram todos mandados ficar de orelha em pé, desde Ivo Borges e Come Rama até Otacílio, Guaycurú e Bragança!

Camaradas! O PARTIDO COMUNISTA DO BRASIL, o nosso Partido, o Partido que luta dia e noite pela nossa libertação da vida de cachorro que levamos dentro dos quartéis, pela libertação de todo o povo brasileiro das garras do imperialismo estrangeiro e dos grandes fazendeiros, sempre cuspiu e cospe na cara da reação e de todos os seus planos terroristas! Vivemos oprimidos e explorados como toda a massa dentro da caserna, das fábricas e no campo, lutando debaixo da mais sanguinária ilegalidade, nós comunistas NÃO RECUAMOS UM SÓ PASSO DIANTE DA CARETA PUSTEMADA DA REAÇÃO POLICIAL E INTEGRALISTA! Dispomos aos maiores sacrifícios para libertar nossa Pátria escravizada das unhas dessa camarilha tripa forra à custa da miséria do povo trabalhador; boçal, ignorante, incapaz, viciada, exploradora!

No momento atual, quando em todo o país se agrava a situação de fome, miséria, doença e escravidão das massas populares, quando toda a população se levanta para derrubar o podre regime em que vivemos, chamamos toda a massa de soldados, cabos, sargentos e oficiais inferiores honestos a se mobilizar contra os arreganhos dos exploradores do povo e seus lacaios militares!

Companheiros! Aproxima-se a hora dos combates decisivos!

Vamos todos unidos ao caminho revolucionário de luta por PÃO, TERRA e LIBERDADE!!!

Lutemos de armas nas mãos pelo GOVERNO POPULAR NACIONAL REVOLUCIONÁRIO!!!

Todo o Poder à ALIANÇA NACIONAL LIBERTADORA, organização de frente-única pela libertação nacional!

Viva o PARTIDO COMUNISTA DO BRASIL (seção da I.C.).

Uma célula do PCB nas Forças Armadas.[31]

Depois dos levantes

Depois da derrota dos movimentos armados de novembro de 1935, o PCB teve como principal preocupação, senão a única, a sobrevivência da direção partidária.

---

[31] Abaixo a reação!. Folheto do PCB, de 7 de novembro de 1935. Destaques no original.

As perdas no setor militar foram imensas, pode-se dizer que quase que totais, porque não só os membros do partido nas Forças Armadas foram presos como – e principalmente – o foi a imensa maioria dos militares que apoiaram o golpe de novembro, fossem ou não membros da ANL. E estes foram a maioria.

Apesar de no início de 1936 a direção partidária falar de união nacional, naquela época tratava-se de uma frente única especificamente contra o governo Vargas. Houve discordâncias dentro do partido e alguns militantes protestaram. A direção foi firme:

> Dizer que "o PC perderia sua integridade como P. de classe do proletariado..." Será porque o PCB está disposto a fazer todos os esforços para que a sucessão presidencial se processe sem efusão de sangue e que seja verdadeiramente democrática a eleição do sucessor do Monstro?
>
> Com o exemplo da França e da Espanha, em que os Partidos Comunistas participaram em blocos que estão governando, sem ter atingido essas posições pelas armas, vemos que eles não deixaram de ser Partidos Comunistas. Ao contrário, são verdadeiros Partidos Comunistas, que representam as aspirações do povo e do proletariado de seus países.
>
> Essa ideia do camarada X é a mesma dos anarquistas do princípio deste século, condenando a participação do POSDR na revolução burguesa e do parlamentarismo burguês. Teoricamente, essa ideia representa o esquecimento dos princípios do marxismo (Lenin, *Duas Táticas*) [Arariboia, 1936].

Somente em 1938, depois da implantação do Estado Novo, a direção do partido começou a expressar uma nova posição política. Até então estivera denunciando a repressão e o governo "fascista-imperialista" de Vargas. Uma nova posição, aprovada pela IC e logo a seguir por Prestes, foi a do partido União Nacional. O partido começou falando em uma frente única popular de salvação nacional que, a partir de 1938 e do avanço do fascismo no mundo, começou a ampliar-se para transformar-se no apelo a uma verdadeira união nacional, na qual o senhor Osvaldo Aranha estava incluído. Deu-se também algum crédito ao próprio ditador:

> No momento em que o povo tinha os olhos fixos em seus dirigentes, aguardando deles uma resposta à insólita ameaça de Hitler, as palavras do Sr. Osvaldo Aranha ecoaram simpática e entusiasticamente não só no Brasil mas em todos os países da América.

> O Partido Comunista apoia sem reservas a atitude do Sr. Osvaldo Aranha e chama todas as forças políticas, todo o povo a fazer o mesmo. Entretanto, se é verdade que as palavras do Sr. Osvaldo Aranha refletem os *anseios da ala democrática do atual governo* e do povo, entretanto ele não é o presidente da República. É preciso que o Sr. Getúlio Vargas fale. Toda a imprensa e governos da América, todos os governos e povos democráticos do mundo secundam a *nossa imprensa liberal*, manifestam-se solidários com o Brasil. Por que só *o nosso presidente* cala?[32]

E então mostra-se claramente a posição do PCB diante de Vargas, o conteúdo da União Nacional:

> Diante de tão graves apreensões, quando as primeiras escaramuças da intervenção fascista já ensanguentaram o solo brasileiro, a tarefa da união de todo o povo, de toda a Nação brasileira num só bloco impõe-se como coisa urgente e decisiva.
>
> Por isso o Partido Comunista – que desde há muito vinha conclamando a necessidade dessa frente nacional – *não vacilou um minuto em levar o seu apoio ao governo da República no combate ao fascismo, desfraldando a bandeira da anistia, das liberdades democráticas*. E em qualquer emergência os comunistas saberão ocupar o seu posto sem ver nisso um favor, mas apenas o cumprimento consciente do seu dever.
>
> E é esse o caminho que apontamos a todo o povo brasileiro, nessa hora em que o fascismo ameaça destruir pela guerra e pelo saque a civilização e o progresso que a humanidade vem construindo através dos séculos.[33]

Durante o Estado Novo, logo que a direção do PCB conseguiu se estabilizar – quer dizer, garantir certa segurança (seria toda presa em maio de 1940) – passou a falar em União Nacional pela democracia, união esta que tentou incorporar membros do governo. E depois da declaração de guerra do Brasil ao Eixo, o PCB passou a apoiar claramente o próprio ditador. Além de declarar, em abril de 1944, acreditar sinceramente nas promessas democráticas

---

[32] A atitude do senhor Osvaldo Aranha e a posição do PCB. *A Classe Operária*, São Paulo, ano XIII, n. 207, abr. de 1938. Grifos meus.
[33] A intentona integralista de 11 de maio. *A Classe Operária*, Rio de Janeiro, ano XIII, n. 217, jul. 1938. Grifo meu. Na ocasião, os oficiais presos na Ilha Grande, pelo 27 de novembro, escreveram uma carta solidarizando-se com Vargas pelo atentado que sofrera no Palácio Guanabara.

de Vargas, Prestes escreveu, ainda na prisão, da qual só seria libertado com a anistia de abril de 1945:

> Compreendemos, no entanto, que os homens do governo, *naturalmente preocupados com a manutenção da ordem e da disciplina*, receiem as consequências da democracia no país, depois de tão longo período de censura à imprensa e de limitações de toda ordem às mais elementares liberdades populares. Ao chefe da Nação e *aos homens honestos que o cercam* não são certamente desconhecidas as arbitrariedades cometidas por muitos de seus prepostos nestes tristes anos de ditadura, nem as prevaricações que se escondem ainda sob o negro manto da censura, *e cuja revelação neste instante poderia ser perigosa para a própria estabilidade do governo* [Prestes, 1944:55-56, grifos meus].

Como conclusão

O PCB conseguiu, nesses anos de trabalho nas Forças Armadas, construir bases ou manter contatos em quase todas as unidades militares, tanto no Exército e na Aviação quanto na Marinha. Mas as lutas nos quartéis e nos navios ou resultavam em pequenas e isoladas conquistas ou eram logo reprimidas com violência.

O trabalho "antimil" esteve sempre prejudicado pelo unilateralismo em sua avaliação. Por suas características estanques e conspirativas, tanto as informações que vinham de unidades militares quanto sua transmissão à direção do partido ficavam nas mãos de poucas pessoas que, em geral, faziam um julgamento tão otimista quanto subjetivo da situação. Qualquer descontentamento nos quartéis ou navios era tomado como "espírito revolucionário" de toda a guarnição, alimentando as fantasias do PC. Formou-se na direção nacional a ideia de que havia uma grande desagregação nas Forças Armadas e que seria fácil mobilizar as unidades militares para uma revolução por ela – direção partidária – comandada.

O surgimento da Aliança Nacional Libertadora, a adesão que recebeu de grande número de militares, a chegada de Prestes ao Brasil e sua participação na luta consolidaram, na direção do PCB, a opinião de que bastaria uma ordem sua, respaldada pelo Cavaleiro da Esperança, para que todos a seguissem.

Esse erro de avaliação custou muito caro ao partido. Até novembro de 1935, a interpretação pelo PCB dos acontecimentos nacionais e da disposição revolucionária popular só fez aumentar as ilusões em sua própria força. O partido confundia os militares nacionalistas (e portanto, anti-imperialistas) com os militares revolucionários; via os que estavam a favor da reforma agrária (para o desenvolvimento industrial, capitalista do país) como se concordassem com a revolução socialista.

A crença nas posições essencialmente democráticas das Forças Armadas durou até 1964. Mesmo nos momentos mais difíceis para o partido – depois do novembro de 1935 e durante todo o Estado Novo – ele contava principalmente com os militares, o que acabou por ser um fator de desmobilização do PCB que, bem ao estilo tenentista, esperava movimentos de quartel ou pronunciamentos de oficiais superiores para a mobilização da população civil. A revolução anti-imperialista, pela reforma agrária, e pela democracia – uma revolução nacional-libertadora – foi a predicada pelo PCB até 1964.

Creio que a explicação para isso se deveu à fraqueza do Partido Comunista entre os operários. A falta da base operária – fundamental para sua própria existência como partido que falava e atuava em seu nome –, somada à pouca compreensão teórica do socialismo, levou a que os militantes comunistas se voltassem para os militares. Afinal, como dizia Prestes, era muito mais fácil construir o partido entre os militares do que entre a classe operária.

Referências

ARARIBOIA: O PCB não deixará de ser o PCB. *A Classe Operária*, ano XII, n. 206, dez. 1936.

AZEVEDO, Agliberto Vieira de. *Entrevista à autora*. Rio de Janeiro, jun. 1988.

BASBAUM, Leôncio. *Uma vida em seis tempos*: memórias. 2. ed. São Paulo: Alfa Omega, 1978. v. 1.

BRANDÃO, Otávio. A aliança da vanguarda com a pequena-burguesia. In: CARONE, Edgar. *O PCB, 1922-1943*. São Paulo: Difel, 1982. v. 1.

CARONE, Edgar, *O PCB, 1922-1943*. São Paulo: Difel, 1982. v. 1.

CARVALHO, Apolônio de. *Entrevista à autora*. Rio de Janeiro, jun. 1988.

CARVALHO, Benedito de. *Entrevista à autora*. Rio de Janeiro, jun. 1988.

CARVALHO, José Murilo de. *Forças Armadas e política no Brasil*. Rio de Janeiro: Jorge Zahar, 2005.

CASTRO, Celso. *Exército e nação*: estudos sobre a história do Exército brasileiro. Rio de Janeiro: FGV Ed., 2012.

GUTMAN, José. *Entrevista à autora*. Rio de Janeiro, jun. 1988.

MACCANN, Frank. *Soldados da pátria*: história do Exército brasileiro – 1889-1937. São Paulo: Companhia das Letras, 2007.

MAYER, Fritz. (Otávio Brandão). *Agrarismo e industrialismo*: ensaio marxista-leninista sobre a revolta de São Paulo e a guerra de classes no Brasil. Buenos Aires: [s.n.], 1926.

OTERO, Leivas. *Entrevista à autora*. Rio de Janeiro, jun. 1988.

PANDOLFFI, Dulce. *Da Revolução de 1930 ao golpe de 1937*: a depuração das elites. Rio de Janeiro: FGV Ed., 1987.

_____ (Org.). *Repensando o Estado Novo*. Rio de Janeiro: FGV Ed., 1999.

PEIXOTO, Alzira Vargas do Amaral. *Getúlio Vargas, meu pai*. Rio de Janeiro: Globo, 1960.

PEREIRA, Astrojildo. *Formação do PCB, 1922-1928*. 3. ed. São Paulo: Anita Garibaldi, 2012.

PRESTES, Luiz Carlos. *Problemas atuais da democracia*. Rio de Janeiro: Vitória, 1944.

ROCHA, Lauro Reginaldo da (Bangu). *Entrevista à autora*. Rio de Janeiro, 1987.

_____. *Entrevista à autora*. Rio de Janeiro, 1988.

_____. *Minha vida*: memórias. Rio de Janeiro, [s.d.], p. 69 (datilografado).

RODRIGUES, Fernando da Silva. *Militares, poder e sociedade*: tensões na história do Brasil republicano. Jundiaí, SP: Paco, 2017.

SÁ, José Homem Correia de. *Entrevista à autora*. Rio de Janeiro, jan. 1988.

SILVA, Sócrates Gonçalves da. *Entrevista à autora*. Rio de Janeiro, jun. 1988.

VIANNA, Marly de A. G. *Revolucionários de 1935*: sonho e realidade. 3. ed. São Paulo: Expressão Popular, 2011.

_____. Rebeliões integralistas, março e maio. In: VIANNA, Marly et al. (Org.). *Militares e política*. São Paulo: Expressão Popular, 2018.

4. A sociedade contra o Estado: OAB e Estado Novo

Marco Aurélio Vannucchi

Introdução

A partir de 1943, vários setores da sociedade civil organizaram-se para combater o Estado Novo. Como o Parlamento fora fechado; os partidos políticos, dissolvidos, e vigorava a censura à imprensa, as entidades civis apresentaram-se como o canal natural para a ação da oposição. Entre estas, encontravam-se a União Nacional dos Estudantes (UNE), a Associação Brasileira de Escritores, a União Democrática Socialista, a Liga de Defesa Nacional, a Sociedade Amigos da América, a Legião Cinco de Julho e a União de Trabalhadores Intelectuais. Malgrado suas distintas colorações ideológicas (que variavam do liberalismo conservador ao socialismo), essas entidades comungavam entre si o objetivo de pôr termo à ditadura estado-novista. No início de 1945, a frente oposicionista ganhou um partido político, a União Democrática Nacional (UDN), e um candidato à presidência da República, o brigadeiro Eduardo Gomes (Benevides, 1981:33-34, 37-38, 45).

Observe-se que a mobilização oposicionista era sustentada por setores das classes médias e dominantes. As organizações dos trabalhadores urbanos, destacadamente os sindicatos, alinhadas ao trabalhismo ou ao Partido Comunista do Brasil (PCB), permaneceram distantes da ação da oposição.

Apesar da presença de socialistas (como Paulo Emílio Salles Gomes), de comunistas que divergiam da linha oficial do PCB (como Caio Prado Júnior) e de dissidentes do Estado Novo (como Osvaldo Aranha) na formação da UDN, a espinha dorsal da coalizão oposicionista era o grupo liberal. Certidão de nascimento da oposição liberal ao Estado Novo, o "Manifesto dos Mineiros", divulgado em 1943, revelava a composição elitista do grupo e o conservadorismo de seu programa político. Reivindicando a tradição liberal brasileira, o documento fazia a defesa das liberdades civis, mas se calava quanto a outros temas de interesse popular, como a ampliação da participação política e a liberdade sindical. Entre os 92 signatários do manifesto, destacavam-se os bacharéis, que, em geral, trabalhavam como consultores jurídicos ou diretores de bancos (Benevides, 1981:34-36). Este é um aspecto que merece ser ressaltado. A oposição liberal recrutará largamente seus membros no meio jurídico. Prova disso é que, entre os signatários da lista de fundação da UDN, metade eram advogados (Benevides, 1981:28).

A ideia de elaboração do "Manifesto dos Mineiros" nasceu com a saída de integrantes da oposição liberal do II Congresso Jurídico Nacional, realizado em agosto de 1943, em comemoração ao centenário do IAB (Benevides, 1981:35; Dulles, 2001:37; Venâncio Filho, 1982:63; Carone, 1977:304-306). Em protesto contra a recusa do ministro da Justiça, Marcondes Filho, presidente do encontro, em permitir o debate de teses que criticavam o Estado Novo, alguns bacharéis abandonaram o evento. Entre eles estavam André de Faria Pereira, Adauto Lúcio Cardoso, Adolfo Bergamini e Pedro Aleixo, todos vinculados à Ordem dos Advogados do Brasil (OAB). A maioria deles fundaria a UDN, em 1945. O protesto dos bacharéis liberais no II Congresso Jurídico foi tema de debate no Conselho Federal, recebendo o apoio de conselheiros como Odilon Braga (ele próprio um integrante da oposição liberal) e Américo Mendes de Oliveira Castro, que propôs um voto de louvor pela atitude (Guimarães e Bessone, 2003:115).

O engajamento do Conselho Federal da OAB no combate ao Estado Novo

Ainda que seja necessário aprofundar o exame da atuação do Conselho Federal da OAB ao longo do Estado Novo (o que não faz parte do escopo deste trabalho), pode se afirmar que o organismo engajou-se na oposição ao regime apenas em 1944. O ingresso do Conselho Federal da OAB na luta contra o Estado Novo coincidiu com a ascensão à direção do órgão de um grupo de ilustres advogados, integrantes do núcleo de bacharéis liberais, que participariam, no ano seguinte, da criação da UDN. Afastados da política partidária desde a implantação do Estado Novo, esses advogados transformaram o Conselho Federal da entidade em trincheira de combate a Vargas. Num golpe branco, negaram a possibilidade de mais uma reeleição a Fernando de Mello Viana e alçaram Raul Fernandes ao posto de *bâtonnier* (Venâncio Filho, 1982:67). Membro da oligarquia cafeeira do estado do Rio, Fernandes – que se tornaria figura importante na UDN – era diplomata e político de projeção nacional (Carvalho, 1956). O principal articulador de sua candidatura foi o conselheiro federal Dario de Almeida Magalhães, pertencente à oligarquia mineira destronada pela Revolução de 1930 e um dos responsáveis pelo "Manifesto dos Mineiros". Magalhães também ingressaria na UDN (Miceli, 1996:581-582; Benevides, 1981:29, 37). Augusto Pinto Lima foi outra figura central da OAB durante os estertores do Estado Novo. Presidente da Seção do Distrito Federal da entidade, ele assumiu frequentemente a direção do Conselho Federal, em virtude das ausências de Raul Fernandes. Alinhado ao grupo liberal, Pinto Lima foi um dos oradores da sessão de fundação da UDN, em abril de 1945, ocasião em que discursou como representante do Conselho do Distrito Federal da OAB: "Não podemos votar com a Carta de 37. Não queremos eleições prostituídas e conspurcadas, como obséquio, como graça do Sr. Getúlio Vargas, através do Sr. Agamenon, esse bandoleiro do Direito" (Benevides, 1981: 25).

A eleição de Raul Fernandes provou que, mesmo num contexto adverso, os bacharéis liberais mantinham-se politicamente dominantes no interior da categoria profissional. No mesmo período, eles dirigiam, igualmente, a seção do Distrito Federal da OAB e o IAB, cujos presidentes eram, respectivamente, Pinto Lima e Haroldo Valadão. Outro argumento a reforçar a tese da hegemonia do grupo liberal sobre a elite dos bacharéis estados-novistas é a filiação partidária dos integrantes do Conselho Federal da Ordem em 1945. Naquele ano, ao menos quatro conselheiros federais eram filiados ao Partido Social Democrático (PSD): Romualdo Crepory, Elizabeto Carvalho (ambos pertencentes à delegação do Maranhão), Arino de Sousa Matos (representante do Rio de Janeiro) e Pedro Vergara (representante do Rio Grande do Sul). No entanto, com exceção de Romualdo Crepory, esses bacharéis participaram de apenas uma das 39 sessões do Conselho Federal realizadas naquele ano.

Crepory, por sua vez, esteve presente a quase um terço das sessões. Por outro lado, ao menos nove conselheiros federais em 1945 eram filiados à UDN: Adauto Lúcio Cardoso, Dario de Almeida Magalhães, José Augusto de Bezerra Medeiros, José Ferreira de Sousa, Oscar Stevenson, Osvaldo Trigueiro, Raul Fernandes, Nelson Carneiro e Antônio Carvalho Guimarães. Esses udenistas estiveram muito mais presentes que os pessedistas nas sessões do Conselho Federal de 1945.[1]

A presença maior da UDN (o partido, por excelência, dos bacharéis liberais) em relação ao PSD (a agremiação da elite estado-novista) no seio do Conselho Federal sugere uma relação de força, no final do Estado Novo, também favorável aos liberais no conjunto dos conselhos seccionais da OAB, que determinavam, na realidade, a composição do órgão máximo da OAB, ao nomearem os membros das delegações estaduais.

A militância antiestado-novista dos bacharéis liberais não se limitava ao Conselho Federal da Ordem; ela espraiava-se por outras instâncias da sociedade civil, como os jornais oposicionistas e a UDN. Todavia, mesmo depois que os partidos políticos foram reorganizados e a censura à imprensa arrefecida, a atuação oposicionista do Conselho Federal permaneceu importante no cenário político nacional, graças ao caráter da OAB como organismo representativo de uma categoria profissional de grande prestígio social e tradição de participação política.[2]

Com o acirramento dos embates entre Vargas e a oposição, alguns membros do Conselho Federal passaram a ser diretamente atingidos pela repressão política. Assim, em 6 de junho de 1944, o conselheiro federal da OAB e membro da oposição liberal, Adolfo Bergamini, comunicou ao Conselho Federal que, convidado a proferir uma conferência no Instituto dos Advogados da Bahia, fora agredido pela polícia baiana. Pronunciando-se sobre o ocorrido, o conselheiro federal Dario de Almeida Magalhães sublinhava que:

---

[1] Esses dados foram obtidos nas atas de reuniões do Conselho Federal da OAB em 1945 e nos repertórios biográficos consultados.
[2] Na moção contra o queremismo aprovada pelo Conselho Federal, o organismo reconhecia integrar uma frente política: "A coalização das forças preservadoras do Direito e da ordem jurídica, bem superiores às meras fórmulas e aparências da legalidade, impediu, porém que esse subversivo propósito [o adiamento das eleições presidenciais] fosse então atingido". CF-OAB. Ata de sessão do Conselho Federal, 18 set. 1945.

o agravo de que fora vítima o representante do Conselho do Distrito Federal [Bergamini] não envolvia apenas a sua pessoa, mas toda a classe dos advogados, porque realizar trabalhos de caráter doutrinário fazia parte da função do advogado, tal como regido pelo Regulamento da Ordem e pelo Código de Ética Profissional, de forma que o constrangimento de que fora alvo representava uma violência ao próprio desempenho dos deveres que incumbe à classe dos advogados.[3]

Em seguida, ele formulou uma proposta – unanimemente aprovada pelo Conselho Federal – para que fossem encaminhados protestos contra a violência policial de que Bergamini fora vítima ao presidente da República, ao ministro da Justiça e ao interventor federal baiano.[4]

Em episódios assemelhados ao que aconteceu na Bahia, recorrentes no ano de 1944, o Conselho Federal repetiu o argumento apresentado por Dario Magalhães: o governo violentava as prerrogativas profissionais dos advogados. Até o início de 1945, esta seria a arma com a qual a OAB atacaria o governo. Em meados de dezembro de 1944, a polícia do Distrito Federal ocupou e revistou o escritório do conselheiro federal Evandro Lins e Silva, que participaria da fundação da UDN na condição de integrante da Esquerda Democrática. Em sessão do Conselho do Distrito Federal da OAB, o advogado mineiro Sobral Pinto pediu medidas enérgicas contra o fato, por se tratar de violação do segredo profissional, "sagrado em todos os tempos, em todos os povos" (Guimarães e Bessone, 2003:117).

A mobilização do Conselho Federal pela defesa dos bacharéis liberais atingidos pela repressão do Estado Novo alcançou seu ápice com a prisão dos conselheiros federais Adauto Lúcio Cardoso e Dario de Almeida Magalhães, e de Virgílio de Melo Franco, Belarmino de Austregésilo de Ataíde e Rafael Correia de Oliveira, no final de 1944.[5] Um pedido de *habeas corpus*

---

[3] CF-OAB. Ata de sessão do Conselho Federal, 6 jun. 1944.
[4] Ibid.
[5] "Na sessão seguinte [do Conselho Federal da OAB], Augusto Pinto Lima comunicou aos presentes a prisão dos conselheiros Adauto Lúcio Cardoso e Dario de Almeida Magalhães, bem como os doutores Virgílio de Melo Franco, Belarmino de Austregésilo de Ataíde e Rafael Correia de Oliveira, não constando a existência de causa justificada dessas prisões, o que levou à convocação de sessão extraordinária para que se tomassem providências cabíveis e possíveis para a defesa dos presos. Informou ainda que, tendo se comunicado com o presidente do Conselho Federal, Raul Fernandes, este havia lhe delegado plenos poderes para a solução do caso" (Guimarães e Bessone, 2003:117).

foi impetrado junto ao Tribunal de Apelação do Distrito Federal em favor dos detidos. O documento foi assinado por 92 advogados encabeçados pelo presidente da OAB, Raul Fernandes (Carvalho, 1956:307).

Já no ano seguinte, um *habeas corpus* em favor de Armando Sales de Oliveira, Otávio Mangabeira e Paulo Nogueira Filho – todos notórios opositores do Estado Novo e fundadores da UDN – foi concedido pelo Supremo Tribunal Federal (STF). Mais uma vez, tratou-se de uma ação coordenada do grupo de bacharéis liberais visando alcançar repercussão pública. À frente dela, estiveram o ilustre professor paulista (e que se tornaria presidente da UDN de São Paulo) Valdemar Ferreira e o conselheiro federal da OAB Targino Ribeiro. O documento foi subscrito por mais de 500 advogados, entre os quais, Raul Fernandes (Carvalho, 1956:307). O grande número de signatários dos dois pedidos de *habeas corpus* sugere tanto capacidade organizativa por parte dos bacharéis liberais quanto um bom nível de adesão à sua causa no meio dos advogados.

Ainda no final de 1944, integrantes do grupo de bacharéis liberais denunciaram a interferência do interventor federal Benedito Valadares nas eleições para a seção estadual da OAB de Minas Gerais, que ocorreram em 1º de dezembro. Em carta dirigida ao presidente da OAB, Raul Fernandes, e datada do dia 30 de novembro, o conselheiro federal Sobral Pinto acusou Valadares de intimidar advogados e usar a máquina estatal para influenciar no resultado do pleito. Quando a denúncia de Sobral Pinto foi lida na sessão de 5 de dezembro do Conselho Federal, o bacharel liberal Pedro Aleixo já acusara o interventor mineiro de ingerência nas eleições da OAB mineira. Dias depois, em 9 de dezembro, o presidente substituto da seção de Minas Gerais da Ordem, Milton Campos, dirigiu-se aos representantes do estado no Conselho Federal (Dario de Almeida Magalhães, Odilon de Andrade e Alcino de Paula Salazar) para corroborar as denúncias de Sobral Pinto e Aleixo (Venâncio Filho, 1982:67; Dulles, 2001:297) Na carta, Milton Campos indicava explicitamente a responsabilidade de Valadares:

> O Governador do Estado planejou e realizou a mais franca e rude intervenção nesse pleito. Pessoalmente, organizou a lista de seus candidatos e por eles cabalou, dirigindo-se aos advogados eleitores, a muitos dos quais chamou ao Palácio para lhes pedir o voto. Pôs em campo os auxiliares da administração. Mobilizou banqueiros ligados ao Governo [Venâncio Filho, 1982:68].

Ademais, o presidente da OAB mineira procurou demonstrar que o ocorrido extrapolava o âmbito regional na medida em que a interferência de Valadares representava um ataque tanto à autonomia da Ordem em relação ao governo quanto à liberdade profissional do advogado (Venâncio Filho, 1982:68-69). Ao apreciar o caso, o Conselho Federal anulou as eleições de 1º de dezembro, nomeou uma diretoria provisória para a seção mineira e convocou um novo pleito.[6] Sem dúvida, a decisão representou uma vitória dos bacharéis liberais, reafirmando sua hegemonia no Conselho Federal e garantindo sua permanência na seção de Minas Gerais, estado no qual o grupo tinha uma de suas principais bases.

A ação oposicionista do Conselho Federal em 1945

No ano de 1945, aproveitando-se da liberalização política, o Conselho Federal da OAB dirigiu ataques crescentemente contundentes ao regime vigente. A entidade não mais se restringiu a atacá-lo pelo desrespeito às prerrogativas dos advogados. Alçou sua oposição ao governo a outro patamar, apresentando-a como realizada em nome da democracia e da tradição jurídica liberal. No último ano do Estado Novo, o Conselho Federal manifestou-se sobre os principais acontecimentos políticos do país, em especial em relação às iniciativas governamentais interpretadas como protelatórias do retorno à democracia. As posições do órgão nessas ocasiões estiveram plenamente afinadas com as assumidas pela UDN, formalmente organizada em abril de 1945.

O conselheiro Pinto Lima liderou a cruzada final da OAB contra Vargas, na qual o Conselho Federal manteve-se unido, aprovando unanimemente as moções oposicionistas propostas pelo seu presidente substituto. Assim, na primeira sessão do Conselho Federal de 1945, ocorrida no dia 26 de março, Pinto Lima fez aprovar uma moção em comemoração à "libertação política do país, que se verificou no glorioso dia 22 de fevereiro último".[7] Embora não explicitasse, é praticamente certo que se referisse à entrevista de José Américo de Almeida ao *Correio da Manhã*, que representou tanto uma vitória

---

[6] CF-OAB. Atas de sessões do Conselho Federal, 26 mar. 1945, 24 abr. 1945, 11 maio 1945.
[7] CF-OAB. Ata de sessão do Conselho Federal, 26 mar. 1945.

oposicionista contra a censura estado-novista à imprensa quanto um marco decisivo na organização udenista.

Pinto Lima voltou à carga no mês seguinte. Em sessão de 17 de abril, pediu ao Conselho Federal um voto de profundo pesar pela morte de Franklin Roosevelt. Os conselheiros, então, se colocaram em pé para a homenagem ao presidente norte-americano. Na moção apresentada, Pinto Lima destacou o papel de Roosevelt (chamado de "paladino da liberdade" e "dínamo da democracia") na vitória dos Aliados contra o Eixo. E, implicitamente, associou o combate ao nazifascismo à luta contra o Estado Novo:

> O Conselho Federal da Ordem dos Advogados do Brasil, nesta campanha do bem contra o mal, tem se mantido, na primeira linha, empunhando as armas da palavra, a fim de convencer a alma democrática nacional da necessidade da vitória contra as forças organizadas da prepotência, encarnadas nos governos totalitários, dominantes, mesmo em terras americanas.[...] Não medrará nas terras de Santa Cruz a erva daninha arrancada a tiros de canhão pelos homens, que juraram a paz, como sendo o resultado do sangue dos heróis derramado nos campos de batalha, verdadeira semente da democracia, pondo fim à tragédia da guerra.[8]

Se o decreto antitruste baixado por Vargas em meados de 1945 (batizado de *Lei Malaia*) consolidou a aproximação do presidente com os comunistas, ele também despertou forte reação da oposição liberal. Raul Fernandes e Sobral Pinto, pelos jornais, destacaram-se como críticos do decreto. Poucos dias depois de expedido o decreto antitruste, Pinto Lima e Sobral Pinto propuseram que o Conselho Federal consignasse em ata um veemente protesto contra o mesmo, aprovado por unanimidade. É verdade que os conselheiros autores da proposta a justificaram em nome da defesa da "ordem jurídica da Nação", supostamente contrariada pelo decreto, mas o posicionamento do Conselho Federal contra a medida desvelava convicções liberais (que repudiavam, portanto, a intervenção estatal na economia), compromissos com interesses do setor privado (incluindo os ligados ao capital estrangeiro) e receio de que se tratasse do primeiro passo para a socialização dos meios de produção (Dulles, 2001:344-345; Venâncio

---

[8] CF-OAB. Ata de sessão do Conselho Federal, 17 abr. 1945.

Filho, 2001).[9] Também o Conselho do Distrito Federal da OAB, por iniciativa de Pinto Lima, registrou em ata um protesto, aprovado por unanimidade, contra a Lei Malaia, sob o argumento de que o "decreto faz a ordem jurídica no Brasil regredir, constituindo um atentado contra a consciência do povo brasileiro". Engrossando o coro dos bacharéis contra o decreto, a Associação dos Advogados de São Paulo (Aasp) também o condenou.[10]

Como a UDN, o Conselho Federal da ordem sobressaltou-se com o queremismo. Pouco depois do lançamento do movimento, Pinto Lima "comunicou ao Conselho as cenas deprimentes que se passaram quando um bando político aos gritos de queremos Getúlio, apedrejou uma Faculdade de Direito, situada à rua do Catete".[11] Provavelmente, o fato a que se refere Pinto Lima ocorreu depois do comício queremista realizado no Largo da Carioca, no Rio de Janeiro, em 20 de agosto de 1945. Ao final do evento, os participantes, em passeata, dirigiram-se ao Palácio Guanabara. No caminho, apedrejaram estudantes da Faculdade Nacional de Direito que ostentavam propaganda do candidato Eduardo Gomes (Vale, 1978:119-122; Carone, 1977:333).

Na sessão realizada em 18 de setembro, o Conselho Federal aprovou uma moção antiqueremista apresentada por Pinto Lima. O organismo justificava sua tomada de posição quanto ao queremismo em função de seu "dever constitucional" de "defender a ordem jurídica do país". Fundamentalmente, a declaração defendia o cumprimento da legislação eleitoral decretada por Vargas no início do ano, recusando o adiamento das eleições presidenciais. Ao afirmar que o Parlamento a ser eleito em 2 de dezembro poderia se reunir como Assembleia Constituinte, a moção visava ao *slogan* queremista "Constituinte com Getúlio". O documento incluía uma defesa, de base liberal, da realização das eleições,[12] as quais, ao restabelecerem a soberania popular, afirmava a moção, restaurariam a legitimidade do poder político:

> Manifesta, pois, o Conselho a sua segurança de que o processo de redemocratização do país não sofrerá interrupções nem delongas e que, na data marcada, serão realizadas,

---

[9] Ver também CF-OAB. Ata de sessão do Conselho Federal, 26 jun. 1945.
[10] *O Jornal*, 28 jun.1945, seção, 2, p. 1.
[11] CF-OAB. Ata de sessão do Conselho Federal, 28 ago. 1945.
[12] CF-OAB. Ata de sessão do Conselho Federal, 18 set. 1945.

sem coações nem temores, as eleições que assegurem ao Brasil o restabelecimento do poder público em bases legítimas, a restauração da confiança e a fundação de um regime político de justiça social em que se harmonizem a autoridade e a liberdade.[13]

Finalmente, a moção apelava aos "órgãos representativos de todas as classes sociais" e, sobretudo às Forças Armadas, para que atuassem em favor da realização das eleições.[14] Em seguida à aprovação do documento, Sobral Pinto sugeriu que fosse dado conhecimento de seu conteúdo aos chefes militares, ao clero e às congregações operárias. Porém acabou por prevalecer a proposta do conselheiro udenista Nelson Carneiro no sentido de que o manifesto fosse publicado pela imprensa, endereçado "a todas as classes sociais e, especialmente, às Forças Armadas".[15] De fato, vários jornais cariocas noticiaram a sessão do Conselho Federal e reproduziram, parcial ou integralmente, o documento aprovado pelo organismo.[16]

A moção Pinto Lima angariou manifestações de apoio, especialmente entre os bacharéis. O Conselho Federal recebeu correspondências com esse teor da Associação Brasileira de Educação, entidade que também se encontrava engajada na luta contra o Estado Novo (Xavier e Cunha, 2001), do Conselho Seccional da OAB do Estado do Rio de Janeiro e do Instituto dos Advogados de Minas Gerais.[17]

No entanto, a moção do Conselho Federal da OAB foi contestada pelos queremistas. No dia 21 de setembro, o jornal *O Globo* publicou uma matéria assinada pelo Comitê Pró-Candidatura Getúlio Vargas, com sede na capital federal, com o título, impresso em letras garrafais "RESPOSTA À ORDEM DOS ADVOGADOS DO BRASIL". O anúncio trazia duas listas contrapostas. A da esquerda trazia o nome dos 21 conselheiros federais que tinham aprovado a moção de 18 de setembro. Embaixo da lista, havia um texto que pretendia resumir a moção do Conselho Federal: "Apelamos para o exército a

---

[13] Ibid.
[14] Ibid.
[15] Ibid.
[16] *Diário de Notícias*, 19 set. 1945, seção 1, p. 3; *Jornal do Commercio*, 19 set.1945, p. 3; *O Jornal*, 19 set. 1945, seção 1, p. 3.
[17] CF-OAB. Atas de sessões do Conselho Federal, 2 out. 1945, 9 out.1945; *Jornal do Commercio*, 26 set.1945, p. 4.

fim de que tome conhecimento desta nossa reunião de 21 advogados ilustres, ou seja, 21 cidadãos, para que, pela força, seja feita a nossa vontade". A lista da direita trazia o nome de 30 operários presentes a uma reunião convocada pelo Comitê Pró-Candidatura Getúlio Vargas, cuja deliberação era assim resumida: "Apelamos para a nação a fim de que, tomando conhecimento da nossa reunião de 30 cidadãos, sejam realizadas eleições, livres e honestas, para a Assembleia Constituinte". O anúncio terminava com o seguinte texto:

> Houve uma reunião na Ordem dos Advogados do Brasil, no Rio, na qual tomaram parte 21 advogados, ou seja, perante a nação, 21 cidadãos portadores de 21 votos. Houve também, no Rio, noutro local, uma reunião na qual tomaram parte 30 operários, ou seja, perante a nação, 30 cidadãos e, portanto, 30 votos. A nação, pelas urnas, não se fará representar nunca pela *qualidade* dos seus votos, porém, sempre, pela *quantidade*. Acreditamos que a moção lançada pela *Ordem dos Advogados* foi sobrepujada pela moção feita pelos 30 operários, portanto 30 votos são mais do que *21 votos*. Já que o que se quer é Democracia, que se faça no Brasil, a *verdadeira Democracia* [grifos no original].[18]

Assim, de maneira provocativa, os queremistas atacavam a pretensão dos conselheiros federais – explícita no manifesto de apoio dos bacharéis a Eduardo Gomes – de serem os intérpretes do interesse nacional e os defensores por excelência do bem comum. E, no fundo, a matéria questionava o caráter da democracia propugnada pelo Conselho Federal, sugerindo seu viés oligárquico.

A publicação de *O Globo* motivou Sobral Pinto a escrever a Roberto Marinho, proprietário do periódico, lamentando que tivesse aceitado publicar a matéria paga pelos queremistas. O advogado militante da oposição liberal, na carta, enaltecia Orlando Ribeiro Dantas, dono do *Diário de Notícias*, que se recusara a publicar a mesma matéria. Sobral Pinto dizia que esta continha "desrespeito, rasteiro e vulgar", à OAB. E qualificava de "interesses subalternos de uma facção revolucionária" os interesses por detrás do manifesto (Dulles, 2001:363).[19] Na sessão do Conselho Federal de 25 de setembro, Sobral Pinto solicitou – e os conselheiros anuíram – que sua carta a Marinho fosse trans-

---

[18] *O Globo*, 21 set. 1945, p. 5.
[19] Ver também *Jornal do Commercio*, 27 set. 1945, p. 3.

crita em ata.[20] Na mesma sessão, anunciou-se o recebimento de telegrama enviado pelo advogado Benigno Rodrigues Fernandes, de Nova Friburgo (Rio de Janeiro), protestando contra a aprovação, pelo organismo, da moção de 18 de setembro. Benigno Fernandes seria um dos signatários do protesto contra a atuação partidarizada do Conselho Federal publicado no diário *Tribuna Popular*, em 3 de outubro de 1945.[21] Numa tentativa de intimidação, Sobral Pinto solicitou que se oficiasse ao advogado fluminense, "interpelando-se sobre a espécie de autoridade que pretende recusar à Ordem".[22]

Na mesma sessão de 25 de setembro, Pinto Lima pronunciou-se, mais uma vez, sobre a situação política nacional, negando que a OAB atuasse partidariamente. Segundo o presidente da seção do Distrito Federal, a ação da ordem visava tão somente ao retorno do país à ordem constitucional. No seu discurso, Pinto Lima defendeu a repressão à campanha queremista, mostrando que a defesa que fazia das liberdades civis conhecia limites:

> Não se compreende que uma autoridade pública, de boa fé, permita o triste espetáculo de uma propaganda deletéria, pelo rádio, pela imprensa, pelas faixas e pelos comícios, com o fim criminoso de burlar o texto claro, insofismável da lei eleitoral, cânone jurídico, para nortear a futura ordem constitucional do Brasil livre.[23]

Finalmente, respaldando-se em pronunciamento do ministro da Guerra, Góis Monteiro, ele apelava para que as Forças Armadas garantissem o cumprimento da legislação eleitoral, com a realização das eleições parlamentares e para presidente da República.[24]

Num novo lance contra o queremismo, os bacharéis liberais, por meio do Conselho Seccional do Distrito Federal da OAB, encaminharam uma consulta ao Tribunal Superior Eleitoral (TSE) sobre o caráter do Parlamento a ser eleito em dezembro – se ordinário ou constituinte. A decisão do tribunal – de que o Parlamento, se assim deliberasse, poderia se reunir em Assembleia Constituinte – foi comemorada pelos bacharéis liberais, convencidos de que

---

[20] No entanto, não encontrei, na ata dessa sessão, a transcrição da referida carta de Sobral Pinto.
[21] *Tribuna Popular*, 3 out. 1945, p. 1-2.
[22] CF-OAB. Ata de sessão do Conselho Federal, 25 set. 1945.
[23] Ibid.
[24] Ibid.

haviam ganhado um importante argumento contra o queremismo (Dulles, 2001:363-364). Na sessão do Conselho Federal da OAB de 2 de outubro, o conselheiro Hariberto de Miranda Jordão comunicou que o TSE havia "aceito a tese defendida pelo Conselho acerca da competência constituinte do parlamento convocado, independentemente da necessidade de modificação da legislação vigente".[25] No dia 3 de outubro, o *Diário de Notícias* publicou uma entrevista com Sobral Pinto a respeito do tema, na qual afirmava:

> Nela [na decisão do tribunal] diviso a liquidação definitiva desta atoarda agitadora que se vem fazendo, com puros objetivos revolucionários, em torno da convocação da "Constituinte". Com a sua decisão, o Tribunal tirou à campanha em prol dessa Constituinte toda e qualquer justificação.[26]

Assim, Sobral Pinto acreditava que – ao demonstrar que a Constituinte já estava garantida pela legislação eleitoral vigente – os liberais desarticulavam uma das bandeiras do queremismo. Ainda no final de setembro, e antes da decisão do tribunal, a *Tribuna Popular* havia atacado a consulta encaminhada pela OAB do Distrito Federal ao TSE. O periódico comunista, ainda que propugnasse a convocação da constituinte, alegava que a legislação eleitoral em vigor previa apenas a formação de um Parlamento ordinário a partir das eleições de dezembro.[27]

Um pouco mais tarde, os jornais *Tribuna Popular*, *Folha Carioca* e *O Radical* (estes dois últimos comprometidos com o queremismo) divulgaram um novo protesto de advogados contra a moção de 18 de setembro do Conselho Federal da OAB (Dulles, 2001:364-365). A *Tribuna Popular* consagrou sua principal manchete de capa ao assunto: "Protestam advogados desta capital contra a intromissão do Conselho da Ordem em assuntos políticos".[28] Os signatários – pouco menos de 50 advogados, sendo a maioria militantes do foro carioca – acusavam a entidade de atuar partidariamente, e embora não nomeassem o partido favorecido pelo Conselho Federal, era claro que se referiam à UDN.[29]

---

[25] CF-OAB. Ata de sessão do Conselho Federal, 2 out. 1945.
[26] *Diário de Notícias*, 3 out. 1945, seção 1, p. 4.
[27] *Tribuna Popular*, 28 set. 1945, p. 3.
[28] *Tribuna Popular*, 3 out. 1945, p. 1-2.
[29] Ibid.

Mais uma vez, Sobral Pinto levantou-se em defesa da moção. Numa afirmação duvidosa, asseverou que, assim como ele, a grande maioria dos conselheiros federais nunca tinha sido "político de partido" ou "estado a serviço de qualquer facção política" (Dulles, 2001:363-365). [30] E defendeu a moção do Conselho Federal com o seguinte argumento: uma das obrigações regulamentares da OAB era defender a ordem constitucional; ora, o cumprimento da legislação eleitoral contribuía para se fazer com que o país entrasse na ordem constitucional.[31]

Apesar do sólido apoio de que gozava no interior da categoria profissional, o grupo liberal, nos últimos meses do Estado Novo, teve de enfrentar questionamentos sobre sua condução no Conselho Federal da Ordem. A resistência ao engajamento oposicionista do organismo originava-se de advogados esquerdistas (a matéria do *Diário de Notícias* que divulga a defesa de Sobral Pinto à moção do Conselho Federal de 18 de setembro diz que os signatários do manifesto divulgado pela *Tribuna Popular* eram membros do PCB[32] – o que é bastante factível) e que não pertenciam à elite da profissão. De todo modo, os questionamentos alcançavam repercussão pública e força suficiente para obrigar o Conselho Federal a defender sua ação.

Em 10 de outubro, Vargas, por meio do Decreto-Lei nº 8.063, alterou a legislação eleitoral, antecipando as eleições estaduais para o dia 2 de dezembro de 1945, mesma data em que seriam eleitos o novo presidente da República e os membros do Congresso Nacional. O efeito previsível da antecipação era o favorecimento dos candidatos oficiais, beneficiários das máquinas das interventorias federais nos estados. Os partidos de oposição (UDN, Partido Republicano e Partido Libertador) condenaram veementemente a medida (Vale, 1978:151-154; Almeida Júnior 1981:238, Skidmore, 1976:76-77).

A manobra de Vargas radicalizou a posição do Conselho Federal da OAB, convencido de que a redemocratização do país passava pela deposição do presidente. O *Diário de Notícias*, ao descrever a reunião do Conselho Federal de 16 de outubro, revelava a exaltação dos ânimos entre os conselheiros federais. Nessa reunião, Pinto Lima apresentou uma moção que considerava

---

[30] *Diário de Notícias*, 4 out. 1945, seção 1, p. 3.
[31] Ibid.
[32] Ibid.

o Decreto-Lei nº 8.063 "gerador da anarquia e do tumulto sobre a obra de restauração das instituições democráticas do Brasil".[33] No entanto, Artur Costa, representante de Santa Catarina no Conselho Federal, apoiado por José Marcelo Moreira, representante do Mato Grosso, alegou a incompetência do organismo para se pronunciar sobre o assunto. Astutamente, Sobral Pinto, que sustentava a moção Pinto Lima, propôs que o Conselho Federal votasse a preliminar de incompetência levantada por Artur Costa e que, caso esta fosse rejeitada, o conjunto dos conselheiros aprovasse o documento. Provavelmente prevendo a derrota, Costa e Marcelo Moreira retiraram sua proposta. Assim, o Conselho Federal aprovou, por unanimidade, o texto apresentado por Pinto Lima.[34]

Logo no seu início, a moção se justificava em nome da "restauração da ordem jurídica democrática" e apresentava as fontes de legitimidade da atuação política da OAB: os mandamentos do Código de Ética Profissional e a "missão histórica" do órgão (nos termos do documento, "a própria origem da instituição").[35]

O argumento que fundamenta a moção é que, ao contrário da legislação eleitoral vigente desde o início de 1945, o Decreto-Lei nº 8.063 não fora elaborado pelo TSE, nem se baseara na opinião pública, "pelos seus órgãos responsáveis e qualificados". A temática da opinião pública surge em outro trecho no qual se afirma que o decreto em questão afrontava "os pronunciamentos de órgãos que exprimem, com autenticidade e insuspeição, a opinião pública do país".[36] Considerando-se clarividente em relação aos interesses da nação e "qualificado" pelos ilustres bacharéis que o compunham, o Conselho Federal da OAB se via como parte da opinião pública.

A moção de 16 de outubro não clamava explicitamente o afastamento de Vargas da presidência, mas denunciava a "transgressão dos compromissos assumidos pelo Governo, esperando que, hoje como ontem, o patriotismo, a decisão, a serenidade daqueles que custodiam os destinos da Nação, in-

---

[33] CF-OAB. Ata de sessão do Conselho Federal, 16 out. 1945.
[34] *Diário de Notícias,* 17 out. 1945, seção 1, p. 3.
[35] CF-OAB. Ata de sessão do Conselho Federal, 16 out. 1945. A íntegra da moção de 16 de outubro do Conselho Federal encontra-se reproduzida em: *Diário de Notícias,* 17 out. 1945, seção 1, p. 3.
[36] CF-OAB. Ata de sessão do Conselho Federal, 16 out. 1945; *Diário de Notícias,* 17 out. 1945, seção 1, p. 3.

tervenham para restabelecer a ordem jurídica violada".[37] No entanto, àquela altura dos acontecimentos, os bacharéis liberais já conspiravam, com os chefes militares, pela deposição de Vargas (Benevides, 1981:57). A declaração de voto apresentada por Sobral Pinto na reunião de 16 de outubro e incorporada como parte da moção aprovada pelo Conselho Federal era uma clara pregação golpista, ao afirmar que o Decreto-Lei nº 8.063 "não pode ser encarado como problema de Direito, devendo, pelo contrário, ser tido como problema de pura força militar, da alçada exclusiva das Classes Armadas".[38] Ainda mais claro foi Pinto Lima numa altercação com o conselheiro federal Nelson Carneiro descrita pelo *Diário de Notícias*, mas omitida pela ata da reunião daquele dia:

> Propôs [...] o sr. Nelson Carneiro [...] que os juristas saíssem à rua, em comício público, a fim de esclarecer o povo sobre a situação de humilhação e de desamparo legal a que foi reduzida a nação. O assunto foi debatido, havendo o sr. Pinto Lima lembrado que, na próxima sexta-feira, mais de mil advogados se reunirão no Teatro Municipal, numa demonstração de unanimidade em torno da causa da redenção democrática. Isso valeria por um comício público. Insistiu, entretanto, o sr. Nelson Carneiro na sua proposta, afirmando que a próxima reunião do Teatro Municipal consistiria de uma homenagem ao brigadeiro Eduardo Gomes e o que sugeria era que os advogados esclarecessem o povo sobre a gravidade da situação à margem de qualquer partidarismo. Interveio, novamente, o sr. Pinto Lima, para afirmar: "O que é preciso é afastar o ditador do poder".[39]

O trecho, igualmente, põe a nu a opinião de conselheiros federais de que a restauração da ordem jurídica e a candidatura de Eduardo Gomes eram indissociáveis, malgrado a cautela de Nelson Carneiro – ele próprio um udenista –, preocupado em marcar a diferença entre a atuação partidária e a da OAB. Com o objetivo de ampliar a base social de suas posições, num momento decisivo de sua luta contra Vargas, o Conselho Federal decidiu dirigir-se às suas seções estaduais para que colocassem em marcha "uma

---

[37] CF-OAB. Ata de sessão do Conselho Federal, 16 out. 1945.
[38] *Diário de Notícias*, 17 out. 1945, seção 1, p. 4.
[39] *Diário de Notícias*, 17 out. 1945, seção 1, p. 3.

grande campanha de esclarecimento do povo" sobre a necessidade de se restabelecer a ordem jurídica.[40]

A seção mineira da OAB e o Instituto dos Advogados de Minas Gerais solidarizaram-se com o Conselho Federal pela aprovação do documento.[41] Além disso, ele foi noticiado e reproduzido pelos jornais oposicionistas do Rio de Janeiro.[42] Porém, do outro lado da trincheira, a moção de 16 de outubro foi atacada. A *Gazeta de Notícias*, alinhada à candidatura de Dutra, acusou o Conselho Federal de fugir às atribuições estabelecidas pelo Estatuto da OAB e de se tornar uma sucursal da UDN. O jornal ainda afirmou que os conselheiros federais se moviam por "apetites políticos" (Dulles, 2001:372; Leal, 2001):

> O povo, que já sofreu sob as garras dessa aristocracia de traidores [os partidários de Eduardo Gomes] bem os conhece e não se deixa embair pelos cartazes de propaganda que lhe exibem, ainda quando enfeitados com o verniz da cultura jurídica ou quando expostos na vitrina de instituições que tinham o dever de se manter imparciais e justas – como a Ordem dos Advogados – agora transformada em bazar de escândalos.[43]

Em artigo publicado em *A Noite* – jornal encampado pelo governo federal em 1940 –, José Soares Maciel Filho, autor de discursos de Vargas, acusou Raul Fernandes de ser "o *leader* dos grandes negócios estrangeiros no Brasil" e de um grupo de "advogados políticos" favoráveis a um golpe militar contra o chefe do Estado Novo (Dulles, 2001:375).

O manifesto de apoio dos advogados cariocas a Eduardo Gomes

Desde, ao menos, meados de 1945, o grupo de bacharéis liberais preparava um manifesto de apoio do meio jurídico à candidatura de Eduardo Gomes.[44]

---

[40] Ibid.
[41] CF-OAB. Atas de sessões do Conselho Federal, 23 out. 1945, 30 out. 1945.
[42] *Correio da Manhã*, 17 out. 1945, p. 12; *O Jornal*, 17 out. 1945, seção 2, p. 1-2. O *Jornal do Commercio* também reproduziu a moção (*Jornal do Commercio*, 17 out. 1945, p. 4).
[43] *Gazeta de Notícias*, 19 out. 1945, p. 3.
[44] Adauto Lúcio Cardoso, numa sessão do Conselho Seccional da OAB do Distrito Federal, dirá que o manifesto começou a correr em março de 1945 (Guimarães e Bessone, 2003:121).

À comissão organizadora do mesmo, liderada por Adauto Lúcio Cardoso, pertenciam os também conselheiros federais da OAB Targino Ribeiro e Dario de Almeida Magalhães. A lista de signatários do documento contava, segundo a fonte, entre mil e dois mil nomes, sendo a maioria advogados do Distrito Federal.[45]

Ao menos 23 entre os 58 membros do Conselho Federal da OAB assinaram o documento: Antônio Carvalho Guimarães, Adauto Lúcio Cardoso, Alcino Salazar, Arnoldo Medeiros da Fonseca, Augusto Pinto Lima, Daniel de Carvalho, Dario de Almeida Magalhães, Décio Bastos Coimbra, Francisco Martins de Almeida, Hariberto de Miranda Jordão, Heráclito Sobral Pinto, Joaquim Murilo Silveira, José Augusto Bezerra de Medeiros, José Ferreira de Souza, José Telles da Cruz, Justo Rangel Mendes de Moraes, Luiz Lopes de Souza, Mário Carvalho de Vasconcelos, Nelson de Souza Carneiro, Oscar Stevenson, Osvaldo Trigueiro, Targino Ribeiro e Ubaldo Ramalhete.[46]

O manifesto evidenciava a visão que os bacharéis liberais tinham de seu papel político naquela conjuntura. Antes de tudo, eles se consideravam uma elite esclarecida que tinha a incumbência de conduzir o país rumo à reconquista da democracia. Essa preeminência devia-se à tradição liberal de que eram portadores, mas também às peculiaridades do *métier* que exercem. Ao contrário do "povo", que perdera sua "capacidade de julgamento" em função da censura à imprensa e da restrição ao debate público, os bacharéis haviam preservado sua capacidade de discernimento:

> A demorada supressão dos órgãos e dos meios de normal desenvolvimento da vida pública, agravada pela atuação permanente dos aparelhos estatais de deformação, amplificação e eliminação da publicidade, ao influxo das conveniências do governo, desorganizou a opinião pública, nas fontes profundas de sua elaboração, privando as massas de quaisquer critérios para a aferição de valores sociais e políticos. [...] O fato de restarem, no Brasil, as elites intelectuais como únicos redutos imunes da opinião pública, lhes confere uma enorme soma de encargos ao processo da restau-

---

[45] *Diário Carioca*, 28 jun. 1945, p. 1, 11; *Correio da Manhã*, 19 out. 1945, p. 12; *Diário de Notícias*, 20 out. 1945, seção 1, p. 1, 3; CF-OAB, Ata de sessão do Conselho Federal, 23 out. 1945; *Jornal do Commercio*, 20 out. 1945, p. 4.
[46] *Diário Carioca*, 28 jun. 1945, p. 1, 11; *Correio da Manhã*, 19 out. 1945, p. 3.

ração democrática. E, dentre as categorias profissionais que integram essas elites, são os juristas e advogados a classe mais responsável, por ser também aquela em que, por causa do trato do Direito e das leis, é mais extenso o número de seus membros que adquirem exata noção dos problemas políticos fundamentais relacionados com o Direito público.[47]

Os autores do manifesto destacaram a centralidade das eleições presidenciais no processo de retorno à ordem jurídica. Numa passagem bem ao gosto do bacharelismo, citaram, no original, um artigo da Constituição Francesa de 1795 – do moderado período do Diretório da Revolução Francesa, com o qual se identificavam – que sublinha a importância das boas escolhas nas eleições para o destino da República.[48]

Os bacharéis liberais justificaram a "sabedoria da escolha" feita em relação a Eduardo Gomes pela trajetória deste, marcada pelo compromisso com a justiça e a liberdade. No entanto, herdeiros que eram da Campanha Civilista, viam-se obrigados a explicar seu apoio a um candidato militar, salientando "na candidatura de Eduardo Gomes, sua origem e seu caráter eminentemente civis".[49]

Um dos derradeiros atos da mobilização dos bacharéis liberais contra o Estado Novo foi o evento realizado em 19 de outubro de 1945, no Teatro Municipal do Rio de Janeiro, para a entrega do seu manifesto de apoio à candidatura Eduardo Gomes. A comissão organizadora do evento era composta pelos então conselheiros federais Adauto Lúcio Cardoso, Augusto Pinto Lima, Dario Almeida Magalhães, Sobral Pinto, Justo Mendes de Morais e Targino Ribeiro e também por Bruno Almeida Magalhães, Francisco Serrano Neves, Jorge Dyott Fontenell e Odilon Braga.

A imprensa oposicionista mobilizou-se em favor do evento dos advogados. Desde as vésperas até o dia do ato, divulgou notícias sobre o evento, publicou o

---

[47] O manifesto foi publicado em: *Diário Carioca*, 28 jun. 1945, p. 1, 11; *Correio da Manhã*, 17 out. 1945, p. 12.
[48] Tratava-se do art. 376 da Constituição francesa de 1795: "Les citoyens se rappeleront sans cesse, que c'est de la sagesse des choix dans les assemblées électorales que dépendent principalement la durée, la conservation et la prosperité de la Republique". Em tradução literal: "Os cidadãos lembrar-se-ão, sem cessar, que é da sabedoria das escolhas feitas nas assembleias eleitorais que dependem, principalmente, a duração, a conservação e a prosperidade da República".
[49] *Diário Carioca*, 28 jun. 1945, p. 1, 11; *Correio da Manhã*, 17 out. 1945, p. 12.

manifesto e informou que o documento encontrava-se disponível, na tesouraria da OAB, para novas adesões.[50] O *Diário de Notícias* procurou convencer seus leitores sobre a legitimidade da atuação oposicionista do Conselho Federal da OAB, provada pelo comparecimento dos advogados ao evento:

> Mais de 1.000 advogados se solidarizam, hoje, com o brigadeiro Eduardo Gomes. Aqueles que viram, nas recentes atitudes do Conselho Federal da Ordem dos Advogados, a mera consequência de uma infiltração de elementos oposicionistas, em seu seio, serão desmentidos esta tarde, quando a grande massa de advogados e juristas consagrará e ratificará, de público, as posições que aquele importante órgão representativo de classe assumiu, ao enfrentar, reiteradamente, o poder ditatorial.[51]

Note-se, de passagem, que, no trecho citado, o periódico admitia que o manifesto de apoio ao candidato udenista e a cerimônia no Teatro Municipal eram obra do Conselho Federal da OAB.

No mesmo dia 19 de outubro, Rafael Corrêa de Oliveira, membro da oposição liberal, publicou, no *Diário de Notícias*, o artigo "Advogados do Brasil", no qual o jornalista e advogado afirmou que, durante o Estado Novo, "os nossos advogados não fugiram às contingências mais perigosas do dever profissional. Antes, cumpriram esse dever com altivez, energia e capacidade de sacrifício."[52] Pela pena de Rafael Corrêa de Oliveira, descobre-se que, então, já surgira o mito da resistência generalizada dos advogados à ditadura estado-novista, cultivada pela OAB nas décadas seguintes. A resistência, acrescentava o artigo, inspirava-se nos ideais liberais, simbolizados pela figura de Rui Barbosa: "A legenda de Rui Barbosa, o indefectível defensor de todas as legítimas liberdades humanas, foi mantida pelos legistas brasileiros [...]".[53] Ocultava-se, no entanto, a colaboração de vários advogados e juristas com o Estado Novo e calava-se sobre o engajamento tardio da OAB ao movimento de oposição ao regime.

---

[50] *Correio da Manhã*, 17 out. 1945, p. 12, 19 out. 1945, p. 12; *O Jornal*, 17 out. 1945, seção 2, p. 1; *Diário de Notícias*, 19 out. 1945, seção 1, p. 3.
[51] *Diário de Notícias*, 19 out. 1945, seção 1, p. 3.
[52] Ibid.
[53] Ibid.

No dia seguinte, o evento foi coberto com grande destaque pela imprensa oposicionista. O *Diário de Notícias* e *O Jornal* deram-lhe manchetes de capa e transcreveram os discursos ali pronunciados.[54] Segundo o *Diário de Notícias*, o evento estava "destinado a influir, poderosa e imediatamente, sobre toda a nossa evolução política".[55]

Tomando a cobertura da imprensa como referência, podem ser recuperados os principais fatos e aspectos da cerimônia. Marcada para ter início às quatro horas da tarde, foi encerrada pouco depois das oito horas da noite. Segundo os jornais, o Teatro Municipal estava repleto de bacharéis. Uma fotografia parcial do teatro, publicada na primeira página da edição de 20 de outubro do *Diário de Notícias*, mostra-o, de fato, tomado de assistentes. Estiveram presentes alguns dos principais líderes da oposição: Artur Bernardes, Otávio Mangabeira, Virgílio de Melo Franco e José Américo. O evento foi presidido pelo decano dos advogados cariocas, Antônio Moitinho Dória, presidente da seção do Distrito Federal da OAB em 1941. Além do candidato udenista à presidência da República, três bacharéis discursaram. Eduardo Gomes foi saudado pelo público com lenços brancos, gesto repetido ao longo de sua campanha, numa alusão ao movimento liberal de Teófilo Otoni, no Império (Benevides, 1981:44). Solicitado pelo público, Otávio Mangabeira desceu do camarote em que se encontrava para falar de improviso.[56]

Presidente da comissão organizadora do evento, Adauto Lúcio Cardoso, no seu discurso, destacou a coesão – suposta e almejada, ao menos – dos advogados em torno da candidatura do brigadeiro: "nem mesmo nos fastos do civilismo, que foi a mais bela coalizão de forças da opinião civil em nossa terra, nunca o Foro se moveu assim unânime para [...] pesar numa luta política".[57] Ademais, voltando a um tema já presente no texto do manifesto, o orador insistiu sobre o "espírito civil" da candidatura de Eduardo Gomes, que encarnava "as nossas aspirações de supremacia da lei sobre a vontade dos homens, o nosso alto ideal de preponderância da norma sobre o arbítrio".[58]

---

[54] *Diário de Notícias*, 20 out. 1945, seção 1, p. 1, 3; *O Jornal*, 20 out. 1945, p. 1, 2, 7.
[55] *Diário de Notícias*, 20 out. 1945, seção 1, p. 1, 3.
[56] *Diário de Notícias*, 20 out. 1945, seção 1, p. 1, 3; *Jornal do Commercio*, 20 out. 1945, p. 3-4.
[57] *Diário de Notícias*, 20 out. 1945, seção 1, p. 3.
[58] Ibid.

Ainda segundo o conselheiro federal da OAB, o corpo legislativo do Estado Novo carecia de legitimidade, pois emanava unicamente da "vontade desautorizada de um homem".[59] Assim, para Adauto Lúcio Cardoso, a legislação estado-novista só deveria ser obedecida nos "limites das necessidades sociais", na "medida dos imperativos da ordem" e dentro do "território do interesse público".[60] Ao finalizar seu discurso, o orador revelou os valores mais altos da ordem liberal pela qual pugnava: "Lutamos pelo Direito, pela Justiça e pela Liberdade".[61]

Outro conselheiro federal da OAB, Targino Ribeiro, leu o discurso enviado por Plínio Barreto, convidado para a cerimônia, na condição de representante dos advogados paulistas. Advogado prestigiado, Plínio Barreto presidira o Instituto dos Advogados de São Paulo no início da década de 1930 e participara, no mesmo período, da organização da seção paulista da OAB. Além disso, ele fora redator-chefe de *O Estado de S. Paulo* e elegeu-se deputado constituinte pela UDN no pleito de dezembro de 1945 (Mayer, 2001). No discurso lido no Teatro Municipal, Plínio Barreto acusou o Estado Novo de romper a ordem jurídica do país ao substituir a Constituição Federal de 1934, restringir a independência do Judiciário, golpear a propriedade privada e a estabilidade das relações jurídicas (por meio de leis de efeito retroativo) e legislar conforme conveniências particulares.[62] Ainda no discurso que escreveu, o advogado paulista, dirigindo-se diretamente a Eduardo Gomes, afirmou:

> Os juristas de São Paulo [...] vêm dizer [...] que esperam, tranquilamente, que V. Exa., um militar, seja o restaurador da ordem jurídica no Brasil, que um civil, e o que é mais triste, um civil bacharel em ciências jurídicas e sociais, temerariamente destruiu.[63]

Dessa maneira, Plínio Barreto reconhecia a ironia que a história reservara aos bacharéis brasileiros. Recorriam a um ilustre representante de um movimento político-militar que, na década de 1920, fustigara impiedosamente o

---

[59] Ibid.
[60] Ibid.
[61] Ibid.
[62] Ibid.
[63] Ibid.

bacharelismo para restaurar a tradição jurídica liberal – tão cara aos bacharéis – ameaçada por um bacharel.[64]

Convidado para discursar em nome dos advogados mineiros, Milton Campos enviou um discurso lido por José Monteiro de Castro. Campos já presidira a seção mineira da OAB, assim como o Instituto dos Advogados de Minas Gerais. Fundador da UDN, elegeu-se deputado constituinte no final de 1945 (Malin, 2001). Por sua vez, Monteiro de Castro fora secretário de Educação de Minas Gerais entre 1938 e 1942. Tomara parte da delegação mineira ao Congresso Jurídico Nacional, realizada em 1943, do qual se retirara em protesto contra a interferência do governo federal no encontro. Como Milton Campos, foi eleito deputado constituinte pela UDN nas eleições de 1945 (Castro, 2001).

No discurso enviado, Milton Campos sugeriu a precedência dos bacharéis no combate ao Estado Novo: "Em Minas, como em todo o Brasil, os homens da lei foram o mais constante elemento de resistência durante os longos anos de ditadura em nossa Pátria".[65] E a explicou pelas "condições de sua formação intelectual e pela natureza de suas atividades normais".[66]

Com essas palavras, Milton Campos reforçava a nascente legenda de resistência dos advogados contra a opressão estado-novista. Mas elas não eram desprovidas de razão. Educados no liberalismo e exercendo um ofício ancorado na tradição jurídica liberal, o conflito dos bacharéis com um regime que procurava em outras ideologias seus paradigmas para a organização estatal não poderia surpreender ninguém. Porém o que o ilustre advogado mineiro não reconhecia é que uma parcela considerável dos bacharéis compatibilizou-se com o Estado Novo e que alguns deles, como Francisco Campos, dedicaram-se mesmo a dar corpo a uma cultura jurídica alternativa à liberal.

---

[64] No seu discurso, Adauto Lúcio Cardoso lamentou o enfraquecimento da cultura jurídica liberal durante o Estado Novo: "feneceu também a tradição de uma cultura jurídica que frondejara com Teixeira de Freitas e Ruy" (*Diário de Notícias*, 20 out. 1945, seção 1, p. 3).

[65] No mesmo evento, Eduardo Gomes discursaria: "Enquanto durou o silêncio imposto ao país, houve um lugar de onde não se desertaram as vozes da liberdade: o dos conselhos dos juristas, quer no Instituto, que os congrega, quer nas sedes da Ordem, onde exercem uma função pública" (*Jornal do Commercio*, 20 out. 1945, p. 3).

[66] Ibid.

Ao discursar para a plateia do Teatro Municipal do Rio de Janeiro, Eduardo Gomes também discorreu sobre o tema do apego do bacharel à ordem jurídica liberal, associando-o, como Milton Campos, à sua formação universitária e profissão:

> Desde a educação superior, adquirida nos bancos acadêmicos, o jurista afeiçoa o espírito no rigor da lógica, no hábito da tolerância e na devoção da ordem. A atmosfera em que vive é a da normalidade jurídica; mal pode respirar num ambiente saturado de filtros revolucionários ou anárquicos.[67]

Apresentando seu programa político, o candidato udenista tratou da revisão da legislação estado-novista e, especialmente, da reorganização do Judiciário. Ele procedeu a um longo exame de medidas tomadas pelo regime vigente que atingiram a independência desse poder, como a restrição do *habeas corpus* e da atuação do Supremo Tribunal Federal (STF) e a criação do Tribunal de Segurança Nacional (TSN).[68] Igualmente, o brigadeiro acenou para os juízes, prometendo-lhes aumento salarial. Num trecho do discurso em que os juízes eram incensados, o candidato lamentou-lhes a condição de vida:

> Malgrado essas diminuições [referindo-se aos baixos salários dos juízes], que afastam da carreira profissionais capazes de enaltecê-la, os magistrados – honra lhe seja! – confirmam, na quase totalidade, as esperanças que nele depositam as partes, sedentas de justiça. A probidade é a regra, na laboriosa corporação, que parece ter feito como os religiosos de S. Francisco, voto de pobreza. [...] É o milagre do idealismo profissional, o influxo do sentimento jurídico, premiando a desinteressada vocação de homens de integridade e de fé.[69]

A oposição liberal procurava apoio na magistratura para pôr termo ao Estado Novo. Apesar das contendas que os separavam no campo profissional, os magistrados – em boa medida, também partidários de uma ordem jurídica liberal – e os advogados eram aliados políticos naturais. Não à toa, o *slogan*

---

[67] *Jornal do Commercio*, 20 out. 1945, p. 4.
[68] Ibid.
[69] Ibid.

da UDN, naquele momento, já era: "Todo poder ao Judiciário" (Benevides, 1981:25). Em seu discurso, Eduardo Gomes defendeu a entrega do poder ao presidente do STF, argumentando que a autoridade do tribunal ancorava-se, não na Constituição Federal de 1937 (julgada ilegítima), mas na "nossa formação constitucional republicana".[70]

O autor do discurso do brigadeiro (certamente, ele próprio, um bacharel)[71] sabia que as posições do candidato apresentadas para um público de bacharéis se fortaleceriam com argumentos extraídos da tradição jurídica brasileira (a partir de autores consagrados, como Rui Barbosa e Pedro Lessa, e das Constituições, sobretudo as de 1891 e 1934) e entre autores, episódios históricos e leis estrangeiras, especialmente francesas, inglesas e norte-americanas.

Na sessão de 23 de outubro, o Conselho Federal da OAB debateu o evento de apoio dos advogados a Eduardo Gomes. Pinto Lima saudou a "palavra oracular" do brigadeiro.[72] O único questionamento interno à participação da OAB na organização do manifesto de apoio ao brigadeiro de que se tem notícia foi registrado na sessão do Conselho do Distrito Federal, de 17 de outubro de 1945. Nesse dia, o conselheiro seccional Cid Braune disse que soubera pelos jornais sobre a existência da lista de adesões à candidatura de Eduardo Gomes (tratava-se do manifesto que seria entregue ao candidato dois dias depois) à disposição dos advogados na Tesouraria do Conselho do Distrito Federal, que compartilhava suas instalações com o Conselho Federal da OAB. Manifestou seu estranhamento em relação à notícia, pois, sendo tesoureiro da seção, não tinha conhecimento do fato. "Disse mais que, não podendo exercer atividades políticas, não se justificaria a existência da lista na instituição" (Guimarães e Bessone, 2003:121). É improvável que Cid Braune ignorasse o fato. De todo modo, ele aproveitou a ocasião para registrar seu protesto solitário ao engajamento escancarado da OAB na campanha de Eduardo Gomes. Em resposta a Braune, Adauto Lúcio Cardoso, que também integrava a seção do Distrito Federal da OAB, admitiu que ele próprio colocara a lista na Tesouraria do

---

[70] Ibid.
[71] John Dulles (2001:374) sugere que o discurso de Eduardo Gomes tenha sido redigido por Prado Kelly: "Eduardo Gomes, que contava com o auxílio de José Eduardo do Prado Kelly (filho do juiz Octavio Kelly) na elaboração dos seus discursos, fez um pronunciamento elevado, dirigindo-se à plateia de advogados dedicados à justiça e à liberdade".
[72] CF-OAB. Ata de sessão do Conselho Federal, 23 out. 1945.

órgão, "esclarecendo que o documento começara a correr em março, época em que a luta política apenas se iniciava. Tendo em vista as proporções tomadas, entendia que a lista devia ser retirada" (Guimarães e Bessone, 2003:121).

Em 30 de outubro de 1945, o Conselho Federal manifestou seu apoio entusiasmado à deposição de Getúlio Vargas pelo Exército.[73] No mesmo dia, os conselheiros federais estiveram entre os poucos convidados à posse de José Linhares na presidência da República.[74] A deferência foi um reconhecimento à centralidade do papel desempenhado pelo Conselho Federal no combate ao regime deposto.[75]

Conclusão

No curso de sua luta contra Vargas, a OAB procurou aliados na sociedade civil e mesmo no aparelho estatal. Antes de tudo, a Ordem pretendeu obter a adesão dos advogados para sua causa. O apoio da categoria profissional traria uma vantagem inequívoca: oferecer lastro às posições do Conselho Federal, demonstrando que traduziam o pensamento dos advogados – um importante argumento de que se podia lançar mão no debate com os que apontavam a desvirtuação das finalidades do Conselho Federal e sua partidarização. Há indícios de que uma parte importante dos advogados tenha comungado das posições da OAB. Como já se disse, o número de signatários (eles próprios advogados do foro carioca) do manifesto entregue a Eduardo Gomes no Teatro Municipal variou de mil a 2 mil, segundo a fonte. Constata-se que a adesão ao documento foi significativa, considerando-se que ele circulou apenas entre os advogados do Distrito Federal, e o número de profissionais no país não ultrapassava, então, os 15 mil. Para se avaliar a aderência da categoria profissional às iniciativas do grupo liberal, deve-se, também, considerar o número expressivo de subscrições de advogados aos dois pedidos de *habeas corpus* de 1944 e 1945 – já mencionados neste trabalho – em favor de próceres

---

[73] CF-OAB. Ata de sessão do Conselho Federal, 30 out. 1945.
[74] Ibid.
[75] "Segundo relato de Sobral Pinto, só tiveram acesso à solenidade de posse os Ministros do STF e os Conselheiros do Conselho Federal da OAB, estes últimos em homenagem à luta desenvolvida pela instituição contra o Estado Novo" (Venâncio Filho, 1982:73).

udenistas. Igualmente, as manifestações de apoio de entidades de advogados, sobretudo conselhos seccionais da OAB e institutos de advogados, a moções do Conselho Federal fortaleciam as posições dos bacharéis liberais.

Não há qualquer indício de que a ordem, no âmbito de sua luta contra o Estado Novo, tenha buscado tecer alianças com organizações das classes populares. Na realidade, estas permaneceram ausentes da batalha travada pelos liberais contra Vargas, assim como da campanha de Eduardo Gomes.[76] Os trabalhadores politicamente ativos estavam comprometidos com o movimento queremista e com o PCB. A ampla mobilização dos trabalhadores urbanos que marcou os últimos meses do Estado Novo e foi tolerada pelo governo intensificou os ataques a Vargas por parte dos setores de elite oposicionistas.[77]

Quando o Conselho Federal da OAB esboçou dirigir-se ao "povo", adotou uma posição elitista que pretendia "esclarecer" e guiar os trabalhadores. O chamamento era feito com prudência, pois os conselheiros federais temiam que a sedição que alimentavam saísse de seu controle e fosse apropriada pelas classes populares. Com efeito, os bacharéis liberais insistiam no caráter "moral" de seu combate e na natureza ordeira de sua luta, pois se gabavam de contar apenas com a oratória como arma contra um regime cujas ações semeariam a anarquia.[78] Pretendiam desencadear uma "revolução dentro da

---

[76] "A efervescência generalizada de vários grupos sociais contra o Estado Novo, naturalmente convergentes na campanha do Brigadeiro, permite considerar o movimento que desembocaria na criação da UDN como um movimento da sociedade civil, das camadas médias para cima" (Benevides, 1981:33). "A campanha [de Eduardo Gomes, em 1945] mobilizou, é verdade, amplos setores das camadas médias, dos intelectuais, das Forças Armadas, mas não os trabalhadores; este povo permaneceu à parte da campanha feita, pelo menos teoricamente, em seu nome" (Benevides, 1981:45).

[77] "A intensa mobilização popular em torno das bandeiras queremistas [...] provocam os setores mais conservadores da oposição [...]. E já em abril [...] a grande imprensa passa a dirigir suas críticas a Getúlio, não por ser um ditador, mas por 'não controlar a classe operária' e 'permitir que seu Ministro do Trabalho, Marcondes Filho, encorajasse as greves' [...] A anistia de abril, que beneficiaria Luis Carlos Prestes, e a legalização do Partido Comunista, em julho, consolida um fardo ameaçador para as forças conservadoras, com os maus presságios da aliança que se formava entre os comunistas, os 'queremistas' e os novos trabalhistas. A aproximação de Getúlio com o operariado e a conquista da esquerda comunista transformam-se em fator decisivo para abalar os interesses da burguesia, as convicções legalistas das Forças Armadas – que tão bem serviram ao regime, por tantos anos – e até mesmo os pilares da tradição liberal, antigolpista por essência" (Benevides, 1981:55).

[78] CF-OAB. Ata de sessão do Conselho Federal, 16 out.1945; *Diário de Notícias*, 17 out. 1945, seção 1, p. 3.

ordem", ou seja, uma mudança de regime político respaldada pelo Judiciário e pelas Forças Armadas.

Segundo os conselheiros federais da OAB, o combate a Vargas era uma obra de restauração – restauração de supostas tradições democráticas que datavam do Império. Pinto Lima, ao comemorar a realização do ato dos advogados em apoio a Eduardo Gomes, afirmou que os opositores do regime vigente devolviam "à pátria o seu antigo esplendor de civilização e de cultura democráticas no Império e na República".[79] E Milton Campos, no discurso elaborado para o mesmo evento, escreveu que o brigadeiro garantia "o reatamento das tradições cívicas que vêm do Império".[80]

No meio estatal, o Conselho Federal lançou apelos ao Judiciário, mas guardou o melhor de suas expectativas às Forças Armadas. A OAB recorreu ao TSE – qualificado pelo Conselho Federal como o "órgão incumbido de superintender o processo de reconstrução da Nação"[81] para garantir a realização das eleições presidenciais (contra o queremismo) e a observação do calendário eleitoral (contra o Decreto-Lei nº 8.063).[82] Em outubro de 1945, Sobral Pinto foi designado pelo Conselho Federal para entregar pessoalmente ao presidente do TSE, "o único poder desarmado competente, que tem meios de opor barreiras à ilegalidade em marcha", a moção aprovada contra a alteração da data das eleições estaduais (Dulles, 2001:371-372).[83]

No decorrer do ano de 1945, o Conselho Federal interpelou os chefes militares para que garantissem a redemocratização do país. O apelo às Forças Armadas desnudava o realismo político do Conselho Federal, convencido de que a derrocada do Estado Novo dependia do poder armado.[84] Da moção proposta por Raul Fernandes, e aprovada por todos os conselheiros federais, em

---

[79] CF-OAB. Ata de sessão do Conselho Federal, 23 out. 1945.
[80] *Jornal do Commercio*, 20 out. 1945, p. 3.
[81] CF-OAB. Ata de sessão do Conselho Federal, 16 out. 1945; *Diário de Notícias*, 17 out. 1945, seção 1, p. 3.
[82] CF-OAB. Atas de sessão do Conselho Federal, 2 out.1945; 16 out. 1945.
[83] CF-OAB. Ata de sessão do Conselho Federal, 16 out. 1945.
[84] Como aponta Benevides (1981:55), o apelo aos militares ocupava, igualmente, um lugar central na estratégia udenista de combate a Vargas. Em junho de 1945, o presidente do partido, Otávio Mangabeira, declarou: "Penso que as Forças Armadas estão no dever de intervir na atual situação brasileira. Vou adiante: é seu dever intervir [...] são as únicas forças que têm força real para acudir em defesa da nação".

que se aclamava a derrubada de Vargas, em 29 de outubro, constava o seguinte trecho: "Honra às Forças Armadas que, ainda uma vez, no curso da história, se mostraram compartes do nosso destino e servidoras da comunidade".[85]

Referências

ALMEIDA JÚNIOR, Antonio Mendes. Do declínio do Estado Novo ao suicídio de Getúlio Vargas. In: FAUSTO, Boris (Dir.). *História geral da civilização brasileira*. São Paulo: Difel, 1981. t. III, v. 3.

BARROS, Francisco Reinaldo Amorim de. *ABC das Alagoas*: dicionário bio-bibliográfico, histórico e geográfico das Alagoas. Brasília: Senado Federal, 2005.

BEHAR, Eli. *Vultos do Brasil*: dicionário biográfico brasileiro. São Paulo: Exposição do Livro, 1967.

BENEVIDES, Maria Victoria de Mesquita. *A UDN e o udenismo*: ambiguidades do liberalismo brasileiro (1945-1965). Rio de Janeiro: Paz e Terra, 1981.

BITTENCOURT, Agnello. *Dicionário amazonense de biografias*. Rio de Janeiro: Conquista, 1973.

BORGES, Ricardo. *Vultos notáveis do Pará*. Belém: Cejup, 1986.

CARDOSO, Rejane (Coord.). *400 nomes de Natal*. Natal, RN: Prefeitura Municipal de Natal, 2000.

CARONE, Edgard. *O Estado Novo (1937-1945)*. Rio de Janeiro: Difel, 1977.

CARVALHO, André; BARBOSA, Waldemar. *Dicionário biográfico*: imprensa mineira. Belo Horizonte: Armazém de Ideias, 1994.

CARVALHO, Antônio Gontijo de. *Raul Fernandes, um servidor do Brasil*. Rio de Janeiro: Agir, 1956.

CARVALHO, Carlos Gomes de. *Perfis mato-grossenses*. Cuiabá: Verdepantanal, 2002.

CASTRO, José Monteiro de. Verbete. In: ABREU, Alzira Alves de et al. (Coord.) *Dicionário histórico-biográfico brasileiro, pós-1930*. Ed. rev. e atual. Rio de

---

[85] CF-OAB. Ata de sessão do Conselho Federal, 30 out. 1945. *O Jornal* (31 out. 1945, seção 1, p. 3) noticiou que o Conselho Federal, por ocasião da derrubada de Vargas, aprovou uma mensagem de congratulações às Forças Armadas.

Janeiro: FGV Ed., 2001. Disponível em: <www.fgv.br/cpdoc/acervo/dicionarios/verbete-tematico/gazeta-de-noticias>. Acesso em: 25 maio 2018.

CASTRO, Oscar Oliveira. *Vultos da Paraíba*: patronos da academia. [S.l.]: [s.n.], 1955.

COELHO, José Rodrigues Bastos. *Coisas e vultos de Aracaju.* Rio de Janeiro: [s.n.], 1956.

CORTÉS, C. *Homens e instituições no Rio.* Rio de Janeiro: IBGE, 1957.

COUTINHO, Afrânio. *Brasil e brasileiros de hoje.* Rio de Janeiro: Sul Americana, 1961. 2 v.

CRESPO, Anésia. *Vultos catarinenses.* Joinville: Tipografia F. C. Schwartz, [1955].

DICIONÁRIO histórico-biográfico do Paraná. Curitiba: Livraria Editora do Chain/Banco do Estado do Paraná, 1991.

DULLES, John W. F. *Sobral Pinto*: a consciência do Brasil. Rio de Janeiro: Nova Fronteira, 2001.

FREITAS, Clodoaldo. *Vultos piauienses*: apontamentos biográficos. Teresina: Fundação Cultural Monsenhor Chaves, 1998.

GONÇALVES, Wilson Carvalho. *Dicionário histórico-biográfico piauiense, 1718-1993.* Teresina: [s.n.], 1997.

GUIMARÃES, Lúcia Maria Paschoal; BESSONE, Tânia. *História da Ordem dos Advogados do Brasil*: criação, primeiros percursos e desafios (1930-1945). Brasília: OAB, 2003. v. 4.

JOSÉ NETO, Adrião. *Dicionário biográfico de escritores piauienses.* Teresina: Halley, 1995.

LEAL, Carlos Eduardo. Gazeta de Notícias. In: ABREU, Alzira Alves de et al. (Coord.) *Dicionário histórico-biográfico brasileiro, pós-1930.* Ed. rev. e atual. Rio de Janeiro: FGV Ed., 2001. Disponível em: <www.fgv.br/cpdoc/acervo/dicionarios/verbete-tematico/gazeta-de-noticias>. Acesso em: 25 maio 2018.

MACHADO, César do Canto. *Biografias de catarinenses notáveis.* Florianópolis: Insular, 2001.

MALIN, Mauro. Milton Campos. In: ABREU, Alzira Alves de et al. (Coord.) *Dicionário histórico-biográfico brasileiro, pós-1930.* Ed. rev. e atual. Rio de Janeiro: FGV Ed., 2001. Disponível em: <www.fgv.br/cpdoc/acervo/dicionarios/verbete-tematico/gazeta-de-noticias>. Acesso em: 25 maio 2018.

MARTINS, Mário Ribeiro. *Dicionário biobibliográfico de membros da Academia Brasileira de Letras*. Goiânia: Kelps, 2007.

____. *Dicionário biobibliográfico de membros do Instituto Histórico e Geográfico de Goiás*. Goiânia: Kelps, 2008.

MAYER, Jorge Miguel. Plínio Barreto. In: ABREU, Alzira Alves de et al. (Coord.) *Dicionário histórico-biográfico brasileiro, pós-1930*. Ed. rev. e atual. Rio de Janeiro: FGV Ed., 2001. Disponível em: <www.fgv.br/cpdoc/acervo/dicionarios/verbete-tematico/gazeta-de-noticias>. Acesso em: 25 maio 2018.

MEIRINHO, Jali. *Nomes que ajudaram a fazer Santa Catarina*. Florianópolis: Edeme, [s.d.].

MELO, Luís Correia de. *Dicionário de autores paulistas*. São Paulo: Comissão do IV Centenário da Cidade de São Paulo, 1954.

MENDONÇA, Rubens de. *Dicionário biográfico mato-grossense*. Goiânia: Rio Bonito, 1971.

MICELI, Sergio. Carne e osso da elite política brasileira pós-1930. In: FAUSTO, Boris (Dir.). *História Geral da Civilização Brasileira*. Rio de Janeiro: Bertrand Brasil, 1996. t. 3, v. 3.

MONTEIRO, Norma de Góis (Coord.). *Dicionário biográfico de Minas Gerais*: período republicano 1889/1991. Belo Horizonte: Assembleia Legislativa do Estado de Minas Gerais, 1994. 2 v.

NASCIMENTO, Jorge. *Perfis maranhenses*. São Luís: Fundação Cultural do Maranhão, 1978.

NICOLAS, Maria. *Vultos paranaenses*. Curitiba: Centro de Letras do Paraná, 1951.

ODILON, Marcus. *Pequeno dicionário de fatos e vultos da Paraíba*. Rio de Janeiro: Cátedra, 1984.

OLIVEIRA, João Gualberto de. *História dos órgãos de classe dos advogados*. São Paulo: [s.n.], 1968.

QUEM é quem no Brasil: biografias contemporâneas. São Paulo: Sociedade Brasileira de Expansão Comercial, 1951.

RICHARD NETO, Gustavo. *Homens ilustres de Santa Catarina*. Florianópolis: [s.n.], 1959.

SÁ FILHO, Albino. *Perfis dos bacharelandos de 1916*: Escola Livre de Direito. Rio de Janeiro: Faria Moreira, 1919.

SILVA, Raimundo Nonato. *Bacharéis de Olinda e Recife*: norte-riograndenses formados de 1832 a 1932. Rio de Janeiro: Pongetti, 1960.

SILVA, Zedar Perfeito da. *Perfis de alguns catarinenses ilustres*. Rio de Janeiro: [s. n.], 1948.

SILVEIRA, Raul. *Raul Silveira (depoimento, 1997)*. Rio de Janeiro, FGV Cpdoc/ Fundação Escola Nacional de Seguros, 1998. 34 p. dat.

SKIDMORE, Thomas E. *Brasil*: de Getúlio a Castelo Branco (1930-1964). Rio de Janeiro: Paz e Terra, 1976.

SOUSA, Antônio Loureiro de. *Baianos ilustres, 1567-1925*. São Paulo: Ibrasa/ INL, 1979.

VALE, Osvaldo Trigueiro do. *O general Dutra e a redemocratização de 45*. Rio de Janeiro: Civilização Brasileira, 1978.

VENÂNCIO FILHO, Alberto. *Notícia histórica da OAB, 1930-1980*. São Paulo: Conselho Federal da OAB, 1982.

_____. Lei Malaia. In: ABREU, Alzira Alves de et al. (Coord.) *Dicionário histórico-biográfico brasileiro, pós-1930*. Ed. rev. e atual. Rio de Janeiro: FGV Ed., 2001. Disponível em: <www.fgv.br/cpdoc/acervo/dicionarios/verbete-tematico/lei-malaia>. Acesso em: 25 maio 2018.

XAVIER, Libânia; CUNHA, Luís Antônio. Associação Brasileira de Educação (ABE). In: ABREU, Alzira Alves de et al. (Coord.). *Dicionário-Histórico Biográfico Brasileiro pós-1930*. Ed. rev. e atual. Rio de Janeiro: FGV Ed., 2001. Disponível em: <www.fgv.br/cpdoc/acervo/dicionarios/verbete--tematico/lei-malaia>. Acesso em: 25 maio 2018.

5. Democracia e Justiça: tribunais do Trabalho no Estado Novo

Valéria Marques Lobo

Introdução

A história da República brasileira é marcada pela alternância entre regimes autoritários e democráticos. O Estado Novo é frequentemente mencionado por suas características autoritárias, posto que todo o processo que vai da emergência até o desenvolvimento e consolidação do regime se notabiliza pela presença de diversos elementos que compõem um cenário pleno de conteúdo autoritário: o fechamento dos partidos políticos e a proibição da organização partidária, bem como de outras formas autônomas de associação de interesses, a intensificação dos mecanismos de controle sobre os sindicatos, a censura, o encarceramento por motivos políticos são algumas manifestações do autoritarismo que marca o sistema político e as relações entre Estado e sociedade no período. No entanto, em que pese o caráter irrefutável do autoritarismo estado-novista, é imperativo que se coloque o regime em perspectiva para que se apreenda o Estado Novo em toda a sua complexidade.

Assim, por um lado, é preciso ampliar o foco para situar o regime no contexto internacional do entreguerras, de crise do liberalismo e emergência de situações nacionais marcadas pela presença de um Estado mais interventor, tanto em sistemas políticos fechados quanto em democracias. Nesse ponto, cumpre lembrar que o significado da palavra *democracia* se altera no tempo e no espaço, e que para os formuladores do Estado Novo e outros intelectuais da época o regime possuía componentes democráticos, sobretudo por seu aspecto social (Gomes, 2005; Abreu, 2008). Por outro lado, compreender o Estado Novo brasileiro implica também fechar o ângulo de visão para enquadrar determinadas instituições criadas durante a vigência do regime, a fim de verificar seu real funcionamento e aquilatar, inclusive, seu potencial democrático.

Com efeito, as relações sociais que se processam no interior de algumas instituições contrastam com a perspectiva do autoritarismo, a exemplo de certos organismos que compõem a estrutura corporativa. A presente abordagem focaliza a Justiça do Trabalho (JT), com o objetivo de analisar as relações sociais que se travam nos tribunais trabalhistas em sua gênese, buscando identificar o conteúdo democrático presente na instituição ainda na vigência do Estado Novo.

A pesquisa que deu origem a este texto analisou qualitativamente inúmeros processos na tentativa de compreender o funcionamento da instituição. Durante o processo de investigação, ganhou peso a hipótese que indica que os tribunais trabalhistas constituem verdadeiras arenas de disputa, *locus* de reparação de direitos burlados e de afirmação de conquistas recém-fixadas. Além disso, se é verdade que em determinados contextos a presença da estrutura sindical corporativa, da qual a JT é parte, fomenta entre os empregadores a evasão da lei, acreditando que mesmo que denunciado e condenado o ônus será menor que se seguir com rigor a norma (Cardoso, 2003), contando que a JT promove, se muito, uma "justiça com desconto" (French, 2001), não se pode desconsiderar que em um volume significativo de processos ocorre justamente o contrário, isto é, o prejuízo de postergar acaba sendo maior, uma vez que, se procedente a reclamação, o empregador deverá pagar não apenas o devido, mas também as custas do processo.

Para os fins desta abordagem, o que cumpre aquilatar é o caráter democrático de certas disputas travadas no âmbito dos tribunais naquele amplo cenário ainda marcado por relações autoritárias entre Estado e sociedade. Para este artigo, em particular, foram analisados processos impetrados à Junta de Conciliação e Julgamento (JCJ) de Juiz de Fora em 1944, período que, embora marcado pelo declínio paulatino do autoritarismo estado-novista, ainda se notabilizava pelo caráter fechado do sistema político à participação popular.

O corpo do capítulo se divide em três partes. Aborda-se inicialmente a relação entre democracia e corporativismo no Brasil, destacando alguns aspectos desse debate no âmbito das ciências sociais, para, em seguida, situar a JT em meio à controvérsia. Por fim, a partir de alguns processos tomados como paradigmáticos de um universo maior, analisa-se o modo como se processam as relações sociais na JT nos últimos anos do Estado Novo.

Corporativismo e democracia

As dificuldades de efetivação da democracia no Brasil ocuparam por muito tempo o debate acerca do sistema político brasileiro e da relação entre Estado e sociedade no país. Há uma vasta literatura que discute a questão, ainda que não diretamente, e que tende a localizar tal dificuldade em polos opostos.

Na história do pensamento político brasileiro, situam-se, de um lado, os que apontaram a prevalência do poder privado como um fator a obstar a emergência de formas tipicamente democráticas de representação, dado o predomínio do localismo e das formas oligárquicas de dominação. De outro, os que atribuíram à formação de uma estrutura estatal de natureza patrimonialista, que precede a emergência de grupos sociais e os integra à lógica estatal por meio da cooptação antes que se desenvolvessem organismos autônomos de articulação e representação de interesses, a principal dificuldade para a consolidação da democracia.[1] De comum a essas vertentes, a indicação do predomínio de formas clientelistas aparece como um fator inibidor do desenvolvimento da democracia no país.

Com outra perspectiva, nos anos 1950, por meio das formulações do Instituto Superior de Estudos Brasileiros (Iseb), desenvolveu-se uma confiança de que os processos de urbanização e industrialização criariam os requisitos necessários à consolidação da democracia.[2] Sob o regime militar, esses termos se inverteram. Retomando formulações típicas do pensamento autoritário dos anos 1930, a Doutrina de Segurança Nacional indicava como necessária a presença de um interregno autoritário que, modernizando o país, o preparasse para o advento da democracia.[3]

---

[1] Na primeira vertente, destaca-se o trabalho de Duarte (1939), e na segunda, a obra de Faoro (1958), cuja perspectiva central foi retomada em Scwartzman (1982).
[2] Sobre o Iseb, cf., p. ex. Toledo (1982).
[3] Sobre o pensamento autoritário dos anos 1930, cf. Santos (1978). Uma síntese da Doutrina de Segurança Nacional encontra-se em Alves (1984).

Desde então, o debate acerca das possibilidades e limites da democracia no país ampliou-se e diversificou-se, destacando elementos variados, seja a origem escravista de nossa formação social, sejam as características da ordem institucional brasileira, seja o caráter "pelo alto" da formação capitalista no país.[4]

Quanto ao corporativismo, desde seu surgimento, consiste em objeto de críticas emanadas tanto dos meios acadêmicos quanto dos meios políticos e de entidades da sociedade civil. Embora a literatura há muito reconheça a possibilidade de adaptação de organismos de matriz corporativista a ambientes notadamente democráticos,[5] predomina a associação do corporativismo a regimes autoritários. Para além das fronteiras da academia, as críticas advêm da direita à esquerda do espectro político brasileiro, e em geral apontam os obstáculos que o corporativismo representa para a realização plena da democracia no Brasil.

Os últimos anos da ditadura civil-militar instalada em 1964 coincidem com o momento em que a crítica ao arcabouço corporativo foi mais contundente e a supressão do modelo parecia mais consensual. A despeito de setores do movimento sindical defenderem sua permanência, o chamado *novo sindicalismo*, movimento que alcançou maior visibilidade no período e deu origem à Central Única dos Trabalhadores (CUT), ganhou as ruas e conquistou elevados índices de adesão defendendo a autonomia dos sindicatos. A conjuntura era propícia e a bandeira da liberdade sindical convergia para a luta mais ampla pela redemocratização, a partir de final dos anos 1970, num ambiente em que os sindicatos eram dirigidos por *lideranças governistas*. Nos principais centros industriais do Brasil, o novo sindicalismo, ao lado de outros movimentos sociais e entidades da sociedade civil, agitou a bandeira da redemocratização do país, processo que no decorrer dos anos 1980 envolveu um conjunto de demandas que oferecem os contornos de uma democracia política e social.

Para o novo sindicalismo, a conquista da democracia supunha, pois, ademais de todas as questões que compartilhava com os outros movimentos

---

[4] Na literatura dedicada ao tema da democracia em conexão com a transição recente no país, destacam-se, por exemplo, dois trabalhos coletivos organizados em meio ao processo de transição: Camargo e Diniz (1989); Reis e O'Donnell (1988).

[5] Conferir a tipologia proposta por Philippe C. Schmitter (1974).

sociais, a superação da ordem corporativa associada ao ambiente sindical autorizado pelos militares e aos *pelegos* do pré-1964. Aos olhos das lideranças do novo sindicalismo, formadas sob o regime militar e, por conseguinte, com baixo nível de informação a respeito do que havia sido a vida associativa dos trabalhadores entre 1945 e 1964, cuja memória a ditadura havia buscado subtrair, pois bem, para aquelas lideranças tudo aquilo que se associava ao *trabalhismo*, tornado *populismo* no plano de certo discurso voltado para a sua desconstrução (Reis Filho, 2001), deveria ser suplantado. Da perspectiva no novo sindicalismo, a liberdade de organização passaria não apenas pelo fim da prerrogativa estatal de intervir nos sindicatos, mas pela ruptura com todo o ordenamento legado do Estado Novo, que teria sido responsável por amortizar o conflito de classes no pré-1964 e transformado as lideranças trabalhistas em *pelegos*.

Na mira de alguns setores situava-se, entre outros componentes da estrutura corporativa, a JT, sobretudo por seu poder normativo, seu caráter conciliador e inibidor do conflito de classes, bem como a presença da representação classista nos tribunais.

Para esses segmentos, era preciso e urgente inaugurar um novo modelo de organização, romper com toda aquela estrutura, inclusive física, para promover um novo estilo de relação com o patronato, subtraindo-se qualquer possibilidade de ingerência governamental. Na prática, esse discurso consubstanciou-se nas chamadas *oposições sindicais*, as quais, uma vez conquistado o reconhecimento das bases e a vitória eleitoral, assumiram a direção do sindicato oficial (Lobo, 1995; 2016).

Desde então, a crítica à estrutura corporativa esmoreceu, embora jamais tenha desaparecido da retórica sindical. Assim como a crítica dos anos anteriores recebera influência também dos meios acadêmicos, a perda de vigor coincide não apenas com a vitória eleitoral das oposições sindicais mas com a intensificação dos estudos acerca desse complexo institucional do qual a JT é parte, no âmbito dos quais observa-se uma mudança de perspectiva e uma postura mais investigativa e menos ensaística em relação à estrutura corporativa, ao papel das instituições e à ação dos trabalhadores e de suas lideranças.

Não é o caso aqui de estender considerações acerca dessa literatura, mas um breve comentário faz-se relevante para situar a questão central desta abordagem, que, reitero, é a compreensão acerca da relação entre Estado Novo e

Democracia, ressaltando a atuação da JT. Nesse ponto, cumpre ressaltar que a literatura a respeito do corporativismo no Brasil apresenta distintas visões, e alguns autores chegaram a sugerir que o corporativismo como regime jamais se concretizou.

Na esfera mais abrangente das ciências sociais, Eduardo Noronha (2000), por exemplo, sugere ser mais adequado referir-se ao sistema brasileiro de relações de trabalho não como corporativista, mas como legislado, contraposto ao sistema contratual predominante em determinadas democracias europeias. De certo modo, quando propõe essa nomenclatura e essa disjuntiva, o autor o faz por contraste à tipologia proposta por Philippe Schmitter (1974), que, como se sabe, contrapõe o corporativismo ao pluralismo e identifica no âmbito do corporativismo dois formatos: o estatal e o social.

Outros admitem a existência do corporativismo no Brasil, mas associam o fenômeno estritamente ao autoritarismo. Adalberto Cardoso (2003), corroborando a acepção de Werneck Vianna (1999) a respeito do corporativismo, identifica sua presença no Brasil apenas no período compreendido entre a fixação da lei sindical de 1939 e o declínio do autoritarismo estado-novista, em 1943. Ainda assim, para o autor, só é possível falar de corporativismo naquilo que diz respeito especificamente às relações de trabalho.

Há também os estudiosos que, admitindo a presença do corporativismo no Brasil, buscaram tipificá-lo de acordo com o regime político, tal como Stepan (1980), que distingue o corporativismo inclusivo, do pré-1964, do corporativismo excludente, vigente na ditadura civil-militar. Já Guillermo O'Donnell (1976), tratando especificamente do que denominou regime burocrático-autoritário, assinala o caráter bifronte e segmentado do corporativismo, modelo que atingiria de forma distinta empregadores e trabalhadores.

De sua parte, Eli Diniz (1997:23) ressalta que a tradição corporativista brasileira não favoreceu a cooperação interclasses, ou seja, viabilizou a participação das elites mas não a dos trabalhadores na burocracia de Estado, o que teria dado origem a uma certa "incapacidade de percepção da dimensão pública das demandas setoriais".

Quanto às pesquisas historiográficas, a temática adquiriu crescente relevância em meio ao processo de redemocratização, suscitando entre os historiadores novas indagações e uma problematização maior do período compreendido entre o Estado Novo e a ruptura institucional de 1964. De certa forma, é apenas a partir do momento em que essas pesquisas vêm à tona que algumas confusões começam a se desfazer. A mais saliente refere-se à caracterização das lideranças sindicais do pré-1964 como "pelegos", distantes das bases, submetidos ao controle ministerial, percepção associada à teoria do populismo e que tem sido criticada por refletir na realidade aquilo que fora apenas projetado.

Dessa forma, embora já no final dos anos 1960 a socióloga Neuma Aguiar (1969) tenha sugerido que, em que pese à forte presença estatal na formação da estrutura sindical, o sindicato corporativo acabou por transformar-se em *locus* de mobilização dos trabalhadores (os quais, na sua ausência, encontrariam no grande suprimento de força de trabalho gerado pela estrutura econômica brasileira um fator de peso a dificultar a formação de laços de solidariedade no interior da classe), será apenas a partir do final dos anos 1980 que os estudos eminentemente teóricos vão deixar de predominar, dando lugar a investigações com o fito de compreender o funcionamento real (e não o idealizado) das entidades, das instituições, das relações sociais (Correa, 2016). Desde então, vários estudos tentaram dar conta do peso do corporativismo nas relações de trabalho e, ao contrário de acentuar a componente de controle e o caráter excludente, bifronte e segmentado, as pesquisas passaram a considerar o aspecto inclusivo do corporativismo no Brasil, permitindo, inclusive, analisar a JT pela chave da democracia.

Ao contrastar as expectativas desenvolvidas pelos formuladores da legislação trabalhista, que deu origem à estrutura sindical corporativa, de matriz autoritária, com o uso que os trabalhadores efetivamente fizeram dela, alguns estudiosos constataram que aquilo que foi prescrito não teve expressão real, tendo em vista, entre outros fatores, que a componente de controle estatal sobre as organizações sindicais foi mitigada entre 1945 e 1964, num ambiente de crescente efervescência social, a despeito da permanência da estrutura sindical erigida sob o Estado Novo (Gomes, 2005).

Em estudo exemplar, realizado ainda no início dos anos 1980 e publicado em 1987, Maria Célia Paoli se contrapõe ao entendimento então hegemônico de que os trabalhadores haviam se submetido passivamente à constituição do corporativismo, ressaltando a mobilização e a disposição para o confronto. No entanto, Paoli conclui que a ação autônoma dos trabalhadores caminhava em paralelo com o discurso jurídico do Estado e mesmo com a defesa dos direitos sociais pelos sindicatos, sem que se verificasse convergência entre essas esferas (Paoli, 1987).

Por outro lado, durante muito tempo prevaleceu a noção de que a legislação trabalhista brasileira consistia em uma cópia da Carta del Lavoro italiana. Como bem lembrou Fernando Teixeira da Silva (2016), embora na década de 1940 Oliveira Vianna tivesse repetido à exaustão que o direito do trabalho brasileiro fora concebido com base em reflexões que tinham na mira as condições nacionais, até muito recentemente ainda se atribuía ao "fascismo italiano a marca registrada do corporativismo" brasileiro. Tal visão foi, de certa forma, superada nas últimas décadas, como resultado do esforço comparativo de historiadores como Michael Hall (2002) e Mario Cleber Lanna Junior (2009), tal como menciona Silva (2016).

Além disso, têm adquirido relevância estudos que buscam compreender o pensamento dos formuladores do corporativismo brasileiro e de suas instituições, em cujo âmbito muitas vezes democracia e corporativismo aparecem lado a lado (Abreu, 2016). Em alguns casos, identificam-se nitidamente os aspectos *modernizadores* e *democráticos* presentes no ideário que informa a criação da estrutura corporativa e da JT, no âmbito do qual Oliveira Vianna é paradigmático.

Justiça do Trabalho (JT)

Em meio a essa renovação historiográfica, a JT aparece como objeto de investigação e de análises que apontam a existência de espaços, no interior do complexo institucional, de confronto e de exercício da cidadania, em contraste com a narrativa predominante até então, segundo a qual a JT, assim como todo o aparato corporativo, ao atrair o conflito para o interior das estruturas estatais, inibia a greve e mitigava o confronto direto entre patrões e empregados, em prejuízo dos interesses destes.[6] Nessa perspectiva, se a estrutura corporativa destinava-se a promover a paz social necessária à acumulação capitalista, o princípio conciliador impresso no Judiciário trabalhista era o instrumento para atingir tal objetivo e, nessa medida, a instituição não passava de uma

---

[6] Silva (2016) faz um balanço primoroso da literatura a respeito da Justiça do Trabalho.

"justiça de classe", configurando, pois, um dos canais mais eficazes para a afirmação da "dominação burguesa". Além disso, a origem social dos juízes os induziria a decisões contrárias aos interesses dos trabalhadores, os quais estariam em permanente desvantagem, já que não dispunham do saber jurídico necessário para o enfrentamento nos tribunais. De sua parte, a estrutura tripartite seria prejudicial aos trabalhadores, uma vez que os juízes classistas seriam cooptados e tenderiam a acompanhar a posição dos togados, contrariando inúmeras vezes os interesses dos seus *representados*. A transferência do chão de fábrica como *locus* do conflito para a esfera jurídica implicaria a perda de qualquer possibilidade de vitória continuada e acúmulo de forças por parte dos trabalhadores. O poder normativo dos magistrados, por seu turno, seria o corolário desse processo de esvaziamento do conflito direto, uma vez que a competência dos juízes para definir salários e normatizar as relações de trabalho tornaria sem efeito a negociação entre capital e trabalho, subtraindo-se, assim, a necessidade de mobilização sindical e enfraquecendo a ação coletiva dos trabalhadores.[7]

Como mencionei, tal percepção tem sido progressivamente revista, à medida que a historiografia a respeito do mundo do trabalho avança e passa a incluir estudos sobre o cotidiano das instituições legadas pelo Estado Novo, destinadas originalmente a controlar as relações de trabalho. Buscando enxergar além dos objetivos que orientaram o processo de formação daquelas instituições, tais estudos vêm descortinando um horizonte de mobilizações, lutas e conquistas, que durante muitos anos haviam sido negligenciadas nos meios acadêmicos.

Assim, cumpre citar novamente Paoli (1994), quando afirma que as leis e a Justiça Trabalhista teriam forjado entre os trabalhadores uma "consciência jurídica de classe". De sua parte, Jairo Pacheco (1996), em direção contrária à narrativa que os caracterizava como passivos e incapazes de atuar com propriedade no ambiente jurídico, salienta que os trabalhadores souberam utilizar a linguagem jurídica, interiorizando e se apropriando de uma saber que lhes era exterior e aplicando em seu benefício o instrumental criado para docilizá-los e promover a conciliação de classes. Além disso, algumas pesquisas têm constatado que o recurso à Justiça não implicou a desmobilização

---

[7] Cf., p. ex., Rowland (1974); Paoli (s.d.); Paoli (1994). Boito (1991).

da luta em outras frentes, esvaziando a capacidade de mobilização sindical; ocorreu, antes, uma ação complementar, em meio à qual se fortalecia e se legitimava a luta por direitos em ambas as frentes.[8] Por outras palavras, a JT jamais chegou a constituir um campo magnético que ao mesmo tempo que atraía os trabalhadores os afastava de outras arenas de combate. Se durante o regime militar a JT restou como única instância à qual os trabalhadores podiam recorrer para defender seus direitos, em sistemas políticos abertos a instituição representou apenas uma das frentes onde se travava a batalha entre capital e trabalho, mais do que uma alternativa à luta direta, distanciando-se das expectativas que informaram o projeto que engendrou a JT.

Entre as diversas publicações a respeito da história da JT, destaca-se *Trabalhadores no tribunal*, de Fernando Teixeira da Silva (2016), uma compilação de artigos que, além da já mencionada revisão historiográfica, abordam diferentes aspectos do Judiciário trabalhista, confrontando a narrativa acerca de uma Justiça que por diversas razões teria impactado negativamente a organização e a mobilização sindicais. O autor sugere, ao contrário, que o fortalecimento da luta por direitos dos trabalhadores brasileiros, processada a partir da institucionalidade herdada do Estado Novo, foi de tal ordem que acabou por impulsionar o golpe de 1964, uma reação direcionada a frear tal ímpeto organizativo. Por outro lado, na perspectiva de contrastar o modelo brasileiro com outras realidades, o autor atribui viés ideológico à postura dos que sustentam que a JT brasileira corresponde a uma cópia fiel da Magistratura del Lavoro da Itália fascista, posto que tal característica subsidiaria a defesa de reformas na instituição ou mesmo sua supressão, tal como postulou o governo brasileiro nos anos 1990 e mais recentemente (Lobo, 2010).

Mobilizando literatura diversificada e investigando em vasto volume de processos trabalhistas, Silva reflete acerca do que denomina "fantasmas do corporativismo" para concluir que o direito do trabalho no Brasil bebeu em fontes italianas e em outras tantas, que lhe serviram de inspiração e estão na origem de aspectos específicos da estrutura corporativa em geral e da JT em particular. O autor ressalta, ainda, que mesmo que tenha recebido alguma influência italiana na origem, a Justiça Trabalhista brasileira sobreviveu à

---

[8] Cf., p. ex., Lopes (1988); Morel e Mangabeira (1994); Corrêa (2011); Varussa (2012); Corrêa (2007); Pereira Neto (2006).

ditadura estado-novista, passando por uma série de mudanças que revelam sua forte capacidade de adaptação.

Essa relação entre a instituição brasileira e a Magistratura del Lavoro italiana é crucial na construção de uma narrativa que associa a JT e o corporativismo com o autoritarismo e o fascismo e que predominou nas ciências sociais até recentemente. Em direção contrária, e apoiada nas considerações de Silva, vou me concentrar, a título de exemplo, em dois institutos que, embora típicos do corporativismo e da JT, existem tanto em contextos autoritários quanto democráticos. Trata-se da conciliação e da composição paritária, dois dos princípios indicados pelo jurista Arion Romita para sustentar que a JT brasileira seria tributária da Magistratura del Lavoro, tal como analisado por Silva, para quem tal relação não se sustenta.

No que diz respeito à composição paritária, Silva destaca sua presença em várias realidades nacionais nas primeiras décadas do século XX, a exemplo da Justiça Trabalhista da República de Weimar. Segundo o autor, a composição tripartite é comum a diversas outras cortes trabalhistas, por exemplo, em Portugal, no México e na Suécia. Por outro lado, na Itália, os juízes classistas foram abolidos pelo fascismo em 1928. Portanto, nos tribunais do trabalho italianos deixou de haver representação classista desde muito cedo. Já no Brasil, a representação classista foi extinta apenas em 1999, após muita controvérsia e debates democráticos. Nesse ponto, é relevante chamar a atenção para o fato de que nos debates que levaram à sua extinção, os críticos da representação classista, nos termos de Silva, não utilizaram argumentos contrários ao corporativismo, mas a remuneração elevada, nepotismo, anacronismo da instituição etc. Já o *lobby* dos vogais teria sido intenso, argumentando que sua presença era fundamental para assegurar a democratização da Justiça, representando um sistema de *freios e contrapesos* às decisões dos juízes togados, a celeridade do rito processual etc. (Silva, 2016).

No entanto, no cotidiano dos tribunais, é interessante notar que, embora votar a favor do representado seja uma tendência, há exemplos do representante do empregador votando pela procedência da reclamação do trabalhador, tal como observei em alguns processos analisados. Nesses casos, um determinado vogal se posicionou contrário a certa empresa, o que permite formular a hipótese de que não se trata de um voto corporativo, mas informado por alguma eventual rivalidade entre os empresários em tela. Essa hipótese demanda novas pesquisas, mas caso venha a ser corroborada pode significar que a concorrência também pesa contra os interesses do empregador nos tribunais de composição paritária.

Já o instituto da conciliação constitui, como lembra Silva, uma tendência em várias cortes trabalhistas, a despeito da presença ou não do corporativismo. Existia na República de Weimar e permaneceu após o fim do Terceiro Reich. EUA, Canadá e Inglaterra também são apontados por Silva entre os países que criaram instituições estatais para incentivar o acordo entre capital e trabalho. Por outro lado, na Itália, "a conciliação praticada nos órgãos corporativos" esvaziava a Magistratura del Lavoro, e não o contrário, como durante muito tempo apontou a narrativa crítica à Justiça Trabalhista brasileira. Lá, a conciliação era incentivada inicialmente entre o sindicato e representantes da empresa, por meio das diversas instâncias conciliatórias criadas pelo governo italiano, e se desenrolava um longo processo que em geral acabava antes de chegar à Justiça. Nos termos de Silva (2016:90), isso decorria não da presença de sindicatos fortes defendendo seus representados, mas de entidades subordinadas "aos ditames do partido e do governo fascistas". No caso no Brasil, o mais importante talvez seja compreender que a conciliação segundo os princípios concebidos pelo corporativismo, de colaboração de classes, de paz social, não ocorria. O que havia era o princípio da conciliação, que obrigava os magistrados a proporem o acordo, mas nada que determinasse a aceitação pelas partes. Em parcela significativa dos processos analisados, não era comum obter-se a conciliação nas reclamações referentes a salários, a suspensões disciplinares ou naquelas em que o empregado reclamava das condições indignas de trabalho.

Por outro lado, no caso da conciliação é preciso ressaltar que, embora os acordos sejam frequentes, há uma grande variação nos resultados dos processos dependendo do recorte temporal, bem como da categoria profissional focalizada. Isso nos leva necessariamente a evitar quantificações e priorizar a análise qualitativa, tendo em vista que cada processo trabalhista nos conduz a um universo distinto de acordo com a posição dos atores, do ambiente político prevalecente, do cenário econômico nacional, do setor econômico de origem do reclamante, entre outros fatores, o que não implica a impossibilidade de identificar alguns padrões. O principal deles parece ser que os tribunais trabalhistas, quer na democracia ou no autoritarismo, constituem uma arena de conflitos e disputas, como atestam inúmeros processos pesquisados.

Por fim, ainda sobre a conciliação, verificam-se processos nos quais os acordos favorecem o empregador nas situações em que fica estabelecido o pagamento de valor inferior ao devido. Como a Justiça é lenta, a reparação de danos tende a ser tardia, fato que acaba, em muitos casos, induzindo à conciliação. Nesse caso, o trabalhador prefere aceitar o acordo, mesmo que isso implique abdicar de direitos. Assim, é possível formular a hipótese de que o empresário tem estímulos a evadir-se da lei uma vez que há grandes chances de fechar um acordo na Justiça pagando menos que o devido (Cardoso, 2003; French, 2001). No entanto, há inúmeros casos nos quais o empregado, orientado pelo setor jurídico do sindicato ou pelo seu advogado, pede uma reparação superior à devida a fim de assegurar, via acordo, valor próximo ao que lhe foi subtraído em função da burla empresarial. Enfim, a tendência à conciliação em si não é problema. O que se deve registrar é a ausência de fiscalização suficiente e de constrangimentos, de ordem moral ou ética, para que o empresário evite evadir-se da lei, o que não possui relação de causalidade com o princípio da conciliação ou com sua ausência.

A democracia nos tribunais

Nesta seção, vou comentar alguns processos que ilustram que a JT constituiu, mesmo sob o Estado Novo, palco de disputas democráticas entre capital e trabalho e que os juízes, em que pese à sua origem *elitista*, não apenas decidiram inúmeras vezes em favor do trabalhador, mas determinaram a adoção de procedimentos, entre os empregadores, destinados a civilizar o ambiente de trabalho, ainda que isso envolvesse investimentos que implicariam custos que poderiam afetar o processo de acumulação da empresa. Como mencionei acima, a escolha desses processos se deu a partir da leitura de um significativo volume documental, que compreende a totalidade dos processos impetrados por trabalhadores têxteis à JCJ de Juiz de Fora em 1944. Tais processos foram selecionados não por suas peculiaridades, mas justamente por representar um conjunto maior, revelando uma *tendência* procedimental e decisória desse tribunal.

Em boa parte dos casos analisados, o que se observa é o a JT reduzindo os abusos empresariais, reparando os prejuízos causados ao trabalhador em virtude da tendência empresarial no sentido de evadir-se da lei e promovendo o equilíbrio entre as partes, inexistente no chão de fábrica ou na relação direta entre capital e trabalho, onde predomina uma nítida relação de poder e de dominação.

No universo pesquisado, há inúmeros processos motivados por um comportamento empresarial destinado a legitimar a redução de direitos ou salários. Os casos de suspensão disciplinar são paradigmáticos. Em alguns, é possível interpretar a suspensão como algo que configura *abuso* por parte do empregador, que muitas vezes é condenado nos tribunais, os quais invertem a situação e transformam o agente disciplinador em objeto a ser disciplinado. Mas há outros tipos de reclamação suscitados por esse comportamento abusivo. Em alguns deles, o que se observa é a JT impedindo que o empregador faça uso de determinados artifícios com o objetivo de reduzir as obrigações da empresa em relação a determinado empregado. Cito três casos.

O primeiro é um processo impetrado em julho de 1944 (JCJ 228/44) por uma empregada da Cia. de Fiação e Tecelagem Antonio Meurer. A operária reclama que trabalhava na fábrica desde junho de 1937, que entre maio de 1939 e novembro de 1943 trabalhou para o mesmo empregador em sua própria residência como costureira, voltando a realizar o serviço nas dependências da indústria a partir de então. Segundo a operária, em 1943 o empregador solicitou sua carteira de trabalho e "fez alguma anotação", pedindo, ainda, que ela "assinasse um papel, o que fez sem ler". Mais tarde descobriu que a anotação na carteira era uma demissão e a assinatura no referido papel era a fixação de novo contrato. Tudo isso feito à sua revelia, num nítido comportamento abusivo do empregador. Ao perceber que fora ludibriada, a trabalhadora reclamou à JCJ a restauração de seu real tempo de serviço. O representante do empregador argumentou que durante o tempo em que trabalhou em domicílio a costureira poderia prestar serviço para quem ela desejasse, não se justificando o vínculo empregatício. No entanto, com base em uma série de pressupostos, entre os quais a premissa de que a

> coexistência dos requisitos – subordinação e dependência econômica – constitui uma resultante natural do próprio contrato de trabalho, por isso que o economicamente dependente vive tão privado de sua liberdade real que de fato se acha também subordinado a quem lhe dá trabalho e lhe paga o salário [...] e que, não raro, para

a própria conveniência do empregador, prestar-lhe o empregado o serviço em seu próprio domicílio, não tem o condão de modificar a natureza jurídica do contrato de trabalho [a Junta condenou a reclamada, tornando] sem efeito a anotação na carteira [para configurar] que a reclamante encontrava-se desde julho de 1937, sem interrupção, a serviço da reclamada.

Nesse caso, fica patente a tentativa empresarial de ludibriar a empregada, abuso que na ausência da JT dificilmente a trabalhadora lograria reverter.

No segundo (JCJ/JF-364/44) o reclamante narra que fora suspenso duas vezes. Na primeira vez, por cinco dias, por se recusar a realizar hora extra. O operário argumenta que havia recebido "ordem do encarregado para fazer 'serão' até a uma e meia da madrugada", mas que

em virtude [de se encontrar] muito gripado, alvitrou ao referido encarregado a sua incapacidade momentânea para o serviço, pedindo que fosse dispensado da obrigação de executá-lo [...] retirando-se do estabelecimento da empregadora às onze e meia da noite, ocasião em que respondeu a uma insinuação do referido encarregado, que chamara ao reclamante de malandro, disse-lhe em resposta que "operário não é um cachorro", tendo sido por isso suspenso por cinco dias.

Na segunda vez, o trabalhador teria sido suspenso por ter sido flagrado "brincando de soprar poeira de seu filatório". O representante do empregador afirmou que o operário era reincidente, que não era a primeira vez que cometia atos de indisciplina, e que por isso fora suspenso. A junta considerou a reclamação *parcialmente procedente* e proferiu uma sentença de caráter pedagógico:

Considerando que a punição exagerada e injusta resulta, em geral, sem resultado, e traz, as mais das vezes, uma reação por parte do punido, a qual é prejudicial e perniciosa à ordem social, à harmonia que precisa existir entre empregados e empregadores, e da qual depende a ordem econômica, que constitui o objetivo primordial, a finalidade precípua do Direito do Trabalho [...] Considerando que julgar, como o têm feito alguns tribunais trabalhistas, essa justiça incompetente para tomar conhecimento de suspensões disciplinares, deixando a critério exclusivo do empregador a imposição de penalidades aos empregados, imporá em permitir que surja o abuso, que se pratique a redução indireta do salário do operário, que se atente contra a sua estabilidade funcional, já que se o deixa ao inteiro abandono, entregue à maldosa e muitas vezes impiedosa violência dos mestres, contramestres ou gerentes, investidos pelo empregador de poderes muito amplos, os quais não sabem exercer com a devida ponderação; Considerando que a questão das penalidades disciplinares tem sido motivo de muita injustiça e base de muitas reclamações dos punidos; Considerando que assim é de toda conveniência que sejam as penalidades aplicadas aos empregados verificadas e apreciadas pela justiça do trabalho, para que se possa aquilatar seu acerto ou não, moderar as que foram aplicadas com excessivo rigor ou tornar sem efeito as que se provarem injustas; Considerando que no caso presente verificou-se, justamente, rigor excessivo na aplicação da penalidade [...] resolve a Junta [...] julgar procedente, em parte, a reclamação, para reduzir [...] o tempo suspensão [...].

Esse é um caso muito elucidativo do papel de que se investe a JT, civilizatório, pedagógico, ao enfrentar o comportamento despótico do capital e de seus encarregados em relação ao empregado, mesmo sob a vigência do "esforço de guerra", que suspendia alguns direitos do trabalhador. Mais do que isso, a JT se coloca como guardiã da saúde da economia nacional, ao impedir que empresários façam uso de punições disciplinares para reduzir salários, recurso que, se adotado em demasia, poderia afetar o funcionamento do mercado, preocupação manifesta na sentença.

Por fim, cumpre mencionar inquérito administrativo instaurado pela Cia. de Fiação e Tecelagem Morais Sarmento, em setembro de 1944, visando demitir um empregado estável. Tal processo também foi fomentado por motivo disciplinar, mas dessa vez a indisciplina foi utilizada como justificativa não apenas para uma suspensão, mas para a demissão. O operário em questão teria agredido, sem razão, um colega de trabalho menor de idade. Na tentativa de demitir por justa causa o trabalhador, a empresa pede à junta a instauração de um inquérito administrativo para autorizá-la a demitir "sem qualquer vantagem" o empregado – que já estava suspenso –, mesmo tendo 12 anos de contrato com a empregadora. A junta, por unanimidade, julgou improcedente, autorizando apenas a suspensão, ainda assim reduzida para 15 dias. Na sentença, a junta condenou a empresa a "reintegrar o empregado com todas as vantagens legais, inclusive pagando-lhe os salários correspondentes ao período em que esteve afastado do serviço, até o dia da reintegração, exceção dos 15 dias de suspensão". Diante disso, a empresa recorre ao Conselho Regional do Trabalho (CRT), que nega provimento ao recurso, entre outras razões por considerar que "mesmo que ao fato se desse a qualificação de falta, ele não se capitula dentro das características de falta grave que, pela Consolidação, é aquela que 'pela repetição ou natureza representa séria violação dos deveres e obrigação do empregado'".

Nos três processos mencionados, tomados aqui como exemplares de um universo maior, o que se observa é uma instituição atuando no sentido de conter as arbitrariedades patronais no intuito de reparar direitos e impedir a redução temporária de salários. Nos três processos, a voz do empregado é da mesma altura da voz do empregador, o espaço concedido nos tribunais aos contendores é o mesmo, os procedimentos em relação a um e outro são idênticos. Todos dispõem de informações sobre o objeto da reclamação e de tempo para argumentar em defesa de sua posição. As sentenças são bem fundamentadas e a decisão em favor do empregado parece bem justificada, denotando, pois, que os tribunais constituem espaço para o exercício da cidadania e de realização da democracia.

Nos processos analisados, verifica-se com frequência a Justiça do Trabalho decidindo a favor do empregado em reclamações referentes ao pagamento dos 30 primeiros dias de afastamento por doença. Nesses processos, a disputa envolve, entre outros fatores, a interpretação do regulamento do Instituto de Aposentadorias e Pensões dos Industriários (IAPI). Em reclamação feita em agosto de 1944 (JCJ 301/44), um operário afirma que a empresa se recusou a pagar o primeiro mês em que esteve de licença. Essa alega que não o fez justamente porque o reclamante teve negado seu pedido de auxílio enfermidade pelo IAPI "por achar que ele não estava doente". Além disso, o empregador questiona a atribuição à empresa de responsabilidade pelos 30 primeiros dias de afastamento do trabalhador, defendendo que isso deveria ser da competência do IAPI. A junta reconhece que o regulamento do IAPI é omisso "no ponto em que atribui ao empregador o dever de pagar ao empregado o salário referente aos primeiros dias da doença", mas não o exime daquela obrigação. Isso posto, a junta julga procedente a reclamação,

> considerando que a CLT, em seu artigo 8º, determina que as autoridades administrativas e a Justiça do Trabalho, na ausência de dispositivos legais ou contratuais, decida o caso conforme a jurisprudência ou outros princípios ou normas gerais de direito e principalmente o direito do trabalho.

Portanto, mesmo diante da dúvida em relação à pertinência da reclamação, já que no IAPI fora recusado o auxílio por não ficar constatada a doença, a junta considerou procedente a reclamação, condenando a reclamada a pagar o salário dos primeiros 30 dias em que o empregado esteve afastado. E o fez por considerar, ainda, que a Justiça do Trabalho, "ao proferir sentença de equidade, deve atender aos fins sociais a que ela se dirige e às exigências do bem comum".

Discordando da sentença, a reclamada interpôs recurso ao CRT, questionando a autenticidade do atestado de enfermidade, assinado pelo médico do Sindicato dos Trabalhadores nas Indústrias de Fiação e Tecelagem, e tendo em vista o fato de o auxílio ter sido negado pelo IAPI, o que configuraria ausência de enfermidade nos termos da recorrente. O CRT, todavia, negou o provimento do recurso.

Em outro processo, de conteúdo semelhante, o representante da reclamada alega que "na vasta e difusa legislação social vigente" há explicitamente a obrigatoriedade de o empregador arcar com os 30 primeiros dias de afastamento no caso do Instituto de Aposentadorias e Pensões dos Comerciários (IAPC), mas é omissa em relação aos industriários, o que pode ser interpretado como um entendimento, por parte do legislador, de que o empregador do setor industrial deveria ser excluído de tal obrigação. E termina protestando contra uma Justiça na qual é "unicamente sacrificado o interesse individual dos empregadores" (JCJ-33/44).

Em outro processo (JCJ-478/44) sobre o mesmo assunto, mas que versa sobre episódio anterior à instalação da junta, o empregador questiona a competência da mesma para julgar "reclamações de fatos ocorridos antes de sua criação" e recorre ao CRT contra a decisão da primeira instância. O CRT decide por unanimidade autorizar a JCJ a julgar o mérito da questão.

Nesses casos o que se observa é um tribunal pouco preocupado em conciliar, palco de uma rica discussão que servirá de base para a regulamentação ulterior da matéria, com participação ativa das partes, e com decisões bem fundamentadas. Nos três processos, a Justiça do Trabalho normatiza as relações sociais após ampla discussão e concede o que fora pedido pelo trabalhador, mesmo com voto contrário do juiz classista representante do empregador. Tais processos desautorizam tipificar a JT como uma justiça com desconto, uma vez que a sentença obriga ao pagamento integral do salário.

O último processo a ser comentado revela uma instituição capaz de promover no tribunal o equilíbrio de forças entre empregador e empregado inexistente no ambiente de trabalho.

Em abril de 1943, o operário da Cia. de Fiação e Tecelagem Antônio Meurer reclamou à Justiça do Trabalho que tivera seu salário reduzido em virtude da redução da jornada de trabalho, e pediu o pagamento da diferença salarial, referente aos 15 dias em que teve seus vencimentos subtraídos, bem como o restabelecimento do horário anterior. A reclamada explicou que um ano antes da redução, de oito para seis horas diárias, havia criado uma turma para trabalhar em um turno extra, em virtude do aumento da demanda. No entanto, diante do retraimento do mercado ocorrido posteriormente ela teria sido levada a adotar medidas para "evitar maiores males no futuro e manter a referida turma, mesmo lutando com dificuldade". O representante da empresa esclareceu, ainda, que o empresário havia pensado em extinguir a turma, mas foi procurado pelos empregados, que solicitaram a manutenção dos postos, pois com a demissão "ficariam desempregados em uma época em que ninguém lhes daria ocupação, devido a suas idades estarem sujeitas à convocação para o exército, e, portanto, teriam de passar fome ou recorrer à caridade pública juntamente com suas famílias".

Diante disso, o empregador teria proposto uma redução na jornada diária dessa turma, de oito para seis horas, e também de outra, que habitualmente realizava jornadas de 10 horas e passaria, pelo acordo, a oito horas diárias. Dessa forma, a empresa lograria reduzir quatro horas diárias considerando as duas turmas. O empregador teria condicionado a aplicação dessa medida à aceitação de todos os seus 122 empregados. Segundo o representante da reclamada, "tendo tido o assentimento de todos, providenciamos para que fossem lavrados os respectivos contratos". Dois dias depois, todos os contratos haviam sido assinados, possibilitando a manutenção da turma. De sua parte, o reclamante confirmou tal acordo, mas argumentou que assinou sob ameaça de demissão. Como de costume, o presidente da junta propôs a conciliação, mas a reclamada recusou, certa de que acabaria ganhando o processo.

No entanto, após inúmeras considerações para fundamentar a decisão, e reivindicando o art. 468 da Consolidação das Leis do Trabalho (CLT), a junta julgou a reclamação procedente, afirmando que a empresa não comprovou "força maior que justificasse a redução" e que alterações contratuais só eram lícitas quando não resultassem em prejuízo para o empregado. Além do pagamento da diferença salarial e da restituição da jornada, ficou estabelecido que a reclamada deveria pagar as custas do processo.

Nesse caso, fica evidente o caráter reparador da Justiça do Trabalho no sentido de promover no tribunal o equilíbrio de forças entre capital e trabalho. No ambiente de trabalho, o empresário lança mão de sua superioridade, domina o empregado e determina suas escolhas ao condicionar a manutenção do emprego à aceitação dos termos propostos, ou seja, a redução ilícita do salário. No tribunal, o empregado encontra condições de exprimir suas escolhas sem se sentir coagido, mesmo que no retorno ao chão de fábrica seja levado a reassumir sua posição de inferioridade. Ainda assim, saindo vitorioso da Justiça, percebe sua capacidade de protagonizar eventualmente a relação que no cotidiano é claramente desfavorável aos seus interesses. Como disse um magistrado em um processo encontrado dentro do universo dessa pesquisa e já mencionado por Jairo Pacheco, a presença da Justiça do Trabalho assegurou ao trabalhador o direito de não ter medo.

Considerações finais

O autoritarismo é uma das categorias mais utilizadas para definir o Estado Novo, o qual, segundo Maria Helena Capelato (2016), despertou o interesse dos historiadores, preocupados em compreender de forma mais aprofundada o autoritarismo no Brasil a partir da conjuntura de redemocratização dos anos 1980. Passadas três décadas do fim do último ciclo autoritário experimentado pela sociedade brasileira, num contexto agora de recrudescimento do autoritarismo, fortalece-se a ideia de que a história política brasileira é cíclica e que assim como nos períodos em que predomina a democracia determinadas instituições atuam segundo padrões autoritários, em regimes autoritários há espaço para o desenvolvimento de relações sociais democráticas. É o que se depreende a partir da investigação acerca da Justiça do Trabalho no Estado Novo, mais particularmente nos últimos anos do regime, tal como se propôs a presente abordagem.

Se, durante muitas décadas, a Justiça do Trabalho foi encarada como instrumento de controle sobre os trabalhadores, orientado para o enquadramento institucional da luta por direitos, nos últimos anos têm adquirido relevância os estudos historiográficos que indicam que a Justiça Trabalhista se transformou de instrumento de controle e conciliação em uma arena de conflitos, muitos dos quais solucionados de forma democrática. Assim, ainda que não se possa desconsiderar a assimetria própria das relações entre capital e trabalho, no Brasil talvez a Justiça do Trabalho seja a instituição em que tal assimetria se apresenta mais atenuada.

O estudo que deu origem a este texto se debruçou sobre inúmeros processos trabalhistas, destacando casos ilustrativos de um conjunto maior, que permitem identificar a presença de relações democráticas nos tribunais trabalhistas entre 1943 e 1944. Em todos esses processos, foi assegurado amplo espaço para a manifestação das partes e o magistrado proferiu sentença favorável ao trabalhador, destacando a necessidade de se cumprir a lei trabalhista, considerada não apenas justa, mas favorável à saúde econômica do país. Com frequência, o magistrado assume um papel civilizatório, disciplinando o empregador. Diante de reclamações por suspensão disciplinar, redução de salários, adoção de medidas de contenção de despesas cujo prejuízo recai sobre o trabalhador, tentativas outras de subtrair direitos por meio de inúmeros estratagemas, em todos os processos verifica-se ativa participação tanto do empregador quanto do empregado, atuação coerente por parte do representante classista, e a adoção, pelos magistrados, de uma postura que, ainda que obediente ao princípio da conciliação, em momento algum denota uma tentativa de indução ao acordo.

Desse modo, como destaca Silva (2016:47), é preciso avaliar o "corporativismo varguista, projeto que trouxe à luz também a Justiça do Trabalho, em toda a sua ambiguidade". Se nasceu sob inspiração autoritária e fascista, transformou-se em um "arranjo institucional que na prática" não apenas não "eliminou a mobilização e organização dos trabalhadores" mas foi canal de representação de interesses "a depender das conjunturas e dos enquadramentos político-institucionais". Num país marcado pela instabilidade de suas instituições, a Justiça Trabalhista se destaca por sua longevidade, o que se deve, entre outros fatores, à sua capacidade de adaptação, uma grande plasticidade para se adaptar a diferentes conjunturas e regimes políticos, tanto as democracias quanto os notadamente autoritários. Em ambos, é possível observar nos tribunais espaço para a livre expressão dos interesses, arbitragem isenta e sentenças orientadas para a reparação de direitos.

Referências

ABREU, Luciano Aronne de. Estado Novo, realismo e autoritarismo político. *Política e Sociedade*, n. 12, p. 49-66, abr. 2008.

_____. O sentido democrático e corporativo da não Constituição de 1937. *Estudos Históricos*, v. 29, n. 58, maio/ago. 2016.

AGUIAR, Neuma. *The mobilization and bureaucratization of the Brazilian working class (1930-1964)*. Tese (doutorado) – Washington University, Saint Louis, MO, 1969.

ALVES, Maria Helena Moreira. *Estado e oposição no Brasil*. Petrópolis: Vozes, 1984.

BOITO, Armando. *O sindicalismo de Estado no Brasil*. São Paulo: Hucitec, 1991.

CAMARGO, Aspásia; DINIZ, Eli. *Continuidade e mudança no Brasil da Nova República*. São Paulo: Vértice, 1989.

CAPELATO, M. H. R. História do Brasil e revisões historiográficas. *Anos 90*, Porto Alegre, v. 23, n. 43, p. 221-237, jul. 2016.

CARDOSO, Adalberto Moreira. *A década neoliberal e a crise dos sindicatos no Brasil*. São Paulo: Boitempo, 2003.

CORRÊA, Larissa Rosa. *Trabalhadores têxteis e metalúrgicos a caminho da Justiça do Trabalho*: leis e direitos na cidade de São Paulo, 1953-1964. Dissertação (mestrado em história) – Universidade Estadual de Campinas, Campinas, SP, 2007.

_____. *A tessitura dos direitos*. São Paulo: LTr, 2011.

_____. O corporativismo dos trabalhadores: leis e direitos na Justiça do Trabalho entre os regimes democrático e ditatorial militar no Brasil (1953-1978). *Revista Estudos Ibero-Americanos*, v. 42, n. 2, 2016.

DINIZ, Eli. *Crise, reforma do Estado e governabilidade*. Rio de Janeiro: FGV Ed., 1997.

DUARTE, Nestor. *A ordem privada e a organização política nacional*. São Paulo: Companhia Editora Nacional, 1939.

FAORO, Raimundo. *Os donos do poder*. Porto Alegre: Globo, 1958.

FRENCH, Jonh. *Afogados em leis*. São Paulo: Perseu Abramo, 2001.

GOMES, A. Autoritarismo e corporativismo no legado de Vargas". *Revista USP*, São Paulo, n. 65, p. 105-119, mar./maio 2005.

HALL, Michael. Corporativismo e fascismo nas origens das leis trabalhistas brasileiras. In: ARAÚJO, Angela (Org.). *Do corporativismo ao neoliberalismo*. São Paulo: Boitempo, 2002.

LANNA JUNIOR, Mario Cleber Martins. 1937, o Brasil, apesar do fascismo: a legislação do Estado Novo e a do fascismo italiano sobre o trabalho, o contrato coletivo e o salário. *Locus*: revista de história, v. 15, n. 1, 2009.

LOBO, Valéria Marques. *Democracia e corporativismo no Brasil*. Dissertação (mestrado em ciência política) – Universidade Federal de Minas Gerais, Belo Horizonte, 1995.

____. De volta ao mercado em dois atos: o impacto da política econômica e da política social sobre o mundo do trabalho nos anos 90. In: ____. *Trabalho, proteção e direitos*: o Brasil além da era Vargas. Juiz de Fora, MG: UFJF Ed., 2010.

____. Corporativismo à brasileira: entre o autoritarismo e a democracia. *Revista Estudos Ibero-Americanos*. n. 2, v. 42, 2016.

LOPES, José Sérgio Lopes. *A tecelagem dos conflitos na cidade das chaminés*. São Paulo: Marco Zero, 1988.

MOREL, R. M.; MANGABEIRA, W. Velho e novo sindicalismo e uso da Justiça do Trabalho. *Dados*, Rio de Janeiro, v. 1, n. 37, 1994.

NORONHA, Eduardo. O sistema legislado de relações de trabalho no Brasil. *Dados*, Rio de Janeiro, v. 43, n. 2, 2000.

O'DONNELL, Guillermo. Sobre o "corporativismo" e a questão do Estado. *Cadernos DCP*, n. 3, 1976.

PACHECO, Jairo. *A guerra nas fábricas*. Dissertação (mestrado em história) – Universidade de São Paulo, São Paulo, 1996.

PAOLI, Maria Celia. O trabalhador urbano na fala dos outros. In: LOPES, José Sérgio L. (Org.). *Cultura e identidade operária*: aspectos da cultura da classe trabalhadora. Rio de Janeiro: UFRJ/Museu Nacional, 1987.

____. Os direitos do trabalho e sua justiça. *Revista USP*, São Paulo, n. 26, 1994.

____. *Labour, law and the State in Brazil*. Tese (doutorado) – Birkbeck College, Universidade de Londres, Londres, [s.d.].

PEREIRA NETO, Murilo. L. *A reinvenção do trabalhismo no vulcão do inferno*: um estudo sobre metalúrgicos e têxteis de São Paulo. Tese (doutorado em história) – Universidade de São Paulo, São Paulo, 2006.

REIS, Fábio W.; O'DONNELL, Guillermo (Org.). *A democracia no Brasil*: dilemas e perspectivas. São Paulo: Vértice, 1988.

REIS FILHO, Daniel Aarão. O colapso do colapso do populismo: ou a propósito de uma herança maldita. In: FERREIRA, J. (Org.). *O populismo e sua história*: debate e crítica. Rio de Janeiro: Civilização Brasileira, 2001. p. 319-377.

ROWLAND, Robert. Classe operária e estado e compromisso. *Estudos Cebrap*, n. 48, 1974.

SANTOS, Wanderlei Guilherme. *Ordem burguesa e liberalismo político*. São Paulo: Duas Cidades, 1978.

SCHMITTER, Philippe C. Still the century of corporatism? *The Rewiew of Politics*, v. 36, n. 1, p, 85-131, jan. 1974.

SCWARTZMAN, Simon. *Bases do autoritarismo brasileiro*. Rio de Janeiro: Campus, 1982.

SILVA, Fernando Teixeira da. *Trabalhadores no tribunal*. São Paulo: Alameda, 2016.

SINGER, Paul. O significado do conflito distributivo no golpe de 64. In: TOLEDO, Caio Navarro (Org.). *1964: visões críticas do golpe*. Campinas: Ed. Unicamp, 1997.

STEPAN, A. *Estado, corporativismo e autoritarismo*. Rio de Janeiro: Paz e Terra, 1980.

TOLEDO, Caio Navarro. *Iseb*: fábrica de ideologias. São Paulo: Ática, 1982.

VARUSSA, Rinaldo J. *Trabalhadores e a construção da Justiça do Trabalho no Brasil (1940-1960)*. São Paulo: LTr, 2012.

VIANNA, Luis Werneck. *Liberalismo e sindicato no Brasil*. 4. ed. Belo Horizonte: Ed. UFMG, 1999.

6. Argumentos liberais frente ao Estado Novo: Buenos Aires e Minas Gerais (1937-1945)*

Ernesto Bohoslavsky e Martín Vicente

Em 1934, o analista político argentino Rodolfo Rivarola proferiu uma palestra no Instituto Popular de Conferencias – intimamente ligado ao jornal liberal *La Prensa* – em Buenos Aires. Rivarola fez uma avaliação da Constituição brasileira promulgada naquele ano e de como essa experiência demonstrou que a evolução social era possível por meio das Constituições (Roldan, 2008:30-51). O sistema político argentino, pelo contrário, estava num caminho inverso, afirmou o analista, pois não tinha possibilidades de pôr em marcha um processo reformista que conseguisse processar politicamente e institucionalmente os principais conflitos da época. No entanto, a situação brasileira foi interpretada de forma diferente no Brasil. Em 1937, *O Jornal* celebrou o fato de que o sistema de partidos da Argentina não havia sofrido mudanças importantes após o golpe de 1930, ao contrário do que aconteceu no Brasil.[1] O cruzamento de impressões reflete as diferentes expectativas que os atores políticos, intelectuais e jornalísticos de cada um dos dois países tiveram sobre o processo político dos dois lados da fronteira argentino-brasileira após as crises econômica e política sofridas no começo da década de 1930. A "crise do liberalismo", como Eric Hobsbawm (2003:116) chamou o ciclo marcado pelo "colapso dos valores e instituições da civilização liberal", enquadrou as

---

* Uma versão anterior deste texto foi publicada na *Revista de História Comparada* (v. 8, n. 2, 2014). Os autores agradecem a Andrés Bisso pela generosa cessão de documentos.
[1] Las reformas constitucionales. *La Nación*, 14 out. 1937.

preocupações com as quais brasileiros e argentinos de inspiração liberal e antifascista interpretaram o fenômeno do Novo Estado e a ideologia que o sustentou.

O objetivo deste artigo é comparar as interpretações do Estado Novo produzidas por políticos liberais em Belo Horizonte e por jornais de Buenos Aires entre 1937 e 1945. Espera-se contribuir para uma compreensão melhor das representações cruzadas entre segmentos das elites políticas e intelectuais da Argentina e do Brasil nesse período, e também para explorar as ligações desenvolvidas entre eles (intercâmbio de publicações, saudações e reconhecimentos nos jornais, nos livros etc.). Esses contatos permitiram compartilhar estratégias políticas e marcos interpretativos para caracterizar a experiência do Estado Novo. A nossa hipótese é que as análises e caracterizações feitas por líderes políticos e jornais foram tributárias, tanto de uma leitura particular do passado nacional e americano quanto das problemáticas situações nacionais e internacionais. As leituras liberais do passado visavam representar o Estado Novo como estranho às tradições republicana e americana e relacioná-lo, ao contrário, com ideologias estranhas à vida e ao curso do Brasil em particular e da América do Sul em geral. É por isso que os brasileiros, ao desafiarem o regime varguista, e os argentinos, a criticarem a potencial replicação dessa experiência em suas terras, promoveram usos do passado e estabeleceram paralelismos e assimilações. Assim, as referências ao constitucionalismo liberal e as revoltas antimonarquistas ou federalistas da segunda metade do século XIX tornaram-se aspectos da retórica antivarguista no Brasil durante o Estado Novo: as referências ao passado eram eixos centrais de uma tarefa intelectual e a política destinada a tecer passado e presente, tradições e horizontes. Essas leituras políticas do passado não tiveram uma réplica comparável – ou melhor, traduzível – por parte dos argentinos, que criticaram fortemente os atores interessados em replicar o varguismo em seu país nas décadas de 1930 e 1940: eles foram chamados primeiramente de "nacionalistas" e, depois de 1945, "peronistas". As caracterizações que os jornais fizeram de Vargas e seu Estado Novo foram mudando no tempo: em 1937 era o campeão do anticomunismo, em 1941 era um Mussolini tropical, em 1942 um grande amigo dos Aliados e do presidente Roosevelt, mas em 1945 era um "ditador moderno" que inspirava perigosamente ao coronel Perón.

Como se verá neste capítulo, as posições liberais em ambos os países tiveram diferenças. O liberalismo brasileiro do século XIX caracterizou-se pela combinação da retórica liberal de garantias e cidadania com a existência e reprodução de fato da escravidão e todos os tipos de práticas políticas autoritárias, corporativas e clientelistas. Após o estabelecimento da República em 1889, o liberalismo apareceu como garantia de *self-government* e associado ao federalismo, entendido como resseguro frente ao absolutismo centralista – com o qual foi caracterizado o Império (Carvalho, 1993). O vínculo do liberalismo com o positivismo também serviu de limite às pretensões políticas da Igreja e atuou como uma marca de diferenciação em relação às maiorias populares, identificadas com o catolicismo e com crenças sincréticas e/ou de origem africana. Seu desprezo pelas massas e sua exaltação de elites rurais aproximou o liberalismo do conservadorismo: a experiência de oposição ao Estado Novo tornou essa hibridação ainda mais complexa, pois incorporou o antifascismo e a defesa dos poderes dos estados, que o regime de Vargas deteriorou severamente. O caso argentino também mostra um liberalismo marcado por um tom conservador. Isso foi expresso em uma série de acordos dentro do amplo espectro liberal desde o final do século XIX, como o peso de uma elite líder, a validade dos direitos individuais e o signo secular, mas também em polêmicas sobre o alcance do federalismo, o escopo de democracia representativa e o conteúdo efetivo dos direitos políticos e sociais (Vicente, 2014).

As oposições brasileiras olhando o varguismo

A coalizão que assumiu o controle do Poder Executivo em 1937 realizou um processo de centralização e autonomização do Estado federal em relação aos interesses diretos das classes dominantes e das identidades dos estados. Essa lógica foi inspirada pelas tradições tenentista, nacionalista e integralista. Nesse processo, essas elites políticas invocaram cada vez mais uma legitimidade técnica e autoritária, que procurava repelir ou deixar de lado o perfil humanista-jurídico das elites tradicionais. Como Adriano Codato mostrou, foi um lance entre dois perfis de elite: um identificado com o destino do Estado federal e dotado de conhecimento técnico, e outro mais oligárquico, conservador e recostado em situações locais. Em suma, a luta não era pelo controle do poder, mas pelos fundamentos do poder (Codato, 2009:326). As soluções "técnicas" e "objetivas" legitimaram um tipo de intervenção econômica e política autoritária, planejada e centralizadora. Isso correspondeu à concepção de que os apologistas do Estado Novo tinham das ideologias políticas, que insistiam em condenar pela sua natureza artificial, bacharelesca, extravagante e antirracional (Codato e Guadalini Jr., 2003).

Não é surpreendente, então, que as oposições ao regime varguista tomassem algumas características ideológicas e valores como o liberalismo, o federalismo, a autonomia, o conhecimento humanista e uma matriz argumentativa que destacava a pertença do Brasil ao Ocidente e à América, tentando imputá-los com a tonalidade positiva que o Estado Novo negou. A oposição ao Estado Novo teve três principais protagonistas: (a) os comunistas – pelo menos até 1944-1945; (b) as oligarquias regionais, que não estavam satisfeitas com a distribuição do poder local e a crescente interferência do governo federal com as novas agências, ministérios e empresas, entre outros; e (c) grupos democráticos liberais (Gomes, 2007:275), nos quais nos concentraremos neste capítulo.

No Estado de Minas Gerais um dos mais importantes opositores ao Estado Novo foi Afonso Arinos de Melo Franco. Ele ressaltou que já em 1942 tinha a vontade de lançar um apelo por causa do centenário da revolução liberal que, em 1842, levou mineiros e paulistas contra o centralismo do Império. Assim, enquanto a celebração oficial do Estado Novo colocava no centro da lembrança pública que a derrota daquela revolução significava o triunfo da unidade nacional, para os antivarguistas era um valioso antecedente que merecia ser resgatado: "comecei a pensar que se devia fazer o oposto: dentro da ditadura, uma comemoração liberal e por parte dos mineiros" (Cpdoc, 1981:10). Além do centenário da revolução, houve outros episódios que formaram entre os membros da elite mineira uma consciência de sua capacidade de desafiar a autoridade estado-novista. Um desses eventos foi a realização do Congresso Jurídico Nacional no Rio de Janeiro, em agosto de 1943, do qual se retiraram os representantes mineiros e cariocas, argumentando sua oposição ao oficialismo do evento. Tal medida foi muito bem recebida em Minas Gerais pela Ordem dos Advogados e foi um incentivo para a comunidade local de advogados desenvolverem uma oposição mais aberta ao Estado Novo (Cpdoc,

1981:85-90). Essa identidade antivarguista e defensora da autonomia mineira foi reforçada quando o interventor no estado, Benito Valadares, apresentou uma chapa para a eleição das autoridades da Ordem dos Advogados de Minas Gerais. Isso alentou a constituição de uma chapa contrária ao interventor, a Vargas e ao "centralismo" (Cpdoc, 1981:110).

Em outubro de 1943, foi anunciado o Manifesto dos Mineiros, documento em que quase 100 signatários exigiam a abertura do processo político e o respeito às liberdades políticas. As primeiras 50 mil cópias do manifesto foram distribuídas clandestinamente ou lançadas sob as portas de casas em várias cidades de Minas Gerais, como uma estratégia para evitar a censura. Os signatários faziam parte da elite mineira: intelectuais, empresários, antigos tenentes e políticos que tinham sido deslocados da vida política durante a década anterior. A decisão do governo federal de demitir os signatários que ocupavam cargos públicos gerou correntes de solidariedade, mas também de curiosidade sobre o texto, que foi republicado e divulgado no restante do país. A repressão teve o efeito contraproducente de disseminar – pelo menos entre os leitores de jornais – o desafio colocado à ditadura, bem como mostrar os níveis de intolerância política do regime (Cpdoc, 1981:57).[2] Francisco de Assis Magalhães Gomes, um dos signatários, apontou que o manifesto era "um movimento de opinião", destinado exclusivamente a influenciar a elite (Cpdoc, 1981:165).[3] A perseguição oficial acabou por dar-lhe, paradoxalmente, uma difusão maior do que o inicialmente pretendido.

Por que o formato de um manifesto em vez de outros gêneros possíveis para divulgar o descontentamento? Um dos signatários apontou que um dos editores do manifesto, Virgilio de Melo Franco, soube pela imprensa que

> um grupo de professores argentinos houvera lançado, em seu país, certo memorial ou manifesto, em que sustentavam ideias democráticas. A notícia foi lida na imprensa e, como de pronto se compreende, comentada por Virgílio diante de alguns compa-

---

[2] Um dos signatários do manifesto, Carlos Horta Pereira, afirmou que a decisão de sancioná-los foi uma "ideia de paulista", dado que foi uma criação do ministro da Fazenda de São Paulo, Souza Costa: "Acho que é porque eles [os paulistas] são muito ricos" (Cpdoc, 1981:116-117).

[3] É importante lembrar que os signatários fizeram os depoimentos aqui consultados quase 40 anos depois do lançamento do manifesto. É por isso que muitas de suas palavras não só têm um tom de autojustificação mas também falam muito mais sobre o contexto da seguinte ditadura (1964-1985).

nheiros [...] Nessa oportunidade, nasceu a ideia de lançar manifesto semelhante ao argentino [Cpdoc, 1981:53].

Os signatários do manifesto não apareceram como o embrião de um partido oposto a Vargas – que só com a passagem do tempo se tornaria evidente –, mas sim como um estado de desagrado da opinião pública contra o autoritarismo. Como diz Dario de Almeida Magalhães:

> Tínhamos que acabar com o regime ditatorial, que já durava desde 1937. Estávamos em 1943, eram, portanto, seis anos. Naquele silêncio geral que dominava o Brasil, o Manifesto teve esse significado de protesto e de rebeldia, de inconformismo [Cpdoc, 1981:128].

No mesmo sentido, Afonso Arinos apontou que, entre os criadores do manifesto, "não há projeto político no sentido de criação de um modelo", mas que o alvo era "a volta ao ideal democrático. Só isso" (Cpdoc, 1981:12). Segundo o político mineiro, o que uniu os signatários foi mais a rejeição ao estilo Vargas do que qualquer de suas linhas ideológicas:

> O Getulio contrariava todos os nossos padrões, todos os nossos hábitos, todas as nossas maneiras de nos aproximarmos da realidade do país. Era completamente diferente de tudo. Era silencioso, num meio político de oradores, de faladores. Era frio, pelo menos aparentemente, no meio de emotivos. Era um sujeito estranho [Camargo et al., 1983:58].

O antagonismo com o estilo do líder estado-novista foi, como reconheceu João Cleofas, um dos fundadores da União Democrática Nacional, um dos estímulos mais fortes para uma oposição tão refratária. Em suma, eles ficariam movidos por distâncias mais pessoais do que ideológicas com o homem de São Borja:

> Alguns homens que tinham influência, que tinham preponderância na UDN [...] se sentiam frustrados nos seus projetos, nas suas ambições. Então recalcavam, levando-se para o lado do ódio, que de fato não constrói nada [...] Eu não tinha isso, não sabia guardar esse sentimento de ódio, de obstinação, que estragou muito a UDN, muito mesmo [Cleofas, 1985:25-26].

Não é por acaso que o manifesto tenha levantado sua identidade civil[4] e mineira desde o início, evidenciando o deslocamento geopolítico experimentado por Minas Gerais desde 1930. No manifesto, a atividade política foi apresentada como um sinal de modernidade, como uma prática inevitável, mas acima tudo como uma autêntica tradição mineira. Fazer política e se interessar pelo público seria, então, uma característica mineira. O Manifesto dos Mineiros foi marcado por um núcleo liberal-republicano que assumiu como valores "ou amor à crítica e ao debate, ou apego às prerrogativas da cidadania, ou dever político, significado não mais nobre e digno, uma palavra, uma voz irresistível para a vida pública" (Franco, 1946:104). Assim, a hibernação forçada da política sob o Estado Novo significava violentar a história:

> Quem conhece a história das tradições da nossa gente pode medir a extensão da violência feita ao seu temperamento por essa compulsória e prolongada abstinência da vida pública. [...] devemos orgulhar-nos, por todas as razões, do fato de ser a comunidade mineira no País, por influência dos fatores de ordem histórica e social, aquela onde esse sentimento dos interesses coletivos e essa compreensão do *munus* cívico, essa indomável e altiva tendência política nunca perderam sua força e constância [Franco, 1946:103].

O manifesto fez uma assimilação do Império com o Estado Novo, caracterizados ambos pelo centralismo e autoritarismo, e o desdém dos eleitores. Assim, a rejeição do Estado Novo foi apresentada como parte de uma longa tradição mineira de luta contra o unitarismo, o personalismo e a restrição das liberdades. O manifesto assumiu como antecedentes e mártires de sua causa os independentistas e os partidários do republicanismo e do positivismo durante o Império (Franco, 1946:103). Os signatários alegaram estar inspirados por "ideais políticos que se realizam pela autonomia estadual e pela democracia", que teriam sido coletadas por Tiradentes em suas lutas "contra a personificação do Poder, sempre conducente aos desequilíbrios e

---

[4] As hipóteses sobre o porquê de não haver militares entre os signatários são duas: existem aqueles que postulam que é para dar uma natureza estritamente cívica ao documento e outros que sustentam que eles não queriam forçar os militares a assumir funções políticas que não eram deles (Cpdoc, 1981:13, 30).

paralisias do unitarismo e às restrições das liberdades públicas e privadas" (Franco, 1946:105). A genealogia histórica que estava sendo construída e à qual os signatários se filiavam, incluiu a "Circular aos Eleitores Mineiros", de Teófilo Ottoni, de 1860; manifestos republicanos de 1870; a criação do Partido Republicano Rio-Grandense em 1882; as Constituições de 1891 e 1934; e até mesmo a Carta concedida em 1937. A convocação final foi para a unidade dos mineiros alcançar o triunfo do Brasil na guerra na Europa, tomando como pontos de partida "os ideais vitoriosos do 15 de novembro de 1889 e reafirmados solenemente em outubro de 1930" (Franco, 1946:106).

Nessa leitura histórica, a Velha República foi complementada ou melhorada mais que estragada pela revolução de outubro de 1930, contra a interpretação varguista que viu naquela data o fim da experiência republicana. O manifesto reconhecia que o tempo do liberalismo clássico e individualista tinha acabado e que eram necessárias reformas que levassem em consideração as características da sociedade de massa e os problemas econômicos:

> A democracia por nós preconizada não é a mesma do tempo do liberalismo burguês. Não se constitui pela aglomeração de indivíduos de orientação isolada, mas por movimentos de ação convergente. Preconizamos uma reforma democrática que, sem esquecer a liberdade espiritual, cogite, principalmente da democratização da economia [...] O tempo do liberalismo passivo já findou. Queremos alguma coisa além das franquias fundamentais, do direito de voto e do *habeas corpus*. Nossas aspirações fundam-se no estabelecimento de garantias constitucionais, que se traduzam em efetiva segurança econômica e bem-estar para todos os brasileiros, não só das capitais, mas de todo o território nacional [Franco, 1946:109].

O repúdio ao Estado Novo e ao Império não implicou uma idealização da Velha República, na qual reconheceram defeitos e abusos, como a hipertrofia do Poder Executivo, o personalismo, a influência do governo nas eleições, os extensos e ilegítimos estados de exceção e a subversão da opinião pública (Franco, 1946:106). Os signatários entenderam que esses problemas poderiam ser resolvidos sem cair no fascismo com o qual eles identificavam o varguismo. Afinal, a causa pela qual o Brasil entrou na guerra, lutando contra o autoritarismo, foi "para que a liberdade e a democracia sejam restituídas a todos os povos" (Franco, 1946:107). A luta era global porque, finalmente, o Brasil pertencia inseparavelmente à cultura ocidental (Franco, 1946:104). Conforme expressado pelo manifesto, desejavam que os brasileiros pudessem "viver na liberdade de uma vida digna, respeitados e estimados pelos povos irmãos da América e de todo o mundo" (Franco, 1946:110).

Ao desafio liberal-republicano do manifesto a um regime autoritário e corporativista, foram adicionadas as expressões públicas de insatisfação e rejeição de várias elites estaduais e profissionais. Associações de advogados e professores de direito também lançaram suas críticas ao Estado Novo. O Primeiro Congresso dos Escritores, em janeiro de 1945, apontou que a legalidade democrática deveria garantir liberdade de expressão, pensamento, culto e "uma existência digna" e que a o sistema de governo devia ser eleito pelo povo por meio do sufrágio universal, direto e secreto (Franco, 1946:146; Motta, 2008:175 e segs.). Em fevereiro, a imprensa do Rio de Janeiro publicou uma entrevista com José Américo de Almeida, na qual a político e ensaísta exigiu que as eleições fossem realizadas imediatamente (Franco, 1946:143). Como Caio Mário da Silva Pereira expressou enfaticamente:

> O Estado Novo acabou, com a entrevista de José Américo [...] Todos os jornais estavam sob censura, e José Américo concedeu a entrevista ao Correio da Manhã. Ninguém acreditava que o jornal publicasse, e o jornal publicou. Ninguém acreditava que não fosse acontecer nada. Não aconteceu nada. Aí acabou o Estado Novo [Cpdoc, 1981:107].

Ficou claro que a censura já não funcionava e que o regime estava em recuo. Em março de 1945, um comunicado de jornalistas apontou que era absurdo ter uma democracia "apenas para uso externo" (Franco, 1946:41). Essa situação gerou um clima político complicado para o Estado Novo, especialmente porque já desde os meses finais de 1943 parecia evidente que o resultado da II Guerra Mundial estava se aproximando. Foi por isso que o Estado Novo iniciou um processo de abertura que levou a eleições presidenciais no final de 1945. Muitos prisioneiros políticos foram libertados, principalmente os comunistas, os controles para a imprensa foram relaxados e foi autorizada a atividade de partidos políticos. A ditadura parecia ter menos tempo de vida segundo uma oposição que imaginava um abandono generalizado dos regimes autoritários, desde Berlim até o Rio de Janeiro (French, 1994). Essa ideia, como veremos, foi reproduzida oportunamente pelas leituras liberais e antifascistas feitas na Argentina.

Leituras argentinas do Estado Novo

Para entender as interpretações argentinas do Estado Novo, é necessário abordar não só o que aconteceu no Brasil, mas também no rio da Prata. Ao fixar suas posições, para os atores argentinos foi tão relevante o jogo político que se desenvolveu em seu país quanto os eventos no Brasil. O contexto político argentino entre 1930 e meados da década seguinte foi marcado pela crise política e pelos fortes debates sobre a legitimidade do poder político, o que consequentemente marcou a recepção e a avaliação dos fenômenos ocorridos no estrangeiro. A maneira como o liberalismo argentino lê o Estado Novo, portanto, deve ser inscrita em um contexto complexo e multiforme.

Como Darío Macor (2001) apontou, após 1930 houve uma reformulação do campo político na Argentina em dois sentidos. Em primeiro lugar, um novo e instável modo de distribuir espaços políticos, alianças e relações partidárias; em segundo lugar, o surgimento de um novo rosto da crise da tradição liberal nacional. Essa crise tinha começado em torno de 1910, com uma série de debates que questionavam a unidade efetiva dessa tradição por causa dos conflitos ideológicos entre a dominante asa liberal conservadora e o reformismo emergente (Devoto, 1996). Essa série de problemas marcou o nascimento do reformismo, mas também os limites das disputas entre os setores da elite (Castro, 2012; Zimmermann, 1995). Nesse contexto, o advento da primeira eleição universal masculina em 1916 deixou claras as tensões entre a tradição liberal e a democracia de massas (Roldán, 2006). A complexidade dos limites entre liberalismo e democracia se manifestou especialmente após as experiências políticas abertas pelo golpe de Estado de setembro de 1930 e a recepção de nacionalismos europeus radicais. De fato, se uma grande parte do liberalismo argentino primeiro apoiou a demissão do presidente Hipólito Yrigoyen, a proibição do radicalismo e, posteriormente, a fraude eleitoral em nome da democracia, também é verdade que recebeu com preocupação o avanço do nacionalismo, do corporativismo e do fascismo no Velho Continente. Tratava-se de tensões de uma tradição que, mesmo corrigindo suas divisões, no período 1930-1945 colocou maior ênfase na crítica aos seus adversários (yrigoyenistas, "demagogia", as massas ou o comunismo) do que na sua reconstrução ideológica ou organizacional. A esse respeito, o amplo espaço liberal argentino estabeleceu alianças com atores autoritários, como o senador Matías Sánchez Sorondo ou o governador Manuel Fresco, bem como os socialistas temerosos de que um desembarque fascista no país fosse possível, ou com grupos de católicos anti-integristas (Zanca, 2013). Durante esse período, os liberais argentinos mostraram diferentes posições e estratégias fortemente vinculadas à forma como cada setor interpretou as realidades nacional e internacional (Bisso, 2005). Essas variações giravam em torno de como definir a democracia, pois, depois de 1930, perderam-se muitos dos pressupostos tradicionais com os quais o liberalismo entendeu esse conceito. Assim, as posições dos setores liberal-conservadores diferiram daquelas do liberalismo reformista ou das alianças liberal-socialistas. Os tons podiam incluir as perspectivas conservadoras de *La Nación*, o antifascismo progressista da revista *Antinazi* e os setores democatólicos nucleados na revista *Orden Cristiano*.

O jornal da manhã *La Nación*, um dos mais proeminentes porta-vozes do conservadorismo liberal local, expressou uma recepção complexa do varguismo e do Estado Novo. Quando o golpe de Estado ocorreu em 1937, as leituras do diário da família Mitre, com base em informações de agências de notícias e, portanto, principalmente neutras, deram uma clara ênfase ao fato de que o "estado de guerra" tinha sido aplicado legalmente Por isso, as medidas "defensivas" propagadas pelo governo foram interpretadas por *La Nación* como resultado das ameaças, objetivas ou latentes, do comunismo, tal como foi sustentado pelo próprio Estado Novo.[5] Embora *La Nación* não apoiasse o movimento que deu origem à ditadura e às formas políticas de cima para baixo em que foi construído, tinha um limite notável para as críticas. Essa barreira foi marcada tanto pelas expectativas sobre as relações argentino-brasileiras em particular e interamericanas em geral quanto por uma leitura realista sobre a aplicação da lei do estado de guerra.[6] *La Nación* prestou especial atenção à necessidade

---

[5] Como mostra a série de reportagens intituladas "Aplicación del estado de guerra en Brasil", publicada os dias 8, 10 e 13 de outubro de 1937 nesse jornal.
[6] Vargas examinó la situación del país. *La Nación*, 11 nov. 1937, p. 3.

de manter as políticas de paz continental e cooperação nas fronteiras, lida no espelho da tensa situação europeia, destacando a centralidade da economia brasileira no mercado americano.[7] O pan-americanismo foi enfatizado como um elo entre as potências regionais, com os Estados Unidos como figura-chave: foi por isso que destacou "a reafirmação feita pelo Dr. Vargas da fé do Brasil na doutrina da boa vizinhança defendida por Roosevelt".[8] Evitar um cenário como o europeu no horizonte – o principal interesse na visão internacional do jornal – era um eixo central nos discursos liberais. Isso foi esclarecido pela colaboração do internacionalista francês Pierre Lyautey, que se perguntou se havia "no Rio de Janeiro, em Buenos Aires, em Santiago, em Lima, fortes estadistas" para a tarefa urgente da união latino-americana.[9] Por essa razão, a continuidade das relações argentino-brasileiras foi destacada e louvada ao nível dos representantes do governo e da cultura, uma área onde foi marcada a forte presença de atores e instituições liberais em diversas redes. [10]

Nesse sentido, *La Nación*, depois de informar sobre o decreto de Vargas que dissolveu os partidos políticos ("nenhum decreto de maior importância já foi dado desde 10 de novembro"), publicou no dia seguinte um editorial forte e implícito sobre os eventos brasileiros.[11] Sem mencionar o país vizinho, o jornal utilizava a notícia brasileira para oferecer sua leitura genérica sobre a relação ideal entre partidos e democracia (o que também envolvia o momento argentino):

> *Así como no se mata al hombre porque uno de sus órganos funciona con irregularidad y se corrige su anomalía, tampoco es lógico suprimir la democracia por la anormalidad que suele ofrecer y que generalmente es más imputable a sus intérpretes que a la concepción de que emana.*[12]

---

[7] La fiesta de la frontera. *La Nación*, 9 jan. 1938, p. 6.
[8] Buena impresión causaron en Washington las manifestaciones del Dr. Vargas. *La Nación*, 9 jan. 1938, p. 3.
[9] Lyautey (1938:6).
[10] Ver os artigos sobre os chanceleres da Argentina, José María Cantilo, e do Brasil, Osvaldo Aranha, publicados por *La Nación* entre os dias 5 e 13 de abril 1938.
[11] Han sido disueltos por el presidente Vargas todos los partidos políticos del país. *La Nación*, 4 dez. 1937, p. 5.
[12] Los partidos políticos. *La Nación*, 5 dez. 1937.

O editorial exigia não fechar o ciclo da democracia enquanto os partidos continuassem a desenvolver relações com a sociedade. Na verdade, a nota olhou para o Brasil como um espelho temível, no momento em que a questão dos partidos se encontrava no centro dos problemas de um espaço político que estava, como mencionamos, em um quadro particular de redefinição. O desejo de que os partidos conseguissem atuar realmente como representantes da sociedade expressava também certo medo sobre um potencial futuro próximo ao do Brasil em casos como o da província de Buenos Aires (Béjar, 2005).

São notórias as referências – mesmo superpostas – à tradição e às figuras do liberalismo brasileiro e sua relação com o modelo argentino e o realismo político acima mencionado do Estado Novo.[13] Assim, pelo menos nos primeiros anos da experiência estado-novista, a leitura de *La Nación* não parece indicar a existência de um hiato irreconciliável entre o liberalismo republicano brasileiro tradicional e a ditadura varguista. Como uma *língua franca* das direitas, o pragmatismo de *La Nación* era comparável ao de certos setores da elite tradicional (Deutsch, 2005:315-386). O que marcou a particularidade dessa operação foram, talvez, as formas como o liberalismo argentino colocou suas interpretações do conflito mundial como "liberdade contra o totalitarismo" (Nállim, 2014), dentro dos usos extremamente vaporosos que o conceito de totalitarismo tinha em todo o mundo nesses anos (Traverso, 2002).

As leituras do jornal da família Mitre sobre o mapa sul-americano não eram as mesmas que as usadas para interpretar o europeu: lá o choque entre fascismo e democracias foi listado como o principal conflito, como também faziam publicações progressistas como *La Vanguardia*, *Antinazi* ou *Argentina Libre* (Bisso, 2005; Sebastiani, 2006). Mas essas revistas (e especialmente as vinculadas aos socialistas e comunistas) não hesitaram em caracterizar Vargas e, após 1944, Perón[14] como fascistas, pelo menos até o Brasil entrar na guerra, em 1942. O mesmo aconteceu com os aliados católicos, especialmente atentos às demandas democráticas no Brasil.[15] Assim, um líder proeminente

---

[13] Assim, Fernando Prestes, um expoente relevante e ao mesmo tempo típico do político da *Velha República*, "encarnaba una viva y severa tradición de liberalismo republicano". Fernando Prestes falleció en San Pablo. *La Nación*, 26 out. 1937, p. 5.

[14] Cf. Herrera (2005).

[15] A reprodução do Manifiesto da Resistencia Democrática encontra-se em "Democracia y totalitarismo". *Orden Cristiano*: revista demócrata de inspiración católica, n. 103, p. 375-377, 2. quinz. jan. 1946. Na revista apareceram muitas colaborações de Tristão de Athayde.

do Partido Socialista Argentino, em diálogo com o liberalismo progressista, escreveu que "*sobre la base del 'totémico mito de la nación' se ha edificado en el Brasil un estado cuasi corporativo y entera dictadura, que se dispone a crear su movimiento juvenil oficial y obligatorio*" (Ghioldi, 1941:10).

O contexto do fim da II Guerra Mundial foi percebido pelo espaço liberal argentino com um espírito triunfalista que se expressou em leituras, agora sim, muito diretas sobre a inviabilidade das ditaduras (Sebastiani, 2006). Isso conduz a produzir tentativas de síntese, como as que *La Nación* fez nos primeiros dias após a saída de Getúlio Vargas do Palácio do Catete: imediatamente conhecida a queda de Vargas, o diretor do jornal indicou que "o importante é ver o colapso das ditaduras".[16] O jornal destacou nesse artigo que

> *la reacción democrática del pueblo brasileño demuestra la inanidad de las dictaduras. Estas pueden mantenerse por un lapso más o menos prolongado, merced a circunstancias excepcionales, como las señaladas en el último quinquenio.*

La Nación mais tarde celebrou, em outra nota, o retorno do Estado de direito e "a liberdade cidadã", em termos claramente liberais como os usados pelo próprio chefe da polícia do Rio de Janeiro. Ele foi elogiado profusamente por ter declarado que "*hará respetar las opiniones de todos los ciudadanos, sean religiosas, políticas o sociales, sin más límite que aquel en que comienza la libertad de los demás*".[17] Esse discurso veio coincidir com o da revista *Orden Cristiano*, que se opunha mais fortemente à experiência ditatorial de Vargas.[18]

As posições pragmáticas voltaram com o fim do Estado Novo. *La Nación* deixou claro que o golpe de Estado de 29 de outubro de 1945 no Rio de Janeiro impediu o culminar de um processo iniciado pelo governo Vargas cujo "*resultado hubiera sido que el candidato oficial contaría con el apoyo de la maquinaria estadual prácticamente en todo el territorio del Brasil*".[19] *La Nación* descreveu a nova situação no Brasil como transitória e sublinhou o

---

[16] La reacción democrática. *La Nación*, 1 nov. 1945, p. 4.
[17] La libertad ciudadana. *La Nación*, 5 nov. 1945, p. 6.
[18] Ver especialmente Caracterización del Estado Novo. *Orden Cristiano*, p. 995-1018. 1. quinz. ago. 1946.
[19] El gobierno provisional del Brasil ha resuelto un problema político. *La Nación*, 2 nov. 1945, p. 1.

"novo clima de liberdade" e o gradual avanço da institucionalização.[20] Não foi uma nota menor levando em consideração a situação argentina: no dia 17 de outubro, uma enorme mobilização de massas operárias marcou a popularidade do coronel ascendente Juan Perón e com isso impulsionou interpretações mais complexas sobre a relação entre a ditadura militar argentina e a sociedade. A Argentina também vivia uma transição para a democracia, mas muito diferente da que o jornal elogiou no Brasil porque incluía modos distintos de politização.

A outra grande voz do liberal conservadorismo, *La Prensa*, tentou interpretar historicamente o fim do Estado Novo em 1945. Após a sua queda, Vargas voltou a ser um "ditador moderno": "*El dictador del Brasil que acaba de ser depuesto, fue saludado alguna vez – y no hace de esto mucho tiempo – como el primer caudillo americano de tipo moderno*"[21] O jornal estimou que essa referência diferenciava Vargas

> *de los hombres que, hasta su advenimiento al poder, habían hecho política y gobierno personales en este continente y se asemejaba a los dictadores europeos del siglo actual, tan admirados por los que parecen nacidos para mandar o ser mandados arbitrariamente y que han tenido triste fin después de haber escarnecido, arruinado y destruido a sus respectivas patrias.*[22]

A nota traçava uma linha interpretativa sobre o fenômeno do caudilhismo entendido como o fruto da relação de um líder com massas percebidas como pouco preparadas para a vida republicana. A saída de Vargas permitiria lembrar que na América em geral, e na Argentina em particular,

> *ha pasado definitivamente la época de los caudillos. Si existe una minoría analfabeta o de elementos subalternos reñidos con el progreso, que van a esconder su incivilidad en las rancherías, la gran mayoría del pueblo lee, se instruye, discierne y no está dispuesta a delegar los atributos de la ciudadanía en uno o más jefes a los que ha de obedecerse*

---

[20] Los grupos políticos menores del Brasil actúan ya dentro del nuevo clima de libertad. *La Nación*, 5 nov. 1945, p. 1.
[21] Caudillos americanos. *La Prensa*, 1 nov. 1945, p. 4.
[22] Los grupos políticos menores del Brasil actúan ya dentro del nuevo clima de libertad. *La Nación*, 5 nov. 1945, p. 1.

ciegamente [...] La idea del caudillo o caudillos trae aparejadas las ideas de la regresión y del fanatismo. ¿Somos un pueblo retrógrado? ¿Somos un país de fanáticos? Indudablemente, no.[23]

A aparição das massas na cena pública na Plaza de Mayo no dia 17 de outubro de 1945 e a ascensão política de Perón aparecem claramente conotadas nessa nota de *La Prensa*. Na reportagem são oferecidos diagnósticos históricos e políticos que ligam a experiência brasileira com a ditadura dos militares argentinos que começou em 1943. Essas ideias tornaram-se logo temas-chave nas análises liberais do populismo latino-americano. Como apontou Ezequiel Adamovsky (2009: 267), durante 1945, "*a medida que el conflicto social se fue haciendo cada vez más abierto, la relación entre las definiciones de 'lo educado' o 'lo culto' y los intereses de cada clase se volvieron más visibles*". Essa leitura classista sobre os trabalhadores dotou Perón de um suposto enorme poder manipulador sobre as massas não educadas. Nesse sentido, no mapa marcado pela queda do fascismo na Europa e do Estado Novo no Brasil, a Argentina não devia errar a escolha do caminho em 1945. Num sentido semelhante, os intelectuais e militantes da *Orden Cristiano* enfatizaram a necessidade de "educação democrática" das massas em 1946.[24] Precisamente, a questão da pedagogia democrática para a construção de cidadania atravessava o espaço liberal argentino naquela época.

O anticomunismo que foi usado em 1937 como argumento para legitimar o Estado Novo deixou de ter qualquer significado politicamente útil em 1945. Naquela época, os grandes problemas para *La Nación* e *La Prensa* foram as leituras negativas sobre o peronismo nascente, bem como *O Estado de S. Paulo* expressou sobre o queremismo (Bohoslavsky, 2011; Capelato e Prado, 1980). A denúncia dos vínculos entre Vargas e o Partido Comunista Brasileiro não teve um lugar central nas intervenções da imprensa liberal argentina, já que elas priorizaram a manutenção da União Democrática, a frente multipartidária antiperonista que uniu os liberais, conservadores, radicais, socialistas e comunistas no final de 1945.

---

[23] Caudillos americanos. *La Prensa*, 1 nov. 1945, p. 4.
[24] Educación democrática. *Orden Cristiano*, p. 1159, 2. quinz. set. 1946.

Conclusões e comparações

Quais aspectos podem ser apontados em uma primeira comparação entre certas leituras liberais do Estado Novo nos países vizinhos? A primeira coisa que deve ser assinalada é que os contextos políticos nacionais condicionaram fortemente a possibilidade de produzir e disseminar interpretações concorrentes do regime em um país e noutro. Enquanto a censura na imprensa e a proibição da atividade política partidária no Brasil nos impedem de saber muito das opiniões dadas pelos opositores do Estado Novo – a menos que possamos recorrer aos arquivos do Departamento da Ordem Política e Social (Carneiro, 2002; Carneiro e Kossoy, 2003) –, na Argentina é possível encontrar um grande número de expressões feitas pelos atores locais sobre a experiência brasileira, muitas delas intervindo nas leituras da política nacional.

Em segundo lugar, vale a pena mencionar o recorrente uso da história pelos antivarguistas: no manifesto há sua identificação com Tiradentes, com os caudilhos republicanos, com o federalismo e até mesmo com a modernização positivista da Velha República. Sua autoapresentação ia no sentido de oferecer uma imagem de ruptura com o Estado Novo, que estava marcado como um regime (negativamente) excepcional na história brasileira. Por outro lado, os dois jornais argentinos aqui revisados não encontraram muito valor no recurso ao passado até 1945, talvez por causa do peso do pragmatismo político que mencionamos. Nas leituras que os jornais liberal-conservadores argentinos ofereceriam do Estado Novo entre 1937 e 1941, não destacaram sua completa ruptura com a vida política brasileira do início do século XX. Somente quando a II Guerra Mundial parecia estar chegando ao final, ambos os jornais exploraram a explicação segundo a qual o varguismo – com o qual identificaram explicitamente o modelo que o coronel Perón queria impor – era uma aberração histórica que um golpe de Estado fortuito e "democrático" conseguiu retirar da cena política brasileira. Só nesse momento suas interpretações sobre a situação brasileira coincidiram com as de *Antinazi* e *Orden Cristiano*. Essas revistas foram mais sistemáticas na associação de Vargas com o fascismo desde seus inícios.

Outro aspecto a destacar tem a ver com o espaço geográfico de enunciação de discursos. Enquanto o manifesto é apresentado explicitamente como mineiro, as leituras dos jornais de Buenos Aires são produzidas a partir no centro geográfico e simbólico do poder político e administrativo do país. O *status* autoatribuído dos jornais como líderes da opinião pública tem sido repetidamente apontado na literatura (Sidicaro, 1993; Nállim, 2010). Esse rasgo ficou multiplicado no contexto da ditadura de 1943, que proibiu a atividade partidária. Assim, enquanto a elite baseada em Belo Horizonte insistiu em exigir um novo arranjo político e institucional que devolvesse a autonomia aos estados (contra "o centralismo"), na leitura dos jornais argentinos não havia maior tensão na chave federalismo *versus* unitarismo, um assunto, ao que parecia, completamente resolvido em termos constitucionais e de distribuição de poder desde o final do século XIX.

Finalmente, é possível ressaltar que os liberais argentinos e brasileiros tinham pontos de contato bem como diferenças na concepção e nas práticas políticas. O ciclo do Novo Estado gerou leituras pragmáticas e dinâmicas, mas também marcadas por usos legitimadores da história. As visões liberais do Estado Novo tentaram implicar a região sul-americana como parte de um contexto internacional problemático. As formas com que cada ator se expressou, portanto, mostraram não só os vários pressupostos do modelo liberal, mas também as formas nas quais os atores assumiram posições no dinâmico contexto político de meados dos anos 1940.

Referências

ADAMOVSKY, E. *Historia de la clase media argentina*: apogeo y decadencia de una ilusión, 1919-2003. Buenos Aires: Planeta, 2009.

BÉJAR, M. D. *El régimen fraudulento*: la política en la provincia de Buenos Aires, 1930-1943. Buenos Aires: Siglo Veintiuno, 2005.

BISSO, A. *Acción Argentina*: un antifascismo nacional en tiempos de guerra mundial. Buenos Aires: Prometeo, 2005.

BOHOSLAVSKY, E. De la euforia antifascista a la desilusión con la democracia realmente existente. Una comparación entre las corrientes liberales de Argentina y Brasil (1943-1946). In: FOGELMAN, P. (Ed.). *I Workshop Argentino Brasileño de Historia Comparada*. Buenos Aires: FFyL, 2011. p. 175-191.

CAMARGO, A. et al. *O intelectual e o político*: encontros com Afonso Arinos de Melo Franco. Brasília: Dom Quixote, 1983.

CAPELATO, M. H; PRADO, M. L. C. *O bravo matutino*: imprensa e ideologia no jornal "O Estado de S. Paulo". São Paulo: Alfa Omega, 1980.

CARNEIRO, M. L. Tucci. *Livros proibidos, ideias malditas*: o DEOPS e as minorias silenciadas. São Paulo: Ateliê Editorial, 2002.

____; KOSSOY, B. *A imprensa confiscada pelo DEOPS, 1924-1954*. São Paulo: Ateliê Editorial, 2003.

CARVALHO, J. Murilo de. *Desenvolvimiento de la ciudadania en Brasil*. México, DF: Fondo de Cultura Económica, 1993.

CASTRO, M. *El ocaso de la república oligárquica*: poder, política y reforma electoral – 1898-1912. Buenos Aires: Edhasa, 2012.

CLEOFAS, J. *Depoimento 1983*. Rio de Janeiro. FGV Cpdoc, 1985 (dat.).

CODATO, A. Elites, políticos e instituições políticas: o Estado Novo no Brasil, de novo. In: HEINZ, F. (Ed.). *Experiências nacionais, temas transversais*: subsídios para uma história comparada da América Latina. São Leopoldo, RS: Oikos, 2009. p. 316-328.

____; GUADALINI JR., W. Os autores e suas ideias: um estudo sobre a elite intelectual e o discurso político do Estado Novo. *Estudos Históricos*, Rio de Janeiro, n. 32, p. 145-164, 2003.

CPDOC. *Manifesto dos Mineiros (depoimentos)*. Rio de Janeiro: FGV Ed., 1981.

DEVOTO, F. De nuevo el acontecimiento: Roque Sáenz Peña, la reforma electoral y el momento político de 1912. *Boletín del Instituto de Historia Argentina y Americana Dr. Emilio Ravignani*, n. 16, 1996.

DEUTSCH, S. McGee. *Las derechas*: la extrema derecha en la Argentina, el Brasil y Chile, 1890-1939. Buenos Aires: Ed. Universidad Nacional de Quilmes, 2005.

FRANCO, V. A. *A campanha da UDN (1944-1945)*. Rio de Janeiro: Zelio Valverde, 1946.

FRENCH, J. D. The populist gamble of Getúlio Vargas in 1945: political and ideological transitions in Brazil. In: ROCK, D. (Ed.). *Latin America in the 1940s*: war and postwar transitions. Berkeley: University of California Press, 1994, p. 141-161.

GHIOLDI, A. *Qué quiere la juventud argentina*. Buenos Aires: [s.n.], 1941.

GOMES, A. M. C. et al. *Sociedade e política, 1930-1964*. Rio de Janeiro: Civilização Brasileira, 2007. (Historia Geral da Civilização Brasileira, tomo III, v. 10).

HERRERA, C. M. ¿La hipótesis de Ghioldi? El socialismo y la caracterización del peronismo (1943-1956). In: CAMARERO, H.; HERRERA, C. (Ed.). *El Partido Socialista en la Argentina*: sociedad, política e ideas a través de un siglo. Buenos Aires: Prometeo, 2005.

HOBSBAWM, E. *Historia del siglo XX*. Buenos Aires: Debate, 2003.

LYAUTEY, P. La América Latina ante Francia. *La Nación*, p. 6, 2 mar. 1938.

MACOR, D. Partidos, coaliciones y sistema de poder. In: CATTARUZZA, A. (Ed.). *Crisis económica, avance del Estado e incertidumbre política (1930-1943)*. Buenos Aires: Sudamericana, 2001. p. 49-95.

MOTTA, C. G. *Ideologia da cultura brasileira*: pontos de partida para uma revisão histórica. São Paulo: Ed. 34, 2008.

NÁLLIM, J. An unbroken loyalty in turbulent times: La Prensa and liberalism in Argentina, 1930-1946. *Estudios Interdisciplinarios de América Latina y el Caribe*, Tel Aviv, v. 20, n. 2, p. 35-62, 2010.

_____. *Transformación y crisis del liberalismo*: su desarrollo en la Argentina en el período 1930-1955. Buenos Aires: Gedisa, 2014.

ROLDÁN, D. *Crear la democracia. La Revista Argentina de Ciencias Políticas y el debate en torno de la República verdadera*. Buenos Aires: Fondo de Cultura Económica, 2006.

_____. Rodolfo Rivarola y el impasse democrático de la derecha liberal. *Estudios Sociales*, Santa Fé, n. 34, p. 30-51, 2008.

SEBASTIANI, M. García (Ed.). *Fascismo y antifascismo, peronismo y antiperonismo*: conflictos políticos e ideológicos en la Argentina (1930-1955). Madri: Iberoamericana, 2006.

SIDICARO, R. *La política mirada desde arriba*: las ideas del diario *La Nación*, 1909-1989. Buenos Aires: Sudamericana, 1993.

TRAVERSO, E. *El totalitarismo*: historia de un debate. Buenos Aires: Eudeba, 2002.

VICENTE, M. *Una opción, en lugar de un eco*: los intelectuales liberal-conservadores en la Argentina, 1955-1983. Tese (doutorado) – Facultad de Ciencias Sociales, Universidad de Buenos Aires, Buenos Aires, 2014.

ZANCA, J. *Cristianos antifascistas*: conflictos en la cultura católica argentina. Buenos Aires: Siglo XXI, 2013.

ZIMMERMANN, E. *Los liberales reformistas*: la cuestión social en la Argentina, 1890-1916. Buenos Aires: Sudamericana, 1995.

7. O processo de construção dos direitos das mulheres no pacto getulista: da Constituição Federal de 1934 ao golpe do Estado Novo

Hildete Pereira de Melo

Este capítulo trata da construção dos direitos sociais das mulheres nos anos em que o pacto social getulista foi promulgado e reservou ao sexo feminino, inserido no mundo do trabalho pago, um pequeno conjunto de leis limitantes à proteção da maternidade e nas demais ignorou as funções biologicamente distintas dos homens e das mulheres, embora estas sejam especificamente apenas consequências sociais das funções reprodutivas e adquiridas culturalmente (Beauvoir, 1980). No entanto, o trabalho relativo à reprodução da vida ficou e fica silenciado no interior dos lares e sob responsabilidade exclusiva das mulheres.

Portanto, o objetivo deste capítulo é discutir os direitos sociais femininos que foram escritos na Consolidação das Leis do Trabalho (CLT – Decreto-Lei nº 5.452, de 1º de maio de 1943). Obtida a cidadania pelo direito ao voto, muitas mulheres voltaram-se, ainda que timidamente, para o ingresso no mercado de trabalho, aproveitando a elevação do emprego industrial, do comércio e dos serviços na segunda metade dos anos 1930, outras foram às faculdades que se abriam com a reforma educacional varguista. Eram ainda vozes tímidas, as brancas pleiteando educação e as negras, sobretudo, melhores condições de trabalho. Umas e outras sem questionarem a condição de inferioridade que permanecia na definição do "*ser mulher*".

Este trabalho, na primeira parte, revisita a efervescência da luta das mulheres pela cidadania, a entrada destas no mundo trabalho fora de casa e os direitos sociais ao longo dos anos 1920 e 1930. Na segunda parte, discute as leis escritas, após a chegada ao poder dos tenentes sob a liderança de Getúlio Vargas, na Constituição Federal de 1934 e na outorgada pelo golpe de Estado de 1937 até a promulgação da Consolidação das Leis do Trabalho (CLT) em 1943.

A luta pela cidadania

Ao longo do século XIX, as mulheres brancas e negras emergiram no cenário político nacional. Todas, personagens invisíveis na história oficial, apesar de suas participações nas lutas abolicionistas e em tantas rebeliões e revoltas que explodiram em diversos rincões nacionais. Tanto na Colônia como no Império a escravidão, a propriedade territorial e a organização familiar foram os eixos dominantes da sociedade. Extinta a escravidão e proclamada a República, essas mudanças não alteraram nem a questão territorial nem a organização familiar nacional. Os proprietários de terra mantiveram-se no poder no novo cenário político, bem como a sociedade republicana não alterou o papel subordinado das mulheres, expresso pela ordem patriarcal. Isso presente tanto nas famílias ricas, reproduzindo herdeiros, organizando os trabalhos domésticos e de bens de consumo, como nas famílias pobres, em que as mulheres também eram responsáveis pela reprodução familiar e social. Para Maria Valeria Junho Pena (1981:90), esta importante função de reprodução da vida nas famílias ricas e nas pobres não correspondia a nenhum posto de poder ou participação de mecanismo público na sociedade para as mulheres.

No entanto, nos estertores da era imperial, em meados dos anos 1880, a luta pelo direito ao voto timidamente surgiu no cenário nacional e, proclamada a República, algumas mulheres empenharam-se em fazer uma campanha pelo direito ao voto. A jornalista Josefina Álvares de Azevedo,[1] editora da revista *A Família* e autora da consigna "*mulher instruída, mulher emancipada*" escreveu uma peça teatral "O voto feminino", que teve sucesso de público na capital federal (Rio de Janeiro). A campanha feminina empolgou e alguns deputados constituintes ousadamente aderiram a ela. Um dos mais

---

[1] Josefina Alvares de Azevedo nasceu em 1851 na cidade de Recife. Pouco se sabe de sua vida; conhece-se sua atividade jornalística editando o jornal sufragista *A Família* de 1888 a 1897 e a autoria da peça teatral *O voto feminino*.

entusiasmados, o deputado e médico baiano Cesar Zama,[2] na sessão de 30 de setembro de 1890, defendeu o sufrágio universal para ambos os sexos e foi seguido por outros parlamentares. E em 1º de janeiro de 1891, foi apresentada ao Plenário da Câmara Federal a Emenda Saldanha Marinho,[3] assinada por 31 deputados constituintes que propunham o direito de voto às mulheres. No entanto, a maioria dos constituintes, contrários ao voto feminino, reagiu violentamente, a emenda foi derrotada e o texto constitucional foi aprovado sem estender explicitamente o direito do voto às mulheres.

Estas foram derrotadas, mas não vencidas. Como a Constituição Federal não proibia explicitamente o alistamento feminino, elas teimaram em requerê-lo ao longo das décadas seguintes, como fizeram a professora Leolinda Figueiredo Daltro, a poetisa Gilka Machado[4] e tantas outras em diferentes estados brasileiros (Alves, 1980; Melo, 2016). Foram diferentes estratégias, que iam do registro na Justiça – a ousadia de proporem à Justiça do Distrito Federal, em 1910, o registro do Partido Republicano Feminino –, do requerimento do

---

[2] Aristides Augusto César Espínola Zama nasceu em Caetité (BA) em 19 de novembro de 1837. Médico, teve uma longa vida política tanto no Império quanto na primeira década republicana, de deputado provincial a partir de 1860 a deputado geral a partir de 1878 pela província da Bahia. Foi médico voluntário na Guerra do Paraguai. Com a proclamação da República, foi nomeado governador da Bahia por Deodoro da Fonseca e eleito deputado constituinte em 1890. Defendeu ardorosamente o voto feminino e foi também signatário da Emenda Saldanha Marinho, que propunha o voto das mulheres. Ainda foi eleito deputado federal para a legislatura 1894-1896. Denunciou a tragédia de Canudos e voltou para os estudos jurídicos. Faleceu em 20 de outubro de 1906. Disponível em: <www.fgv.br/cpodc/acervo/arquivo>. Acesso em: 22 abr. 2018.

[3] Joaquim Saldanha Marinho nasceu em maio de 1816, na cidade de Olinda (PE). Advogado, jornalista e político importante no Império, exercendo vários mandatos de deputado, governou as províncias de Minas Gerais e São Paulo. Engajou-se na causa republicana e, no pleito de 1890, elegeu-se senador pelo Distrito Federal na Assembleia Constituinte. Faleceu no Rio de Janeiro em maio de 1895 (Marques, 2018).

[4] Leolinda Figueiredo Daltro nasceu na Bahia em 1859. Professora, teve cinco filhos e os criou sozinha. Defendeu as populações indígenas, a educação e o sufrágio feminino. Quando as mulheres não votavam, criou o Partido Republicano Feminino, candidatou-se à Intendência Municipal do Distrito Federal em 1919 e foi candidata a depurada federal nas eleições de 1933. Faleceu no Rio de Janeiro em 1935. Gilka da Costa de Melo Machado nasceu no Rio de Janeiro em 12 de março de 1893 numa família de artistas e poetas. Foi pioneira na utilização do erotismo na poesia feminina brasileira e também lutou pelo direito à cidadania feminina e do trabalho. Faleceu no Rio de Janeiro em 1980 (Marques, 2018). Disponível em: <www.fgv.br/cpdoc/acervo/arquivo>. Acesso em: 22 abr. 2018.

direito de alistamento eleitoral feito a Câmara Federal em 1916 por Leolinda de Figueiredo Daltro e Mariana Noronha, ao lançamento da candidatura de Leolinda a alcaidessa (prefeita) do Distrito Federal em 1919.[5] Pela primeira vez, mulheres brasileiras postulavam diretamente ao Parlamento Nacional o direito ao voto e saíam às ruas colocando suas reivindicações (Marques, 2018).

E logo elas passaram a escrever para a imprensa nacional. O artigo que incendiou milhares de mulheres foi publicado na *Revista da Semana* (14 de dezembro de 1918) e intitulava-se "Somos filhas de tais mulheres", assinado por Iracema, pseudônimo de uma jovem bióloga, recém-chegada da Europa, chamada Bertha Lutz.[6] Esse artigo respondia indignado a um artigo que afirmava que os progressos femininos da Inglaterra e dos EUA não teriam nenhuma influência no Brasil. A autora conclamava as mulheres à luta. O fim da I Grande Guerra e a Revolução Russa tinham ampliado a ousadia feminina em denunciar sua subalternidade e a aceitação de seus destinos (Alves, 1980). Dos artigos inflamados na imprensa, essas mulheres passaram à organização de um movimento feminista que foi intitulado a Federação Brasileira pelo Progresso Feminino (FBPF), que Bertha e centenas de companheiras espalharam pelo Brasil afora. E nas décadas de 1920 e 1930 estiveram presentes na luta pelos direitos civis das mulheres brasileiras.

As lentas transformações nas vidas femininas: mães e trabalhadoras

Na primeira década do século XX, o Brasil inicia um crescimento da urbanização e do desenvolvimento industrial, sobretudo nas cidades do Rio de

---

[5] Ver Melo e Marques (2000).
[6] Bertha Maria Julia Lutz nasceu em São Paulo em 1894, estudou biologia na França e diplomou-se em 1918. Voltou ao Brasil e prestou concurso para o Museu Nacional no Rio de Janeiro, sendo a segunda mulher a entrar no serviço público federal brasileiro. Foi uma incansável defensora dos direitos das mulheres, liderando a Federação Brasileira pelo Progresso Feminino. Em 1933, acabou a graduação em direito. Foi candidata a deputada federal nas eleições de 1933 e 1934, alcançou a primeira suplência pelo Partido Autonomista do Distrito Federal e, com morte do titular, assumiu o mandato de deputada federal em 1936 até o golpe de novembro de 1937. Permaneceu na luta feminista, integrou a delegação brasileira na conferência de 1945 que elaborou a Carta das Nações Unidas e chefiou a delegação brasileira na Conferência do Ano Internacional da Mulher em 1975, na cidade do México. Faleceu no Rio de Janeiro em setembro de 1976 (Marques, 2018).

Janeiro e São Paulo. Embora esse processo não tenha sido condicionado por transformações na estrutura da agricultura, as indústrias que se implantavam assalariaram massivamente mulheres e crianças. Todavia, esse processo de inserção das mulheres no mundo do trabalho fora de casa não permitiu que perdessem sua identidade de mães/esposas; eram trabalhadoras e mães (Pena, 1981; Pena e Lima, 1983). Mas não se deve supor que as mudanças da estrutura econômica não tenham sido significativas para vidas femininas, seja para as mulheres das camadas médias e ricas educadas, seja para as pobres. Porque na nova economia urbano-industrial em que se desenvolvia o trabalho assalariado feminino já não assustava tanto. E as mulheres, ricas ou pobres, podiam ingressar no mundo do trabalho fora de casa.

Susan Besse argumenta que a pauperização das camadas médias devido ao incipiente crescimento econômico desses anos tinha desvalorizado parte dos bens produzidos no âmbito das unidades familiares e estes agora já não dependiam tanto da produção doméstica; eram vendidos no mercado. Aliada a isso, a pressão inflacionária corroía os rendimentos da população. Em paralelo, o mercado de trabalho feminino se aquecia pela expansão de postos de trabalho nos setores de serviços que se expandiam com o avanço da urbanização e atraíam as mulheres para esta nova vida. E assim, vozes se levantaram para defender o emprego das mulheres como um fator positivo para melhorar a estabilidade financeira das famílias. Seguramente, esses episódios eram consequência das transformações econômicas verificadas pela passagem de uma sociedade rural para uma sociedade urbana (Besse, 1999:143-144,148).

A sociedade brasileira de então agitava-se, seja pelos operários, por melhores condições de vida, como pelas lutas promovidas pelas feministas, brancas escolarizadas das camadas médias e ricas. A imprensa carioca foi inundada com artigos sobre a luta pela direito ao voto. Assim, quando do final da I Grande Guerra (1919), foi convocada uma conferência internacional sobre o trabalho, o governo brasileiro indicou a bióloga Bertha Lutz e a paulista Olga de Paiva Meira para representar o Brasil, no Conselho Feminino Internacional, órgão da recém-criada Organização Internacional do Trabalho (OIT). Bertha e Olga foram, portanto, as delegadas brasileiras, na I Conferência sobre o Trabalho, realizada em novembro de 1919. Nessa Conferência, foram aprovadas seis convenções, e duas delas se relacionavam diretamente ao trabalho feminino. A Convenção 3 era relativa à proteção à maternidade, e a Convenção 4 proibia o trabalho noturno das mulheres e menores de 18 anos.[7] Voltando ao Brasil, as duas dedicaram-se primordialmente à conquista do direito de voto, talvez por uma questão de classe; o mundo do trabalho assalariado foi relegado a um segundo plano.[8]

Tanto a agitação operária quanto a feminista desdobraram-se em lutas parlamentares, e alguns projetos com essas reivindicações chegaram ao Congresso Nacional, sobretudo por intermédio do deputado Maurício Lacerda, propondo uma legislação social tanto para o trabalho quanto para a cidadania feminina, como veremos em seguida.

As questões do trabalho entram na pauta parlamentar

Até então, o trabalho das mulheres era regulado apenas pelos códigos sanitários, federal, estadual ou municipal. Nos anos compreendidos entre 1909 e 1919, intensas agitações operárias aconteceram em São Paulo, Rio de Janeiro e em menor escala em Recife e Salvador, e diversos projetos sobre essas reivindicações foram apresentados no Congresso Nacional. Na Câmara Federal destacaram-se os deputados federais Maurício de Lacerda e Nicanor Nascimento,[9] que dedicaram boa parte de seu trabalho parlamentar ao trata-

---

[7] Aprovadas em 1919, essas duas convenções só foram ratificadas pelo governo brasileiro em abril de 1934, já nos marcos do governo de Getúlio Vargas.
[8] O tema trabalho voltou ao debate feminista quando Bertha Lutz assumiu o mandato de deputada federal em meados de 1936 até o fechamento da Câmara Federal em novembro de 1937, com o golpe de Estado.
[9] Maurício de Paiva Lacerda nasceu em Vassouras (RJ) em 1888. Advogado, jornalista, foi deputado federal de 1912 a 1920 pelo estado do Rio de Janeiro. Seu mandato na Câmara Federal teve uma estreita ligação com os movimentos operários e, em menor medida, com as feministas. Seus projetos de leis foram depois utilizados na construção da legislação social brasileira. Apoiou as revoltas militares de 1922 e 1924, foi preso em 1926 e eleito vereador pelo Distrito Federal. Apoiou a Revolução de 1930 e também a Aliança Nacional Libertadora em 1935, novamente preso. Em 1945 fundou o partido da União Democrática Nacional (UDN). Faleceu no Rio de Janeiro em 1959. Nicanor Queiroz do Nascimento nasceu na cidade do Rio de Janeiro em 1871. Negro, advogado, foi deputado federal de 1911 a 1917 e depois em 1924-1926. Destacou-se na apresentação de leis sobre a proteção do trabalho e regulamentação das horas de trabalho das atividades comerciais e defesa dos operários grevistas de 1917. Ver <www.fgv.br/cpdoc/acervo/arquivo>. Acesso em 22 abr. 2018.

mento das reivindicações operárias. Foram de autoria de Maurício de Lacerda os seguintes projetos de leis: jornada de trabalho de oito horas (Projeto de Lei nº 119/1917), regulamentação do trabalho feminino relativo à proteção da maternidade e em relação ao trabalho dos menores (Projetos nº 125/917 e nº 135/1917) e criação de creches para os estabelecimentos com mais de 10 operárias (Projeto de Lei nº 136/1917).[10] Esses deputados propunham uma legislação social que esbarrava na forte resistência do capital a tais reivindicações, como relatou Gomes (1979). Para enfrentar a resistência operária, o capital apostava na repressão aos anarquistas e na expulsão dos operários ativistas estrangeiros, projeto e posteriormente uma legislação draconiana do senador paulista Adolfo Gordo,[11] que expulsou centenas de estrangeiros por motivos políticos e determinou o fechamento de associações e sociedades civis, mas não extinguiu a luta operária.

Todavia, é preciso esclarecer que esse debate sobre a legislação social não tem o mesmo significado para homens e mulheres. Para elas, a sociedade propunha que as questões das relações de trabalho fossem circunscritas à maternidade e ao ambiente doméstico para o qual se destinavam. Teresa Marques (2016b:669) lembra, com propriedade, que as ativistas feministas tiveram o mérito de trazer ao debate público a questão da presença das mulheres no mercado de trabalho, embora as organizações operárias, como o clandestino Partido Comunista do Brasil (PCB), também tenham levantado as questões relativas às longas jornadas de trabalho das mulheres operárias e aos baixos salários. Essas associações reconheciam as operárias como mães e depois como trabalhadoras, o que, na verdade, não diferia da visão das próprias operárias, como demonstra este pequeno texto de um jornal operário: "A diminuição das horas de trabalho é uma necessidade para nós trabalhadoras

---

[10] Ver Santos (1998:63-112).

[11] Adolfo Afonso da Silva Gordo nasceu em Piracicaba (SP) em 12 de agosto de 1858, pertencente a uma ilustre família de republicanos históricos. Teve uma intensa atuação política ao longo da Primeira República e seus conjuntos de projetos aprovados são conhecidos como "Leis Adolfo Gordo". Estas se referem à Lei de Acidentes no Trabalho (1919), Leis de Expulsão de Estrangeiros (1907 e 1921), Lei de Imprensa (1923), todas elas relacionadas a reivindicações da classe empresarial. Todavia no campo social, onde as questões partidárias não interfeririam, foi favorável ao projeto da instituição do divórcio e ao sufrágio feminino. Faleceu no Rio de Janeiro em 29 de junho de 1929. Ver <www.fgv.br/cpdoc/acervo/arquivo>. Acesso em: 22 abr. 2018.

e para nossos filhos (*Avanti*, 12 jun. 1901 apud Pena e Lima, 1983).[12] Mas, a década de 1920 encerra-se apenas com a votação de duas leis sociais: a Lei de Férias e a Regulamentação do Trabalho dos Menores.

Pobres, ricas e esposas: mulheres no mundo trabalho

A literatura feminista não obscurece que o emprego feminino fora de casa não libertava (e ainda não liberta) as mulheres dos cuidados com a família, e os preconceitos sociais contra o trabalho assalariado exigiam que as mulheres aceitassem trabalhos compatíveis com seu sexo e capacidades: professoras, cuidados com a saúde e a infância. Para as mulheres pobres, a sociedade admitia também as habilidades com os teares e a costura. E ainda havia o Código Civil de 1916 limitando o acesso das mulheres casadas ao emprego: estas precisavam da permissão dos maridos para participar do mercado de trabalho.[13] O patriarcalismo dominante na sociedade admitia apenas o trabalho fora de casa para as mulheres por questões financeiras, e o padrão comum era as mulheres de classe média abandonarem o trabalho ou a carreira em favor do casamento e da maternidade (Besse, 1999:172-181).

Na tabela 1 (adiante), observa-se que o emprego feminino nessas décadas era restrito a alguns setores. Numa economia primária e exportadora, as atividades agrícolas concentravam o maior número de pessoas de ambos os sexos e isso perdurou nas décadas seguintes. No mundo urbano que se desenvolvia rapidamente, nessas primeiras décadas do século XX, esse processo atraía o sexo feminino para novos papéis sociais e atingia mais velozmente as mulheres mais educadas: a escolha das atividades docentes, apesar da baixa remuneração, atraía as mulheres da classe média pela sua respeitabilidade, porque era uma atividade econômica que a sociedade considerava uma continuidade da função máxima feminina, depois da maternidade. E elas

---

[12] Este aspecto limitando da cidadania feminina pode ser analisado pela imprensa operária daqueles anos e na própria trajetória das ativistas comunistas brasileiras, que, ao longo dos anos 1920 e 1930, trataram especificamente das reivindicações salariais e jornadas do trabalho. Ver Melo e Rodrigues (2017).

[13] Só em 1962 foi suprimida essa restrição com a promulgação do Estatuto da Mulher Casada no governo João Goulart. Ver Marques e Melo (2008).

podiam exercer as atividades de ensino tanto em escolas públicas quanto em instituições privadas. Notem que a professora é uma função próxima ou extensão dos afazeres femininos e dos cuidados com a família. Portanto, como professoras ou exercendo cargos (ofícios) profissionais administrativos e de assistência social, seja como enfermeiras, ocupando postos nos grandes hospitais que se construíam nesses anos ou na mais nova profissão daqueles anos: as assistentes sociais. Essas mulheres puderem fugir de suas rotinas e escapar para o mundo público, mesmo que acanhado, de então.

Nessas ocupações administrativas ou nas profissões liberais, algumas delas estão registradas pela história das mulheres: Maria José Rebello de Castro, como funcionária consular; Bertha Lutz; a professora feminista Leolinda Figueiredo Daltro; a advogada Mirtes de Campos, a primeira a exercer essa profissão no Brasil.[14] Não se deve esquecer que, para se tornarem médicas, engenheiras, advogadas, as mulheres enfrentaram obstáculos imensos e só nos anos 1930 algumas barreiras dessas carreiras foram rompidas e as portas universitárias foram abertas para o sexo feminino. A tabela 1 mostra o atrativo dessas funções entre as décadas de 1920 e 1940, expresso na taxa de crescimento de 14% da ocupação "administração pública" no período.

Entre as mulheres pobres, o maior contingente era composto de trabalhadoras rurais e, nas cidades, exerciam as ocupações de costureiras, em casa ou

---

[14] Maria José de Castro Rebelo Mendes nasceu em Salvador (BA) em 20 de setembro de 1891, recebeu educação esmerada e dominava os idiomas alemão, inglês, francês e italiano. A morte do pai deixou a família em situação difícil e Maria José veio morar no Rio de Janeiro, candidatou-se a uma vaga no Ministério das Relações Exteriores (Itamaraty), mas esse ministério não aceitou sua inscrição e sua família procurou o jurista Rui Barbosa para contestar tal decisão. Este escreveu parecer defendendo a inconstitucionalidade da medida. Maria José fez o concurso, foi aprovada em primeiro lugar e tornou-se a primeira mulher brasileira a ocupar um cargo no serviço diplomático brasileiro. O caso teve enorme repercussão na imprensa, com a veemente denúncia das feministas sobre a arbitrariedade cometida e o pronunciamento de cidadãos contrários a essa admissão. Faleceu no Rio de Janeiro em 1936. Mirtes de Campos nasceu em Macaé (RJ), em 1875, concluiu em 1898 o curso de direito na cidade do Rio de Janeiro, mas só depois de oito anos de formada obteve o registro do diploma na Secretaria da Corte de Apelação do Distrito Federal e a inscrição no Tribunal da Relação. Só depois disso pôde exercer a profissão. Esses órgãos resistiram a fazer seu registro e inscrição porque, até então, nunca haviam feito nenhuma inscrição feminina. Assim, Mirtes Campos foi à primeira advogada a exercer a profissão no Brasil. Engajou-se nos movimentos feministas e operários, lutando pelo direito ao voto e por melhores condições para o proletariado. Ver <www.fgv.br/cpdoc/acervo/arquivo>. Acesso em: 22 abr. 2018.

em pequenas confecções e lojas, ou em fábricas, no ano de 1920. No entanto, em 1940 uma mudança havia se processado e essas mulheres estavam massivamente ocupadas nas indústrias têxteis (tabela 1). Na realidade, a indústria têxtil e a de vestuário foram os primeiros setores industriais que, desde o século XIX, se caracterizaram por serem massivamente empregadores da mão de obra feminina. Essas mulheres trabalhavam em atividades exaustivas, menos atraentes e por salários ainda mais baixos que os pagos aos homens (Hahner, 1993:107). Maria Valéria Junho Pena (1981:110) afirma que "no caso das mulheres pagava-se-lhes salários mais baixos que os masculinos na suposição patriarcal que parte de seus custos de reprodução estariam cobertos pelos dos homens".

Analisando as atividades de serviços aqui selecionadas, estas explicitam a hipótese de que a sociedade patriarcal destinou às mulheres as responsabilidades com a reprodução da vida: assim, tanto no recenseamento de 1920 quanto no de 1940, a ocupação "serviços domésticos remunerados" representava isoladamente a maior atividade exercida pelas mulheres no Brasil, como mostra a tabela 1.

As mulheres pobres das cidades tinham, assim, escolhas limitadas no mercado de trabalho, ora labutando em fábricas fétidas, com salários miseráveis ou no interior dos lares, responsáveis pelos afazeres domésticos, cozinhando, lavando, varrendo e cuidando de crianças e doentes. Tais atividades, entendidas como o *lugar da mulher*, não exigiam nenhuma qualificação e no século XIX eram atribuições de escravas domésticas, ou de mocinhas pobres, um trabalho realizado sobre as bases de casa e comida e marcado pelo estigma da discriminação até o século XXI.[15]

Todavia chama atenção o elevado contingente de homens exercendo a ocupação de empregados domésticos, como mostra o Censo de 1920 e, em menor grau, o de 1940. Provavelmente o caráter exclusivamente rural da sociedade brasileira seja a explicação para que em 1920 os homens tivessem uma taxa de participação de 19,3% no serviço doméstico remunerado. E refletindo o processo de mudança estrutural implementada pela política econômica varguista, a queda nessa taxa de participação masculina caiu para 13,8%, em

---

[15] Não foi à toa que a Organização Internacional do Trabalho (OIT), fundada em 1919, só em 2011 aprovou uma resolução a respeito do trabalho doméstico remunerado.

1940 (tabela 1). Seguramente, o processo de industrialização que avançou nas décadas posteriores permitiu aos homens uma diversificação ocupacional, enquanto as mulheres seguiram até o ano 2013 tendo o serviço doméstico remunerado como sua principal ocupação (Melo, 1998; Melo e Thomé, 2018).

Tabela 1
Brasil: população por profissão, de 10 anos ou mais de idade,
por atividades selecionadas e sexo
(1920 e 1940)

Ocupações	1920		1940		Taxa média de crescimento anual (%)	
	Homem	Mulher	Homem	Mulher	Homem	Mulher
Agricultura (inclusive pecuária)	5.705.404	606.919	8.183.313	1.270.199	1,82	3,76
Indústria (total)	759.757	429.600	1.107.371	292.685	1,90	1,90
Têxteis	30.821	57.548	101.218	189.080	6,13	6,13
Vestuário, calçado, chapéu, toucador	144.178	331.115	43.002	19.670	5,87	13,17
Produtos alimentícios e bebidas	41.111	3.042	156.891	31.329	6,93	12,37
Comércio (total)	812.949	26.549	1.377.016	69.792	2,67	4,95
Mercadorias	430.616	21.078	698.202	50.941	2,45	4,51
Administração pública (total)	131.790	6.089	229.504	83.666	2,81	14,00
Administração pública (federal, estadual, municipal)	94.487	3.225	203.890	21.604	3,92	9,98
Magistério e administração de escolas	–	–	14.984	60.882		
Profissões liberais (total)	113.693	60.305	71.141	39.105	2,32	2,14
Professores e administradores	16.364	38.158	14.066	27.628	0,75	1,60
Serviços (total)	70.335	293.544	549.376	987.270	10,82	6,25
Serviços domésticos (remunerados)	70.335	293.544	87.755	549.117	1,11	3,18
Outros serviços pessoais	–	–	376.384	408.412		

Fonte: elaboração própria com dados de Brasil (1940a).

As leis sociais para a cidadania e o trabalho das mulheres: vitórias e derrotas

A chegada de Getúlio Vargas e dos tenentes ao governo federal em 1930 colocou o cenário político nacional de ponta-cabeça, e seguramente as mulheres brasileiras ascenderam um passo na construção da cidadania. Ainda em 1931, o governo anunciou uma comissão para organizar um Código Eleitoral e preparar um processo constitucional à altura dos desejos da sociedade brasileira. Era preciso mudar a legislação eleitoral e admitir o voto secreto. Segundo afirmou a própria Bertha Lutz, Getúlio Vargas "um homem sem preconceito" (Marques, 2016a), propôs uma comissão composta de renomados juristas e agregou a esta a principal liderança feminina na luta pela conquista do voto – a própria Bertha Lutz. Essa comissão, apesar da oposição de alguns membros, acabou dobrando-se aos anseios femininos e aprovou uma legislação ainda canhestra com relação ao direito de votar e ser votada, isto é, definiu o voto feminino como "facultativo" e apenas obrigatório para as funcionárias públicas. O presidente Getúlio Vargas suprimiu as restrições e, em 1932, foi promulgado o Código Eleitoral, aprovando o voto secreto e o voto feminino (Decreto nº 21.076, de 24 de fevereiro de 1932), mas tal direito devia ser ratificado pelo processo constituinte – a Assembleia Nacional Constituinte convocada para ratificar uma nova Carta Constitucional para a sociedade brasileira.

Claramente, as mulheres brasileiras tinham obtido uma vitória, mas era preciso escrever esse direito na próxima Carta Constitucional, pelo que as feministas bravamente lutaram, mas permaneceu o voto facultativo para as mulheres em geral e o obrigatório apenas para os homens e as funcionárias públicas.[16]

Em paralelo, o governo dos tenentes cumpria o que a Aliança Liberal havia prometido na campanha eleitoral de 1929: o reconhecimento da luta dos operários por melhores condições de trabalho. No entanto isso não incluía os trabalhadores rurais e o grande contingente de mulheres empregadas domésticas no conteúdo dessa legislação, como registrou a história. O compromisso político assumido por Vargas e seus apoiadores foi de mediarem o conflito entre capital e trabalho após os tumultuados anos da passagem de um Império escravocrata para uma República baseada no trabalho livre. Apenas isto: devia-se esquecer os proprietários rurais e silenciar sobre as relações servis praticadas no interior das famílias (Gomes, 1979; Pena, 1981; Melo, 1998; Marques, 2016a, 2016b).

---

[16] A Carta Constitucional de 1934 manteve o voto facultativo para as mulheres, com exceção das funcionárias públicas, como o pré-projeto tinha escrito. Só a Constituição Federal de 1946 escreveu o voto obrigatório para ambos os sexos.

Pressionado, o governo Vargas convocou as eleições nacionais de 1933 e 1934 para firmar um novo pacto social escrito no Congresso Constituinte daqueles anos. As feministas da FBPF e as ativistas da Aliança Nacional de Mulheres, cuja liderança era da advogada Natércia da Silveira,[17] lutaram para assegurar a proteção da mulher trabalhadora, explicitada na seguinte pauta: licença pós-parto com garantia de emprego após a gestação, igualdade salarial com os homens pela realização do mesmo trabalho, igualdade de acesso, por meio de concurso, às carreiras públicas, e o fim das restrições ao trabalho das mulheres casadas. Marques (2016b) afirma que esta pauta foi apoiada também por parlamentares da bancada católica, bem como pelos deputados classistas e a chamada bancada tenentista.

Essa pauta das feministas foi vitoriosa na aprovação final da Constituição Federal de 1934, mas esta não aprovou as restrições ao trabalho noturno das mulheres, bem como limitou o trabalho nas indústrias insalubres, como demandavam as feministas. O artigo relativo à maternidade teve a seguinte redação: "Art. 121, § 3º. Os serviços de amparo à maternidade e à infância, os referentes ao lar e ao trabalho feminino, assim como a fiscalização e a orientação respectivas, serão incumbidos de preferência a mulheres habilitadas".

No entanto, esse tema tinha um ponto espinhoso em relação às mulheres que trabalhavam por necessidade e àquelas que trabalhavam por desejo. O deputado catarinense Aarão Rebelo foi ardoroso defensor do conservadorismo que só admitia o trabalho feminino por necessidade, admissível apenas por necessidade imperiosa. E defendia que a sustentação econômica das mulheres se resolvia com o casamento. Susan Besse constata que mesmo a feminista Leolinda Daltro, candidata às eleições municipais de 1919 no Distrito Federal, justificou sua candidatura desta forma: "Como mulher que sou, predominando o altruísmo, tenho me preocupado com o alívio necessário dos sofrimentos humanos, investigando os meios práticos de diminuir a miséria e dor, e de

---

[17] Natércia da Silveira Pinto da Rocha nasceu em 1905, em Itaqui (RS). Advogada, veio para o Rio de Janeiro com as forças getulistas em 1930, fundou a Aliança Nacional de Mulheres, foi candidata a deputada federal nas eleições de 1933 e 1934 e, posteriormente, em 1945. Foi nomeada, em 1931, para os quadros do recém-criado Ministério do Trabalho, do Comércio e da Indústria. Encerrou sua carreira profissional como procuradora da Justiça do Trabalho. Faleceu no Rio de Janeiro em 7 de dezembro de 1993 (depoimento de sua filha, Veleda Rocha Pinto, a Hildete Pereira de Melo em 20 de maio de 2005).

conseguirmos melhor distribuição de justiça" (Besse, 1999:252). Para a sociedade, a mulher só devia ter um emprego enquanto fosse solteira ou se sua família fosse necessitada. Para as mulheres em geral só cabiam os encargos da direção do lar. O emprego feminino não era para emancipar as mulheres de seus papéis familiares e nem para pôr em risco sua feminilidade: essas eram ideias repetidas por toda a sociedade para defender as questões relativas ao exercício da maternidade.

Como vimos acima, a convenção da OIT de 1919 colocava o tema da proteção da maternidade nos seguintes termos: em relação ao tempo de afastamento após o parto, berçários para os bebês durante a amamentação e a fonte de financiamento do salário destas mulheres afastadas do trabalho. A deputada Carlota Pereira de Queiroz entendia que as mulheres trabalhavam fora de casa por necessidade e que o compromisso maior delas era com a família. E que, na impossibilidade de as mulheres garantirem o sustento de suas famílias, cabia ao Estado/empregadores "amparar" as mães pobres e seus filhos. Assim, as mulheres eram objeto de proteção e as de classe média tinham a tarefa moral de prestar serviços de assistência social. Tal entendimento prevaleceu ao longo desses anos e foi escrito no texto final da CLT no que concerne ao trabalho do menor e à assistência a maternidade (Marques, 2016a:680). Quanto às empresas que empregassem mais de 30 mulheres em idade fértil, a CLT, no seu art. 389, parágrafo único, define que "seriam obrigadas a prover um local para abrigar as crianças de nutrizes até seis meses de idade" (Decreto-Lei, nº 5.454, de 1º de maio de 1943). Portanto, depois desse período de amamentação, o cuidado com os filhos era obrigação da família. Nem os empregadores e nem o Estado estavam obrigados a garantir educação para a população.

No entanto, o patriarcalismo reinante no seio da sociedade dobrou: o governo e Getúlio Vargas ratificou a Convenção da OIT relativa à proibição do trabalho noturno feminino, antes da vigência da nova Carta Constitucional, e complementou sua ação publicando, em 1935, o Decreto nº 423, de 12 de novembro de 1935, que, em seu art. 3º, proibia o trabalho noturno das mulheres em estabelecimentos industriais e fez letra morta a Carta Constitucional.

Quanto às restrições ao trabalho feminino no acesso aos cargos das administrações públicas federais, estaduais e municipais, a Carta Constitucional de 1934 escreveu no art. 168: "Os cargos públicos são acessíveis a todos os brasileiros, sem distinção de sexo ou estado civil, observadas as condições que a lei estatuir". Mas, isso não foi suficiente para coibir a discriminação, e o desrespeito imperou. Não é à toa que até os dias atuais as feministas brasileiras gritam "*na lei e na vida*". O Banco do Brasil adotou a estratégia de não esperar a vigência da Constituição de 1934 e publicou um edital para a realização de um concurso público que proibia as inscrições femininas. No rastro do golpe de Estado de novembro de 1937, o Ministério das Relações Exteriores, em 1938, também proibiu as inscrições femininas para a formação de seu quadro de funcionários.

Os acasos da vida fizeram que Bertha Lutz, como primeiro suplente do Partido Autonomista do Distrito Federal, assumisse o mandato na Câmara dos Deputados, por morte do titular no dia 28 de julho de 1936. Em seu discurso de posse disse:

> A mulher é metade da população, a metade menos favorecida. Seu labor no lar incessante e anônimo: seu trabalho profissional é pobremente remunerado, e as mais das vezes o seu talento é frustrado, quanto às oportunidades de desenvolvimento e expansão. É justo, pois, que nomes femininos sejam incluídos nas cédulas dos partidos e sejam sufragados pelo voto popular [Marques, 2016a:155].

Nessa fala Bertha criticou com veemência as medidas do governo que cerceavam as oportunidades de trabalho para as mulheres e convocou a deputada federal Carlota Pereira de Queiroz, eleita pelo estado de São Paulo, para formaram a primeira "bancada" feminina do Parlamento nacional.[18]

Nos trabalhos parlamentares, a deputada Bertha Lutz se empenhou em regulamentar os dispositivos da Constituição Federal de 1934 referentes aos direitos das mulheres. Lutou para derrubar os dispositivos assinados pelo governo que na sua visão colidiam com o texto constitucional relativo ao trabalho noturno. A deputada Lutz apresentou, em abril de 1936, o anteprojeto do Departamento Nacional da Mulher, que pode ser considerado, nos dias atuais,

---

[18] Carlota Pereira de Queiroz nasceu em São Paulo em 1892, formou-se em medicina em 1926. Durante a Revolução Constitucionalista de 1932 em São Paulo organizou uma frente com 700 mulheres para realizar os trabalhos de assistência aos feridos. Nas eleições de 1933 e 1934 foi eleita como a primeira mulher deputada federal do país. Teve seu mandato interrompido pelo golpe de Estado conhecido como Estado Novo em novembro de 1937. Tentou voltar à política, mas não conseguiu mais ser eleita em pleitos posteriores. Ver <https://cpdoc.fgv.br/producao/dossies/AEraVargas1/.../carlota_pereira_de_queiroz>. Acesso em: 22 abr. 2018.

um "embrião" dos órgãos públicos federais que atuaram nos governos Lula e Dilma de 2003 a 2016. Essa proposta atribuía a este órgão a competência para formular e executar políticas relacionadas ao trabalho feminino, à assistência à mulher, à infância e à maternidade. E o projeto foi mais longe: fez propostas até para a gestão da administração da previdência social às trabalhadoras, que devia ficar sob a responsabilidade do Departamento da Mulher. A diversidade da atuação prevista pela proposta mexeu num vespeiro que incluía a assistência social conduzida pelas senhoras brancas ricas de São Paulo e do Rio de Janeiro. Por exemplo, projetos como a Cruzada Pró-Infância de São Paulo, dirigida por Pérola Byington e Maria Antonieta Castro, ou a Maternidade Pró Matre do Rio de Janeiro, dirigida por Stella Durval, Jerônima Mesquita e tantas outras. Provavelmente por isso, tanto a deputada Carlota Pereira de Queiroz quanto o relator do projeto, o deputado Prado Kelly, travaram um debate intenso nas reuniões da Comissão do Estatuto: Prado Kelly tentando interpretar juridicamente o anteprojeto e Carlota num debate político em que ambos expressavam suas ideias católicas sobre o significado da maternidade na vida das mulheres.[19]

O anteprojeto de Bertha e das feministas da FBPF era de uma ousadia sem par para aqueles tempos, e Marques (2016a:115) afirma que Lutz elaborou "o projeto de forma isonômica e [...] [forçou] os seus pares a revelar quão comprometidos eles estavam com a ideia da igualdade de oportunidade para mulheres e homens". Quase nos finalmente desses embates, antes de chegar ao plenário para discussão final, a Constituição Federal de 1934 foi rasgada e o regime político brasileiro foi amordaçado. Bertha voltou para o ambiente acadêmico do Museu Nacional. Suas batalhas legislativas foram perdidas, e os projetos, engavetados e esquecidos. Tudo foi feito letra morta após o fechamento do regime político em 10 de novembro de 1937.

A resistência operária e os embates promovidos pelas forças sindicais patronais e operárias – que desde a assunção ao poder dos tenentes em 1930 marcaram o início da intervenção direta do Estado na economia e particularmente nas questões vinculadas ao mundo do trabalho – foram concretizados com o golpe de Estado de 1937 que aboliu definitivamente as liberdades democráticas, com o congelamento da vida política instaurado com o golpe.

---

[19] Esse debate está documentado no livro que traça o perfil parlamentar de Bertha Lutz, publicado pela Câmara Federal e de autoria da professora Teresa Cristina de Novaes Marques (2016a).

Este capítulo não pretende discutir os novos procedimentos relativos à força de trabalho instaurados pela ditadura do Estado Novo. Seus principais pontos referem-se ao controle sindical, o monopólio da representação por meio do sindicato único por categoria profissional, tanto para trabalhadores quanto para empregadores e outros dispositivos explorados pela literatura histórica brasileira. O que queremos sublinhar é que essa legislação tangenciava a vida das mulheres trabalhadoras, já que só praticamente o contingente de operárias da indústria de transformação (ver tabela 1) estava sujeito a essa representação e legislação. As empregadas domésticas e as trabalhadoras rurais estavam ao largo da legislação de 1934 e assim também ficaram na CLT (D'Araujo, 2003). Embora o ministro Arnaldo Sussekind, em entrevista concedida às pesquisadoras Maria Celina S. D'Araujo e Angela Castro Gomes, tenha afirmado que os trabalhadores rurais tinham direito ao salário mínimo, férias, carteira de trabalho, como não havia sindicatos, inspeção do trabalho ou juntas locais para fiscalizar esta legislação no campo, nada disso funcionou (D'Araujo e Gomes, 1993).

Dos anos que separam os atos ditatoriais do governo Vargas e a década de 1950 observa-se na economia brasileira um pujante dinamismo econômico urbano e um processo endógeno de urbanização das grandes cidades, o que não se reflete com a mesma força na entrada das mulheres no mercado de trabalho (Soares, Melo e Bandeira, 2014). Estas migraram para as cidades, mas não foram absorvidas pelo mundo operário; ficaram nos setores terciários, como domésticas, algumas comerciárias e as que galgaram o professorado se educaram, mas permaneceram marginalizadas das lutas operárias.

Esses temas não foram analisados neste texto, nosso limite é a legislação social que o Estado Novo colocou de pé e teve seu ápice na elaboração da CLT. Na verdade, o Estado Novo continuou o projeto de intervenção social que vinha desde 1931, com o Ministério do Trabalho, da Indústria e do Comércio, até o seu desenho final expresso pela Consolidação das Leis do Trabalho (CLT) promulgada em maio de 1943. Durante as décadas seguintes, esse arcabouço legal comandou a vida dos trabalhadores brasileiros, embora a proteção ao trabalho feminino tenha sido frágil e mesmo excludente como mostra a história.

As duas mais importantes questões relativas ao trabalho das mulheres que as lutas feministas e operárias levantaram nesses anos foram inscritas parcialmente no texto da CLT: estas se referiam ao acesso e às oportunidades que o mercado de trabalho oferecia às mulheres e ao tratamento que o capital dava à maternidade. É preciso deixar claro que, como foi mostrado ao longo deste texto, toda a ênfase da legislação social da época tinha como parâmetro o sistema sindical e, neste, as mulheres não estavam presentes, seja pela forte participação das mulheres rurais no mundo trabalho, seja pelas escassas oportunidades de trabalho e baixa educação. As oportunidades de inserção dessas mulheres restringiam-se aos afazeres domésticos e atividades de cuidados com os filhos, idosos e doentes. Portanto, elas não tinham voz política. E as feministas brancas das camadas médias e dirigentes com uma voz mais ativa na sociedade e no processo constitucional de 1933/1934 tinham se expressado por meio da FBPF, tinham feito a defesa intransigente da licença pós-parto e garantia de emprego para as gestantes, creches, igualdade salarial e de acesso a carreiras públicas. Não esquecer que tal pauta de reivindicações foi, pelas décadas seguintes, verbalizada por muitas mulheres com sucesso parcial.[20] Elas, em nome da liberdade de escolha, rejeitavam as restrições legais ao trabalho noturno das mulheres, mas exigiam proteção para a maternidade.

O nó górdio era como financiar a proteção à maternidade: a licença pós-parto, quem deveria pagar às mulheres? Vargas, em 1940, autorizou a redução do salário mínimo feminino por conta disso. Mas a comissão que elaborou o projeto final da CLT revogou esse dispositivo, embora não saibamos como isso se processou.[21] Segundo Sussekind, a CLT é um conjunto de leis que, entre os anos de 1930 e 1934, haviam sido promulgadas e referiam-se à proteção individual do trabalhador: férias, trabalho feminino, trabalho do menor, um conjunto de direitos cujo objetivo era propiciar um clima favorável ao processo de industrialização varguista. Porque a legislação até então correspondia a decretos legislativos que se inspiravam nas convenções e resoluções da OIT e protegia pouco os trabalhadores nacionais (D'Araujo e Gomes, 1993:10).

---

[20] Foi só em outro regime de exceção que os militares, no processo de novo desenho para política social previdenciária, em 1967 passaram os gastos com a licença-maternidade para o Estado..
[21] Essa comissão incluía duas mulheres, advogadas dos quadros do ministério. A feminista Natércia da Silveira e uma eficiente funcionária, Beatriz Sofia Monteiro, cujo engajamento no movimento feminista daqueles anos é desconhecido pela historiografia feminista (Brasil, 1940a; Fraccaro 2018). Esta autora confirma essa presença feminina na comissão, mas escreveu seu sobrenome diferente: Beatriz Sofia Mineiro.

Conclusões

A conquista do direito ao voto não teve forças para superar a despolitização das massas femininas, que permaneceram alienadas do espaço político brasileiro. É verdade que com espasmos de rebeldia surgiram diversas organizações feministas e estas renovavam permanentemente as esperanças femininas da conquista da igualdade na sociedade. Todavia, tais resistências e lutas foram ignoradas pela história oficial.

Este capítulo limita-se a examinar a luta feminista para escrever na legislação brasileira o direito ao voto e os direitos sociais do mundo do trabalho nos anos 1930 a 1943. Foram batalhas duras, com vitórias e derrotas, para retirar as mulheres do anonimato e da sujeição relativa à classe social ou à maternidade, enquanto mães e donas de casa. O aprendizado dessa dupla exploração, enquanto classe e enquanto sexo, exige que se examine tanto o espaço quanto a conexão entre família e trabalho pago, ou seja, entre reprodução e produção. Porque a maternidade e o trabalho doméstico têm sido elementos orgânicos da condição feminina, e a dinâmica da constituição da sociedade urbano-industrial brasileira foi marcada pelo que se concebia como a natureza das mulheres. E isso desenhou o movimento de seu trabalho, tanto o reprodutivo como o produtivo, e permitiu aos homens controlarem sua sexualidade, concebendo seus filhos e deles cuidando. Ela servia ao capital porque garantia a reprodução da força de trabalho e, quando necessário, atendia aos chamados das fábricas ou dos interiores das casas dos ricos. Quase sempre ignoradas pela legislação social que oferecia migalhas a essas trabalhadoras ou apenas o rigor da lei. O desenvolvimento capitalista brasileiro produziu hierarquias sexistas que pesaram sobre as mulheres trabalhadoras, especialmente pela exclusão das empregadas domésticas do arcabouço legal expresso pela legislação de 1943.

Referências

ALVES, Branca Moreira, *Ideologia e feminismo*: a luta da mulher pelo voto no Brasil. Petrópolis: Vozes, 1980.

BEAUVOIR, Simone. *O segundo sexo*. Rio de Janeiro: Nova Fronteira, 1980. v. I e II.

BESSE, Susan K. *Modernizando a desigualdade*: reestruturação da ideologia de gênero no Brasil, 1914-1940. São Paulo. EdUSP, 1999.

BRASIL. Instituto Brasileiro de Geografia e Estatística (IBGE). *Recenseamentos gerais do Brasil, 1920 e 1940*. Rio de Janeiro: IBGE, 1940a.

_____. Ministério do Trabalho, da Indústria e do Comércio. *Boletim do Ministério do Trabalho, Indústria e Comércio*. Rio de Janeiro: MTIC, abr. 1940b.

D'ARAUJO, Maria Celina. Estado, classe trabalhadora e políticas sociais. In: FERREIRA, J.; DELGADO, Lucília de Almeida Neves (Org.). *O tempo do nacional-estatismo*: do início da década de 1930 ao apogeu do Estado Novo. Rio de Janeiro: Civilização Brasileira, 2003.

_____; GOMES, Angela de Castro. Entrevista com Arnaldo Sussekind. *Estudos Históricos*, v. 6, n. 11, p. 113-127, 1993.

FRACCARO, Glaucia Cristina Candian. *Os direitos das mulheres*: feminismo e trabalho no Brasil (1917-1937). Rio de Janeiro: FGV Ed., 2018.

GOMES, Angela Maria de Castro. *Burguesia e trabalho*: política e legislação social no Brasil, 1917-1937. Rio de Janeiro: Campus, 1979.

HAHNER, June Edith. *Pobreza e política*: os pobres urbanos no Brasil, 1870-1920. Brasília, DF: Ed. UnB, 1993.

MARQUES, Teresa C. de N. *Bertha Lutz*. Brasília, DF: Centro de Documentação e Informação, Câmara dos Deputados, 2016a. Série Perfis Parlamentares, n. 73.

_____. A regulação do trabalho feminino em um sistema político masculino: Brasil, 1932-1943. *Estudos Históricos*, Rio de Janeiro, v. 29, n. 59, p. 667-686, set./dez. 2016b.

_____. *O voto feminino no Brasil*. Brasília, DF: Câmara dos Deputados, 2018.

_____; MELO, Hildete P. de. Os direitos civis das mulheres casadas no Brasil entre 1916 e 1962. *Revista Estudos Feministas*, v. 16, n. 2, 2008.

MELO, Hildete Pereira de. De criadas a trabalhadoras. *Estudos Feministas*, v. 6, n. 2, 1998.

_____. *Depoimento de Veleda Rocha Pinto sobre sua mãe, Natércia da Silveira Rocha Pinto*. Rio de Janeiro, 20 maio 2005.

_____. As sufragistas brasileiras: relegadas ao esquecimento?. *Revista do Instituto Histórico e Geográfico do Rio de Janeiro (IHGRJ)*, ano 23, n. 23, 2016.

_____; MARQUES, Teresa Cristina de Novaes. Partido Republicano Feminino: a construção da cidadania feminina no Rio de Janeiro. *Revista do Instituto Histórico e Geográfico do Rio de Janeiro (IHGRJ)*, ano 9, n. 9, p. 71-77, 2000.

____; ____. Mirtes Campos. In: ABREU, Alzira Alves de (Coord.). *Dicionário da Elite Política Republicana (1889-1930)*. Rio de Janeiro: FGV Cpdoc, 2014. Verbete. Disponível em: <https://cpdoc.fgv/sites/default/files/verbetes/primeira-republica/CAMPOS,%20Mirtes.pdf>. Acesso em: 10 jul. 2016.

____; RODRIGUES, Cintia. La trajectoria de las mujeres comunistas brasilenas: uma historia sin contar. In: VALOBRA, Adriana; YUSTA, Mercedes (Ed.). *Queridas camaradas*: historias iberoamereicanas de mujeres comunistas. Buenos Aires: Mino y Davila, 2017.

____; THOMÉ, Debora. *Mulheres e poder*: histórias, ideias e indicadores. Rio de Janeiro: FGV Ed., 2018.

PENA, Maria Valéria Junho. *Mulheres e trabalhadoras*: presença feminina na constituição do sistema fabril. Rio de Janeiro,: Paz e Terra, 1981.

____; LIMA, Elça Mendonça. Lutas ilusórias: a mulher na política operária da Primeira República. In: BARROSO, Carmen; COSTA, Albertina Oliveira (Org.). *Mulher mulheres*. São Paulo: Cortez, 1983.

SANTOS, Wanderley Guilherme dos. *Décadas de espanto e uma apologia democrática*. Rio de Janeiro: Rocco, 1998.

SOARES, Cristiane; MELO, Hildete P. de; BANDEIRA, Lourdes M. O trabalho das mulheres brasileiras: uma abordagem a partir dos censos demográficos de 1872 a 2010. In: ENCONTRO NACIONAL DE ESTUDOS POPULACIONAIS, XIX., 2014, São Pedro, SP. *Anais...* São Paulo: Associação Brasileira de Estudos Populacionais (Abep), 2014.

8. Mães do ano: a Camde e a imagem da mulher nos primeiros anos da ditadura civil-militar

Janaina Martins Cordeiro

Em junho de 1977, a então primeira-dama dos Estados Unidos, Rosalynn Carter, dava início a uma viagem oficial pela América Latina. O objetivo, entre outros, era conversar sobre a política de direitos humanos encampada pelo seu marido, Jimmy Carter, recém-eleito naquele país pelo Partido Democrata. A viagem, por um continente onde o tema dos direitos humanos parecia cada vez mais distante, previa uma visita ao Brasil e, inclusive, uma conversa com o presidente Geisel.

Não obstante, a visita de Rosalynn Carter foi vista com desconfiança por muitos analistas da época: afinal, por que mandar a primeira-dama ao invés de vir o presidente em pessoa? Em certo sentido, era este tipo de questionamento que o jornalista Otto Lara Resende buscava responder em artigo publicado em *O Globo* no qual dava as boas-vindas à primeira-dama. Especificamente, o escritor mencionava as críticas feitas pela romancista Rachel de Queiroz:

> Li com surpresa as aborrecidas restrições que Rachel de Queiroz opõe à visita de Rosalynn Carter. "A que título – pergunta ela – Rosalynn irá conferenciar com presidentes e chanceleres sul-americanos? De que múnus a incumbiu o eleitorado do seu país? Será que nos Estados Unidos de hoje o poder também se transmite por osmose conjugal?" Rachel recusa à mulher do presidente o direito de desempenhar missões na política externa. E chega a bendizer a tradição machista sul-americana – "e nisso, pois, seja o machismo bem-vindo".[1]

---

[1] *O Globo*, 7 jun. 1977, p. 2.

O jornalista seguia sua reflexão elaborando críticas não apenas ao artigo de Rachel de Queiroz ao qual se referiu, mas a determinado modelo de feminilidade profundamente arraigado no imaginário coletivo brasileiro e que, em seu nascedouro, a ditadura reafirmou com grande ênfase:

> Seria extremamente cômodo desviar Mrs. Carter para córner e afogá-la num chá beneficente; qualquer coisa que se pareça com o abominável colonialismo conjugal que continuamos a praticar no Brasil; afinal, é possível que, num país onde se inventam senadores indiretos, não haja lugar para sufragetes. Mulheres sim, mas só de terço na mão, na marcha com Deus etc. No fundo, pertinaz herança árabe, a face feminina mantém-se oculta, véu e alcova.[2]

Há neste trecho uma referência jocosa aos grupos femininos que estiveram à frente das Marchas da Família com Deus pela Liberdade, que ocorreram em todo o Brasil a partir de março de 1964 e se estenderam pelo ano, em um primeiro momento reivindicando a intervenção militar; depois do golpe, celebrando-o. A referência a tais grupos continuava na passagem a seguir, de maneira ainda mais explícita:

> Mas aí está Rosalynn. Não sei se ainda existe a CAMDE, sigla que já não consigo decifrar. Suspeito que Rosalynn seja mais bem recebida na Rocinha [...] Pois na Rocinha as mulheres acabam de chegar ao poder: em pleito livre, dezessete mulheres foram eleitas para a direção da União Pró-Melhoramentos da Rocinha.[3]

A Campanha da Mulher pela Democracia, a Camde, foi um dos grupos femininos conservadores de maior projeção no Brasil no início da década de 1960. Ligada à Igreja católica e também ao Instituto de Pesquisas e Estudos Sociais (Ipes), a associação foi fundada em Ipanema, na Zona Sul do Rio de Janeiro, em 1962, profundamente comprometida com a luta contra o que consideravam a "infiltração comunista" no país. A Camde foi também grande protagonista e uma das principais organizadoras da Marcha da Família com Deus pela Liberdade, do Rio de Janeiro, no dia 2 de abril, conhecida também como "a Marcha da Vitória" (Cordeiro, 2009).

---

[2] Ibid.
[3] Ibid.

Em 1977, o Brasil era, em muitos aspectos, diferente daquele de 1964: o país havia se modernizado, se urbanizado, a ditadura o havia transformado imensamente, embora mantivesse intactas velhas estruturas e formas de poder (Luna e Klein, 2014). Assim, Otto Lara Rezende notava a permanência de tradições patriarcais, de resto, profundamente arraigadas no imaginário e nas práticas políticas brasileiras. E constatava, amargamente, dois meses após a outorga do Pacote de Abril pelo governo Geisel, que um país fadado à existência de *senadores biônicos*, dificilmente conceberia a atuação de uma primeira-dama que fugia – ainda que de forma muito parcial – do protótipo tradicional do primeiro-damismo.

É expressivo, nesse sentido, que as mulheres a que se refere Otto Lara no artigo em questão sejam justamente a escritora Rachel de Queiroz e as mulheres da Camde, cujas experiências e trajetórias mais as afastam que as aproximam, embora possuíssem em comum a identificação com a ditadura pós-1964, além da rejeição/negação dos movimentos feministas. Rachel de Queiroz, de acordo com Constância Lima Duarte, desde os anos 1930, "colocou-se na vanguarda de sua época ao penetrar no mundo das letras, na redação dos jornais e na célula partidária, espaços entranhadamente masculinos" (Duarte, 2003:164), muito embora mantivesse, em aparente paradoxo, firme posição contrária aos movimentos feministas que então emergiam. Militante comunista na juventude; mulher separada do primeiro marido e casada novamente em um tempo em que o divórcio ainda não era previsto em lei; autora em cuja obra aparecem preocupações inequívocas com as questões sociais, Rachel de Queiroz se tornou, em 1964, uma das principais defensoras do golpe e da ditadura civil-militar no campo intelectual (Ferreira, 2015:40).

Já as mulheres da Camde – suas lideranças, ao menos – possuíram trajetórias bem menos ziguezagueantes. Ao contrário de Rachel de Queiroz, nunca ocuparam cargos públicos. Em geral, aliás, não trabalhavam. Eram donas de casa ou, quando muito, exerciam atividades profissionais consideradas "tipicamente femininas": "ensinar, tratar, assistir: essa tripla missão" que constituía desde o século XIX a base de "profissões femininas" (Perrot, 2006:508). Também eram abertamente contra o divórcio. Amélia Molina Bastos, fundadora e diretora da Camde, dizia, em entrevista de 1967, não ser a favor do divórcio porque considerava o casamento "um sacramento" instituído por Cristo e, nesse sentido, o matrimônio deveria ser "um futuro de renúncias, de alegrias e tristezas" (Pollanah, 1967).

De fato, nada além da defesa da ditadura e da crítica aos movimentos de emancipação feminina aproximavam Rachel de Queiroz e a Camde. A comparação que Otto Lara Resende fazia em seu artigo entre a escritora e o grupo feminino tinha como objetivo, de certo modo, desqualificar a crítica política que Rachel de Queiroz fazia à visita de Rosalynn Carter, despolitizando-a. E *despolitizar*, nesse caso, equivalia a aproximar as apreciações feitas pela escritora do assistencialismo promovido pela Camde e do que poderia ser considerado a futilidade dos salões de chá das mulheres da burguesia carioca.

Aliás, era muito comum – e ainda é – entre setores progressistas da opinião brasileira, a desqualificação da atuação política de mulheres conservadoras justamente a partir da alegação do lugar de onde estas mulheres reivindicavam suas falas: o *lar*. A rigor, como veremos, é uma reivindicação, em geral feita pelos próprios grupos femininos de direita, a *não politização* de suas atuações, na medida em que se apresentavam, primordialmente, como seres privados – *mães, esposas* – e não como seres políticos, públicos.

Não obstante, embora seja indispensável compreender o papel e o peso do espaço privado na atuação pública da Camde, é preciso observar que a entidade nasceu comprometida com as *lutas políticas* de seu tempo, no campo das direitas conservadoras. Como já referido, a Camde foi fundada no Rio de Janeiro em junho de 1962, em pleno processo de radicalização das posições durante o governo de João Goulart. Em 1977, quando Otto Lara Resende se referia ao grupo de forma irônica, ele já não existia mais. A rigor, naquele momento a Camde já parecia algo distante, associado a um passado arcaico, a tal ponto que sequer o jornalista era capaz de afirmar se a associação ainda existia ou situar o significado de sua sigla. Tal situação contrasta, no entanto, com o protagonismo atribuído ao e exercido pelo grupo nos primeiros anos da década de 1960.

Desde sua fundação, a prática política da Camde estava diretamente vinculada à preocupação com o retorno do fantasma de Getúlio Vargas e do trabalhismo, por meio da sombra de seu herdeiro político, João Goulart. Ao mesmo tempo e, embora se dissessem "apolíticas" e "apartidárias", essas mulheres demonstravam profunda identidade com a União Democrática

Nacional (UDN) e o udenismo, sobretudo personificado pela figura do então governador da Guanabara, Carlos Lacerda. Nesse sentido, sua militância refletia certa inquietação com as propostas reformistas e de ampliação da participação política das massas, além do forte apelo anticomunista de seu discurso. A Camde atuou por cerca de uma década, alternando a militância política em sentido mais estrito com a realização de atividades voltadas para a filantropia. Embora seja difícil precisar a data exata do encerramento de suas atividades, tudo leva a crer que tenha ocorrido em 1974 – ano que marcou a ascensão do general Geisel à presidência e o início de um longo e ziguezagueante processo de abertura política. O período de maior atividade do grupo é aquele vai de sua fundação em 1962 à edição do Ato Institucional nº 2, em outubro de 1965, já sob o governo ditatorial do marechal Humberto de Alencar Castelo Branco.

Assim, talhadas para ocupar o espaço privado do lar, os papéis de mães, esposas e donas de casa, elas eram consideradas, quando muito, o *cimento* que ligava o espaço privado ao público. Em algum sentido, o lugar por elas reivindicado é muito similar àquele que Michelet atribuía às mulheres que tomavam parte na Festa das Confederações durante a Revolução Francesa:

> Em não sei que aldeia, os homens tinham se reunido sozinhos num grande edifício, para redigirem juntos uma mensagem para a Assembleia Nacional. Elas se aproximam, escutam, entram com lágrimas nos olhos, também querem estar ali. Então releem a mensagem para elas; elas aderem de todo o coração. Essa profunda união entre família e pátria trouxe a todas as almas um sentimento desconhecido [Michelet apud Perrot, 2006:174].

Podemos dizer que, na primeira metade dos anos 1960, a Camde constituiu-se como representação de um determinado tipo de feminilidade profundamente ancorado nas tradições e no imaginário do Ocidente moderno sobre o lugar das mulheres na sociedade e que encontrava profundo respaldo sobretudo entre segmentos conservadores da sociedade. Sua militância e presença pública definiam-se em torno de determinados aspectos que remetiam justamente à "profunda união entre família e pátria" da qual nos falava Michelet ainda em meados do século XIX, mas que significa, antes de tudo, a ênfase dada à separação entre *público* e *privado*; *pátria* e *família*; *homens* e *mulheres*.

Em trabalho anterior, estudei a militância política da Camde e a memória constituída por algumas das lideranças remanescentes do grupo. Então, uma das questões que me preocupava era compreender o que teria motivado e embasado a *saída* ao espaço público, nos primeiros anos da década de 1960, de um grupo de mulheres que se apresentavam como seres *privados*, ou seja, como mães, esposas e donas de casa (Cordeiro, 2009). Nesse aspecto, pude verificar que foram precisamente demandas do mundo privado que justificaram sua saída ao espaço público do fazer político: o discurso moral recorrente em certos meios políticos e sociais de então e que atribuía ao comunismo a capacidade de destruir valores fundamentais do mundo ocidental – a Igreja, a família, a pátria – possuía, nesse sentido, potencial extremamente mobilizador. Assim, o anticomunismo militante levou as mulheres da Camde às ruas a partir de 1962. Mas era, sobretudo, sua condição de "seres privados", de *mães* e *esposas* que legitimava, perante vastos segmentos da sociedade, o apelo que elas lançavam em defesa de tais instituições.

De maneira mais ampla, a proposta do trabalho era compreender também o sentido do pacto social forjado em torno da ditadura em seus primeiros anos. Assim, de forma resumida, pode-se dizer que o tipo de consenso existente em 1964 e que possibilitou e favoreceu o golpe e a instituição da ditadura possuiu uma característica antes de tudo *defensiva* (Chirio, 2000/2001:72): tratava-se de livrar o país da "ameaça comunista", preservando o que se consideravam as "verdadeiras tradições nacionais" contra o avanço de "ideologias exóticas". Para tanto, era preciso que a nação se colocasse vigilante e que estivesse disposta ao sacrifício, a dar seu quinhão para que o Brasil superasse, ao mesmo tempo, a crise *moral* – preservando as instituições que ordenavam e proviam de sentido a vida cotidiana – e também a crise *econômica*, essencial para que o Brasil deixasse para trás de vez a ameaça comunista.

Dessa forma, o acordo social que caracterizou o momento da intervenção militar e os primeiros anos da ditadura – dos quais as Marchas da Família com Deus pela Liberdade tenham sido, talvez, a manifestação mais representativa – era expressivamente anticomunista. Agregava, igualmente, outros elementos significativos e que constituíam, então, importante aspecto de determinada cultura política nacional, retomando, por exemplo, certas tradições conservadoras, muitas das quais eminentemente antidemocráticas e ancorando-se de modo indelével às noções de *sacrifício* e *vigilância*.

Nesse aspecto, o discurso e o imaginário que fundamentaram o golpe e o processo de consolidação da ditadura trouxeram consigo também uma imagem específica do que é o *feminino* e de qual deveria ser o papel da mulher nos acontecimentos que o Brasil vivia então. É preciso destacar: a ditadura não inventou tal imagem. Esta compõe, a rigor, um imaginário em torno de quais devem ser o papel e o espaço da mulher na sociedade, que é bastante anterior e, em algum sentido, remonta pelo menos à consolidação de determinada cultura e modelo de família burguês no século XIX (cf.: Perrot, 2006; Gay, 2002).

* * *

Em 1964, menos de dois meses após a vitória do golpe civil-militar que depôs o presidente João Goulart, a fundadora e presidente da Camde, donaAmélia Molina Bastos, foi escolhida pelo jornal *O Globo* como a *mãe do ano de 1964*. Desde 1954, o periódico carioca concedia o prêmio de *mãe do ano*, em parceria com a Rádio Globo, a Câmara de Dirigentes Lojistas do Rio de Janeiro e a Comissão de Incentivo ao Turismo, quando deram início a uma campanha pela popularização do Dia das Mães. Em geral e ao longo das décadas de 1950 e 1960, o perfil das mulheres indicadas ao prêmio possuía semelhanças consideráveis, as quais diziam respeito a um modelo específico de maternidade/feminilidade. Nesse sentido, é interessante observar o que o jornal explicava no primeiro ano em que o prêmio foi concedido:

> Essa comemoração, que de ano para ano cria mais força e mais prestígio no amor de todos os filhos [...], deve ser complementada com a escolha de uma mãe que encarne na sua pessoa as virtudes, desvelos, as abnegações de todas as outras e para quem se dirijam as admirações de todos.[4]

A escolha daquele primeiro ano recaiu sobre a senhora Regina Coeli Lucas, que teve o único filho assassinado em uma briga entre estudantes. Mas a homenagem deveu-se à forma pela qual a senhora reagiu diante do assassino do filho. Segundo o texto do jornal, dona Regina "não teve palavras de revolta ou de ódio". Ao contrário, "serena e compreensiva, numa demonstração

---
[4] *O Globo*, 5 maio 1954, p. 1.

admirável de caridade cristã, pensou menos em si que na outra mãe, a mãe do culpado".[5]

Virtude, desvelo, abnegação e caridade cristã. Tais atributos eram parte importante de um imaginário social sobre o que seria a *maternidade* e, por isso, definiam, em certo sentido, quais deveriam ser as características de uma mulher, uma *mãe*, para que merecesse o título de *mãe do ano* de *O Globo*. Ao longo dos anos 1950 e 1960 – embora talvez com um pouco menos de força –, tais características compunham um quadro mais amplo sobre qual deveria ser o papel da mulher naquela sociedade. De acordo com Carla Bassanezi,

> Ser mãe, esposa e dona de casa era considerado o destino natural das mulheres. Na ideologia dos Anos Dourados, maternidade, casamento e dedicação ao lar faziam parte da essência feminina; sem história, sem possibilidades de contestação.
>
> A vocação prioritária para a maternidade e a vida doméstica seriam marcas de feminilidade, enquanto a iniciativa, a participação no mercado de trabalho, a força e o espírito de aventura definiriam a masculinidade. A mulher que não seguisse *seus* caminhos estaria indo contra a natureza, não poderia ser realmente feliz ou fazer com que outras pessoas fossem felizes. Assim, desde criança, a menina deveria ser educada para ser boa mãe e dona de casa exemplar [Bassanezi, 1997;609-10].

É interessante lembrar que os anos 1950 no Brasil constituíram período de relativa modernização da economia, das relações de trabalho e sociais. Aos poucos, e ao menos nas grandes capitais, as mulheres começavam a ingressar, lentamente, no mercado de trabalho. Ainda assim, o ideal de mulher bem-sucedida permanecia fortemente relacionado às capacidades de conseguir um bom casamento e constituir família. Importante espaço de representação e disseminação desse modelo de mulher, segundo Bassanezi, foram as revistas femininas, que se tornavam cada vez mais comuns na época. Da mesma maneira, podemos também tomar o prêmio *mãe do ano*, atribuído pelo *O Globo*, como espaço em que se exprimia determinado padrão de feminilidade e de maternidade.

Assim, se acompanharmos a atribuição dos prêmios do jornal entre 1954 e 1964, quando dona Amélia Molina Bastos foi contemplada, veremos que

---

[5] Ibid.

o padrão "virtude, desvelo, abnegação e caridade cristã", que determinou a própria definição do significado do prêmio, se manteve como norteador. Foi assim em 1955, quando foi escolhida dona Clotilde Guimarães, fundadora da União das Operárias de Jesus, instituição que acolhia e cuidava de crianças,[6] e também em 1956, quando a eleita, dona Ondina Penna Lacombe, foi então descrita pelo jornal como "exemplo para as jovens mães e conselho de felicidade conjugal".[7]

Em 1957, a *mãe do ano* foi uma operária: a tecelã dona Leocádia Silva foi indicada pelas colegas da fábrica em que trabalhava. Expressão, talvez, de um Brasil desenvolvimentista, que se urbanizava, industrializava e proletarizava, dona Leocádia, no entanto, foi indicada porque representava as virtudes mais perenes que definiam o *ser mulher*: alguém que mesmo precisando trabalhar, encontrava a realização plena de suas virtudes no *lar*. Para o periódico, ela era "bem o símbolo da unidade da família – além de operária, dona de casa exemplar".[8]

Em 1959, Stella de Carvalho Guerra Duval, fundadora da Pro Matre foi contemplada,[9] e em 1960 foi escolhida Carmem Bulhões Pedreira, que após ficar viúva, e uma vez que já estava com seus três filhos criados, passou a dedicar-se a obras de caridade.[10] Em 1961, o prêmio foi concedido a dona Marici Camargo Trussardi, dona de casa carioca, radicada em São Paulo, para onde foi acompanhando o marido. Dela o jornal dizia: "na juventude dos seus vinte e poucos anos, já é mãe cinco vezes, e assimilou em toda a sua extensão, o nobre significado de sua excepcional missão". E a jovem mãe declarava:

> Minha vida [...] tem sido um constante ato de ação de graças a Deus, que me proporcionou tanta felicidade. Sinto-me feliz, dando brasileirinhas à minha Pátria, católicas à minha religião, novos membros à minha família. O meu melhor presente seria ouvir de minhas filhas a mesma frase de gratidão que repito sempre para minha mãe: "Obrigada, mamãe, você foi uma mãe exemplar".[11]

---

[6] *O Globo*, 30 abr. 1955.
[7] *O Globo*, 4 jan. 1956, p. 5.
[8] *O Globo*, 8 maio 1957, p. 8.
[9] *O Globo*, 4 maio 1959, p. 13.
[10] *O Globo*, 6 maio 1960, p. 6.
[11] *O Globo*, 11 maio 1961, p. 1.

É interessante notar como, em um contexto de crescente anticomunismo no país, o imaginário católico e nacionalista era cada vez mais acionado, tendo já na figura feminina uma importante chave e elemento de síntese. Em 1962, dona Julia Kubitschek, mãe do ex-presidente Juscelino Kubitschek, recebeu o prêmio "rodeada de filhos, netos e bisnetos",[12] e em 1963, dona Nair Marques Santos, então esposa do jogador de futebol Garrincha, mãe de sete filhas e grávida do oitavo, recebeu o título de *mãe do ano*. O texto do jornal que a homenageava dizia: "ao marido, deu mais que 7 alegrias: deu a paz de espírito que o levou a ser a alegria de um povo".[13]

Em 1964, o título de *mãe do ano*, atribuído pelo jornal menos de um mês após o golpe de abril, teve, mais que nunca, até então, sentido político. A lógica inicial do prêmio, que se orientava por uma visão determinada do feminino e, sobretudo, por uma concepção muito específica do espaço de atuação e do lugar da mulher na sociedade se manteve intacta. Assim, dona Amélia, conhecida na Camde como *Amelinha*, se autoidentificava como "neta, sobrinha, irmã e mulher de general". Ainda sobre sua origem, afirmava que todos na família eram católicos, "mas eu sou mais que os outros porque sou da Ordem Terceira de São Francisco" (Pollanah, 1967:159). Amélia Molina Bastos foi, portanto, contemplada com o prêmio em função das qualidades maternas e femininas que possuía: mulher cristã, professora primária, aposentada, dedicada à família, a Deus e aos cuidados com o próximo.[14]

Não obstante, se era muito claro, tendo em vista inclusive o histórico dos prêmios, que o lugar preferencial de atuação da mulher era o espaço privado ou, quando muito, a filantropia – uma extensão, em algum sentido deste espaço, já que nele a mulher realizava, para o bem da comunidade, atividades consideradas femininas –, diante dos graves acontecimentos que teriam "ameaçado" a pátria nos últimos meses, o periódico reconhecia a necessidade da *saída* das mulheres ao espaço público e saudava a iniciativa. Nesse aspecto, a concessão do título de *mãe do ano de 1964* teve sentido indissociável da conjuntura política recente. Assim, pela primeira vez em uma década O Globo reverenciava a atuação política feminina:

---

[12] O Globo, 14 maio 1962, p. 6.
[13] O Globo, 11 maio 1963, p. 3.
[14] O Globo, 9 maio 1964, p. 3.

Dona Amelinha Bastos diz que compreende o título de "Mãe do Ano", que lhe foi concedido pelo O GLOBO menos como uma homenagem pessoal do que como um símbolo, uma vez que, como presidente da Campanha da Mulher pela Democracia, poderia representar todas as mulheres que lutaram pelos seus lares, que sofreram pelas suas famílias nos instantes difíceis pelos quais o País passou.[15]

Tratava-se de reafirmar importante argumento da retórica dos grupos que compunham a ampla frente que articulou o golpe, de acordo com a qual a intervenção militar veio atender aos apelos das *mães brasileiras*, organizadas em associações femininas diversas[16] desde o início da década de 1960 e que buscavam chamar atenção para os perigos da *infiltração comunista* na pátria, nas igrejas e nos lares.

Após a vitória do golpe, a ideia de acordo com a qual a "revolução" havia sido feita pelas mulheres ganhou força. Nesse sentido, é interessante observar o trecho do livro de Rodrigues Matias, produzido em São Paulo ainda em 1964 e que contava a história das Marchas da Família com Deus e pela Liberdade em São Paulo, Santos e Rio de Janeiro. O autor dirigia-se aos jovens e explicava:

> Alguém te dirá um dia, porventura, que a revolução brasileira de 31 de março de 1964 foi uma arrancada de ricos contra pobres, de patrões contra operários. Por este livro saberás o quanto isto é falso. A revolução autêntica não se deu a 31 de março, mas a 19 de março. Foi tua mãe quem a fez, pensando em ti, para que tu continuasses livre e em regime de livre iniciativa pudesses construir o futuro esplendoroso do grande Brasil de amanhã [Matias, s.d.].

Este raciocínio pautou também a concessão do título de *mãe do ano* de 1964 à presidente da Camde, dona Amélia Bastos, e regia-se pela necessidade de legitimar o golpe a partir da *atuação sagrada* das mães brasileiras. A fala de dona Amélia confirmava a percepção segundo a qual um *perigo* extremo levou as mulheres às ruas e de que, diante da ameaça às instituições cristãs e

---

[15] *O Globo*, 9 maio 1964, p .3.
[16] Sobre as associações femininas conservadoras criadas no início da década de 1960 no Brasil, comprometidas com a oposição ao governo Goulart e com a retórica anticomunista, cf.: Simões (1985); Presot (2004); Sestini (2008); Cordeiro (2009).

ocidentais, as mulheres deveriam agir publicamente, ainda que em defesa do privado. Assim, a presidente da Camde conclamava:

> Se me fosse dado fazer um apelo a todas as mulheres, a todas as mães brasileiras [...], eu lhes pediria que fossem menos omissas, que vivessem com menos exclusividade para seus lares, que se dedicassem também aos outros, ao próximo. O primeiro mandamento é, de todos, o maior, e diz com muita ênfase que ao amor de Deus sobre todas as coisas deve necessariamente seguir-se o do próximo como a si mesmo. [...] Demos nós mulheres à Nação um exemplo de alerta na defesa dos nossos lares e na guarda de nossos mais caros princípios. Este estado de alerta deve continuar, agora que nos encontramos na fase de consolidação de um movimento vitorioso.[17]

Todavia, o fato de se apresentarem publicamente como mulheres exercendo seus papéis tradicionais de mães, esposas e donas de casa transformava sua militância necessariamente em algo temporário. Uma das companheiras de Amélia Molina Bastos dizia ao repórter de *O Globo* que a entrevistava sobre o título concedido à presidente da Camde: "Tenho certeza de que Amelinha está doida para ver passar tudo isto e voltar à sua vida de lar, com seu marido, seus livros e seus interesses".[18] Seres privados, devotadas à família, sua *saída* às ruas, ao espaço público do fazer político é naturalmente compreendida pelas próprias mulheres da Camde como temporária. Além disso, apenas faria sentido diante de uma grande ameaça e, ainda assim, precisava ser autorizada pelos homens – maridos, padres, pais (Cordeiro, 2009). Mais que isso: a *mulher de família* ocupa lugar sagrado no imaginário conservador das sociedades modernas. Dharana Sestini, ao estudar o imaginário feminino por meio das páginas da revista *Família Cristã*, observa:

> A mulher que surge das páginas do periódico católico é um ser aparentemente apolítico, sem envolvimento com assuntos públicos e com as atenções voltadas para as funções domésticas, mas não por isso menos inteligente e ardilosa que o homem: "O que faz a mulher? O que faz um homem político, inteligente. Para ela o 'povo' é seu marido" [*Família Cristã*, jan. 1964 apud Sestini, 2008:50].

---

[17] *O Globo*, 9 maio 1964, p. 3.
[18] Ibid.

Nesse aspecto, as motivações das mulheres da Camde ao deixar o espaço que lhes pertence por natureza, o lar, transcendiam o universo mesquinho e vil da política e não deveriam misturar-se a ele. Eram, antes de mais nada, de ordem moral, necessariamente urgentes – a urgência que as "causas sagradas" exigem – e por isso o caráter temporário de sua ação pública.

* * *

Ao longo das décadas de 1960 e 1970, o título de *mãe do ano* de *O Globo* manteve a reafirmação de determinado modelo de feminilidade: as *mães do ano* continuavam sendo símbolos de dedicação aos filhos e aos maridos; de sacrifício pela família; de renúncia; a representação de um modelo de mulher que expressava o padrão de famílias bem-sucedidas (Sestini, 2008:56). Não obstante, no quadro de construção de um regime ditatorial, bem como do perfil do inimigo público, em muitos casos a premiação serviu para reforçar a importância de manter a vigilância contra o *inimigo comunista*. Assim, em 1965, o prêmio de *mãe do ano* foi para a senhora Leandrina Camargo, mãe de Carlos Argemiro Camargo, morto em um "atentado" cometido no Paraná, a partir da tentativa de movimento guerrilheiro iniciado no Rio Grande do Sul pelo ex-coronel Jefferson Cardim de Alencar Osório e pelo ex-sargento da Brigada Militar, Alberi dos Santos Vieira. A matéria do jornal enfatizava que a mãe do ano "perdoa os algozes de seu filho e pede a Deus que os afaste do comunismo".[19] Já em 1971, recebeu o título Maria Aparecida Gomide, esposa do diplomata Aloysio Gomide, sequestrado no Uruguai pelos Tupamaros. De acordo com o periódico, Maria Aparecida Gomide teve papel ativo na campanha de arrecadação de fundos para libertação do marido.[20] Para celebrar os 20 anos do prêmio, em 1974 o título foi concedido à ex-primeira-dama, dona Scyla Médici.[21]

Portanto, o padrão de feminilidade que o jornal, juntamente com seus parceiros, buscava premiar não se alterou. Mas a esta mulher, esteio da família e guardiã dos valores e virtudes da sociedade ocidental, foi dada a missão,

---

[19] *O Globo*, 10 maio 1965, p. 19.
[20] *O Globo*, 6 maio 1971, p. 6.
[21] *O Globo*, 10 maio 1974, p. 1.

então, de zelar por sua família e pelo bem-estar de filhos e maridos à mercê do *comunismo ateu* e do *terrorismo*.

Importante destacar, as mulheres da Camde, assim como as demais mulheres premiadas pelo *O Globo* com o título de *mães do ano* ao longo das décadas de 1950, 60 e 70, conformavam um modelo determinado de feminilidade amplamente disseminado entre os meios cristãos, conservadores e entre as classes médias – onde, aliás, a Camde recrutava a maior parte de suas associadas – da época. A rigor, esse padrão definia não apenas uma ideia de mulher respeitável, as *moças de família*, como também a de famílias bem estruturadas e exitosas. A partir de 1964, no entanto, esse modelo de feminino passou também a ser apropriado e reivindicado pela própria ditadura. Assim, ao atribuir às mulheres o protagonismo nas articulações que resultaram no golpe, tal discurso buscava, dessa forma, legitimar a intervenção militar recorrendo à sagrada figura da *mãe de família*, da *mulher honesta*. Afinal, como negar um *chamado* dessa ordem? Foi a força desse modelo de feminilidade que os grupos femininos fundados na primeira metade dos anos 1960, entre eles a Camde, passaram a representar nos primeiros anos da ditadura.

Não obstante, se este modelo de mulher tinha raízes profundamente fincadas na sociedade brasileira e se foi amplamente reivindicado pela ditadura, é preciso considerar também que o Brasil vivia, nesse mesmo período, intenso processo de transformações econômicas, sociais e de modernização das relações. A ditadura foi, por sua vez e a seu modo, um importante agente catalisador desses processos de transformação (Luna e Klein, 2014:66), os quais impactaram de modo direto o cotidiano das mulheres, sobretudo nos centros urbanos, então em franco processo de expansão. A revolução da pílula anticoncepcional e o recurso a outros métodos contraceptivos levou a um declínio significativo da taxa de fecundidade no país ao longo da década de 1960 (Luna e Klein, 2014:80), ao mesmo tempo que aumentava a participação feminina no mercado de trabalho.

O modelo da *mulher/mãe/dona de casa*, embora fosse dominante, já se via em alguma medida questionado ou ao menos relativizado. É curioso notar, na entrevista concedida por dona Amélia Bastos a Stella M. Senra Pollanah em 1967, que o embate entre modelos distintos de feminilidade se colocava já de modo particularmente forte. Assim, a entrevistadora interrogava da seguinte maneira a presidente da Camde:

A vida moderna cada vez mais afasta a mulher do lar, exigindo sua maior participação na sociedade. A figura da dona de casa/mãe de família se torna anacrônica e desajustada num mundo que se constrói sobre o trabalho de cada um. Na sua opinião, quais são os deveres da mulher para com a sociedade? [Pollanah, 1967:170].

Ou ainda:

A evolução de uma sociedade implica também a modificação do comportamento sexual de seus membros. Do ponto de vista da mulher, essa transformação ainda se coloca em termos de opção e escolha e é como tal que vem sendo debatida no mundo inteiro. A senhora acha a liberdade sexual importante para a mulher. Ou namoro/noivado/casamento/lua de mel ainda é a ordem natural das coisas? [Pollanah, 1967:172].

E, por fim: "Quer dizer que a senhora acha que a menina da minissaia de hoje entrará para a Camde no futuro?" (Pollanah, 1967:173).

A todas essas questões, dona Amélia respondeu de forma muito ponderada, sempre reafirmando o ponto de vista conservador: "o primeiro dever da mulher é em relação à sua família" (Pollanah, 1967:171); "eu procuro lidar com as jovens e não vejo que a liberdade sexual seja o que elas desejam" (Pollanah, 1967:172); "eu não gosto [da minissaia] porque acho feio. O joelho é a coisa mais feia do mundo" (Pollanah, 1967:173).

Gostaria de chamar atenção, em primeiro lugar, para a formulação das perguntas pela jornalista. Todas elas apontavam já para anseios de liberalização e emancipação que mais tarde foram encarnados por setores expressivos da juventude: a realização profissional, a liberdade sexual e o direito ao corpo.

Nesse aspecto, é particularmente expressivo que o título de *mãe do ano de 1968* de O Globo tenha trazido algumas novidades, reconhecendo o papel da mulher em algumas áreas profissionais: além do título tradicional concedido a Maria Cecília Duprat, idealizadora da Campanha da Lã, o jornal também homenageava a *mãe jornalista do ano*, Albeniza Garcia Dacheaux, indicada pela Associação Brasileira de Imprensa (ABI) e funcionária do próprio periódico. E também a *mãe artista do ano*, honraria concedida à novelista Janete Clair.[22]

---

[22] *O Globo*, 11 maio 1968, p. 7.

Assim, podemos considerar que a ditadura e os segmentos que a apoiavam reivindicaram um modelo específico de *feminino*, cujos elementos fundamentais – a centralidade dos papéis de mãe, esposa e dona de casa – encontravam-se profundamente arraigados na sociedade brasileira. Também é possível afirmar que a especificidade do regime garantiu a esse modelo características próprias: a forçosa *saída* das mulheres ao espaço público para defender interesses privados e a luta contra o comunismo são alguns desses aspectos. Nesse sentido, a Camde representou muito bem tal modelo, ao menos por algum tempo.

Dessa forma, entendo que as mulheres da Camde representaram muito bem certo modelo de *feminilidade* que encontrava respaldo no tipo de consenso produzido pela ditadura em seus primeiros anos, profundamente marcado pela ideia de *conspiração*. Sobre o mito do complô ou da conspiração nas sociedades modernas, Raoul Girardet (1987) explica que o *homem do complô* corporifica, para a sociedade, o medo. Medo das trevas, do estrangeiro, do desconhecido. O consenso que marcou os primeiros anos da ditadura esteve intimamente relacionado ao medo na forma da conspiração comunista. Da mesma maneira, a narrativa autolegitimadora produzida pela ditadura evocava constantemente a necessidade de *sacrifício*. Sacrifício que deveria livrar a pátria das ameaças que a rondavam. A própria forma como as mulheres justificavam a *saída* para o espaço público e sua atuação política carregavam em si a ideia da "oferta solene": ao deixar o mundo privado, o confortável e aconchegante espaço de seus lares – esferas preferenciais, porque naturais, de atuação –, as mulheres da Camde aceitavam o sacrifício em nome da preservação das instituições que davam sentido ao seu mundo: a pátria, a religião e a família.

Entretanto, na medida em que o próprio regime transformou profundamente o país a partir de um processo de modernização conservadora, não apenas o pacto que sustentava a ditadura se alterou como também a imagem da mulher e a visão sobre seu papel na sociedade foi também se modificando. Assim, se a Camde sintetizou de modo exemplar o tipo de consenso – estruturado em torno de ideias-chave como anticomunismo, sacrifício e vigilância – construído em 1964, o mesmo não ocorreu a partir de fins da década de 1960 e, mais fortemente, ao longo do decênio seguinte. Naquele momento, quando a ditadura vivia o auge de sua popularidade e de um projeto específico de modernidade encarnado pelo milagre brasileiro, a Camde foi perdendo espaço político e limitando cada vez mais sua atuação ao assistencialismo social. Não é surpreendente, portanto, que em 1977 Otto Lara Resende já não se lembrasse muito bem da Camde...

Dessa forma, o pacto que caracterizou a primeira metade da década de 1970 era bastante diverso, embora guardasse pontos de contato com o momento anterior. O anticomunismo, por exemplo, manteve-se como um vetor importante, e a ideia de conspiração – e por consequência a da necessidade de *vigilância eterna* – permaneceu no horizonte. Porém a perspectiva do *sacrifício* já não possuía o mesmo poder de mobilização. Ao contrário, tratava-se, então, de um momento no qual o "otimismo estava sendo reinventado", para recorrer à expressão de Carlos Fico (1997).

Ou seja, o Brasil se transformava de forma autoritária e aprofundando desigualdades, mas também gerando expectativas de ascensão social e de modernidade. Os processos de modernização, urbanização e entrada do país na sociedade de consumo; as transformações culturais, econômicas e demográficas alteraram profundamente as relações sociais no país. Nesse aspecto, uma das mudanças fundamentais que teve lugar na época foi aquela, lenta e gradual, que diz respeito ao papel da mulher na sociedade. É certo que o processo de modernização engendrado pela ditadura foi de tipo conservador. Ainda assim, é difícil supor que uma sociedade que se urbanizou e se transformou da maneira como ocorreu no Brasil durante os anos 1970 mantivesse intactos os papéis e as representações tradicionais sobre a mulher. A mudança do papel da mulher na sociedade brasileira ocorreu tendo em vista as contradições inerentes ao próprio processo de modernização conservadora.

Assim, se nos primeiros anos da ditadura Amélia Molina Bastos e a Camde, bem como as opiniões que expressavam, poderiam ser consideradas boas representantes de certo ideal feminino que o regime reivindicava, o mesmo não acontecia na primeira metade da década de 1970. A Camde e o comportamento soturno e circunspecto que ela sintetizava e que o regime, de alguma maneira, exigia em seus primeiros momentos cediam lugar a uma sociedade que se modernizava de maneira acelerada. A imagem da *mãe, esposa, dona de casa* que as mulheres da Camde tão bem simbolizavam não dava conta de explicar o padrão médio da mulher brasileira durante os anos 1970. Este, por sua vez, refletia as ambivalências do processo de modernização conservadora: se a mulher ainda alimentava o sonho da família e dos filhos – o lar perfeito –, este parecia cada vez menos incompatível com a carreira profissional. Assim, se dona Amélia falava da construção da família como ato de "renúncia", a tendência, agora, era que as mulheres negociassem cada vez mais e renunciassem cada vez menos, embora a lei do divórcio apenas tenha sido aprovada em 1977.

É muito representativa desse processo a pesquisa de opinião pública realizada pelo Instituto Brasileiro de Opinião e Estatística (Ibope) em 1972 na Guanabara e intitulada "A mulher". O Ibope perguntava a homens e mulheres, por exemplo, qual seria a melhor solução para a mulher naqueles dias: "trabalhar até se aposentar; parar de trabalhar enquanto tivesse de criar os filhos; trabalhar até se casar; não trabalhar". Dos entrevistados, 44,8% escolheram a primeira opção: "trabalhar até se aposentar", enquanto 13,7% acreditavam que as mulheres não deveriam trabalhar. Quando perguntados sobre os motivos que poderiam levar uma mulher a querer trabalhar, 58,9% das pessoas consultadas disseram para "garantir sua independência, de modo a não depender dos outros". Por outra parte, os entrevistados mostraram-se muito divididos diante da pergunta sobre participação feminina na política. Diante de tal questão, 38,5% do total responderam que a mulher deveria participar "cada vez mais" da política, enquanto 36,7% disseram que "não deveria participar", e para 23,7%, as mulheres já participavam o suficiente (Ibope, 1972).

É preciso, no caso específico da utilização desse tipo de fonte de pesquisa, chamar atenção não apenas para as respostas – significativas em muitos aspectos, sobretudo no caso das pesquisas sobre questões comportamentais, importantes para observarmos mudanças que se processam em uma duração mais longa. Mas também as perguntas elaboradas devem ser analisadas com especial cuidado: afinal, em que padrões sociais determinadas questões podem ser elaboradas? O que as questões colocadas aos entrevistados podem nos dizer sobre uma época determinada?

Por fim, uma das perguntas que compunham o questionário do Ibope interrogava às mulheres com que celebridade elas gostariam de se parecer. Conquanto 59,2% das entrevistadas tivessem dito que não se identificavam com nenhuma das mulheres listadas, 19,3% delas responderam que gostariam de se parecer com a atriz Regina Duarte.[23] A opção não se deve ao acaso. Em

---

[23] As outras opções da lista eram as atrizes Marília Pêra e Florinda Bulcão, a cantora Elis Regina, a escritora Clarice Lispector, a pintora Djanira e a *socialite* Tereza Souza Campos.

1972, Regina Duarte era protagonista de uma das novelas de maior sucesso da TV brasileira, *Selva de Pedra*, escrita por Janete Clair. Na trama, a atriz vivia Simone, uma moça que vinha do interior para a cidade grande e realizava o sonho de ser artista plástica. Vítima das ambições de seu marido, Cristiano (Francisco Cuoco), acabou forjando a própria morte e viajando para Paris, onde se consagrou como grande artista. Ao retornar ao Brasil, reconquistou o marido.[24]

É interessante observar que temos aqui um novo modelo de feminilidade, um modelo, podemos dizer – que as mocinhas de novela representavam muito bem – que emergiu do próprio processo de modernização conservadora. Assim, se a personagem vivida por Regina Duarte não abria mão de possuir uma carreira e do sucesso profissional, tampouco o casamento e as ambições de uma família nos moldes tradicionais poderiam ser desconsideradas. Ao contrário, no final da novela, a mocinha perdoou o marido e voltou para seus braços.

Nesse sentido, é preciso considerar que se a ditadura buscou se legitimar em seus primeiros anos recorrendo, entre outros elementos, a uma narrativa que reivindicava um modelo tradicional de *mulher/mãe* como agente definitivo da "revolução de 1964", ela própria ajudou a transformar em grande medida esse padrão, uma vez que levou a cabo expressivo processo de modernização. Em resumo, a complexidade do pacto social em torno da ditadura nos primeiros anos da década de 1970 – o qual envolvia não apenas repressão, censura e propaganda mas também euforia desenvolvimentista, expectativas de construção do futuro e modernização conservadora – transformou de forma significativa a imagem da mulher na sociedade brasileira.

Quando, em 1977, Otto Lara Resende sugeria de modo irônico que a primeira-dama dos Estados Unidos fosse levada para tomar chá com as mulheres da Camde, o país havia se transformado profundamente, sobretudo se voltarmos nossos olhos para o ano de 1964, auge da atuação política da entidade. O grupo de mulheres que a ditadura reivindicava no imediato pós-golpe como protagonistas da "revolução" estava, em fins dos anos 1970, confinado ao anedotário político nacional.

---

[24] Cf.: <http://memoriaglobo.globo.com/programas/entretenimento/novelas/selva-de-pedra-1--versao/trama-principal.htm>. Acesso em: 1º nov. 2017.

Referências

BASSANEZI, Carla. Mulheres dos Anos Dourados. In: PRIORE, Mary Del (Org.); BASSANEZI, Carla (Coord.). *História das mulheres no Brasil*. São Paulo: Contexto, 1997. p. 607-639.

CHIRIO, Maud, *Une nouvelle écriture du destin national*: la commémoration de l'Independance du Brésil sous la dictature militaire (1964-1985). (Mémoire de Maîtrise d'Histoire) – Université Paris I, Paris, 2000/2001.

CORDEIRO, Janaina Martins. *Direitas em movimento*: a Campanha da Mulher pela Democracia e a ditadura no Brasil. Rio de Janeiro: FGV Ed., 2009.

_____. *A ditadura em tempos de milagre*: comemorações, orgulho e consentimento. Rio de Janeiro: FGV Ed., 2015.

_____. Direitas e organização do consenso sob a ditadura no Brasil: o caso da Campanha da Mulher pela Democracia (Camde). *Nuevo Mundo-Mundos Nuevos*, v. 1, p. 1-19, 2017.

DUARTE, Constância Lima. Feminismo e literatura no Brasil. *Estudos Avançados*, São Paulo, v. 17, n. 49, p. 151-172, dez. 2003.

FERREIRA, Raquel França dos Santos. *A última página de O Cruzeiro*: crônicas e escrita política de Rachel de Queiroz no pós-64. Tese (doutorado) – Programa de Pós-Graduação em História, Universidade Federal Fluminense, Niterói, 2015.

FICO, Carlos. *Reinventando o otimismo*: ditadura, propaganda e imaginário social no Brasil. Rio de Janeiro: FGV Ed., 1997.

GAY, Peter. *O século de Schnitzler*: a formação da cultura da classe média (1815-1914). São Paulo: Companhia das Letras, 2002.

GIRARDET, Raoul. *Mitos e mitologias políticas*. São Paulo: Companhia das Letras, 1987.

LUNA, Francisco Vidal; KLEIN, Herbert. Mudanças sociais no período militar (1964-1985). In: REIS, Daniel Aarão; RIDENTI, Marcelo; MOTTA, Rodrigo Patto Sá. *A ditadura que mudou o Brasil*: 50 anos do golpe de 1964. Rio de Janeiro: Zahar, 2014.

MATIAS, J. Rodrigues. *Marcha da Família com Deus pela Liberdade, 1964*. São Paulo: União Cívica Feminina (UCF), [s.d.]. Arquivo particular de Gisella Guisard Milliet.

PERROT, Michelle. *Os excluídos da história*: operários, mulheres e prisioneiros. São Paulo: Paz e Terra, 2006.

POLLANAH, S. M. S. D. Amélia Molina Bastos ou como e onde marcha a Camde. *Livro de Cabeceira da Mulher*, Rio de Janeiro, ano I, v. 5, 1967.

PRESOT, Aline Alves. *As Marchas da Família com Deus pela Liberdade e o golpe de 1964*. Dissertação (mestrado) – Instituto de Filosofia e Ciências Sociais, Universidade Federal do Rio de Janeiro, Rio de Janeiro, 2004.

SESTINI, Dharana Pérola Ricardo. *A "mulher brasileira" em ação*: motivações e imperativos para o golpe militar de 1964. Dissertação (mestrado) – Departamento de História, Faculdade de Filosofia, Ciências e Letras, Universidade de São Paulo, São Paulo, 2008.

SIMÕES, Solange de Deus. *Deus, pátria e família*: as mulheres no golpe de 1964. Petrópolis: Vozes, 1985.

Fontes:

O *Globo*, 1954-1977.

Arquivo Edgard Leuenroth. Fundo Instituto Brasileiro de Opinião Pública e Estatística (Ibope), 1972.

ESTADO NOVO PORTUGUÊS

9. A União Nacional: "partido único" do Estado Novo?

Luís Reis Torgal

Uma questão fundamental sobre o Estado Novo português

A União Nacional, transformada cosmeticamente na época do marcelismo (1968-1974) em Acção Nacional Popular (ANP), constitui uma peça fundamental do Estado Novo português, o qual temos apelidado de um modo informal, mas simbolicamente relevante, como "fascismo à portuguesa".[1] Com efeito, é exactamente com base na ideia de "originalidade" da UN que o próprio Estado Novo, termo adoptado nos anos 1930 pelo salazarismo nascente em busca de um novo "sistema político" (*Stato nuovo* é, porém, um conceito usado correntemente pelo fascismo italiano) (Gentile, 1999), que Salazar e os salazaristas procuraram afastar o Estado Novo de qualquer outro "sistema" vigente, sobretudo do fascismo de Mussolini (de que se considerava mais próximo), em relação ao qual, todavia, não recusam as afinidades e até a simpatia.[2]

Sua importância fez com que cedo – depois de alguns estudos pioneiros sobre o Estado corporativo português, surgidos depois do 25 de abril de 1974,

---

[1] Ver nosso livro *Estados Novos, Estado Novo* (Torgal, 2009), sobretudo a parte I, caps. I e II.
[2] Ver, por exemplo, a opinião de Salazar quanto às semelhanças e diferenças entre o Estado Novo e o fascismo e em relação à propaganda em Ferro (s.d.:73-45, 181). Ver também "Preocupação da paz e preocupação da vida", discurso proferido por Salazar em 27 de outubro de 1938, no qual se refere ao tratado de Munique (Salazar (s.d.a.:105).

nomeadamente o de Manuel de Lucena (1976) – a União Nacional fosse estudada numa tese de doutoramento de Manuel Braga da Cruz (1988).

Manuel de Lucena chamou ao Estado Novo um "fascismo sem movimento fascista", um pouco à semelhança do interessante texto de Miguel de Unamuno (1935), que o considerou como um "fascismo de cátedra". Mas Braga da Cruz procurou mostrar as diferenças existentes entre o autoritarismo fascista, de tipo totalitário, e o "autoritarismo conservador integracionista", que se quadrava mais com a tendência política de Salazar, formado nos meios da democracia cristã, que antes nós diríamos ter sido um conservadorismo católico integrista de tendência totalitária, mesmo em matéria religiosa. Depois disso, encontramos as grandes sínteses sobre a UN nos dicionários do Estado Novo[3] e trabalhos mais ou menos inéditos em termos de edição impressa,[4] que, de forma directa ou indirecta, reflectem sobre a vida ou a implantação da associação política.

Braga da Cruz chamou a atenção para uma realidade indiscutível, que constitui a questão central da UN – sua formação a partir do Estado e a ideia de que não seria, na sua concepção, um partido, mas sim uma associação cívica que o poder pretendia que fosse única. Pondo entre parênteses o caso da Liga 28 de Maio de alguma espontaneidade, essa realidade nota-se já nos seus antecedentes, pois houve duas tentativas frustradas da ditadura militar – resultante da chamada oficialmente "Revolução Nacional", de 28 de maio de 1926 – para formar um movimento desse tipo, que, em ambos os casos, partiu do governo ou dos seus representantes, nomeadamente por intermédio de Vicente de Freitas,[5] na qualidade de ministro do Interior da ditadura. Referimo-nos à Milícia Nacional, ideia lançada no final de 1926 no jornal

---

[3] Quer a entrada sobre a "União Nacional" do *Dicionário de História do Estado Novo* (1996), organizado por Fernando Rosas e J. M. Brandão de Brito, quer a entrada do Suplemento do *Dicionário de História de Portugal* (1999-2000), primeiro organizado por Joel Serrão e depois por António Barreto e Filomena Mónica, são também da autoria de Manuel Braga da Cruz.

[4] É o caso de uma das provas da agregação, na Universidade dos Açores, de Carlos Cordeiro (2005-2006). Ver também, inédita ou apenas policopiada, a tese de mestrado de Carlos Lunet (1998).

[5] José Vicente de Freitas (1869-1952), militar da Revolução de 28 de maio de 1926, ministro do Interior e presidente do Conselho de Ministros (1928-1929) era, no entanto, republicano conservador, pelo que entrou em conflito com o regime de Salazar (como alguns outros militares) por altura da formação do Estado Novo, discordando nomeadamente da formação da União Nacional como "partido" e elemento ao serviço da construção de um novo "sistema político".

Portugal, logo apoiada pelo governo e, depois de frustrada essa ideia, a União Nacional Republicana, já da autoria do próprio Vicente de Freitas.

Portanto, pode dizer-se que há uma tendência bem diferente do que se passa com o fascismo italiano ou com o nazismo, ou seja, a ideia de um movimento político surge em Portugal, numa concepção potencialmente monopolista, de cima para baixo e não de baixo para cima. Era a ideia de se organizar com ela uma nova forma de Estado, "republicano", mas de cunho nacionalista, contrário à lógica do multipartidarismo demoliberal.

Esta conclusão fundamental – considerada como indiscutível e que, portanto, resulta em grande parte das investigações e das reflexões do sociólogo Manuel Braga da Cruz, que, noutra obra, estudara a questão da democracia cristã e o salazarismo (Cruz, 1980) – não nos desmobilizou em relação a nossa reflexão de historiador sobre o tema da UN como concepção política, pois consideramo-lo, na verdade, uma questão crucial para repensarmos o significado do Estado Novo português. Por isso voltámos a ela no nosso livro *Estados Novos, Estado Novo* (Torgal, 2009) – em que, como o próprio nome indica, quisemos mostrar como se insere o "Estado Novo" português no âmbito das ideias e de práticas distintas de "Estados novos", aparecidas entre as grandes guerras mundiais – e de novo o abordamos neste texto de síntese.

O manifesto e a organização da União Nacional: o projecto do Estado Novo

Em 30 de julho de 1930, o presidente do ministério, general Domingos Oliveira,[6] leu, na Sala do Conselho de Estado, aos representantes dos municípios reunidos com o governo, o manifesto que continha as bases orgânicas da União Nacional (UN). Também discursaram o coronel António Lopes Mateus,[7] republicano conservador que fora presidente da Liga Nacional 28 de

---

[6] Domingos de Oliveira (1873-1957) foi o presidente do último ministério da ditadura militar, em 1930-1932, a quem veio suceder Salazar em 5 de julho de 1932, já na fase de passagem para o Estado Novo.

[7] António Lopes Mateus (1878-1955), militar aderente à Revolução de 28 de Maio de 1926, foi ministro da Guerra e do Interior (1930-1931) e, mais tarde, deputado à Assembleia Nacional e governador-geral de Angola. Esteve desde o início ligado à formação do Estado Novo, no governo do general Domingos de Oliveira, que marcou, na verdade, a viragem para a formação do novo sistema político.

Maio, ministro do Interior e, assim, formalmente responsável pelas transformações que se iriam passar no plano interno do país, e o já poderoso ministro das Finanças, Oliveira Salazar,[8] que leu um dos seus mais importantes textos de oratória, por vezes confundido com o da Sala do Risco, o qual veio a ser intitulado, na publicação oficiosa dos seus *Discursos*, "Princípios fundamentais da Revolução Política".[9] O manifesto era um texto de nove pontos, com muitas alíneas, no qual se procurava, logo no primeiro ponto, traçar as linhas fundamentais de um "projecto político nacional", que ultrapassasse a lógica demoliberal partidária.[10]

O objectivo era, evidentemente, tentar englobar as várias sensibilidades políticas num plano de grande abrangência e ambiguidade: "A União Nacional compõe-se de portugueses dispostos, pela compreensão dos seus maiores deveres cívicos, a trabalhar para a salvação e engrandecimento

---

[8] António de Oliveira Salazar (1889-1970), depois de ter sido nomeado ministro das Finanças logo após o "28 de Maio", em 3 de junho de 1926, lugar de que saiu imediatamente, voltou à mesma pasta em 27 de abril de 1928, no governo de Vicente de Freitas. Manteve-se nessa pasta durante os governos da ditadura até que ocupou o lugar da presidência do governo em 5 de julho de 1932. Foi presidente do Conselho de Ministros desde então, ocupando o cargo constitucionalmente (ao abrigo do sistema iniciado com a Constituição de 1933) em 11 de abril de 1933. Manteve-se nessa presidência até 27 de setembro de 1968, sobraçando por vezes outras pastas, apenas sendo substituído por motivos de saúde e sucedendo-lhe Marcello Caetano. Sobre ele existe uma imensa bibliografia. Além de fotobiografias de divulgação, cite-se apenas a de Nogueira (1986) e a recente obra de Meneses (2010).

[9] Salazar (1935:67 e segs.) Também foi editado num significativo opúsculo intitulado *O Estado Novo. União Nacional* (União Nacional, 1933). Este opúsculo de carácter oficial, que tem na capa a máxima de Oliveira Salazar "Tudo pela Nação. Nada contra a Nação", contém, além do referido discurso, os Estatutos da União Nacional, na primeira versão, de 1932, a Constituição da República Portuguesa (1933) e o Acto Colonial (1930). Como se diz numa nota de apresentação ("Duas palavras"), constitui uma "monografia do Estado Novo" e foi oferecido "a todos os cidadãos". Conjuntamente seria entregue um boletim de inscrição na UN, que deveria ser devolvido ao seu secretário-geral por quem sentisse, "após a leitura, o dever de integrar-se nesta agremiação patriótica". A referência à confusão com o discurso dito da "Sala do Risco", proferido na sala com esse nome do Arsenal da Marinha, a 28 de Maio de 1930, que se intitulou "Ditadura administrativa e revolução política" (Salazar, 1935:43 e segs.), vem numa nota introdutória à publicação do discurso citado. Ver também a nota seguinte.

[10] Cf. o texto do manifesto na importante publicação originária: *União Nacional: Manifesto do Govêrno e discursos dos Ex.mos Senhores Presidente do Conselho de Ministros e Ministros das Finanças e do Interior, na reunião de 30 de Julho de 1930* (União Nacional, s.d.), que contém as fotos dos três governantes citados.

de Portugal" (1º). Para tal procurava-se, como ali se dizia, encontrar um "terreno comum":

> A União Nacional reconhece que, para se organizar eficazmente e desempenhar bem a sua missão, tem de escolher, como terreno comum dos seus membros, entregues dentro dela a uma colaboração patriótica, as doutrinas fundamentais de direito público e de nacionalismo que sejam ou possam e devam ser geralmente seguidas, pelas exigências razoáveis das situações herdadas, ou da ideologia superior da época, ou das aspirações do povo português (4º).

Nesta concepção de ambiguidade estratégica, procurava-se encontrar (5º) um "património político, jurídico e moral de todos os portugueses" que se reunia em 24 alíneas que correspondiam a outros tantos "princípios" (de *a* a *y*).

Entre eles, estão generalidades, embora politicamente significativas, tais como "Portugal é um Estado *nacional*",[11] sem "limites na sua independência e na sua soberania" (alínea *a*), e "Portugal é um Estado pacífico, civilizador e cooperante na ordem internacional" (alínea *c*), e como ali se diz, "situações herdadas", eventualmente mais discutíveis na época (sobretudo a segunda que referiremos), como a manutenção da "aliança inglesa" (alínea *b*) e "a separação do Estado e das Igrejas" (alínea *t*), embora dentro de uma linha de conciliação que se vinha formando desde o final da Primeira República. Também se afirmavam princípios coloniais que, nessa altura, apesar da tendência europeísta e racista que supunham, não eram postos fundamentalmente em causa por quaisquer ideologias:

> A Nação Portuguesa considera princípio de direito público, estabelecido pela História, pelos equilíbrios das raças e dos Estados, pelos fins da civilização e pela sua acção colonizadora, possuir fora do continente europeu o domínio marítimo, territorial, político e espiritual que juridicamente lhe pertence ou venha a pertencer em complemento da sua posição geográfica [alínea *h*].

---

[11] Assinalámos a *itálico* o que está em bold no referido documento na edição que acabámos de citar na nota anterior.

Nessa perspectiva, referia-se o "Acto Colonial" – aprovado já no início desse mês de julho de 1930 pelo governo da ditadura,[12] – entendido como "uma das garantias da reorganização de Portugal" (alínea y).

No plano da organização política e das funções do Estado, tinha-se em atenção o princípio genérico de todos os "Estados de direito" – note-se que o próprio fascismo italiano considerava-se formalmente como tal, ainda que assumisse a "sua ética" própria –,[13] expresso no princípio "O poder do Estado na sociedade portuguesa tem por limites a moral e a lei" (alínea j). Mas não deixava, por outro lado, de se conceder ao Estado um papel fundamental, por assim dizer "totalizador": "O Estado é o centro de propulsão, coordenação e fiscalização de todas as actividades nacionais" (alínea k). E, noutra perspectiva: "A organização económica da Nação faz essencialmente parte da sua organização política. Tem por fim realizar o máximo de produção e riqueza e estabelecer uma vida social com o maior poder e força do Estado e a maior justiça entre os cidadãos" (alínea o). O Estado era assim – segundo esta lógica – garantia da justiça social e, assim, também do processo educativo (alínea s). Por isso, devia ser um Estado forte, organizado de forma que o Executivo tivesse um papel fundamental e o Legislativo uma função suplementar:

> A divisão, independência e harmonia dos Poderes do Estado são bases insubstituíveis do direito público. Exigem, por lógica jurídica e para segurança e prestígio da Pátria, que o Poder Executivo tenha a plenitude da força e da autoridade e seja uma representação nacional tão completa e legítima como a que é apanágio do Poder Legislativo. Pertence a este somente legislar e fiscalizar na esfera da competência traçada pela Constituição [alínea v].

---

[12] O Acto Colonial foi aprovado em 8 de julho de 1930 e promulgado 10 dias depois pelo presidente da República (Decreto nº 18.570). Vinha, assim, substituir o título V da Constituição de 1911, Constituição esta que estava suspensa desde o 28 de maio de 1926.

[13] Este tipo de afirmação do "carácter ético" do Estado fascista é considerado por Mussolini na Câmara dos Deputados desde 1919, sendo, por exemplo, renovado aquando dos acordos de Latrão em 1929, quando o Duce, embora afirmando o sentido católico do Estado, afirmava que ele era principalmente "fascista", reivindicando assim a sua própria "ética".

Poder-se-ia estabelecer aqui uma comparação com as teses jurídicas de Rocco, que reequacionava, no âmbito do fascismo, a tese clássica da divisão dos poderes.[14]

Num âmbito doutrinal mais evidente, a que em parte já fizemos referência, surgia a ideia de que o Estado "é social e corporativo", esclarecendo:

> Reúne, coordena e harmoniza na sua organização política os cidadãos, com as suas garantias e direitos individuais, a sociedade com os seus interesses superiores, aos quais aqueles estão ligados, e a família, as autarquias regionais e locais e as corporações morais e económicas, com as regalias e atribuições resultantes da natureza ou da evolução [alínea e].

Nessa medida, o Estado promoveria "a formação e desenvolvimento da economia nacional corporativa", numa concepção operária e populista que fazia parte da ideologia dominante na época, mas que, opondo-se a uma prática marxista e numa linha de conciliação, afirmava o direito de propriedade:

> O Estado prové ao bem geral das classes trabalhadoras, estabelecendo-lhes garantias e direitos em harmonia com a natureza humana, a equidade social e as condições e recursos da Nação. O trabalho deve ser considerado elemento de colaboração da empresa, sem prejuízo das regalias jurídicas da propriedade [alínea q].

Desta forma, o poder político promovido pela "União Nacional" – que, contraditoriamente, deveria ter uma "organização" e uma "vida" "independentes do Estado" (7º) e, ao mesmo tempo, supor por parte do governo, por meio do Ministério do Interior, a promoção das suas comissões distritais e concelhias, "encarregadas de agremiar todos os *cidadãos portugueses* [grifo meu]" que "patrioticamente" quisessem fazer parte dela (8º) – colocava-se numa "terceira via", supondo, ao mesmo tempo, a possibilidade de adesões daqueles que provinham das outras duas, ou seja, tanto do socialismo como do liberalismo:

---

[14] Ver a principal obra de Alfredo Rocco (1927), de grande influência em Portugal (encontra-se no Instituto Jurídico da Faculdade de Direito de Coimbra, a que pertencia Salazar).

A *União Nacional* consagra e perfilha assim um nacionalismo histórico, racional, reformador e progressivo, que teórica e praticamente se desvia do socialismo e do liberalismo sistemáticos e concorrentes a posições exclusivistas, sem tornar impossíveis as adesões que daí mesmo deve trazer o espírito de civismo, de renascença ou de renovação [6º, grifo meu].

Em 27 de maio de 1932, surgem na imprensa, cerca de um ano antes da Constituição, os Estatutos da União Nacional, publicados oficialmente pelo Decreto nº 21.608, de 20 de agosto desse ano e, mais tarde, alterados pela Portaria nº 7.909, de 29 de outubro de 1934.[15] A UN não surgira, pois, como se sugeriu, como um partido de combate, como o Partido Nacional Fascista (PNF) da Itália, mas era uma organização delineada no seio da ditadura que estabelecia afinal um "programa de Estado" ou, de outro modo, os princípios básicos de uma nova Constituição. A "natureza" da UN é então exposta, nas duas versões dos estatutos, com um sentido mais preciso do que aquele que encontramos no programa de 1930:

A União Nacional é uma associação sem carácter de partido e independente do Estado, destinada a assegurar, na ordem cívica, pela colaboração dos seus filiados, sem distinção de escola política ou de confissão religiosa, a realização e a defesa dos princípios consignados nestes estatutos, com pleno acatamento das instituições vigentes [cap. I, art. 1º].

Os "princípios fundamentais" da UN (artigo 5º) eram sensivelmente os que se encontravam no manifesto inicial, apenas com alguns sublinhados que tinham como objectivo apontar para leis que iriam sair ou para afirmar o sentido "nacional" do Estado e dos seus funcionários, abrindo as portas a um processo repressivo, e também para sentido alegadamente "apartidário"

---

[15] Encontramos uma explicitação desses estatutos na obra *Anais da Revolução Nacional*, vol. III, p. 180-184. Pode ler-se em versão completa na *Colecção Oficial da Legislação Portuguesa*, 1932, II, p. 311 e segs. e 1934, II, p. 551 e segs., no *Diário do Governo*, I série, nº 195, de 20 de agosto de 1932, e I série, nº 255, de 30 de outubro de 1934, e em publicações avulsas, como *Estatutos da União Nacional* (Comissão Executiva da União Nacional, 1935). Neste caso, encontra-se apenas a versão de 1934, subsequente ao I Congresso da UN. A versão de 1932 está na significativa publicação de propaganda atrás aludida: *O Estado Novo. União Nacional*, Imprensa Nacional de Lisboa, 1933.

da UN, que, todavia, ia supor a extinção natural dos partidos, o que em breve se veio a verificar, também com a evidente repressão.[16]

Assim, pode ler-se no último dos "princípios" que – de acordo com as afirmações expressas no início do artigo 5º – a UN "aceitava", "propagava" e "defendia": "A União Nacional é incompatível com o espírito de partido e de facção política, julgando-o contrário ao princípio da unidade moral da Nação e à natureza, ordem e fins do Estado" (26º).

Mas vejamos, em seguida, o que diziam outros dos "princípios" referidos.

Sublinhava-se o sentido autoritário ou "absoluto" do Estado: "O poder do Estado na sociedade portuguesa apenas tem por limite a moral, a justiça e a lei, estando todas as pessoas e cousas sujeitas a ele e aos seus fins, dentro dessa regra". E completava-se, repetindo o princípio da declaração de 1930: "O Estado é o centro de propulsão, coordenação e fiscalização de todas as actividades nacionais" (4º). Admitia-se que "os direitos e liberdades individuais dos cidadãos" poderiam "ser legalmente suspensos", se o exigisse a "salvação comum" (5º), e afirmava-se que a "opinião pública" deveria "ser defendida de todos os factores e causas" que a desorientassem "com prejuízo da sociedade" (10º). A propósito dos "funcionários públicos", estipulava-se:

A disciplina dos funcionários, empregados e operários do Estado e dos corpos administrativos e dos que exercem serviços de interesse público, explorados por quaisquer empresas, é subordinada à obrigação absoluta de não atacarem de nenhum modo a autoridade do Estado e das autarquias locais e de não prejudicarem a vida social [11º]

Por sua vez, explicitava-se melhor a lógica do Estado corporativo ("organicamente corporativo" – 3º), afirmando-se:

As relações entre o capital e o trabalho devem ser reguladas pela acção do Estado e das corporações, estabelecendo-se para esse efeito juízos de arbitragem, sendo proibida a cessação concertada da actividade por qualquer das partes empenhadas em defender interesses [14º].

---

[16] O discurso fundamental de Salazar sobre este tema foi proferido em 23 de novembro de 1932, no acto de posse dos corpos directivos da UN, que veio a ser intitulado oficialmente "As diferentes forças políticas em face da Revolução Nacional". Cf. Salazar (1935:157 e segs.).

Apontava-se, deste modo, para o Estatuto do Trabalho Nacional, que seria publicado em 1933,[17] como uma espécie de Carta del Lavoro, em que, mais explicitamente ainda, se defendia a "harmonia social" e se proibia terminantemente o *lock-out* e a greve.

Quanto à proclamada independência da UN em relação ao Estado, verificava-se, obviamente, na prática e cada vez mais, a ausência dessa norma, meramente regulamentar. Logo, nos Estatutos de 1932, considerava-se que, se "os fins da União Nacional e o bem público" o exigissem, o presidente do Conselho poderia "destituir a Comissão Central" (art. 13º). Mas Salazar foi considerado, desde o início, o presidente da Comissão Central e, após o I Congresso da UN, realizado de 26 a 28 de maio de 1934, esta passa-o a ter como "chefe" (assim mesmo denominado). Esta designação de "chefe" foi um dos pontos introduzidos nos estatutos, em 1934 (citada Portaria nº 7.909, de 30 de outubro), passando a associação a ter uma organização mais centralizada, personalizada e mais rigorosamente hierarquizada.[18] Assim, a Comissão Central seria presidida e livremente escolhida pelo "chefe" (antes intitulado "presidente"), ou seja, "o associado para tal escolhido no I Congresso Nacional" (art. 8º) e o ministro do Interior tinham o direito de assistir a todas as sessões ordinárias da Comissão Central, realizadas mensalmente (art. 8º, § 2º). Era, todavia, a Comissão Executiva (art. 9º) que detinha os poderes do funcionamento ordinário, e essa comissão era nomeada, por sua vez, pelo "presidente da Comissão Central".[19] Em colaboração directa com a Comissão Central e por nomeação do seu presidente, funcionariam uma Junta Consultiva, uma Comissão Administrativa, uma Comissão de Propaganda e um Centro de Estudos Corporativos, além de organismos técnicos que se considerassem necessários (art. 10º). A Comissão de Propaganda contaria, entre seus "membros natos", com o director do Secretariado da Propaganda

---

[17] Decreto-Lei nº 23.048, de 23 de setembro de 1933.
[18] Este carácter pessoal não foi, apesar de tudo, tão longe como foi decidido pelo próprio I Congresso. Assim, entre as conclusões que foram aprovadas ali, poderá transcrever-se a seguinte: "Que no Estatuto da U. N. a expressão 'Presidente do Conselho' seja substituída por esta outra: – 'Dr. Oliveira Salazar', como chefe da U. N., e que sejam da sua livre escolha os membros da Comissão Central e da Junta Consultiva" (União Nacional, 1935b:57. v. II).
[19] Neste artigo, continua a utilizar-se a designação de "presidente da Comissão Central".

Nacional (SPN) e "o director do Jornal que for o órgão da União Nacional".[20] ou seus delegados (art. 10º, § 3º). Criavam-se, por sua vez, partindo da mais extensa circunscrição territorial para a menos extensa, comissões distritais, comissões concelhias e comissões de freguesia, a cujas reuniões seriam convidados a assistir os respectivos governadores civis, presidentes da câmaras ou administradores de concelhos e os regedores (art. 11º). Os presidentes e vice-presidentes das comissões distritais seriam nomeados pela Comissão Central (art. 12º), assim como os presidentes e os vice-presidentes das comissões concelhias, embora por proposta das comissões distritais (art. 13º), enquanto as comissões de freguesia eram nomeadas pelas respectivas comissões concelhias (art. 14º).

A UN constituiu, pois, um elemento fundamental do regime em construção e, seja qual for a interpretação que se lhe dê,[21] o certo é que toda a vida política, ainda que em muitos casos como mera formalidade, passava necessariamente por ela. "Partido único" do Estado Novo (digamos agora como ponto de discussão), com tudo o que o conceito tem de contraditório, a UN foi fazendo sua propaganda,[22] pressionando muitos portugueses a tornarem-se seus membros (mesmo nos meios eclesiásticos) e realizando periodicamente seus congressos[23] – em 1934, 1944, 1951, 1956 e 1970 –, passando por eles algumas das discussões sobre o sentido de um regime que apenas procurava encontrar dentro dele as soluções, sem jamais ser possível qualquer liberalização efectiva.

Olhando para os discursos proferidos logo na sessão de abertura do congresso, realizado em Lisboa, de 26 a 28 de maio de 1934, "ano VIII" da "Revolução Nacional" – a que não faltou um *Te Deum* na igreja de São Domingos,

---

[20] Tratou-se do jornal *Diário da Manhã*, cujo primeiro número surgiu em 4 de abril de 1931. Depois de a UN se transformar em Acção Nacional Popular (ANP), seu jornal oficioso passou a ser o diário *Época*, cujo primeiro número apareceu em 1º de fevereiro de 1972. O *Diário da Manhã* manteve-se para garantir a legalidade do título. Ver Lemos (2018).

[21] Ver esta reflexão, com alguns pontos naturalmente discutíveis, em Cruz (1988), sobretudo parte III.

[22] Assinale-se como mero exemplo, pelo seu carácter de "educação popular", o opúsculo *Cartilha do Estado Novo: princípios fundamentais; conceitos económico-sociais; deveres do filiado* (União Nacional, 1935a).

[23] Os congressos da UN são ainda um campo aberto de estudo. Todavia, já foi realizado sobre eles (os três primeiros) um estudo académico. Ver Carlos Lunet (1998).

com uma alocução do cónego Francisco Correia Pinto sobre o tema "Pátria Cristã" –,[24] pode ver-se, por exemplo, que Salazar se esforçava ali por mostrar que seu sistema político, caracterizado como "Estado nacional e autoritário", e a UN não eram "totalitários".[25] Albino dos Reis, então vice-presidente da Comissão Central e presidente da Comissão Executiva,[26] depois de ter afirmado ser necessário que o país visse e sentisse "os homens da U.N. unidos em volta do Chefe" e de afirmar que o "comando único" deveria ser "a mais legítima aspiração dos nacionalistas", dirigira-se, por último, a Salazar, com esta saudação exemplar: "V. Ex.ª é o Chefe da União Nacional!" (União Nacional, 1935:26, 28, v. I) [27] E era, de facto e de direito, na qualidade de presidente do congresso. Por sua vez, o engenheiro José Araújo Correia, que seria uma figura significativa do aparelho económico e financeiro do regime e que prefaciou a publicação das actas,[28] proferiu o discurso talvez mais ideológico da sessão inaugural, sobre o tema "Directrizes económicas do Estado Novo".

Nessa interessante oração, que foi, por assim dizer, a primeira comunicação do congresso, Araújo Correia tentou situar o Estado Novo em relação aos seus opostos, contra o socialismo e o liberalismo capitalista, mas também na sua diferença no respeitante ao "nacionalismo integral", "feroz" e "exclusivo".

---

[24] União Nacional (1935b:15-22, v. I). O padre Francisco Correia Pinto (1873-1952), também formado em direito, foi um dos membros do clero que apoiou o Estado Novo, tendo sido inclusivamente deputado da Assembleia Nacional. Outros tomaram idêntica posição política, pensando que o Estado Novo era uma causa nacional e não uma causa "partidária", pelo que foram deputados à Assembleia Nacional. Por exemplo, outro foi José Pinto Carneiro, também formado em direito, conhecido como grande orador. Um dos seus discursos políticos tem o significativo título *Como português e como católico estou com o Estado Novo* (Carneiro, 1961).

[25] Para além de se encontrar este discurso fundamental nas actas do I Congresso já citadas (Unão Nacional, 1935b:65-74, v. I), pode ver-se também na edição oficial dos discursos de Salazar, com o título "O Estado Novo Português na evolução política europeia" (Salazar, 1935:329 e segs.).

[26] Ver Cruz (1988:286). Albino dos Reis (1888-1983) foi um dos indefectíveis homens de Salazar desde a primeira hora. Formado em direito, além de ter exercido outros cargos públicos (sobretudo ministro do Interior e conselheiro de Estado) foi por longo tempo deputado da Assembleia Nacional e seu presidente.

[27] José Dias de Araújo Correia (1894-1978), engenheiro de minas, desempenhou no Estado Novo vários cargos em várias instituições importantes, como a Caixa Geral de Depósitos, tendo sido ministro do Comércio e Comunicações no governo de Vicente de Freitas, durante a ditadura militar, quando Salazar já desempenhava o lugar de ministro das Finanças. Foi depois deputado, durante o Estado Novo, em várias legislaturas.

[28] União Nacional (1935b, I. Nota prévia).

Estabelecia, todavia, um paralelo entre os sistemas nacionalistas que nos últimos anos haviam despontado, para explicar e justificar seu sentido social:

> O fascismo na Itália, o hitlerismo na Alemanha, a própria revolução pacífica em evolução em Portugal, são reacções espontâneas do sentimento de povos que desejam alargar os resultados, até às classes menos protegidas, do progresso económico das últimas décadas. Nem as democracias nem os próprios socialistas souberam proteger o proletariado. Levaram-no a conflitos sociais que se baseavam essencialmente na destruição do existente, e a própria revolução bolchevista para conseguir sustentar o seu poderio vai, cada vez mais, recorrendo ao aproveitamento ordenado dos recursos potenciais da Rússia, seguindo linhas e obedecendo às directrizes que permitiram a expansão dos mercados e o aumento de bem-estar, nos países do Ocidente.[29]

Era esta lógica económica que justificava o "Estado Novo". Por isso terminava, como não poderia deixar de ser, com uma profissão de fé em Salazar, pelo seu trabalho em prol das finanças, que era também uma batalha económica em favor dos mais desfavorecidos, contra o individualismo, tendo sempre como lema o "bem da Nação".[30]

Na própria primeira grande reunião da UN, o I Congresso, havia, portanto, a ideia de que se estava a operar uma "revolução necessária" (como se dizia), que passava pela assunção de sistemas diferentes, mas resultantes de forças idênticas, que se opunham à "corrupção dos Estados modernos" (para empregar a expressão utilizada então, mesmo por Araújo Correia). Era afinal a ideia dos "Estados novos", entre os quais se encontrava, em Portugal, o Estado Novo, "em construção".

E esta linha de pensamento, interpretada de vários modos (até do ponto de vista religioso, por um clero ligado à formação do Estado Novo), iria levar à noção – afirmada definitivamente por um antigo monárquico, Marcello Caetano, no III Congresso da UN, realizado em Coimbra no mês de novembro de 1951 (o discurso de Marcello é do dia 23) – de que o Estado Novo era um "sistema" e que, por isso, poderia continuar a existir como "República",

---

[29] "Directrizes económicas do Estado Novo". Discurso pronunciado pelo engenheiro Araújo Correia (União Nacional, 1935b:39).
[30] Ibid., p. 43-44.

dado que a tradição monárquica se perdera depois de 80 anos de "república coroada", ou seja de Monarquia Constitucional.[31]

O que desejamos salientar, portanto, é que afinal a UN ia reflectindo, dinamizando e justificando as lógicas do Estado Novo ao longo da sua vigência. Até a integração em 1969, já no tempo do marcelismo, de um conjunto de deputados eleitos nas listas da UN, que ficou conhecida por "Ala Liberal", e a sua passagem a Acção Nacional Popular (ANP), em fevereiro de 1970, eram somente ensaios de adaptação das instituições ao mesmo "sistema", que se queria fazer prevalecer. E o certo é que Marcello Caetano, apesar das adaptações da UN aquando do seu consulado, foi um dos raros políticos do Estado Novo que havia assumido a sua identidade como "partido único".

Salazar: o Estado Novo não é totalitário

Falando do Estado Novo como "Estado nacional e autoritário", Salazar afirmava a necessidade de ele se afastar do "totalitarismo", numa argumentação que era comum à doutrina católica, embora apenas do ponto de vista da política formal, e que constituía, de resto, a sua formação base:

> e todavia é preciso afastar de nós o impulso tendente à formação do que poderia chamar-se o *Estado totalitário*. O Estado que subordinasse tudo sem excepção à ideia de nação ou de raça por ele representada, na moral, no direito, na política e na economia, apresentar-se-ia como ser omnipotente, princípio e fim de si mesmo, a que tinham de estar sujeitas todas as manifestações individuais e colectivas, e poderia envolver um absolutismo pior do que aquele que antecedera os regimes liberais, porque ao menos esse outro não se desligara do destino humano. Tal Estado seria essencialmente pagão, incompatível por natureza com o génio da nossa civilização cristã, e cedo ou tarde haveria de conduzir a revoluções semelhantes às que afrontaram os velhos regimes históricos e quem sabe se até a novas guerras religiosas mais graves que as antigas.[32]

---

[31] Cf. este discurso (supomos em versão integral) – que não se encontra publicado nas actas do congresso – em *Diário de Notícias*, 24 nov. 1951.

[32] "O Estado Novo português na evolução política europeia". Discurso proferido no I Congresso da União Nacional, em 26 de maio de 1934 (Salazar, 1935:336-337). Neste e nos casos seguintes, o *itálico* é nosso, para salientar o significado de algumas palavras e reflexões de Salazar.

Mesmo a UN – note-se que Salazar discursava no I Congresso desta organização, repelindo a ideia de que ela não constituía um "partido" ou um "partido único" – não era para ele uma realidade "totalitária":

> Se o Estado Novo não pode ser *totalitário* no sentido que há pouco defini, pode sê-lo a União Nacional? Se o fosse, teria o significado de partido, e de partido único, em substituição de todos os outros que a revolução baniu, e o valor de engrenagem pertencente à própria estrutura do Estado. Parece-me esta ideia contrária não só ao que representou a intervenção nacional do Exército em 1926, mas ainda à proclamação de 30 de Julho de 1930.[33] A ideia de unidade perfeita, de forte coesão, de completa homogeneidade, clara e decidida no nosso espírito e na nossa acção relativamente a este organismo, não exige o *exclusivismo totalitário*, e tem em si própria a maior amplitude e eficiência a que se pode aspirar, sem cair em excessos que nos comprometeriam.
>
> A União Nacional que não é, pois, um partido e que, se o fosse, não poderia sem violência ser o único, deve ter a aspiração de contar no seu grémio o maior número possível de cidadãos e até de colectividades que dela possam fazer parte. É a lei de todo o organismo vivo, e é também necessidade política ser o mais vasta e valiosa possível a aglomeração disciplinada de indivíduos que aceitem e aclamem e defendam o evangelho da renascença nacional. Mas há de reconhecer-se que fora dela existem e podem sempre existir pessoas a quem, tenham ou não as mesmas ideias fundamentais, são reconhecidos na Constituição e nas leis direitos políticos. O essencial é que não ofendam nem a actividade governativa nem os fins da Constituição, e isto quer dizer que, se alguns se erguem contra eles, obrigam o Estado em legítima defesa, a limitar--lhes o exercício das faculdades que não sabem ou não podem exercer sem prejuízo da renovação nacional empreendida.[34]

Após a guerra, em 1945, e retomando como justificação das suas teses as ideias proferidas em 1934 no I Congresso da União Nacional, que acabámos de citar, o "discurso antitotalitário" de Salazar aparece, curiosamente e pela primeira vez de uma forma clara, ligado a um discurso antinazi, mas ao mesmo tempo a um discurso anticomunista e, ainda, na continuação da

---

[33] Trata-se do citado manifesto da União Nacional, de 1930.
[34] "O Estado Novo português na evolução política europeia". Discurso proferido no I Congresso da União Nacional, em 26 de maio de 1934 (Salazar, 1935:342-343).

sua lógica inicial, à discussão do sentido da democracia (nomeadamente da democracia americana), à qual opõe uma filosofia pragmática de realismo e de relativismo políticos.[35]

Neste esforço, apesar de tudo, de adaptação do Estado Novo ao contexto internacional, Salazar sublinhará, ainda com mais força do que anteriormente, o afastamento do seu "sistema" do "sistema totalitário" de "partido único":

> O *partido único*, conduzindo ao *totalitarismo do Estado*, está claramente fora da nossa doutrina e da nossa ética política, como é repudiado pela consciência mundial. Por outro lado, a lógica e até a justiça impõem ou uma organização de Estado em que o partido não tem função ou o reconhecimento de tantos quantos os ideais ou interesses, transitórios ou duradouros, que seja possível organizar, com capacidade ou não de entrar na formação de um órgão representativo. Mas esta última conclusão, por mais lógica que se revele, começa já a não ser admitida, em nome da necessidade geral de governos eficientes, pelos mesmos defensores dos princípios que a impõem. Assim vai o Mundo sem atinar com a forma como há-de ser governado.[36]

De resto, Salazar continuou, ao longo da sua vida política, a defender-se de todo o apodo de "totalitarismo" e a considerar apenas como "Estado totalitário" o Estado soviético. Fê-lo em discursos e em entrevistas, como aquela que deu a Serge Groussard, na qual já não aceitou a palavra "ditador" para definir a sua posição, embora se mantivesse ligado a fórmulas antidemocráticas de rejeição do "sufrágio universal":

> Pelo mesmo motivo um Estado de soberania não limitada pela moral e o direito é *totalitário* e nós não o admitimos. O Estado Português tem o encargo de respeitar os direitos e as garantias do indivíduo, da família, das corporações, das administrações locais. Garante o direito ao trabalho, à propriedade, ao capital. Defende a liberdade das crenças. Permite a todos recorrer contra os abusos da autoridade e proíbe a pena de morte.[37]

---

[35] "Portugal, a guerra e a paz". Discurso proferido na Assembleia Nacional em 18 de maio de 1945 (Salazar, s.d.b:114-115).
[36] "Governo e política". Discurso proferido na posse da nova comissão executiva da União Nacional, em 4 de março (Salazar, s.d.b:270).
[37] Entrevista publicada em *Le Figaro* em 2 e 3 de setembro de 1958; Salazar (1967a:41-42).

O discurso de salazaristas

Idêntico tipo de dialéctica, no discurso intitulado "O retrato do Chefe", tem Carneiro Pacheco,[38] que viria a operacionalizar, como ministro da Educação Nacional, a primeira grande reforma nesse sector,[39] numa espécie de *Carta della Scuola*. Curiosamente, mais do que um ataque ao comunismo, Pacheco atribui às fraquezas do Estado demoliberal a fonte de todos os males.[40] E, por outro lado, não deixa de arredar do horizonte do Estado Novo o epíteto de "cópia servil do Estado totalitário": "o Estado Novo Corporativo não é totalitário e é nacionalista, dum nacionalismo bem português". E explicita:

> Ele não é *totalitário*, pois que, longe de divinizar o Estado numa pagã omnipotência, a nossa Constituição limita-a pela moral e pelo direito, integrando-o nos princípios fundamentais da nossa civilização cristã.
>
> Ele não é *totalitário*, pois que, reconhecendo a função social da iniciativa privada, condena a absorção das actividades produtoras pelo Estado.
>
> Ele não é *totalitário*, pois que, embora repudie a economia selvagem do demo--liberalismo, evita a acção directa da vida económica, limitando-se a estimular a coordenação orgânica das actividades, para que estas realizem a sua autodirecção [Pacheco, 1935:19-20].

Mas será que, apesar do normal distanciamento do salazarismo em relação ao "totalitarismo", quer seja do Estado nazi (quase nunca afirmado explicitamente), quer seja do Estado comunista, não se utilizará entre os salazaristas o conceito de "totalitarismo"? Encontrámo-lo, por vezes, em textos de autorias muito diferentes. Num deles – é certo – de linha "vanguardista académica", em tempo ainda da Associação Escolar Vanguarda, de carácter mais marcadamente "fascista" (do fascismo italiano, entenda-se).[41] Mas, noutros

---

[38] António Carneiro Pacheco (1887-1957) foi professor de direito em Coimbra e em Lisboa. Vindo das correntes monárquicas, foi salazarista da primeira hora, desempenhando cargos públicos fundamentais. Além de ministro foi diplomata e deputado.

[39] Trata-se da Lei nº 1.941, "Remodelação do Ministério da Instrução Pública", de 16 de abril de 1936, que inclusivamente alterou o nome do ministério: o Ministério da Instrução Pública passou a chamar-se da Educação Nacional.

[40] Cf. *O retrato do chefe* (Pacheco, 1935:13).

[41] O problema universitário em Portugal (1934:11-12).

casos, deparamo-lo, embora em sentido diferente, em textos e discursos de personalidades salazaristas de várias formações, todas, curiosamente, muito próximas de Salazar no plano sentimental.

Falamos de um amigo de Salazar, que, vindo das hostes republicanas, do Partido Evolucionista, aderiu ao Estado Novo, procurando revolucionar o campo da assistência – o conhecido professor de medicina de Coimbra Bissaya Barreto, que acompanhou a mãe do estadista até a hora da sua morte e que recebia ou visitava regularmente Salazar.[42] Ou de Artur Águedo de Oliveira, discípulo de Salazar, de formação mais próxima do fascismo italiano do que seu "mestre" e "chefe", como se pode ver pela sua biblioteca, jurista e financista, que ocupou cargos importantes do aparelho de Estado (secretário de Estado, ministro das Finanças e presidente do Tribunal de Contas).[43] Ou de Mário Figueiredo, condiscípulo, grande amigo de Salazar e sempre seu *compagnon de route*.[44] Ou de Manuel Rodrigues Júnior, seu companheiro na *troika* (logo desfeita) que foi chamada ao governo após a Revolução de Maio de 1926, o qual, mantendo-se bastante tempo na ditadura militar como ministro da Justiça, preparou os caminhos para a formação do Estado Novo,[45] de que veio a ser ministro.

Mas interessa-nos mais o discurso de Marcello Caetano, pela sua capacidade, ao mesmo tempo, de afirmação de ideias salazaristas mais "heterodoxas" e de adaptação às novas circunstâncias, como pelo facto de, em 1968, ter ocupado o lugar de Salazar na chefia do governo, dando início – como se disse – a uma última cosmética do sistema, vindo nessa altura a substituir-se a denominação "União Nacional" por outra: Acção Nacional Popular.

---

[42] Sobre Bissaya Barreto (1886-1974), ver a obra de Sousa (1999).
[43] Sobre Artur Águedo de Oliveira (1894-1978), ver Correia (2014).
[44] Mário de Figueiredo (1890-1969) foi companheiro de Salazar como estudante e como professor da Faculdade de Direito de Coimbra. Ministro de várias pastas, foi ainda deputado da Assembleia Nacional e seu presidente e diplomata, sendo representante do Estado português no Vaticano por altura da assinatura, em 1940, da concordata entre o Estado português e a Igreja.
[45] Sobre Manuel Rodrigues Júnior (1889-1946), ver Chorão (2007), sobretudo parte II; Chorão (2009).

Marcello Caetano: da concepção de "partido único" à de "associação cívica"

Um dos textos mais esquecidos de Marcello Caetano –[46] talvez por ser uma espécie de "edição de autor" – data de 1938 e intitula-se *O sistema corporativo* (Caetano, 1938). Nele Marcello defende a ideia do Estado corporativo que ele preferiria chamar – dada sua formação mais genuinamente integralista monárquica e mesmo fascista, apesar de católico integrista – "Estado orgânico ou integralista". No entanto, aceita a designação mais corrente, batendo-se não só nesta obra, mas ao longo da sua vida política, pelo Estado corporativo, em cujo processo de organização esteve presente desde a primeira hora com seu amigo Pedro Theotónio Pereira.[47] Analisa, assim, sua organização no contexto de uma "república" onde surgem seu presidente, o governo e a Assembleia Nacional, além de uma Câmara Corporativa, de carácter consultivo mas de importância fundamental, ao mesmo tempo que se verificaria a formação de autarquias locais, institutos públicos e toda a organização corporativa que, apesar de autónoma, teria de estar em sintonia como Estado.

Desta forma, não aceita que haja lógicas liberais em qualquer tipo de organização, razão pela qual contesta o "sufrágio universal" e dá à "eleição" um sentido diferente. Ou seja, a "eleição" seria antes e sempre uma "adesão". Assim, teria sido no referendo da Constituição em 1933, e seria na eleição do presidente da República ou dos deputados da Assembleia Nacional, cujos candidatos deveriam ser escolhidos não pelas corporações, como seria numa lógica de corporativismo integral, mas pelo "partido único". E nesta designação estava nele presente a lição de Manoilesco (1937). Suas palavras são eloquentes:

> Mas se a fonte do poder político no Estado corporativo não são as corporações, onde buscá-la então? Não pode admitir-se a eleição democrática pelo sufrágio universal,

---

[46] Marcello Caetano (1906-1980), que morreu no exílio, no Rio de Janeiro, é sobejamente conhecido como o sucessor de Salazar, tendo assistido dramaticamente à queda do regime em 25 de abril de 1974. Sobre ele, poder-se-ia citar uma longa bibliografia. Apenas citamos duas biografias e um opúsculo interpretativo da nossa autoria: Castilho (2012); Martinho (2016); Torgal (2013).

[47] Sobre Pedro Theotónio Pereira (1902-1972), que foi o primeiro subsecretário de Estado das Corporações e Previdência Social, entre outras obras que mereciam aqui ser citadas, ver a tese de doutoramento, ainda não publicada pela imprensa, de Martins (2004).

porque isso seria subordinar a sociedade ao indivíduo, sufocar a ordem nova nos defeitos dos sistemas falidos. A função política, à qual compete a orientação espiritual da Nação para os seus destinos, deve pertencer a um escol de cidadãos seleccionados pelo sacrifício, pelo espírito de renúncia e pela devoção ao bem comum, em cujas almas impere "o sentido ascético e militar da vida". Esse escol, colocando acima da consciência dos seus direitos o cumprimento dos deveres para com a Pátria, animado pela mística do interesse nacional, e suprimindo divergências acidentais para só acentuar a comunhão dos princípios na unidade dos fins, forma o *partido único*. Assim caracterizado funcionalmente, pode dizer-se que o *partido único é a corporação nacional da política*.

Ao partido único deve pertencer a indicação da assembleia legislativa e do Chefe do Estado, quando este não seja hereditário[48]. É no partido único que o Chefe do Estado deve procurar o grupo de homens que hão-de constituir o Governo, órgão superior de direcção de todas as actividades nacionais, gestor supremo dos serviços públicos. *A sanção plebiscitária do nome escolhido para a chefia do Estado, nos regimes republicanos, não significa neste caso eleição, mas adesão.* Por isso se compreende que não haja liberdade de apresentação de candidaturas, nem se contem os votos que não recaiam na lista única.[49]

É desta maneira que tem de se compreender a lógica do "sistema", que atingiu sua "coerência repressiva" em matéria política ao impedir a proposta de certos candidatos da oposição (como Ruy Luís Gomes[50] à presidência da República em 1951), ao negar as liberdades à oposição nas eleições para a Assembleia Nacional, ao entregar as autarquias locais e regionais a gente da confiança do "sistema" e, enfim, ao transformar as eleições para presidente da República numa simples eleição indirecta e corporativa – depois das "perigosas" eleições de 1958, em que concorreu o general Humberto Delgado – por meio da Lei de Revisão Constitucional nº 2.100, de 29 de agosto de 1959,

---

[48] Pensava Marcello, obviamente, no caso da monarquia italiana e de outras monarquias, mas, acima de tudo, desejava ainda, nesse ano de 1938, que tal se viesse a verificar numa monarquia portuguesa, marcada por uma lógica integralista e não demoliberal, como fora a Monarquia Constitucional caída em 1910.
[49] Caetano (1938). Neste caso, os grifos são do original.
[50] Ruy Luís Gomes (1905-1984) foi professor de matemática na Universidade do Porto e oposicionista do Estado Novo, pelo que foi demitido das suas funções em 1947. Sobre ele, ver Bebiano (2005).

não alterada pela última revisão da Constituição na época marcelista (Lei nº 3/1971, de 16 de agosto).

Desta forma, a admissão de uma ala independente nas eleições de 1969, dentro da UN, não contrariava esta tese. Marcello deixaria de usar a ideia do "partido único", mas não aceitava, como dizia nas suas *Memórias de Salazar* (Caetano, 1977), referindo-se a um discurso proferido em 19 de fevereiro de 1948, que a UN fosse "um feixe de partidos". Na sua lógica da defesa do "Estado social" dentro de uma concepção corporativista, conceito que lhe pareceu mais apropriado e actualizado do que "Estado Novo", Marcello Caetano justificava-se ao aceitar ser nomeado para presidente da Comissão Central da Acção Nacional Popular, por altura do V Congresso da UN no Estoril, em discurso proferido em 21 de fevereiro de 1970 (Caetano, 1970a).

Nessa altura, considera que a UN, que precedera a ANP, nunca fora "um partido", mas sim "uma associação cívica" que constituíra um "viveiro de vocações políticas". E aceitava a mudança de nome porque, por um lado, substituíra a "ideia estática de conjugação" (União) pelo "dinamismo da acção" da Nação (Acção Nacional) e, por outro, acentuava a importância de "servir o povo em geral" (Popular). Terminava, finalmente, com uma manifestação tendencialmente repressiva, como sucedera anteriormente em palavras de Salazar:

> Abertos a todas as reformas justas, a todas as ideias fecundas, a todas as iniciativas generosas, sim. Mas impermeáveis à traição. Mas intransigentes contra a subversão. Mas resolvidos a não deixar perecer na anarquia o património moral que é a base de todo o nosso progresso futuro como povo, como Nação e como Estado [Caetano, 1970:27].

Em jeito de conclusão

Como se poderia caracterizar a "traição", a "subversão" ou a "anarquia"? – era essa a questão. Ou seja, se não se aceita a lógica partidária, obviamente que não pode haver liberdade nem democracia política. Assim, a que veio a chamar-se "ala liberal"[51] era já logicamente estranha quando, em maio de

---

[51] Ver Fernandes (2006).

1973, a ANP organizou em Tomar seu primeiro congresso. Sá Carneiro[52] e outros deputados "liberais" já haviam abandonado a Assembleia Nacional ou já não queriam participar nas eleições que se realizariam nesse ano, em 28 de outubro. Entretanto, em abril de 1973, realizara-se em Aveiro o Congresso da Oposição Democrática, que atraíra um grande leque de cidadãos; alguns que eram recentes oposicionistas, pois já não acreditavam na reforma do "sistema" com Marcello Caetano, se é que alguma vez acreditaram sem duvidar.

Mas, na verdade, o "Estado social" de Marcello Caetano, como o "Estado Novo" de Salazar, duas faces da mesma moeda numa lógica de "renovação na continuidade",[53] nunca quis que a "ala liberal" fosse verdadeiramente liberal, porque contrariava a lógica do "sistema". De resto, Marcello nem aceitava para Portugal algo semelhante ao parlamentarismo de "modelo inglês", em relação ao qual ironizava numa entrevista dada em 1973, recordando o nosso "rotativismo monárquico" (Baptista, 1973). ANP seria afinal o mesmo que UN, mas com outro nome. Ou seja, a questão de "partido único" ou de "associação cívica, ou política, única" acaba por ser um simples jogo de palavras. O essencial é que um "sistema corporativo", mais aberto ou fechado, não poderia aceitar a presença de qualquer "oposição" verdadeiramente "oposicionista". Só poderia condescender com a "opinião" dentro da concepção de "um sistema" que não permitia, evidentemente, sua transformação noutro sistema, um "sistema liberal" ou a "democracia" no sentido liberal, associada ou não a uma tendência social. A leitura de Alfredo Rocco,[54] de grande influência em Portugal no meio dos juristas, aceitava a transformação de um "Estado liberal" num "Estado fascista" ou num "Estado corporativo", mas nunca, obviamente, o inverso. Por isso o "sistema" e seu partido ou sua associação cívica única só poderia morrer com uma "revolução", que se verificou em 25 de abril de 1974.

---

[52] Ver Reis (2010).
[53] Foi este o título que Marcello Caetano deu à publicação de uma série de textos da sua autoria: *Renovação na continuidade* (Caetano, 1971). Outro título fundamental como caracterização do seu sistema, de continuação do salazarismo, foi *Estado social* (Caetano, 1970b).
[54] Rocco (1927). Recorde-se seu título: *La trasformazione dello Stato: dallo Stato liberale allo Stato fascista*.

Referências

BAPTISTA, António Alçada. *Conversas com Marcello Caetano*. Lisboa: Moraes Ed., 1973.
BARRETO, António; MÓNICA, Filomena. *Dicionário de História de Portugal*. Porto: Figueirinhas, 1999-2000. (Suplemento. 3 v).
BEBIANO, Natália (Coord.). *Ruy Luís Gomes*: uma fotobiografia. Porto: Universidade do Porto/Gradiva, 2005.
CAETANO, Marcello. *O sistema corporativo*. Lisboa: [s.n.], 1938.
____. *A hora é de acção*: discurso proferido no Palácio de S. Bento ao aceitar a eleição para presidente da Comissão Central da Acção Nacional Popular em 21 de fevereiro de 1970. Lisboa: Secretaria de Estado da Informação e Turismo, 1970a.
____. *Estado social*: excertos de discursos proferidos pelo presidente do Conselho de Ministros, professor doutor Marcello Cateano. Lisboa: Secretaria de Estado da Informação e Turismo, 1970b.
____. *Renovação na continuidade*. Lisboa: Verbo, 1971.
____. *As minhas memórias de Salazar*. Lisboa: Verbo, 1977.
CARNEIRO, JOSÉ PINTO. *Como português e como católico estou com o Estado Novo*. Coimbra: Comissão Distrital da União Nacional de Coimbra, 1961.
CASTILHO, José Manuel Tavares. *Marcello Caetano*: uma biografia política. Coimbra: Almedina, 2012.
CHORÃO, Luís Bigotte. *Crise política e política do direito*: o caso da ditadura militar. Dissertação (doutoramento) – Faculdade de Letras, Universidade de Coimbra, Coimbra, 2007. (Publicada com o título *A crise da República e a ditadura militar*. Lisboa: Sextante, 2009).
COMISSÃO EXECUTIVA DA UNIÃO NACIONAL. *Estatutos da União Nacional*. Lisboa: Imprensa Nacional de Lisboa, 1935.
CORDEIRO, Carlos: O processo de implantação da União Nacional nos Açores (1930-1935). *Arquipélago*, Ponta Delgada, Universidade dos Açores, 2. série, v. IX-X, p. 537-563, 2005-2006.
CORREIA, Maria Alcina. *Águedo de Oliveira e Oliveira Salazar*. Bragança: Câmara Municipal de Bragança, 2014.
CRUZ, Manuel Braga da. *As origens da democracia cristã e o salazarismo*. Lisboa: Presença, 1980.

____. *O partido e o Estado no salazarismo*. Lisboa: Presença, 1988.

FERNANDES, Tiago. *Nem ditadura, nem revolução*: a ala liberal e o marcelismo (1968-1974). Lisboa: D. Quixote, 2006.

FERRO, António. *Salazar, o homem e a obra*. 3. ed. Lisboa: Empresa Nacional de Publicidade, [s.d.].

GENTILE, Emilio. *Il mito dello Stato Nuovo*: dal radicalismo nazionale al fascismo. Bari: Laterza, 1999.

LEMOS, Mário Matos e. *Jornais diários portugueses do século XX*: um dicionário. Coimbra: Imprensa da Universidade de Coimbra, 2018.

LUCENA, Manuel de. *A evolução do sistema corporativo português*. Lisboa: Perspectivas e Realidades, 1976. v. I: O salazarismo; v.. II: O marcelismo.

LUNET, Carlos. *O Estado Novo nos congressos da União Nacional*. Tese (mestrado em história contemporânea) – Coimbra, Faculdade de Letras, Coimbra, 1998.

MANOILESCO. *Le parti unique*. 3. ed. Paris: Emmanuel Grevin et Fils, 1937.

MARTINHO, Francisco Carlos Palomares. *Marcello Caetano*: uma biografia – 1906-1980. Lisboa: Objectiva, 2016.

MARTINS, Fernando Manuel Santos. *Pedro Theotónio Pereira*: uma biografia (1902-1972). Tese (doutorado) – Universidade de Évora, Évora, 2004.

MENESES, Filipe Ribeiro. *Salazar*: uma biografia política. Alfragide: D. Quixote, 2010.

NOGUEIRA, Franco. *Salazar*. Porto: Livraria Civilização, 1986. 6 v.

O PROBLEMA universitário em Portugal. Lisboa: Editorial Vanguarda, 1934. (Folheto).

PACHECO, António Carneiro. *O retrato do chefe*. Discurso pronunciado na cidade da Covilhã em 7 de julho de 1935. Lisboa: União Nacional, 1935.

PINTO, António Costa; CRUZ, Manuel Braga da. *Dicionário Biográfico Parlamentar – 1935-1974*. Lisboa: Instituto de Ciências Sociais da Universidade de Lisboa/Assembleia da República, 2004. 2 v.

REIS, Joana. A transição impossível: a ruptura de Francisco Sá Carneiro com Marcello Caetano. Alfragide: Casa das Letras, 2010.

ROCCO, Alfredo. *La trasformazione dello Stato:* dallo Stato liberale allo Stato fascista. Roma: La Voce, 1927.

ROSAS, Fernando; BRITO, J. M. Brandão de. *Dicionário de História do Estado Novo*. Lisboa: Círculo de Leitores, 1996. 2 v.

SALAZAR, António de Oliveira. *O Estado Novo*: União Nacional. Lisboa: Imprensa Nacional de Lisboa, 1933.

____. *Discursos*. Coimbra: Coimbra Ed., 1935. v. 1: 1928-1934.

____. *Discursos e notas políticas*. Coimbra: Coimbra Ed., 1945. v. II: 1935-1937.

____. *Discursos e notas políticas*. Coimbra: Coimbra Ed., 1959. v. V: 1951-1958.

____. *Discursos e notas políticas*. Coimbra: Coimbra Ed., 1967a. v. VI: 1959-1966.

____. *Entrevistas. 1960-1966*. Coimbra: Coimbra Ed., 1967b.

____. *Discursos e notas políticas*. 2. ed. Coimbra: Coimbra Ed., [s.d.a]. v. III: 1938-1943.

____. *Discursos e notas políticas*. Coimbra: Coimbra Ed., [s.d.b]. v. IV: 1943-1950.

SOUSA, Jorge Pais de. *Bissaya Barreto*: ordem e progresso. Coimbra: Minerva, 1999.

TORGAL, Luís Reis. *Estados Novos, Estado Novo*. 2 ed. Coimbra: Imprensa da Universidade, 2009 2 v.

____. *Marcello Caetano, marcelismo e "Estado social"*. Coimbra: Imprensa da Universidade, 2013.

UNAMUNO, Miguel de. Comentario: nueva vuelta a Portugal. *Ahora*, Madri, 3 jul. 1935

UNIÃO NACIONAL (UN). *O Estado Novo*: União Nacional. Lisboa: Imprensa Nacional de Lisboa, 1933.

____. *Cartilha do Estado Novo*: princípios fundamentais; conceitos económico-sociais; deveres do filiado. Lisboa: UN, 1935a.

____. *I Congresso da União Nacional*: discursos, teses, comunicações. Lisboa: UN, 1935b. v. I, II.

____. *União Nacional*: Manifesto do Govêrno e discursos dos Ex.[mos] senhores presidente do Conselho de Ministros e ministros das Finanças e do Interior, na reunião de 30 de julho de 1930. [S.l.]: [s.n.], [s.d.].

10. Marcello Caetano nos anos 1950: doutrina, corporativismo e ditadura em tempo de crise

Francisco Carlos Palomanes Martinho

Superada a crise de instabilidade do pós-guerra, ocasião em que foi intensa a oposição a sua ditadura, Portugal entrava na década de 1950 com alguma estabilidade. Sua integração imediata e inesperada à Otan e o início da guerra fria fizeram com que as esperanças de uma queda do regime do Estado Novo arrefecessem. A base militar das Lages, nos Açores, serviu como porto seguro para que o país se ingressasse na organização atlântica (Pinto, 2001). Também a participação, mesmo que tímida, no Plano Marshall deu novo fôlego à economia portuguesa.[1] Outro aspecto a destacar naquela década relativamente tranquila foi a consolidação de novos quadros reconhecidos nacionalmente e apontados, vez ou outra, como possíveis sucessores de Salazar. Um deles, que veio de fato a suceder ao velho ditador no final dos anos 1960, foi Marcello Caetano. A crescente visibilidade de Caetano vinha já da década anterior quando ocupou, entre 1940 e 1944, o Comissariado Nacional da Mocidade Portuguesa e, entre 1944 e 1947, o Ministério das Colónias. Adriano Moreira, ministro do Ultramar no início da década de 1960 e aluno da Faculdade de Direito de Lisboa no período da guerra, afirma que, na época já, se falava, à boca pequena, na possibilidade de Marcello Caetano vir a suceder a Salazar em um futuro ainda por definir (Moreira, 2006:24).

Na década de 1950, Marcello Caetano deu continuidade a sua ascensão. Em 1952 foi nomeado membro vitalício do Conselho de Estado. No ano seguinte,

---

[1] Sobre a economia portuguesa no período, ver Martinho (2007:305-330); Rosas (2000).

reeleito presidente da Câmara Corporativa, cargo que já ocupava desde 1949. Foi também, em 1953, nomeado vice-presidente do Conselho Ultramarino. Entre 1955 e 1958 ocupou o cargo de ministro da Presidência. Nesses anos, ocupou também, interinamente, os ministérios das Comunicações (1956) e dos Negócios Estrangeiros (1956 e 1957). Além dos cargos aqui citados, Caetano deu continuidade a uma consistente produção intelectual nas áreas do direito e da história, além das atividades docentes na Universidade de Lisboa, por vezes interrompidas em função das responsabilidades públicas assumidas.[2]

Ao mesmo tempo, naquela década Portugal assistiu a uma série de acontecimentos de grande impacto para a sua história. E que de certa forma alteraram em parte o perfil do regime autoritário iniciado como ditadura militar a partir do golpe de Estado de 28 de maio de 1926.[3] Em 1950 foi criado, em substituição à Subsecretaria de Estado das Corporações, o Ministério das Corporações e Previdência Social. No ano seguinte, 1951, o Acto Colonial era revogado e ao mesmo tempo foi aprovada a Reforma Constitucional que alterava o nome das colônias para províncias ultramarinas, passo determinante para o ingresso de Portugal nas Nações Unidas, afinal ocorrido em 1955. Também em 1951, morria o general Óscar Carmona, presidente da República desde novembro de 1926, abrindo o primeiro grande debate, por dentro do regime, a respeito da sucessão presidencial. Na segunda metade da década seguinte, as disputas entre Marcello Caetano e Fernando Santos Costa, ministro da Defesa, tornaram públicas as querelas entre campos políticos opostos. Por fim, mas não menos importante, a surpreendente campanha presidencial de Humberto Delgado no final daqueles anos colocava em xeque a estabilidade da ditadura. Conforme se verá, Caetano emitiu opiniões – às vezes em privado, outras vezes públicas – a respeito de todas essas questões. Nem sempre concordou com Salazar. Aliás, procurou sempre afirmar sua autonomia, tanto com relação ao ditador como com relação à ditadura.

---

[2] Ver o currículo de Marcello Caetano em VVAA (2006:7-22).
[3] Para uma cronologia do regime autoritário português, ver Cruz (1988:38-47).

Na Câmara Corporativa

Marcello Caetano havia entrado para a presidência da União Nacional, o partido único do regime, em 1947, cargo que ocupou por dois anos. Sua saída deu-se em um quadro de desgaste que se seguiu a uma invasão policial à Faculdade de Medicina da Universidade de Lisboa. Salazar, ainda que aceitando a demissão de Caetano, empenhava-se em mantê-lo próximo ao regime, de modo que insistiu para que presidisse a Câmara Corporativa, um cargo "não político". De acordo com a Constituição do Estado Novo, era de competência da Câmara Corporativa emitir pareceres sobre as propostas e projetos de lei, tanto de iniciativa do governo como da Assembleia Nacional. Seus poderes eram, assim, meramente consultivos, ainda que seu leque de atuação tendesse a aumentar com o passar do tempo chegando, em 1951 – exatamente no período de gestão de Marcello Caetano –, a tomar a iniciativa de sugerir alterações de lei diretamente ao governo. Assim, a Câmara Corporativa de uma "República unitária e corporativa" conforme dizia o art. 5º de sua Constituição, tinha um papel muito mais simbólico que efetivo. Na prática, não se tratava de uma câmara das corporações, não coordenava suas atividades, não legislava e, enfim, acabava por responder a interesses vários, porém não necessariamente corporativos (Ferreira, 2007:170-172). Caetano lamentava cotidianamente com Salazar o papel ao mesmo tempo "desprestigiante" e inoperante que tinha a casa (Antunes, 1994:311-312).

Ao lado do mau funcionamento da Câmara Corporativa, no dia 2 de agosto de 1950 começava a funcionar o Ministério das Corporações e Previdência Social, até então apenas uma secretaria de Estado. No início daquele mesmo ano, a 23 de março, Marcello Caetano, a convite do Gabinete de Estudos Corporativos do Centro Universitário de Lisboa da Mocidade Portuguesa pronunciou a conferência "Posição actual do corporativismo português", na Sociedade de Geografia. A palestra teve grande presença de público. Repleta de referências históricas e doutrinárias, procurando inclusive, estabelecer as possíveis diferenças e semelhanças entre o intelectual e o político, Caetano aproveitou o ensejo para referir-se à criação do citado ministério. E, nesse caso, o doutrinarismo, como em diversas outras ocasiões, esteve à frente da política. Disse Caetano:

> Salvo o devido respeito pelas opiniões em contrário, eu penso que num regime corporativo não há lugar para o Ministério das Corporações. Parece um paradoxo: mas depressa se compreenderá a razão do meu dito. [...].
> Um Ministério das Corporações pode deixar supor que as Corporações se devem entender e corresponder unicamente com esse departamento, só através dele podendo manter relações com os órgãos do Estado. Mais: pode criar-se até a convicção de que as corporações sejam meras direcções-gerais, com todos os perigos que de tal burocratização adviriam. Por isso me parece tão inconveniente o Ministério das Corporações no regime corporativo, como seria um regime liberal com um Ministério da Liberdade [Caetano, 1950].

A conferência gerou polêmica e não foram poucos os que ficaram descontentes com a "ousadia" de Caetano em discordar publicamente do chefe. O próprio Salazar, que costumeiramente comentava as palestras e escritos de Caetano, desta feita optou, sintomaticamente, por se manter em silêncio (Caetano, 2006:499-504).

Para além da insatisfação com a criação do Ministério das Corporações, o descontentamento de Caetano se desdobrava ainda para outras esferas da ação governativa. Em particular quando, em 1951, foi realizada a reforma constitucional com vistas à adaptação do regime ao novo quadro político estabelecido no pós-guerra. Com a revogação do Acto Colonial, as matérias nele contidas foram incorporadas à Constituição. Nesta, Portugal não se afirmava mais como um Império que se impunha sobre as colônias. As colônias passaram a se chamar, como já referido acima, "províncias ultramarinas". E Portugal se tornava, a partir de então, um Estado "pluricontinental" que tinha a singularidade de abranger territórios espalhados por todo o mundo. O regime consolidava a ideia de uma nação portuguesa indivisível e unificada "do Minho ao Timor". Afirmava a Constituição a existência de povos diversos que trabalhavam juntos para objetivos comuns. Essa perspectiva "assimilacionista", que na verdade procurava responder a dois problemas concretos – a pressão internacional contra o colonialismo e a entrada de Portugal na ONU –, contou, desde o início de seus debates, com renhida oposição de Marcello Caetano (Pimenta, 2013:191-192).

A importância da Câmara Corporativa em parte crescia, na medida em que a qualidade das demandas a ela apresentadas aumentava. Assim, quando o regime resolveu (ou terá sido impelido a?) apresentar o projeto de Reforma Constitucional, as atividades daquela casa ganharam outra dimensão. Para Marcello Caetano, as reformas já vinham tarde. Pelo menos, todo o primeiro semestre de 1950 ficaria comprometido com os debates a respeito da proposta de reforma formulada pelo governo.

Em correspondência a Salazar, Caetano afirmava que havia sido ele o indicado a relatar o parecer sobre as alterações do Acto Colonial, apesar de suas divergências: "A principal dessas objecções [dizia Caetano] é de não me inclinar para a orientação fortemente assimiladora do projecto" (Antunes, 1994:260-261). Em outras palavras, negava-se a ver as colônias como espécie de "continuidade natural" do território português. Ao contrário: eram e deveriam continuar a ser entendidas como conquistas, a eventual emancipação, uma dádiva, uma concessão no momento oportuno. Nesse aspecto, Caetano demonstrava fidelidade e coerência para com as teses defendidas em seu livro *Portugal e a internacionalização dos problemas africanos* (Caetano, 1971), de 1963 e no qual é explícita a afirmação de que a conquista fortalece o direito português sobre os domínios ultramarinos. As referências ao Acto Colonial nos meses seguintes evidenciavam descontentamento segundo diversos especialistas no tema colonial. Este era, por exemplo, o caso de Armindo Monteiro, professor de Marcello Caetano na Faculdade de Direito e ex-ministro das Colônias, que teria ficado "desencantado pela pouca eficácia do parecer sobre o Acto Colonial em que colaborou assídua e entusiasticamente" (Caetano, 2006: 513). No caso específico da reforma do Acto Colonial, Armindo Monteiro e Marcello Caetano tinham opiniões similares. Afirma este que a reforma constitucional, que podia ser revista de 10 em 10 anos, fora antecipada "a fim de eliminar a referência 'colónias' e a 'colonial' com o regresso às 'províncias ultramarinas'", expressão comum no século XIX. Tanto para Caetano como para Monteiro, era um equívoco a alteração dos conceitos. A mudança de palavras podia ser aceita sem que, entretanto, atingisse a concepção doutrinária expressa no Acto Colonial. E, nesse sentido, o parecer formulado por Marcello Caetano não deixava dúvidas: "a leitura atenta do projecto mostra, efectivamente, que o Acto Colonial foi profundamente remodelado quanto ao sistema, à forma e à doutrina. E a verificação deste facto causa sérias apreensões à Câmara" (Antunes, 1994: 283).

Ficam claras, portanto, a apreensão quanto aos "perigos de uma assimilação prematura dos territórios ultramarinos à metrópole" e a defesa de "uma revisão o mais possível restrita, de modo a deixar subsistir [n]o Acto Colonial o máximo de preceitos doutrinários e orgânicos, ainda que com a nomenclatura substituída".[4]

De acordo com Caetano, ficava na Câmara Corporativa a ideia de que não valia a pena tanto esforço (Antunes, 1994:284). A impressão dominante era a de que o parecer da Câmara Corporativa não passava de mera formalidade, uma vez que terminavam por prevalecer as opiniões do governo. Ou pior, o governo alterava como queria o parecer da câmara, à revelia desta e de seus procuradores. Marcello Caetano, por isso, alertava Salazar sobre as insatisfações geradas na câmara, sobretudo de setores importantes do regime. O ditador procurava contemporizar, mas mantinha-se firme na prerrogativa do governo de poder alterar os pareceres da Câmara Corporativa. A resposta do presidente do Conselho de Ministros deixava evidente a fragilidade de uma Câmara Corporativa pertencente a um regime que, afinal, se afirmava corporativo:

> Tem quase razão no que me diz. Eu não fui exacto no que lhe havia mandado dizer. Eu deveria ter dito que, à parte uma disposição para que ainda chamarei a atenção da Câmara, as disposições do texto enviado à Assembleia Nacional ou são as primitivamente enviadas à Câmara Corporativa ou essas emendadas em harmonia com o seu parecer. Assim é que está certo. De modo que, salvo outro equívoco meu, os senhores deputados não podem ter razão [Antunes, 1994:286].

Mas as tensões entre uma Câmara Corporativa sem poderes e o Executivo começavam a ter consequências concretas. No final de abril daquele ano de 1951, Armindo Monteiro apresentou a Salazar seu pedido de demissão dos quadros de procurador da entidade. Salazar, devidamente preocupado, requereu a Marcello Caetano para que intercedesse e avaliasse a possibilidade de demover Monteiro de seu propósito (Antunes, 1994:291). Para Caetano, as alterações de conteúdo impostas ao Acto Colonial calaram fundo em Armindo Monteiro, um dos mais importantes – quiçá, o mais importante – de seus ideólogos. A resposta de Marcello Caetano, como era de se esperar, foi

---

[4] Parecer nº 10/V (1951).

a de que Armindo Monteiro encontrava-se irredutível em sua decisão de retirar-se da Câmara Corporativa. Ao contrário do que pretendia Salazar, disse Monteiro a Caetano que "as circunstâncias, desde a data em que formulara o pedido de renúncia, não só não se tinha modificado em termos de o levarem a retirar o pedido, mas até, pelo contrário, se tinham proporcionado de forma a reforçar as razões dele". E arrematava: "Não há, pois, nada mais a fazer" (Antunes, 1994:291-292). A política e suas necessidades pragmáticas, pois, derrotavam o ideólogo.

No Ministério da Presidência

No dia 7 de julho de 1955, Marcello Caetano era empossado como o novo ministro da Presidência, em substituição a João Pinto da Costa Leite, conde de Lumbrares (Caetano, 2006:627-648). Acreditava o presidente do conselho, assim como quando do convite à Câmara Corporativa, que Caetano, à distância, representava um sério risco, com a possibilidade mesmo de criar um campo político próprio, com relativa autonomia, e pior, com forte potencial para opor-se à chefia do governo do Estado Novo. Esse campo agregaria, sobretudo, jovens políticos que viam em Caetano, já na década de 1950, o futuro do regime (Menezes, 2009:444-445). Nesse sentido, pode-se dizer este foi o período em que, com rara habilidade, Caetano construiu a imagem de "moderno" e às vezes até mesmo de "liberal" se em comparação com os "duros", a velha guarda atrasada, ligada ao salazarismo e às correntes mais à direita.

No caso ainda de Santos Costa, da "ala conservadora", suas relações com o presidente Craveiro Lopes também nunca foram cordatas. Na prática, o conflito entre ambos dividia o Exército, fato este que fragilizava politicamente o presidente da República. Craveiro, um oficial da Força Aérea, ainda que chefe do Executivo, nunca conseguiu falar globalmente em nome das Forças Armadas. Por esse motivo era um presidente mais fraco que seu antecessor. A fragilidade do presidente da República, portanto, era um elemento fundamental no jogo de cartas de Salazar e este pôde, sem grandes problemas e quando achou conveniente, não renovar o mandato presidencial de Craveiro Lopes. Nesse quadro, Marcello Caetano tentou ainda apresentar a alternativa de lançamento do nome do próprio Salazar para a presidência da República, mas como estava muito identificado com a figura de Craveiro Lopes não teve força para impor-se. O nome indicado seria o do então ministro da Marinha, o conservador Américo Thomáz.

Mas a campanha de Thomáz à presidência teve de se deparar com um fato novo. O surgimento da candidatura de Humberto Delgado foi uma surpresa para muitos, para quase todos, aliás. E, mais uma vez, evidenciou as dificuldades do regime em lidar com a novidade. Delgado havia servido nos Estados Unidos e, para Caetano, aquela experiência teria sido determinante para a adoção, por parte do candidato oposicionista, de um tipo de campanha jamais vista em Portugal. Objetivava Delgado não exatamente opor-se como um todo ao regime, mas transformá-lo por dentro, aos poucos. Tinha a firme convicção de que o Estado Novo precisava ser "agitado" e, ao menos para Marcello Caetano, havia confidenciado: "Salazar está velho, está gasto, está fora de moda! Tem de dar lugar a gente nova". As tensões começaram logo em junho, quando Delgado foi retirado da Direcção-Geral da Aeronáutica Civil. Marcello Caetano externou sua preocupação a Salazar ante as possíveis repercussões em torno do caso. Para além do problema do método por meio do qual Humberto Delgado havia sido retirado do cargo que ocupava, Caetano alertava para a possibilidade de consequências no processo eleitoral (Caetano, 2006:743-750).

As oposições, republicana, socialista e comunista, se articularam em torno de Humberto Delgado. O general, aconselhado por seus apoiadores a dar respostas evasivas quanto a Salazar, fez exatamente o contrário. Indagado a respeito do presidente do conselho, caso eleito, afirmou que este seria demitido. Tal afirmação muito provavelmente foi o estopim para uma campanha com uma densidade bem superior àquela que esperavam seus adeptos e também os adeptos do regime. Parte dos opositores que se indagavam a respeito do potencial da candidatura de Delgado ficou vivamente surpreendida com o impacto de sua chegada à estação de comboios de Santa Apolónia (Caetano, 2006:759-770).

Dado o clima de tensão e instabilidade, ficava claro que aquelas seriam as últimas eleições presidenciais disputadas com um colégio eleitoral excessivamente alargado e sem sistemas de controle. Elas, as eleições, conforme previsto, foram realizadas no dia 8 de junho. Do total de votos válidos, cerca de 1 milhão, Américo Thomáz obteve a maioria de três quartos. De qualquer forma, os 24% atribuídos a Delgado foram certamente uma vitória.

Externamente, a imprensa dava notícias da grande vitória de Thomáz, enquanto Humberto Delgado denunciava a fraude. Nas hostes do regime, reconhecia-se a derrota, se não eleitoral, política. Ainda assim, a eleição de Américo Thomáz livrou Salazar de Craveiro Lopes. Desse modo, ficou o ditador à vontade para a realização de uma reforma ministerial, em agosto de 1958, na qual pôde afastar o sempre incômodo Marcello Caetano, substituído por Pedro Teotónio Pereira. Para manter o equilíbrio entre "conservadores" e "modernizadores" no regime, foi deposto também Santos Costa e, em seu lugar, entrou o general Júlio Botelho Moniz (Rosas, 2012:236-246). No dia 14 de agosto, Marcello Caetano enviou uma correspondência a Salazar despedindo-se dos cargos que ocupava ao mesmo tempo que afirmava que saíra definitivamente da vida pública (Caetano, 2006:791-793). No ano seguinte, o governo aprovou uma revisão constitucional com vistas a reduzir o colégio eleitoral para a presidência da República. A eleição ficava doravante restrita a procuradores, deputados e representantes das câmaras municipais de cada distrito, além dos representantes das províncias ultramarinas. Pedro Teotónio Pereira, embaixador de Portugal em Londres, escreveu para Caetano, seu amigo desde a juventude, com evidente demonstração de desconforto e preocupação. Mais uma vez, com a exceção da imprensa nitidamente afeita ao conservadorismo, o quadro era desanimador:

Venceu-se a batalha, mas tudo isto foi um aviso muito grave.
Deus nos ajude a reagrupar as forças e a fazer o que é preciso no futuro.
[...]
    É incalculavel o mal que o Delgado nos fez aqui. A última semana foi trágica. Logo que os correspondentes estrangeiros começaram a envenenar com notícias falsas esta atmosfera, os amigos acobardaram-se e remeteram-se ao silêncio, e os inimigos tomaram freio nos dentes com os peores insultos e insinuações.[5]

Enfim, parece que, apesar da intensa propaganda interna, o mal estava feito. O regime desgastado, com crescente sentimento oposicionista e uma igualmente crescente opinião externa contra o Estado Novo. Os anos 1960 seriam, como se viu, difíceis para a ditadura (Pinto, 2001; Pinto e Teixeira, 2005:17-43).

---

[5] AMC. Cx. 44. Correspondência/PEREIRA, Pedro Teotónio, nº 96.

Conclusão

Pedro Feytor Pinto, diretor do Secretariado de Estado da Informação e Turismo durante o governo de Marcello Caetano, disse que "Marcello era mais às direitas que o Dr. Salazar, que era um pragmático".[6] Seguramente, as insistências corporativas e doutrinárias de Caetano demonstram um forte distanciamento em relação ao pragmatismo. Nesse sentido, é provável que estivesse à direita de Salazar. A ortodoxia costumava estar à frente das circunstâncias. Ainda assim, é fato que o período em que ocupou as direções da União Nacional e da Câmara Corporativa foi também um período de consolidação do político em escala nacional, de reconhecimento e mais, de estabilização de sua imagem. De competência para construir, na década de 1950, o "marcelismo", movimento que, com aparência de "moderno" e mesmo "liberal" coadunou-se com as circunstâncias do tempo. Os atrasados, convenientemente, eram os outros. Nesse sentido, as rusgas com Santos Costa contribuíram fortemente para que a imagem de liberal se consolidasse. Foram, portanto, boas para Caetano. A presença de importantes marcelistas no governo igualmente foi determinante para a "presença na ausência". É nesse sentido que se entende sua escolha para a sucessão de Salazar, 10 anos depois, frente a alternativas outras que também se apresentaram. Não tinha de ser necessariamente assim, claro está. Mas foi.

Referências

ANTUNES, J. F. *Salazar e Caetano*: cartas secretas, 1932-1968. Lisboa: Difusão Cultural, 1994.

CAETANO, Marcello. *Posição actual do corporativismo português*. Lisboa: Gabinete de Estudos Corporativos do Centro Universitário de Lisboa da Mocidade Portuguesa, 1950.

_____. *Portugal e a internacionalização dos problemas africanos*: da liberdade dos mares às Nações Unidas. 4. ed. Lisboa: Ática, 1971.

_____. *Minhas memórias de Salazar*. 4. ed., 1 reimp. Lisboa: Verbo, 2006.

---

[6] Cf.: <www.ionline.pt>. Acesso em: 8 abr. 2014.

CRUZ, Manuel Braga da. *O partido e o Estado no salazarismo*. Lisboa: Presença, 1988.

FERREIRA, N. E. O corporativismo e as instituições do salazarismo: a Câmara Corporativa (1935-1945). In: MARTINHO, F. C. P.; PINTO, A. C. (Org.). *O corporativismo em português*: Estado, política e sociedade no salazarismo e no varguismo. Rio de Janeiro: Civilização Brasileira, 2007. p. 163-199.

MARTINHO, Francisco C. P. Entre o fomento e o condicionamento: a economia portuguesa em tempos de crise (1928-1945). In: LIMONCIC, F.; MARTINHO, F. C. P. *A Grande Depressão*: política e economia na década de 1930 – Europa, Américas, África e Ásia. Rio de Janeiro: Civilização Brasileira, 2007. p. 305-330.

____. *Marcello Caetano, uma biografia (1906-1980)*. Lisboa: Objectiva, 2016.

MENEZES, Filipe Ribeiro. *Salazar*: uma biografia política. 3. ed. Lisboa: Dom Quixote, 2009.

MOREIRA, Adriano. Lágrimas de Portugal. *Diário de Notícias*, 17 ago. 2006, p. 24. (Caderno Centenário de Marcello Caetano).

PIMENTA, F. T. A ideologia do Estado Novo, a guerra colonial e a descolonização em África. In: NUNES, J. P. A.; FREIRE, A (Coord.). *Historiografias portuguesa e brasileira no século XX*: olhares cruzados. Coimbra: Imprensa da Universidade de Coimbra, 2013. p. 183-201.

PINTO, António Costa. *O fim do Império português*. Lisboa: Livros Horizonte, 2001.

____; TEIXEIRA, Nuno Severiano. Portugal e a integração europeia, 1945-1986. In: ____; ____ (Org.). *A Europa do Sul e a construção da União Europeia, 1945-2000*. Lisboa: Imprensa de Ciências Sociais, 2005. 17-43.

ROSAS, Fernando. *Salazarismo e fomento económico*: o primado do político na história económica do Estado Novo. Lisboa: Editorial Notícias, 2000.

____. *Salazar e o poder*: a arte de saber durar. Lisboa: Tinta da China, 2012.

VVAA. *Estudos em homenagem ao professor doutor Marcello Caetano*: no centenário de seu nascimento. Coimbra: Coimbra Ed., 2006. v. 1.

Parecer da Câmara Corporativa

Parecer nº 10/V. In: *Pareceres da Câmara Corporativa (V Legislatura)*. Lisboa: Assembleia Nacional, 1951.

Arquivo Nacional da Torre do Tombo/Arquivo Marcello Caetano

AMC. Cx. 44. Correspondência/PEREIRA, Pedro Teotónio, nº 96.

Sítio na internet

Pedro Feytor Pinto. O prof. Marcello Caetano era muito mais às direitas que o dr. Salazar. Disponível em: <www.ionline.pt>. Acesso em: 8 abr. 2014.

11. A Igreja católica e o Estado Novo na África portuguesa: entre a cooperação institucional e a dissensão política

Fernando Tavares Pimenta

Neste trabalho, procuramos problematizar as relações entre o Estado Novo e a Igreja Católica no contexto colonial português em África. Não é nosso objectivo fazer a história completa dessas relações – nem tal seria possível no âmbito deste pequeno ensaio –, mas pretendemos tão só dar algumas chaves de leitura sobre o relacionamento entre os poderes político e religioso no quadro da dominação colonial portuguesa no continente africano durante a ditadura salazarista. Teremos assim em consideração formas de cooperação institucional, consubstanciadas no Acordo Missionário de 1940, mas também casos de tensões e de dissensões entre membros do clero católico e as autoridades coloniais. E, no fundo, pretendemos demonstrar que a Igreja católica esteve longe de constituir uma muleta do Estado Novo em África.

Cooperação institucional

A 7 de maio de 1940, foram assinados, no Vaticano, em Roma, a Concordata e o Acordo Missionário entre Portugal e a Santa Sé (SPN, 1943; Leite, 1993; Centro de Estudos de Direito Canónico, 2001; Carvalho, 2009). Punha-se, assim, termo à questão religiosa suscitada com a implantação da república em Portugal, em 1910 (Pereira Neto, 1998; Moura, 2004; Proença, 2011; Abreu, 2010). De resto, as relações entre o Estado e a Igreja católica vinham conhecendo uma crescente melhoria e distensão desde os últimos anos da Primeira

República, sobretudo depois da revisão da lei de separação no consulado de Sidónio Pais (Silva, 1996-1997; Matos, 2011). Mas foi sobretudo depois da instauração da ditadura militar, em 1926, que se procurou resolver o contencioso entre o Estado a Igreja (Rodrigues 1993:32; Cruz; 1998; Santos, 2012).

No âmbito colonial, a aprovação do Estatuto Orgânico das Missões Católicas Portuguesas de África e Timor (Decreto nº 12.485, de 13 de outubro de 1926, do ministro das Colónias, João Belo)[1] e os acordos relativos ao Padroado do Oriente, de 15 de abril de 1928 e de 11 de abril de 1929,[2] prepararam o terreno para a resolução da questão religiosa, que só ficou definitivamente sanada em 1940. A Concordata de 1940, nos arts. 26, 27, 28 e 29, enunciou as normas fundamentais relativas à actividade missionária no Império português.[3] Mas a relevância da questão determinou que o Estado português e a Santa Sé desenvolvessem a matéria numa convenção particular, estipulando um acordo destinado a regular mais completamente as relações entre a Igreja e o Estado no que dizia respeito à vida religiosa no ultramar português, mantendo-se tudo quanto tinha sido precedentemente convencionado a respeito do Padroado do Oriente. Daí o Acordo Missionário, assinado no mesmo dia da concordata, e que abrangia essencialmente o território da África portuguesa (Cruz, 1997).

Para o Estado Novo, a acção missionária católica revestia-se de uma importância primordial, pois considerava as missões católicas como "instrumentos de civilização e influência nacional", por oposição às missões protestantes, que eram consideradas "agentes de potências estrangeiras" e veículos de

---

[1] Com este estatuto, as missões católicas portuguesas adquiriram personalidade jurídica, sendo-lhes garantido o direito a financiamento estatal para a formação de pessoal e para sustento das actividades missionárias (cf. Brandão, 2004:57). Sobre a questão missionária nos finais da monarquia e durante a Primeira República, ver Dores (2014).

[2] Esses acordos confirmaram o Padroado do Oriente formado por quatro dioceses: Goa, Cochim, Meliapor e Macau. A diocese de Damão foi extinta e incorporada à de Goa, cujo arcebispo manteve o título de Patriarca do Oriente. O arcebispo de Bombaim seria, alternadamente, de nacionalidade portuguesa e britânica. Ficava assim garantida a influência portuguesa na organização da Igreja asiática, em especial na Índia (cf. Reis, 2007).

[3] O art. 26 trata da organização eclesiástica no espaço colonial português; o art. 27 estabelece o reconhecimento jurídico das organizações missionárias e respectivo apoio financeiro por parte do Estado português; o art. 28 permite o recrutamento de missionários estrangeiros desde que fiquem sob a alçada dos bispos locais; o art. 29 garante a vigência dos acordos assinados nos 100 anos anteriores, particularmente no que se refere à questão do Padroado do Oriente (cf. Brandão, 2004:54-55).

desnacionalização e de subversão das populações africanas (Santos, 1954). Às missões católicas cabia também o papel de preparar as almas dos indígenas à disposição para trabalhar, sendo que o trabalho era o instrumento por excelência do processo de civilização do indígena. Nas missões, os indígenas poderiam aprender um conjunto de artes e de ofícios, bem como o dever moral e legal de trabalhar para prover à sua subsistência e ao progresso da economia colonial (Pimenta, 2015; Jerónimo, 2015).

Por esses motivos, o Estado português procurou desde cedo o estabelecimento de uma espécie de parceria com a Igreja católica, favorecendo a acção missionária católica em detrimento das actividades das Igrejas protestantes. As missões católicas seriam auxiliadas pelas autoridades coloniais, inclusivamente no plano financeiro, mas em contrapartida o Estado pretendia exercer certo controlo sobre a actividade missionária no ultramar português, retirando à *Propaganda Fidei* a superintendência sobre a missionação no espaço colonial português. Salazar visava, acima de tudo, limitar os poderes da *Propaganda Fidei*, para mais facilmente controlar a acção da Igreja no espaço colonial. Nesse sentido, logo em 1937, durante as negociações para concordata, o Estado português enunciou os termos das suas condições relativamente à questão missionária. Assim, as missões católicas seriam auxiliadas e protegidas pelo Estado, mas ficariam sujeitas à jurisdição dos prelados, e seus directores deveriam ser cidadãos portugueses ou autorizados pelo governo. Por sua vez, a nomeação dos bispos iria carecer de ausência de objecção por parte do governo português. De uma forma geral, a Igreja católica aceitou esses termos, consentindo que a acção missionária passasse a ser efectuada "em moldes nacionais". Como tal, todos os missionários católicos deveriam estar dentro da "organização missionária católica portuguesa" e subordinados às autoridades eclesiásticas portuguesas (Cruz, 1997:815-845).

Nesse sentido, o Acordo Missionário[4] de 7 de maio de 1940 estabeleceu as bases definitivas da relação institucional entre o Estado português e a Igreja católica no campo colonial. Vejamos alguns dos principais pontos definidos nesse acordo.

---

[4] *Inter Sanctam Sedem et Rempublicam Lusitanam Sollemnes Conventiones* / Acordo Missionário entre a Santa Sé e a República Portuguesa, Cidade do Vaticano, 7 de maio de 1974. Cf. Pio XII. *Bula Sollemnibus Conventionibus*, de 4 de setembro de 1940, AAS 32 (1940:235-244).

Em primeiro lugar, o acordo definiu a divisão eclesiástica das colónias portuguesas em dioceses e circunscrições missionárias autónomas, governadas respectivamente por bispos e vigários ou prefeitos apostólicos, todos de nacionalidade portuguesa. Em Angola, foram desde logo estabelecidas três dioceses, com sede em Luanda, Nova Lisboa (Huambo) e Silva Porto (Cuíto), resultantes da divisão da antiga diocese de Angola e Congo. Em Moçambique, também foram estabelecidas três dioceses com sede em Lourenço Marques (Maputo), Beira e Nampula. Posteriormente, o número de dioceses foi alterado com o aval do Estado português. Em Cabo Verde, manteve-se em vigor o regime paroquial dessa antiga diocese. No processo de selecção dos bispos, ficou estabelecido que a Santa Sé, antes de proceder à nomeação de um arcebispo ou bispo residencial ou de um coadjutor com direito de sucessão, comunicaria o nome da pessoa escolhida ao governo português a fim de saber se contra ela havia objecções de carácter político. O Estado português poderia vetar um eventual candidato à nomeação episcopal. Por outro lado, somente as corporações missionárias devidamente autorizadas pelo governo poderiam actuar no território colonial português, sendo que todas deveriam ter casas de formação em Portugal ou ilhas adjacentes (arquipélagos dos Açores e da Madeira). O recurso a missionários católicos estrangeiros era permitido, mas teria de ser devidamente autorizado pelo Estado português.

Em contrapartida, as corporações missionárias reconhecidas, masculinas e femininas, seriam subsidiadas, segundo sua necessidade, tanto pelo governo metropolitano como pelo governo da respectiva colónia. Na distribuição desses subsídios ter-se-iam em conta o número dos alunos das casas de formação e o dos missionários nas colónias, mas também as obras missionárias, compreendendo nelas os seminários e as outras obras para o clero indígena. Na distribuição dos subsídios a cargo das autoridades coloniais, as dioceses seriam consideradas em paridade de condições com as circunscrições missionárias. Além dos subsídios, o Estado português comprometeu-se a conceder gratuitamente terrenos disponíveis às missões católicas, quer para seu desenvolvimento, quer para novas edificações. As missões católicas e todas as actividades missionárias ficariam isentas de qualquer imposto ou contribuição, tanto na metrópole como nas colónias. Além disso, o Estado português garantia aos bispos residenciais, aos superiores das missões e aos vigários e prefeitos apostólicos honorários condignos, reconhecendo-lhes também o direito à pensão de aposentação. O governo português continuaria a abonar a pensão de aposentação ao pessoal missionário aposentado. E todo o pessoal missionário teria direito ao abono das despesas de viagem dentro e fora das colónias.

Paralelamente, as missões católicas portuguesas poderiam expandir-se livremente, para exercer as formas de actividade que lhes eram próprias, bem como fundar e dirigir escolas para os indígenas e colonos, colégios masculinos e femininos, institutos de ensino elementar, secundário e profissional, seminários, catecumenatos, hospitais. Nas escolas missionárias seria obrigatório o ensino da língua portuguesa, ainda que se permitisse o uso da língua indígena no processo de doutrinação da religião católica (Tanga, 2012). De referir, por último, que as disposições do Acordo Missionário ganharam força de lei pelo Decreto-Lei nº 31.207, de 5 de abril de 1941, que promulgou o Estatuto Missionário. Este diploma continha 82 artigos que regulamentavam de forma detalhada a acção missionária nas colónias portuguesas, referindo-se expressamente às questões da autonomia e do financiamento das missões católicas, à atribuição da responsabilidade do ensino indígena aos missionários e à obrigatoriedade dos prelados das dioceses e das circunscrições missionárias de apresentarem anualmente um relatório sobre as actividades missionárias (Brandão, 2004:59).

Nesse contexto, o Acordo Missionário de 1940 estabeleceu uma verdadeira parceria institucional entre o Estado português e a Igreja católica na África portuguesa. Falando sobre o Acordo Missionário, Salazar sublinhou que ele operava "a nacionalização da obra missionária", a qual se integrava definitivamente na "acção colonizadora portuguesa" (Cruz, 1997:844).

Dissensão política

Mas Salazar esquecia-se de que uma coisa eram as bases institucionais definidas no acordo, outra coisa era a actuação concreta do clero católico nas colónias, a começar pelos principais responsáveis da hierarquia católica. E, muito embora o acordo fosse muito vantajoso para a missionação católica do ponto de vista financeiro, uma parte significativa da Igreja nas colónias não esteve disposta a servir de "muleta" do poder colonial português. Porventura inesperadamente, uma parte da hierarquia católica foi fautora de críticas ao regime colonial e promotora de dissensão política em relação ao Estado Novo, demonstrando, aliás, que a Igreja não era um bloco compacto e homogéneo, sobretudo do ponto de vista político. Vamos então dar dois exemplos concretos de dissensão política protagonizados por dois importantes prelados católicos na África portuguesa. Primeiro, vamos analisar o caso do vigário-geral de Angola, monsenhor Alves da Cunha. Depois passaremos à análise do caso do bispo da Beira, d. Sebastião Soares Resende, um dos mais emblemáticos membros do clero português em Moçambique.

Angola

Um ano e meio depois da assinatura do Acordo Missionário, a hierarquia católica esteve no centro de um caso político que abalou o poder colonial em Angola. Aproveitando as dificuldades sentidas pela administração colonial portuguesa durante o período da II Guerra Mundial, os colonos brancos, em contacto com o regime sul-africano do general Smuts e com as Forças da França Livre, em Brazzaville, protagonizaram uma conspiração cujo objectivo era subtrair Angola à dominação portuguesa e a uma provável influência das forças do Eixo nazifascista. De facto, a vitória alemã sobre a França em junho de 1940 tinha colocado Portugal na mira de Berlim. Desenhou-se então a forte possibilidade duma intervenção germânica na península Ibérica com o objectivo primário de ocupar Gibraltar. Mas essa intervenção – denominada "Operação Felix" – tornaria a neutralidade portuguesa insustentável e obrigaria a uma entrada de Portugal na guerra, contra ou ao lado da Alemanha (Telo, 1991). Em qualquer dos casos, a entrada de Portugal na guerra traria consequências imediatas para a situação política das colónias portuguesas, como de resto tinha acontecido para as colónias francesas e belga. Por exemplo, as colónias francesas dividiram-se quanto à obediência a Pétain ou a De Gaulle. O norte de África e África ocidental francesa seguiram Vichy. Ao invés, a maior parte da África Equatorial francesa seguiu De Gaulle e prosseguiu a guerra contra os nazis. A África era assim um dos campos de operações da guerra mundial. No caso de Angola, franceses, belgas e sul-africanos tinham um interesse geoestratégico no controlo militar do seu território, pois temiam que a colónia portuguesa pudesse servir de base para operações alemãs na África austral. De resto, não se pode subestimar a influência dos sectores germanófilos sobre o governo português e na administração colonial.[5]

Paralelamente, os colonos angolanos estavam interessados numa alteração do *status quo* colonial, pelo que não viam com "maus olhos" uma intervenção militar sul-africana em Angola. Na verdade, em Angola havia uma forte corrente favorável à entrada na guerra ao lado dos Aliados. E muitos colonos entendiam que Angola se devia aproximar politicamente da África do Sul, em detrimento das relações com a metrópole, ou seja, Portugal. Não é de todo claro o tipo de relação que os colonos pretendiam instituir com a África do Sul. Talvez uma solução do tipo federal, numa União Sul-Africana alargada a toda a África austral. Ou senão, uma solução do tipo Sudoeste Africano, que fora confiado à administração da África do Sul – a título de mandato internacional – depois da derrota alemã na I Guerra Mundial. Em qualquer dos casos, deveria ser uma fórmula que permitisse aos colonos obter uma hegemonia política e económica interna, isto é, o controlo do Estado colonial, o que até então lhes era negado pela administração centralista de Salazar.[6]

Nesse sentido, várias movimentações políticas tiveram lugar em Angola a partir de junho de 1940, envolvendo uma parte dos colonos em estreita colaboração com agentes externos de várias nacionalidades. Inicialmente, a União Sul-Africana delineou um plano de ocupação de Angola, concebido em coordenação com a Rodésia do Sul e com o Reino Unido, denominado "Shrapnel". Um plano semelhante foi definido para Moçambique, com o nome "Brisk" (Telo, 1991:26-28).[7] Porém Londres refreou as ambições de Pretória, pois não estava interessada num crescimento da influência sul-africana na região. A África do Sul tentou então contornar as objecções britânicas, suscitando um movimento "separatista" de colonos no interior de Angola. Esse "separatismo" é aqui entendido numa configuração *tout court*, ou seja, como movimento tendente à separação política da colónia em relação à metrópole pela mão da população colonizadora. O interlocutor privilegiado dos sul-

---

[5] Public Record Office (PRO): PRO, FO 371/31120, *British Interests in Angola*, 1942; PRO, HS 3/75, Combined S.I.S./S.O.E. Organization, 1943/1944. Vejam-se, a esse respeito, as considerações de Telo (1991:26-28).

[6] PRO, FO 371/31120, *British Interests in Angola*, 1942.

[7] Ibid.

-africanos na colónia foi o maior empresário do sul de Angola, Venâncio Henriques Guimarães. Os sul-africanos contaram ainda com numerosos simpatizantes nas regiões do centro e do sul, em especial nos distritos fronteiriços da Huíla e de Moçâmedes. Pretória divulgou também a ideia de que o governo português e a administração colonial eram filo-germânicos e de que as colónias portuguesas não estavam suficientemente defendidas para evitar uma ocupação das forças do Eixo.[8]

Paralelamente, belgas e franceses também tinham seus agentes em território angolano, nomeadamente em Luanda, onde exerciam uma intensa propaganda a favor dos Aliados. Os belgas desenvolveram também certa actividade política a favor da ocupação de Angola pelas forças aliadas. Nesse sentido, belgas, franceses e sul-africanos iniciaram contactos para acordar a divisão entre si do território angolano. E, em meados de 1941, forças militares belgas, francesas, sul-africanas e rodesianas começaram a concentrar-se nas fronteiras com Angola, à espera dum sinal para entrar no território angolano. Esse sinal seria dado por uma rebelião dos colonos contra a administração colonial portuguesa, sob o pretexto de que as autoridades portuguesas eram filo-germânicas. Eventualmente, uma parte desses colonos não era conhecedora das reais intenções dos seus "aliados" externos e pretendia apenas evitar uma deriva da colónia para o lado do Eixo.[9]

No entanto, a ocupação militar estrangeira da maior colónia portuguesa foi evitada por duas razões principais: por um lado, a intervenção britânica; por outro lado, a acção policial portuguesa sobre os colonos separatistas. De facto, perante os projectos bélicos belgas, franceses e sul-africanos, Londres deu indicações claras de que não permitiria a realização duma acção militar contra a soberania portuguesa em Angola. A posição britânica é explicada pelo facto de o Reino Unido querer manter o equilíbrio político internacio-

---

[8] PRO, HS 3/75, Combined S.I.S./S.O.E. Organization, 1943/1944; PRO, FO 371/26885, Aircraft desired by Angola, 1941; AN/TT, AOS/CO/UL – 62, pasta 12 – Situação em Angola (1941); AN/TT, AOS/CO/UL – 62, pasta 13 – Situação política em Angola (1941). Refira-se que, ao contrário do que afirmava a propaganda sul-africana, o governador-geral de Angola, Marques Mano, era, no dizer do cônsul-geral britânico em Luanda, pró-britânico.

[9] AN/TT, AOS/CO/UL – 62, pasta 12 – Situação em Angola (1941); AN/TT, AOS/CO/UL – 62, pasta 13 – Situação política em Angola (1941); PRO, FO 371/26841, British Troop Movements on Frontier of Angola, 1941.

nal anterior ao início da guerra na África austral, não aceitando, portanto, um alargamento territorial sul-africano e muito menos belga ou francês na região. Pretória, que ainda estava ligada por laços políticos a Londres, teve de acatar a objecção britânica, renunciando aos seus projectos expansionistas (Telo, 1991:28).

Ao mesmo tempo, no interior de Angola, as autoridades coloniais portuguesas, alertadas para a iminência de uma rebelião dos colonos, com o apoio sul-africano,[10] lançaram uma ampla operação policial de detenção dos líderes separatistas. Foram presos vários empresários, jornalistas, intelectuais e até estudantes.[11] Em 9 de julho de 1941, segundo informações chegadas à embaixada da Alemanha em Lisboa, o número de pessoas presas acusadas de pertencer ao "movimento separatista" angolano ascendia a 40. Entre os detidos estavam os jornalistas António Correia de Freitas, Felipe Coelho e Norberto Gonzaga Martins, os quais eram acusados de preparar o ambiente para uma intervenção estrangeira, mediante a divulgação na imprensa de propaganda aliada. Venâncio Guimarães não foi tocado pela repressão policial, talvez porque desfrutasse duma grande influência económica e política dentro e fora de Angola.[12]

De prisão em prisão, a polícia colonial foi tomando consciência das reais dimensões da conspiração dos colonos e das suas fortes ligações com as potências aliadas. Faziam parte da conspiração muitas personalidades das associações económicas e da "velha guarda" republicana, mas também elementos do clero católico, em especial monsenhor Alves da Cunha. Esses sectores tão díspares da sociedade colonial eram congregados clandestinamente pela Maçonaria, com sua rede subterrânea de agremiações, que também servia de elemento de ligação entre os colonos e os Aliados. E a Maçonaria angolana era chefiada

---

[10] AN/TT, AOS/CO/UL – 62, pasta 13 – Situação política em Angola, 1941 ("Relatório secreto" dirigido ao governador-geral de Angola, pelo comandante interino, tenente Elísio Guilherme de Azevedo, datado de Luanda, 31 de agosto de 1941).

[11] AN/TT, AOS/CO/UL – 62, pasta 13 – Situação política em Angola, 1941 ("Relatório secreto" dirigido ao governador-geral de Angola, pelo comandante interino, tenente Elísio Guilherme de Azevedo, datado de Luanda, 31 de Agosto de 1941); AN/TT, AOS/CO/UL – 62, psta 12 – Situação em Angola, 1941.

[12] PRO, GFM 33/507, German Legation Lisbon – Consulate Luanda, 1941 (German Foreign Ministry, serial 1094, item 3: "Separatistische Bewegung in Angola", 9/7/1941).

precisamente pela segunda figura da hierarquia católica em Angola, o vigário-
-geral monsenhor Alves da Cunha. Aliás, Alves da Cunha era conhecido pela
alcunha de "Monsenhor Kuribeka".[13]

Neste contexto, o governador-geral de Angola, Marques Mano, assumiu
uma posição de grande dureza para com os colonos "separatistas", produzindo-
-se um verdadeiro embate entre a administração colonial e a população branca
liderada pelo vigário-geral. De resto, o governador-geral considerava que o
verdadeiro líder da conspiração "separatista" era monsenhor Alves da Cunha.
As tensões entre ambos vinham de trás. O governador-geral tinha acusado
esse clérigo de ter sido o responsável pela organização duma manifestação
contra o governo colonial em 28 de abril de 1941. O vigário-geral reagira
à acusação por meio do principal órgão de imprensa da Igreja católica em
Angola, o jornal *O Apostolado*, cujas crónicas assinadas pelos prelados não
eram sujeitas ao crivo da censura prévia. Face às críticas e às alusões tidas
por "desprimorosas" à figura do governador-geral, Marques Mano decidiu
suspender o jornal eclesiástico em 15 de setembro de 1941. Depois, decidiu
tomar providências para punir o responsável pela contestação na colónia.[14]

Em 27 de setembro de 1941, o governador-geral "convidou" monsenhor
Alves da Cunha a sair de Angola. O vigário-geral declinou o "convite", jus-
tificando-se com suas "responsabilidades eclesiásticas" na colónia. Porém,
menos de uma semana depois, em 3 de outubro de 1941, o governador-geral
insistiu na saída do vigário-geral, com ameaça de que "outras providências
seriam tomadas, caso não quisesse conformar-se". Tal ameaça levou à intervenção imediata do arcebispo de Luanda, d. Moisés Alves de Pinho, junto
do governador-geral, no dia 4 de outubro de 1941. Perante os protestos do
arcebispo, Marques Mano prometeu "rever o caso". No entanto, ao cabo de
três semanas, tanto o problema da suspensão de *O Apostolado* como a questão
da permanência do vigário-geral em Angola estavam ainda por resolver. D.
Moisés Alves de Pinho julgou-se então na obrigação de comunicar ao clero

---

[13] AN/TT, AOS/CO/UL – 62, pasta 13 – Situação política em Angola, 1941 ("Relatório secreto" dirigido ao governador-geral de Angola, pelo comandante interino, tenente Elísio Guilherme de Azevedo, datado de Luanda, 31 de agosto de 1941). Cf. Peralta (1947).

[14] AN/TT, AOS/CO/UL – 8F, pasta 5 – Incidente entre o vigário-geral de Angola, monsenhor Alves da Cunha, e o governador-geral, dr. Marques Mano.

da arquidiocese os motivos do contencioso, dirigindo-lhe uma circular no dia 25 de outubro de 1941. Nessa circular, o arcebispo defendeu o vigário-geral e denunciou o facto de ele próprio ser vigiado por uma pessoa de automóvel, que permanecia em continuação à porta do Paço Episcopal. Dois dias depois, o governador-geral comunicou ao arcebispo que os "casos" do jornal *O Apostolado* e de Alves da Cunha estavam resolvidos.[15]

Na verdade, o governador-geral preparava a expulsão da segunda figura mais importante da hierarquia católica na colónia, monsenhor Alves da Cunha. Na tarde de 30 de outubro de 1941, Luanda foi surpreendida por um movimento desusado de tropas que, seguindo as ordens do governador-geral, tomaram posições nos pontos estratégicos da cidade: Palácio do Governo, Observatório, Fortaleza de S. Miguel, Ilha de Luanda, Farol das Lagostas etc. Simultaneamente, a polícia colonial procedeu a buscas domiciliárias nos aposentos de determinados clérigos e pelo menos um cónego foi alvo de um interrogatório policial. No dia seguinte, monsenhor Alves da Cunha recebeu uma ordem de embarque imediato no navio de carga *Cubango*, que deveria levantar ferro nessa noite (de 1º para 2 de novembro de 1941) em direcção à metrópole. Guardado pela polícia colonial, o vigário-geral foi obrigado a embarcar nessa noite com ordem para se apresentar no Ministério das Colónias, em Lisboa. Muito embora a tropa estivesse de prevenção, todo o clero da cidade e vários leigos foram ao cais de embarque expressar solidariedade ao vigário-geral, num sinal claro de que não deixariam passar a afronta representada pela deportação de Alves da Cunha. No dia 3 de novembro de 1941, o governo-geral deu conhecimento à colónia, por meio de uma nota oficiosa na imprensa, da "saída para a metrópole" do vigário-geral.[16] Num ofício a Salazar, Marques Mano justificou sua decisão pelo facto de ter informações seguras de que monsenhor Alves da Cunha estava por detrás dum projecto revolucionário tendente a dar "vida internacional própria" a Angola. Por outras palavras, monsenhor Alves da Cunha seria o promotor da conspiração

---

[15] AN/TT, AOS/CO/UL – 8F, pasta 5 – Incidente entre o vigário-geral de Angola, monsenhor Alves da Cunha, e o governador-geral, dr. Marques Mano (circular do senhor arcebispo de Luanda ao clero da arquidiocese, Luanda, 25 de outubro de 1941).

[16] AN/TT, AOS/CO/UL – 8F, Pasta 5 – Incidente entre o vigário-geral de Angola, monsenhor Alves da Cunha, e o governador-geral, dr. Marques Mano.

dos colonos, cujo principal objectivo seria obter a independência de Angola sob a "protecção" externa da África do Sul.[17]

A reacção da Igreja católica à deportação de Alves da Cunha foi vigorosa. Em 6 de novembro de 1941, numa segunda circular dirigida ao clero angolano, o arcebispo de Luanda mobilizou todo o clero da colónia contra a deportação de Alves da Cunha para Portugal. Depois, em 10 de novembro de 1941, numa missiva a Salazar, d. Moisés Alves de Pinho queixou-se da suspensão do jornal *O Apostolado* e da expulsão do vigário-geral "em condições particularmente vexatórias e gravemente ofensivas da dignidade e liberdade da Igreja". O arcebispo exigiu, assim, a resolução imediata do contencioso e o fim das perseguições políticas movidas pela polícia local, que classificou de "GESTAPO de baixo estofo". Por fim, o arcebispo deixou ficar a ameaça de que, caso o problema não fosse resolvido (e se procedesse a um já projectado inquérito às actividades políticas das missões católicas), ele próprio teria de dar público conhecimento à população do que até então tinha comunicado apenas ao clero em circular confidencial. Por outras palavras, a Igreja católica prontificava-se a mobilizar a população da colónia contra o governo português, com as consequências políticas que daí poderiam advir para a ditadura nos planos interno e externo.[18] Saliente-se que o arcebispo de Luanda também enviou uma carta ao presidente da República, general Óscar Fragoso Carmona, em que denunciou a deportação de monsenhor Alves da Cunha que, na verdade, era conterrâneo e "amigo de infância" do general Carmona. Carmona remeteu a carta a Salazar, com a indicação de resolver o problema.[19]

Salazar, temendo que a deportação do prelado provocasse uma "alteração" da ordem pública na colónia pela mão dos colonos – com o apoio da Igreja católica – e que essa "alteração" servisse de pretexto a uma intervenção sul-

---

[17] AN/TT, AOS/CO/UL – 8F, pasta 5 – Incidente entre o vigário-geral de Angola, monsenhor Alves da Cunha, e o governador-geral, dr. Marques Mano (carta do governador-geral Marques Mano a Salazar, datada de 12 de novembro de 1941).

[18] AN/TT, AOS/CO/UL – 8F, pasta 5 – Incidente entre o vigário-geral de Angola, monsenhor Alves da Cunha, e o governador-geral, dr. Marques Mano (carta do arcebispo de Luanda, d. Moisés Alves de Pinho, ao general Carmona, datada de Luanda, 10 de novembro de 1941).

[19] AN/TT, AOS/CO/UL – 8F, pasta 5 – Incidente entre o vigário-geral de Angola, monsenhor Alves da Cunha, e o governador-geral, dr. Marques Mano (carta do arcebispo de Luanda, d. Moisés Alves de Pinho, a Salazar, datada de Luanda, 10 de novembro de 1941).

-africana, procurou encontrar uma solução rápida para o problema. Como tal, deu indicações para que o vigário-geral fosse colocado em liberdade uma vez chegado a Lisboa. Depois, mandou seguir para a colónia o ministro das Colónias, com a indicação expressa de assegurar a manutenção da "ordem política". Tal decisão deu a entender ao governador-geral que o presidente do Conselho de Ministros não o considerava capaz de manter o "respeito pela autoridade" na colónia. Assim, Marques Mano sentiu-se desautorizado e desapoiado politicamente pelo governo, pelo que pediu demissão do cargo de governador-geral, no que foi acontentado de imediato por Lisboa.[20] Posteriormente, monsenhor Alves da Cunha regressou a Angola, sendo recebido em pompa e circunstância pela população católica de Luanda.

Mas as tensões entre o clero católico e o poder político não ficaram por aqui. Em 1945, d. Moisés Alves de Pinho apoiou publicamente o movimento político de oposição ao salazarismo conhecido por Movimento de Unidade Democrática (MUD),[21] obrigando a União Nacional a retirar sua lista às eleições legislativas de novembro de 1945. Foi então organizada uma lista independente mais consensual na sociedade colonial e que integrava uma das figuras mais controversas do regime, o capitão Henrique Galvão, que durante seu mandato de deputado denunciou as iniquidades do colonialismo português em Angola.[22]

D. Moisés Alves de Pinho e monsenhor Alves da Cunha foram também responsáveis pela formação de alguns clérigos africanos que mais tarde tiveram uma importância significativa na formação dos movimentos nacionalistas angolanos. Foi o caso do cónego Manuel das Neves (Lopes, 2017), um mestiço, sucessor de Alves da Cunha enquanto vigário-geral de Angola e que terá sido um dos "mentores" dos assaltos às prisões coloniais de Luanda, de 4 de fevereiro de 1961, data simbólica do início da guerra de independência de Angola. Com ele colaboraram os padres africanos Joaquim Pinto de Andrade (Andringa, 2017), mais tarde presidente honorário do MPLA, e Manuel Franklin da Costa, futuramente arcebispo do Lubango. Os três foram vítimas

---

[20] AN/TT, AOS/CO/UL – 8F, pasta 5 – Incidente entre o vigário-geral de Angola, monsenhor Alves da Cunha, e o governador-geral, dr. Marques Mano.
[21] AN/TT, Arquivo Pide/DGS. Delegação de Angola. Eugénio Bento Ferreira. Processo 53686, 8912.
[22] *A Província de Angola*, n. 6.073, p. 4, 18 de out. 1945. Cf. Galvão (1949:8). Marcello Caetano, então ministro das Colónias, deu sua versão dos acontecimentos em Caetano (1977:243-250).

das perseguições do regime, tendo o primeiro sido preso e deportado para a metrópole.

Moçambique

Por sua vez, em Moçambique assistiu-se, desde meados da década de 1940, a uma fractura no seio da hierarquia eclesiástica face às injustiças do sistema colonial português. Por um lado, temos uma posição de apoio declarado à política colonial portuguesa – e ao Estado Novo – por parte dos arcebispos de Lourenço Marques, primeiramente por parte do cardeal d. Teodósio Clemente Gouveia (Veloso, 1965) e, depois, pelo seu sucessor, d. Custódio Alvim. Ambos se manifestaram publicamente adeptos do salazarismo e contrários à ideia da emancipação das populações africanas. Por outro lado, temos um posicionamento muito crítico em relação à dominação colonial portuguesa, sobretudo no que diz respeito ao tratamento iníquo de que era vítima a maioria africana, assumido por alguns bispos do centro-norte da colónia, nomeadamente pelo primeiro bispo da Beira, d. Sebastião Soares de Resende.[23]

Natural da metrópole, d. Sebastião Soares de Resende (Azevedo, 1994:391-415) desembarcou na Beira em 30 de novembro de 1943. Rapidamente, adquiriu consciência das grandes injustiças sociais resultantes da dominação colonial portuguesa, sobretudo no que dizia respeito às condições de vida da

---

[23] Outro exemplo de oposição às políticas coloniais do Estado Novo em Moçambique foi o de D. Eurico Dias Nogueira, bispo de Vila Cabral, diocese entretanto criada no norte de Moçambique. D. Eurico notabilizou-se pelo diálogo com os muçulmanos que viviam na sua diocese e, sobretudo, pelas suas cartas pastorais, em que defendeu os direitos das populações africanas e a necessidade da paz, em plena guerra colonial (Nogueira, 1995; Marques, 2000:375-404). E, já no consulado marcelista, teve grande impacto a atitude de denúncia e de condenação da repressão colonial portuguesa sobre a população africana por parte do bispo de Nampula, d. Manuel Vieira Pinto, expulso pelas autoridades coloniais para a metrópole nas vésperas do 25 de abril de 1974 (Luzia, 2016). De resto, durante a guerra colonial foram múltiplos os casos de missionários católicos que denunciaram a ocorrência de massacres perpetrados pela tropa colonial contra as populações africanas, acusadas de cooperarem com a guerrilha nacionalista da Frelimo. Salientamos aqui, pelo seu impacto mediático, as denúncias dos massacres de Mucumbura pelos padres do Macuti, bem como denúncias dos massacres de Wiriyamu, Juwau e Chawola pelos padres de Burgos, Alfonso Valverde e Martin Hernandez e pelo jesuíta Adrian Hastings (Hastings, 1974).

população africana. Isso mesmo é demonstrado pelo seu diário pessoal, hoje à guarda do Centro de Estudos Africanos da Universidade do Porto. Nesse sentido, o bispo da Beira depressa se tornou numa voz incómoda para o regime colonial. E, embora a sua actuação tivesse suscitado as críticas de alguns sectores mais reaccionários dos colonos, a verdade é que sua acção pastoral contribuiu para o incremento da consciência política da população. De resto, d. Sebastião Resende encarava a situação moçambicana no seu conjunto, pelo que considerava inevitável a independência de Moçambique, "com negros e brancos a governar". Por isso, dirigiu-se sempre a todos os segmentos demográficos da população moçambicana.

D. Sebastião Soares de Resende publicou um conjunto significativo de cartas pastorais,[24] na sua maioria com um forte pendor social e até político. As preocupações de carácter social são bem visíveis na pastoral de 1945, *Fé, vida e colonização*, tendo causado desde logo alguma apreensão no seio do regime colonial. Mas foram particularmente incisivas as pastorais *Ordem comunista* (1948) e *Ordem anticomunista* (1949), *O problema da educação em África* (1951), *O padre missionário* (1952), *Hora decisiva de Moçambique* (1954) e *Moçambique na encruzilhada* (1959). A partir de 1954, as denúncias e as críticas passaram a atingir os mais altos cargos da administração colonial, inclusivamente o ministro do Ultramar, o que provocou o agastamento dos meios governamentais. Para além das pastorais, o bispo da Beira publicou uma série de artigos na imprensa, em especial nos jornais *Voz Africana* e *Diário de Moçambique*, este último criado pelo próprio no Natal de 1950.

Um dos problemas mais amplamente denunciados pelo bispo da Beira foi o da exploração laboral da população indígena à luz da legislação então existente: o Estatuto do Indigenato[25] e o Código do Trabalho Indígena.[26]

---

[24] Entre as cartas pastorais escritas pelo primeiro bispo da Beira salientamos: *Saudação Pastoral* (1943), *Padres missionários* (1944), *Fé, vida e colonização* (1945), *Ordem comunista* (1948), *Ordem anticomunista* (1949), *A verdadeira Internacional* (1950), *O problema da educação em África* (1951), *O padre missionário* (1952), *Responsabilidades cristãs* (1952), *Hora decisiva de Moçambique* (1954), *Mulher única* (1955), *Responsabilidades dos leigos* (1956), *O sacramento da vida* (1958), *Moçambique na encruzilhada* (1959), *O mistério da comunidade cristã* (1960), *Moral conjugal em crise* (1962).

[25] Ministério das Colónias. *Estatuto Político, Civil e Criminal dos Indígenas de Angola e Moçambique*, decreto nº 12.533, de 23 de outubro de 1926.

[26] Ministério das Colónias. *Código do Trabalho dos Indígenas nas Colónias Portuguesas de África*, decreto nº 16.199, de 6 de dezembro de 1928.

D. Sebastião Soares de Resende denunciou a existência de formas encapotadas de "escravatura" entre a população indígena, em especial nos campos de algodão. Por isso, defendeu o fim do indigenato e o respeito pelos direitos da população africana. Contudo, foi necessário esperar pela eclosão da guerra de independência de Angola, em 1961, para que o governo português decidisse finalmente a abolição do Estatuto do Indigenato e, consequentemente, a revogação do Código de Trabalho Indígena.[27]

A educação do indígena foi outro dos assuntos focados por d. Sebastião Soares Resende. De facto, o bispo insurgiu-se contra a política educativa salazarista que remetia a população indígena para um mero "ensino rudimentar", de dois anos, tendo como disciplinas obrigatórias a Língua Portuguesa e a História de Portugal, de forma a assegurar sua "portugalização". Ao invés, d. Sebastião Resende preconizava uma educação igual e geral para todos, quer fossem africanos ou europeus. D. Sebastião Soares de Resende lutou ainda vigorosamente para a instauração do ensino técnico, politécnico e superior em Moçambique; objectivo que só foi alcançado com a criação dos Estudos Gerais Universitários de Moçambique em 1962 (Pereira, 2016).

As relações entre as autoridades coloniais e o prelado da Beira conheceram um agravamento substancial a partir de 1957. Nesse ano, o bispo da Beira e o ministro do Ultramar, Raul Jorge Rodrigues Ventura, desentenderam-se a propósito da construção do Colégio dos Maristas na Beira. O ministro teria prometido a sua construção – ou pelo menos um apoio a esse projecto –, mas não teria mantido a promessa, facto que suscitou a reacção do bispo. D. Sebastião Soares de Resende denunciou então publicamente e por escrito a deslealdade do ministro, facto que suscitou a intervenção das autoridades coloniais, inclusivamente da censura. O caso assumiu tais proporções que levou à intervenção pessoal do presidente do Conselho de Ministros junto do núncio da Santa Sé em Lisboa. Salazar teria então exigido que o bispo se retratasse publicamente, repondo "a verdade dos factos". Mas d. Sebastião

---

[27] O Estatuto do Indigenato foi revogado por decreto do ministro do Ultramar, Adriano Moreira, em 6 de setembro de 1961. Em 1962, foi promulgado um Código de Trabalho Rural que substituiu o obsoleto Código de Trabalho Indígena. Cf. Ministério do Ultramar, *Revogação do Decreto-Lei nº 39.666, que promulga o Estatuto dos Indígenas Portugueses das Províncias da Guiné, Angola e Moçambique. Decreto-Lei nº 43.893, de 6 de setembro de 1961*, Lisboa: AGU, 1961. Ministério do Ultramar, *Código do Trabalho Rural*, Decreto nº 44.309, de 27 de abril de 1962.

Soares de Resende resistiu a toda e qualquer pressão nesse sentido, mantendo sua posição crítica em relação ao ministro e ao regime colonial. Rapidamente, o "caso do bispo da Beira" ganhou mediatismo e tornou-se conhecido dentro e fora da colónia. Para o regime salazarista, o bispo mais não era do que o porta-bandeira da oposição em Moçambique. E, de facto, em 1958, nas eleições para a presidência da República portuguesa, o candidato da oposição, Humberto Delgado, ganhou o sufrágio na Beira, com dois terços dos votos, humilhando nas urnas o candidato do regime, Américo Tomaz. A esta vitória esmagadora da oposição não é alheia a acção de consciencialização político-social desenvolvida ao longo dos anos pelo bispo da Beira (Pimenta, 2016).[28]

Diversamente do que aconteceu com d. António Ferreira, bispo do Porto, o regime salazarista nunca chegou a exilar o bispo da Beira. Mas o prelado passou a ser claramente hostilizado pelas autoridades coloniais, sendo vigiado de perto pela Pide, que impôs, por três vezes, o encerramento do jornal diocesano. D. Sebastião Resende não se cansou, porém, de denunciar os casos de abuso por parte das autoridades coloniais, procurando dar voz aos anseios da população moçambicana, independentemente da raça. Morreu em 25 de janeiro de 1967, tendo sido sepultado na Sé da Beira, sendo ainda hoje objecto de estima e consideração por parte da população moçambicana.

Conclusão

Em termos institucionais, a Igreja católica cooperou com o Estado Novo no processo de colonização da África portuguesa. A concordata e, de forma especial, o Acordo Missionário, ambos assinados em 1940, definiram as bases formais dessa mesma cooperação, incorporando a acção missionária na muito propalada "missão civilizadora" do colonialismo português e contribuindo assim para que o Império Colonial Português mantivesse (ou readquirisse, dependendo da perspectiva) uma aura de legitimidade espiritual, consubstanciada no postulado da defesa e da expansão da fé cristã no mundo. Em

---

[28] PRO, FO 371/131635 – *Internal Political Situation in Portuguese Africa*, 1958. Cf. *Notícias*, n. 10.296, p. 1, 9 jun. 1958.

troca, a Igreja católica recebeu um conjunto não despiciendo de privilégios, de prerrogativas e de benefícios económicos e fiscais essenciais para o progresso material da obra missionária nas colónias africanas.

No entanto, uma coisa eram as bases institucionais de cooperação definidas pelas chancelarias vaticana e portuguesa na Europa; outra coisa era o relacionamento concreto, no terreno, em África, entre o clero católico e as autoridades coloniais portuguesas. A análise demonstra a existência de claras tensões entre alguns sectores da hierarquia católica colonial e o Estado português nas colónias, nomeadamente em Angola. O caso de monsenhor Alves da Cunha é particularmente representativo da grande complexidade das relações coloniais e das profundas divergências políticas existentes no seio do estrato colonizador. Neste âmbito, a Igreja católica, ou pelo menos parte da sua hierarquia, exprimiu o descontentamento da população branca de Angola, colocando-se numa posição de claro afrontamento político em relação ao regime colonial português. Em Moçambique, com o caso do bispo da Beira, essa dissensão foi mais estimulada por motivos pastorais do que por questões político-ideológicas. Mas ambos os casos evidenciam que a Igreja católica esteve longe de constituir uma muleta do Estado Novo em África, sendo muito mais intricado – do que à primeira vista se poderia supor – o relacionamento entre Igreja e Estado no plano colonial.

Referências

ABREU, Adélio Fernando. A Igreja católica e a Primeira República. *Humanística e Teologia*, v. 31, n. 2, p. 157-186, 2010.

ANDRINGA, Diana; SOUSA, Victória de Almeida e. *Joaquim Pinto de Andrade*: uma quase autobiografia. Porto: Afrontamento, 2017.

AZEVEDO, Carlos A. Moreira. Perfil biográfico de d. Sebastião Soares de Resende. *Lusitania Sacra*, V série, n. 6, p. 391-415, 1994.

BRANDÃO, Pedro Ramos. *A Igreja católica e o Estado Novo em Moçambique*. Lisboa: Editorial Notícias, 2004.

CAETANO, Marcelo. *Minhas memórias de Salazar*. Lisboa: Verbo, 1977.

CARVALHO, Rita Maria Cristovam Cipriano Almeida de. *A Concordata de Salazar*: Portugal-Santa Sé 1940. Lisboa: Dissertação (doutorado em história contemporânea) – Faculdade de Ciências Sociais e Humanas, Universidade Nova de Lisboa, Lisboa, 2009.

CENTRO DE ESTUDOS DE DIREITO CANÓNICO. *A concordata entre a Santa Sé e a República Portuguesa*. Coimbra: Almedina, 2001.

CRUZ, Manuel Braga da. As negociações da Concordata e do Acordo Missionário de 1940. *Análise Social*, v. XXXII, p. 815-845, 1997.

____. *O Estado Novo e a Igreja católica*. Lisboa: Bizâncio, 1998.

DORES, Hugo Filipe Gonçalves. *Uma missão para o Império*: política missionária e o novo imperialismo (1885-1926). Lisboa: Tese (doutoramento) – Programa Interuniversitário de Doutoramento em História, ISCTE/UCP/EU, Lisboa, 2014.

GALVÃO, Henrique. *Por Angola (quatro anos de actividade parlamentar), 1945-1949*. Lisboa: Ed. do Autor, 1949.

HASTINGS, Adrian. *Wiriyamu*. Porto: Afrontamento, 1974.

JERÓNIMO, Miguel Bandeira. *The civilising mission of portuguese colonialism, 1870-1930*. Basingstoke: Palgrave Macmillan, 2015.

LEITE, António et al. *A Concordata de 1940*: Portugal-Santa Sé. Lisboa: Didaskalia, 1993.

LOPES, José Manuel da Silveira. *O cónego Manuel das Neves*: um nacionalista angolano. Lisboa: Nova Vega, 2017.

LUZIA, José. *Manuel Vieira Pinto*: o visionário de Nampula. Lisboa: Paulinas, 2016.

MARQUES, João Francisco. Um bispo missionário na tormenta africana. *Theologica*, v. 35, n. 2, p. 375-404, 2000.

MATOS, Luís Salgado. *A separação do Estado e da Igreja*: concórdia e conflito entre a Primeira República e o catolicismo. Lisboa: D. Quixote, 2011.

MOURA, Maria Lúcia de Brito. *A guerra religiosa na I República*. Cruz Quebrada: Ed. Notícias, 2004.

NOGUEIRA, Eurico Dias. *Episódios da minha missão em África*. Braga: Ed. do Autor, 1995.

PERALTA, Pena. Monsenhor Kuribeka. *A Nação*, 25 ago. 1947.

PEREIRA, Carlos Lopes; GONZALEZ, Luís. *História da AAM – Associação Académica de Moçambique (1964-1975)*. Vila Nova de Gaia: Calendário das Letras, 2016.

PEREIRA NETO, Vitor Manuel. *O Estado, a Igreja e a sociedade em Portugal (1832-1911)*. Lisboa: INCCM, 1998.

PIMENTA, Fernando Tavares. Corpos para trabalhar: a questão da mão de obra indígena (negra) na África portuguesa. In: COLÓQUIO INTERNACIONAL: O CONTROLO DOS CORPOS E DAS MENTES – ESTRATÉGIAS DE DOMINAÇÃO DOS REGIMES FASCISTAS E AUTORITÁRIOS, 21-23 out. 2015, Rio de Janeiro. *Anais...* São Paulo: Arquivo Nacional e Laboratório de Estudos sobre Etnicidade, Racismo e Discriminação da Universidade de São Paulo (Leer/USP), 2015.

____. *Angola*: os brancos e a independência. Porto: Afrontamento, 2016.

PROENÇA, Maria Cândida (Org.). *A questão religiosa no Parlamento (1910-1926)*. Lisboa: Assembleia da República, 2011. v. II.

REIS, Célia. *O padroado português no extremo Oriente na Primeira República*. Lisboa: Livros Horizonte, 2007.

RODRIGUES, Samuel. Concordata de 1940: da génese ao texto definitivo. In: LEITE, António et al. *A Concordata de 1940*: Portugal-Santa Sé. Lisboa: Didaskalia, 1993. p. 29-49.

SANTOS, Eduardo dos. *O Estado Português e o problema missionário*. Lisboa: Agência Geral do Ultramar, 1954.

SANTOS, Paula Alexandra Fernandes Borges dos. *A política religiosa do Estado Novo (1933-1974)*: Estado, leis, governação e interesses religiosos. Tese (doutorado em história contemporânea) – Faculdade de Ciências Sociais e Humanas, Universidade Nova de Lisboa, Lisboa, 2012.

SECRETARIADO DE PROPAGANDA NACIONAL (SPN). *Portugal e a Santa Sé*: Concordata e Acordo Missionário de 7 de Maio de 1940. Lisboa: SPN, 1943.

SILVA, Armando B. Malheiro da. Os católicos e a República Nova (1917-1918): da questão religiosa à mitologia nacional. *Lusitania Sacra*, II série, n. 8/9, p. 385-499, 1996-1997.

TANGA, Lino. *O impacto da Concordata e do Acordo Missionário em Angola (1940-1975)*. Dissertação final (doutoramento em teologia histórica) – Faculdade de Teologia, Universidade Católica Portuguesa, Lisboa, 2012.

TELO, António José. *Portugal na Segunda Guerra (1941-1945)*. Lisboa: Vega, 1991.

VELOSO, Agostinho. *Dom Teodósio Clemente de Gouveia*: paladino de Portugal ao serviço de Deus. Lisboa: Agência Geral do Ultramar, 1965.

Fontes

Arquivo do Public Record Office (PRO), Londres:

PRO, FO 371/26885, *Aircraft desired by Angola*, 1941.
PRO, FO 371/26841, *British Troop Movements on Frontier of Angola*, 1941.
PRO, GFM 33/507, German Legation Lisbon – Consulate Luanda, 1941 (German Foreign Ministry, serial 1094, item 3: "Separatistische Bewegung in Angola", 9/7/1941).
PRO, FO 371/31120, *British Interests in Angola*, 1942.
PRO, HS 3/75, Combined S.I.S./S.O.E. Organization, 1943/1944.
PRO, FO 371/131635, *Internal Political Situation in Portuguese Africa*, 1958.

Arquivo Pide/DGS

AN/TT, Arquivo Pide/DGS, delegação de Angola, Eugénio Bento Ferreira, processos n.º 53.686 e n.º 8.912.

Cartas pastorais de d. Sebastião Soares de Resende

Saudação pastoral (1943); *Padres missionários* (1944); *Fé, vida e colonização* (1945); *Ordem comunista* (1948); *Ordem anticomunista* (1949); *A verdadeira Internacional* (195; *O problema da educação em África* (1951); *O padre missionário* (1952); *Responsabilidades cristãs* (1952); *Hora decisiva de Moçambique* (1954); *Mulher única* (1955); *Responsabilidades dos leigos* (1956); *O sacramento da vida* (1958); *Moçambique na encruzilhada* (1959); *O mistério da comunidade cristã* (1960); *Moral conjugal em crise* (1962).

Documentação eclesiástica

Inter Sanctam Sedem et Rempublicam Lusitanam Sollemnes Conventiones / Acordo Missionário entre a Santa Sé e a República Portuguesa. Cidade do Vaticano, 7 de maio de 1974.

Pio XII. *Bula Sollemnibus conventionibus*, de 4 de setembro de 1940, AAS 32 (1940), p. 235-244.

Imprensa

A Província de Angola, n. 6.073, 18 out. 1945.
Notícias, n. 10.296, 9 jun. 1958.

Instituto dos Arquivos Nacionais Torre do Tombo (AN/TT), Lisboa / Arquivo António Oliveira Salazar (AOS)

AN/TT, AOS/CO/UL – 62, pasta 12 – Situação em Angola (1941).
AN/TT, AOS/CO/UL – 62, pasta 13 – Situação política em Angola (1941).
AN/TT, AOS/CO/UL – 8F, pasta 5 – Incidente entre o vigário-geral de Angola, monsenhor Alves da Cunha, e o governador-geral, dr. Marques Mano

Legislação

Ministério das Colónias. *Estatuto Político, Civil e Criminal dos Indígenas de Angola e Moçambique* – Decreto nº 12.533, de 23 de outubro de 1926.
Ministério das Colónias. *Código do Trabalho dos Indígenas nas Colónias Portuguesas de África*. Decreto nº 16.199, de 6 de dezembro de 1928.
Ministério do Ultramar. Revogação do Decreto-Lei nº 39.666, que promulga o Estatuto dos Indígenas Portugueses das Províncias da Guiné, Angola e Moçambique. do Decreto-Lei nº 43.893, de 6 de setembro de 1961. Lisboa: AGU, 1961.
Ministério do Ultramar. *Código do Trabalho Rural*. Decreto nº 44.309, de 27 de abril de 1962.

INTELECTUAIS

12. Intelectuais e poder: de volta ao debate sem trégua*

Helena Bomeny

> *se o homem de cultura participa da luta política com tanta intensidade que acaba por se colocar a serviço desta ou daquela ideologia, diz-se que ele trai sua missão de clérigo [...] Mas se, de outra parte, o homem de cultura põe-se acima do combate [al di sopra della mischia] para não trair e se "desinteressar das paixões da cidade", diz-se que faz obra estéril, inútil, professoral.*
> (Bobbio, 1997:21-22)

Este texto foi escrito a propósito do encontro realizado em 2017 no Cpdoc da Fundação Getulio Vargas em que esteve em pauta, entre outros, um tema caro aos que, como eu, já se detiveram no Ministério Capanema (1934-1945), no governo Getúlio Vargas (1930-1945): a relação de intelectuais com o poder. O seminário teve como objetivo maior a reflexão sobre os 80 anos do Estado Novo no Brasil (1937-2017) e a experiência do Estado Novo em Portugal. A intenção foi mobilizar a memória capturando atos, gestos, projetos, afinidades, tensões, adesões e resistências nos campos da política e também da cultura na perspectiva comparada Brasil e Portugal. A relação entre cultura e polí-

---

* Texto escrito para o Simpósio Internacional *O Estado Novo, 80 Anos*, promovido pelo Cpdoc/FGV; ICS/Universidade de Lisboa, Programa de Pós-Graduação em História Social da USP; Programa de Pós-Graduação em História da UFJF; DHEEAA/Fluc e Ceis20/UC; Programa de Pós-graduação em História da PUC-RS. Rio de Janeiro, 8 a 10 de novembro de 2017.

tica acaba nos jogando de volta a questões permanentes na teoria social que dizem respeito à nem sempre amistosa, muito menos ingênua, relação entre intelectuais e poder, intelectuais e regimes políticos, inteligência e movimentos culturais. Também nos invoca à reflexão sobre as distintas vertentes do modernismo em suas feições tanto construtivas quanto também controversas que atuaram, sob distintos aspectos, na formulação de políticas para cultura.

Na recuperação a que se propôs o encontro, considerei conveniente ressaltar o protagonismo do Centro de Pesquisa e Documentação de História Contemporânea do Brasil (Cpdoc) em estudos e pesquisas sobre o Estado Novo, especialmente nos campos da cultura e da história política. O binômio cultura e política – expressão fiel do que o período criou – bem como as razões de sua permanência como projeto de Estado acabaram sendo motes de pesquisa perseguidos por pesquisadores que integraram a instituição desde seu momento de fundação, em 1973. Política informada ou legitimada pela cultura e cultura mobilizada, estimulada e questionada pela interlocução e dependência da política. O Cpdoc abriu e consolidou uma tradição de pesquisa, recebida, vale dizer, com extrema desconfiança nos anos 1970. Cuidou de recuperar individualidades, trajetórias, projetos e propostas de reformas defendidos ou desenhados por atores que tiveram espaço quer no governo, quer na esfera de comunicação nas revistas e jornais, nas editoras ou mesmo nos acervos privados, como os que foram depositados no Cpdoc desde o momento original de sua formação em 1973. A socióloga Élide Rugai registrou tal pioneirismo do Cpdoc referindo-se ao Projeto Brasiliana, parte do esforço de pesquisa original coordenado por Lucia Lippi Oliveira como o primeiro e maior grupo organizado de investigação sobre o pensamento brasileiro, iniciado em 1973. O passo inaugural desse projeto coletivo foi a realização de um levantamento bibliográfico referente à Revolução de 1930 e sua análise (Bastos, 2003). O empreendimento original foi desdobrado no projeto Ideologia do Estado Novo, quando Lucia Lippi de Oliveira, Angela de Castro Gomes e Mônica Velloso assinaram um livro – referência obrigatória aos estudiosos do período – cujo título anunciava o percurso de incursões distintas, assinado por vários pesquisadores – *Estado Novo, ideologia e poder* (Oliveira, Velloso e Gomes, 1982). A articulação entre pensamento e política esteve sempre presente na investigação e em diferentes trabalhos publicados por pesquisadores do Cpdoc. As pesquisas realizadas reforçam o projeto original do Cpdoc e dão a dimensão do amplo e variado espectro interpretativo da relação vasta, instigante, por vezes desconcertante que os binômios pensamento e política, intelectuais e poder ainda rendem em nossas interlocuções acadêmicas.

O livro *Tempos de Capanema* (Schwartzman, Bomeny e Costa, 1984) é tributário dessa tradição. Foi o primeiro investimento em pesquisa no arquivo Gustavo Capanema, depositado no Cpdoc em 1978, que resultou no livro e que abriu, ao menos para mim, uma trilha de pesquisa que não mais se esgotou. O Ministério Capanema no período de 1934 a 1945 é referência obrigatória por ter se constituído no porta-voz de uma política de Estado para educação, a cultura e a saúde. Um ministério que ganhou visibilidade pela constelação de atores sociais estratégicos ali atuantes convocados pelo propósito do governo Vargas de implantar o projeto de "homem novo" *em* e *para* um Estado que se queria novo. Este é um ponto que nos obriga o refinamento analítico por se tratar de uma constelação de atores dispostos em uma paleta com variações em cor que os distingue política e ideologicamente com mais ou menos intensidade. Uma crítica uniforme e generalizada poderia, por exemplo, colocar na mesma cesta os educadores Anísio Teixeira, Francisco Campos e Fernando Azevedo; os poetas e escritores modernistas Mário de Andrade, Carlos Drummond de Andrade, Jorge de Lima e Cecilia Meirelles; o músico e compositor Heitor Villa-Lobos, além de Rodrigo Mello Franco Andrade, responsável pela consolidação de uma política de preservação do patrimônio histórico e artístico nacional na trilha do que foi concebido por Mário de Andrade, em 1938. Isto para ficarmos apenas com os usuários mais assíduos registrados no arquivo Capanema. O problema metodológico que se transforma em desafio analítico é considerar simultaneamente a implicação sociológica e política da participação dos intelectuais em uma configuração autoritária de poder – esforço contínuo das reflexões de Sergio Miceli – e dosar, como bem alerta Norberto Bobbio (1997), a variação do envolvimento dos intelectuais com a política que acaba se refletindo em formas também variadas expressas na ação/impedimento, ação/resistência, ação/adesão, ação/silêncio em cada tipo de envolvimento desses atores em questão.

Estamos, portanto, no coração da questão sensível, teórica e empírica da relação dos intelectuais com o poder, da cultura com a política. A trajetória pública desses personagens baliza o dilema a que me refiro: acompanhar o envolvimento/cerceamento de cada um deles quando autorizados, convocados e estimulados a agir. Os exemplos paradigmáticos são o educador Anísio Teixeira (1900-1971) e o poeta, escritor modernista Mário de Andrade (1893-1945). Movidos pelo fervor republicano, o primeiro na defesa intransigente da universalização à americana do direito democrático à educação; o segundo, Mário de Andrade, no escrutinamento da ampla e inesgotável variedade de expressão da cultura brasileira em suas múltiplas possibilidades (folclore, música, poesia, literatura, arte, teatro, patrimônio etc). Dois intelectuais públicos que deixaram como legado políticas de Estado para a educação e cultura que tiveram no Estado Novo a confirmação dupla do envolvimento e da interdição. É só lembrar a permanência de duas causas que ainda hoje rondam nossas discussões, por vezes como fantasmas, outras como conquistas: a educação pública, obrigatória, laica e gratuita em tempo integral na educação fundamental (legado de Anísio Teixeira) e os 80 anos da política de preservação do patrimônio histórico e artístico nacional, que teve como protagonista Mário de Andrade. Junto com a proclamação do Estado Novo, tivemos no Brasil o início da formulação da política de preservação do patrimônio histórico e artístico nacional. São dois exemplos que simbolizam as heranças dos dois intelectuais que se envolveram ao limite com projetos para educação e cultura. Os limites foram sempre impostos, nesses dois casos, pelo poder da política. Anísio Teixeira atraiu a ira dos autoritários e sofreu as consequências por uma defesa intransigente da democracia e dos direitos à educação, e Mário de Andrade, em paralelo, viu seu mandato ser interrompido bruscamente à frente do Departamento Municipal de Cultura de São Paulo. Em entrevista concedida a Heloisa Pontes, o crítico literário Antônio Cândido nos oferece um quadro do que acabou sendo incabível na conjuntura política que se implantava com o Estado Novo:

> O Departamento de Cultura foi o único grande esforço de difundir em nível popular a cultura que São Paulo tinha conhecido até então. Mário de Andrade criou, por exemplo, as bibliotecas ambulantes, furgões com livros que paravam em certos locais, abriam as portas, punham umas mesinhas em volta e forneciam livros aos leitores, ao ar livre. Criou os parques infantis, onde os meninos brincavam, cantavam, recitavam, representavam sob a direção do pessoal especializado. Os anos de 1930 foram mesmo um período extraordinário da história do Brasil, percorridos pela grande esperança de renovação e popularização da cultura [Pontes, 2001].

O livro *Constelação Capanema*, concebido e escrito por ocasião do centenário de nascimento de Gustavo Capanema, evidenciou o espectro daquela conjuntura nos campos da cultura, da educação e da saúde. Um ministério que abrigou uma equipe de talentos multifacetados dos artistas, cineastas, músicos e intelectuais envolvidos em iniciativas variadas que se traduziram em projetos museológicos, editoriais, cinematográficos, teatrais, gráficos, musicais ou outros. A pesquisadora Regina da Luz Moreira, que assinou a orelha do livro, chamou a atenção para a riqueza documental de um arquivo com cerca de 200 mil documentos cujo manuseio por pesquisadores diversos amplia em muito o raio de interpretação de um ministério como o de Gustavo Capanema:

> uma opção que desconstrói a imagem com a qual ficou conhecido Gustavo Capanema, associada de forma simplista à construção do novo prédio do Ministério da Educação e Saúde e ao apoio dado aos arquitetos modernistas – como Oscar Niemeyer, Lúcio Costa e Carlos Leão –, para reconstruí-la dentro de uma outra dimensão, mais ampla, mais diversificada, mais complexa. A imagem de um Capanema não só estruturador da "malha" burocrática de um ministério com poucos anos de vida, mas principalmente formulador de políticas públicas, tanto na área de educação quanto nas de saúde e cultura [Moreira, 2001].

Compõem o livro apreciações críticas de especialistas sobre a relação dos intelectuais com o poder, a atuação do Departamento de Imprensa e Propaganda (DIP), a participação dos intelectuais e a relação do mercado e do Estado na modernização do teatro brasileiro, a invenção do patrimônio e a construção da memória nacional, as políticas públicas de educação de Capanema, a saúde pública em tempos de Capanema, o cinema e a música em movimento naquele ministério. Em 2000, por ocasião do centenário de Capanema, pesquisadores reconhecidos em seus campos de atuação responderam prontamente ao chamado de montagem da coletânea indicando o interesse pela volta aos tempos de Capanema, certamente pela permanência de ações ali concebidas que despertam ainda hoje a atenção dos pesquisadores. Um conjunto de profissionais dispostos a avaliar a atuação, os resultados obtidos e os impasses sofridos pela constelação Capanema em sua relação com o poder (Bomeny et al., 2001).

Veio da experiência de pesquisa no arquivo o interesse pela elaboração dessas notas comparativas. Apresento aqui indicações de pesquisa que envolvem uma interlocução entre Brasil e Portugal. Proponho, como início de uma conversa, mobilizar um personagem cujo primeiro contato me foi facultado por Lucia Lippi Oliveira, nos anos 1990. Um personagem mencionado, mas ainda pouco conhecido aqui àquela altura – António Joaquim Tavares Ferro (1895-1956) –, também conhecido como "inventor do salazarismo". O esforço de Lippi na procura por fontes não foi suficiente, lá no início dos anos 1990, para avançar em possíveis conexões do personagem com nossos próprios personagens atuantes no Estado Novo de Vargas. Tempos depois, em Lisboa, já nos anos 2000, tomei contato com o trabalho de Filomena Serra por intermédio de Manuel Villa Verde Cabral, interessados que estavam em conhecer melhor as possíveis conexões daquela proeminente figura em Portugal com o Ministério Gustavo Capanema. É notório o interesse, também em Portugal, pela recuperação da figura de António Ferro, a considerar as publicações recentes, desde 2010. Da conversa com Filomena Serra, Villa Verde Cabral e Margarida Acciaiuoli, fui alimentando o interesse de pensar melhor sobre a atuação de Ferro em interlocução com o que eu própria havia tratado em minhas incursões pelo arquivo Capanema. As publicações recentes me ajudaram a dimensionar o papel de um intelectual público com a expressão que António Ferro teve no Estado Novo português.

Um intelectual na política

Destacado personagem no campo da cultura do governo António de Oliveira Salazar, António Ferro nasceu em Lisboa em 1895 e faleceu em 1956. Na vigência do Estado Novo, Ferro abraçou a carreira política, tendo dirigido o Secretariado da Propaganda Nacional (SPN), sob a tutela da presidência do Conselho de Ministros. Foi dele a sugestão a Salazar, em 1932, da criação de um organismo que fizesse propaganda dos feitos do regime, e foi dele também a formulação doutrinária, a partir de 1932, da chamada *política do espírito*, nome que teve em Portugal a política de fomento cultural subordinada aos fins políticos do regime.

Depois de, em dezembro de 1932, ter publicado no *Diário de Notícias* uma série de entrevistas com o presidente do Conselho de Ministros, reunida no livro *Salazar: o homem e a obra* (Ferro, 1933), António Ferro foi chamado a assumir, como diretor do SPN, criado em outubro de 1933, as funções simultâneas de chefe da propaganda e responsável pela política cultural do Estado Novo. O organismo manteve o nome até o final da II Guerra Mundial, quando passou a designar-se Secretariado Nacional de Informação (SNI). Ferro foi seu diretor entre 1933 e 1949, permanecendo em uma função praticamente ministerial em período um pouco superior ao que Capanema exerceu no Ministério da Educação e Saúde (1934-1945) no governo Vargas. Cinco anos a mais. Em 1949, Ferro partiu para a delegação portuguesa em Berna – ao que indica a literatura, uma decisão involuntária.

Encontramos, na literatura recente que trata dessa figura e de sua relevância no governo Salazar, a sugestão de que o encontro entre Ferro e Salazar foi reforçado por via de mão dupla: Salazar encontrou nele um gênio criador capaz de traduzir o movimento renovador de Portugal para um público amplo e Ferro encontraria em Salazar o político que o apoiou por 15 anos, permitindo que realizasse o que seria o sonho da modernização portuguesa pela valorização da própria cultura. A socialização de Ferro deixa marcas em sua trajetória como agente de cultura e de política. O círculo que frequentou a partir da Escola Francesa e do Liceu Camões estimulou nele a sensibilidade criativa para as artes, para o teatro e a literatura. O cultivo do gosto pela cultura encontraria no governo Salazar espaço expressivo de realização como agente político e, em grande medida, como intelectual. Os traços de sua biografia autorizam o cotejamento com os intelectuais brasileiros: participou do movimento modernista dos anos 1920 pela associação que é sempre feita entre ele e as revistas modernistas, especialmente *Orpheu*, embora não tenha ali escrito uma única linha. Por escolha de Mario Sá Carneiro, Ferro foi editor dos dois números da revista. Amizade construída desde os tempos de Liceu Camões, com a cumplicidade de Fernando Pessoa "por ser o único do grupo que não tinha atingido a maioridade sendo, portanto impunível em caso de denúncias" (Cardiello, 2016:81). Mas também nas revistas *Alma Nova, Contemporânea, Ilustração* e na redação de *O Jornal*. Ferro foi jornalista, jovem republicano, figura marcante da propaganda e da cultura nos 16 dos 41 anos de duração do Estado Novo português (1933-1975). Modernista primeiro, criador da *política do espírito* depois. Ferro sabia perfeitamente de seu papel. É dele esta afirmação: "O regime precisa de alguém que lhe trate da fachada".

A primeira aproximação possível em nosso meio foi com a figura de Lourival Fontes (1899-1967), jornalista e político brasileiro, melhor conhecido por ter sido o ministro da Propaganda do presidente Getúlio Vargas, entre 1934 e 1942. À frente do DIP, criado por decreto presidencial em 1939, Fontes participou da elaboração de publicidade e difusão cultural desde antes no Departamento de Propaganda e Difusão Cultural (DPDC). No início de 1938, o DPDC transformou-se no Departamento Nacional de Propaganda (DNP) e em 1939 passou a ser o DIP. Um departamento inteiramente voltado à propaganda, divulgação e disseminação dos ideais cultivados pelo regime político. Cabia ao DIP orientar e centralizar a propaganda interna e externa, fazer censura ao teatro, cinema e promover funções esportivas e recreativas, promover manifestações cívicas, exposições, concertos e festas patrióticas, tudo com o objetivo claro e bem definido de alimentar a propaganda do regime. Com estrutura altamente centralizada, o departamento possibilitava ao governo um controle rígido sobre todas as manifestações de cultura, arte, propaganda etc. O projeto de uniformização da notícia era garantido pela atuação incessante do DIP. Rádio, cinema, teatro, imprensa, noticiário, reportagens e concursos abertos para premiação de escritos sobre temas nacionais, seleção de vultos, datas, realizações e programas regulares como a *Hora do Brasil* compunham a agenda de trabalho de um departamento central à consolidação de um ideário nacional controlado pela política. Uma espécie de superministério que se imiscuía tanto na criação quanto na interdição de ações consideradas importantes ou ameaçadoras à estabilidade do regime. Extinto em 1945, o DIP teve a condução por Lourival Fontes até 1942. Seus sucessores até 1945 foram o major Coelho dos Reis e o capitão Amílcar Dutra de Menezes, o que indica o tipo de orientação que um departamento associado à difusão de valores considerados adequados ao regime de Vargas deveria ter.

Da parceria de António Ferro com Lourival Fontes nasceu a revista *Atlântico*. A concretização de uma ambição, nas palavras de Ferro, quando da publicação do primeiro número, em maio de 1942:

> Juntamos a palavra brasilidade à palavra lusitanidade, duas luminosas parcelas, e obtivemos, sem custo, este resultado, esta soma: Atlântico [...]. Existe o Brasil, existe Portugal, duas nações livres, independentes, por graça de Deus e dos homens. Mas também existe, sonoro búzio onde se repercute a voz da raça, o mare nostrum, o

Atlântico, pátria maior, pátria infinita [...] qual o nosso objetivo? Qual o nosso programa? Revelar Portugal novo aos brasileiros. Revelar o novo Brasil aos portugueses. Para nos conhecermos cada vez melhor, para nos entendermos definitivamente, para nos respeitarmos, não devemos ter a preocupação de nos mostrarmos iguais, mas diferentes. Porque só essa diferença de planos no mesmo pano de fundo (sentimentos iguais, mas estilo e ritmo próprios) nos poderá igualar e engrandecer na harmonia dos contrastes que se fundem, na afirmação magnífica, sem lisonjas nem subserviências, da nossa idêntica força criadora. Uma raça, duas nações, um mundo, eis a nossa legenda, a nossa bandeira![1]

O programa cultural construído a partir dos governos Vargas e Salazar seria matéria-prima para a construção do que poderia configurar a unidade espiritual entre Portugal e Brasil. Um acordo cultural elaborado por governos autoritários.

Atlântico difundiu em suas páginas uma imagem particular do mundo luso-brasileiro, priorizando assuntos que, para além do vínculo com a ideologia dos regimes, buscavam atribuir relevo às manifestações culturais de Portugal e Brasil. Porém, cumpre considerar que esse mesmo projeto delimitou o seu espaço de atuação em consonância com as propostas e os temas que constituíram o fulcro da plataforma política salazarista e varguista. Sob essa perspectiva, Atlântico não deixou, em seu conjunto, de ser substancialmente uma publicação orientada segundo os objetivos que constituíram os alicerces sob os quais repousaram os regimes vigentes em Portugal e no Brasil durante a década de 40 do século XX [Silva, 2011].

Por todas essas características, foi quase obrigatório o acercamento de António Ferro com Lourival Fontes. Mas logo se percebe, pela documentação e pela literatura, que tal associação não esgotaria as possibilidades de aproximação entre António Ferro e outros intelectuais que orbitaram o regime político brasileiro no período que estamos examinando.

---

[1] Revista *Atlântico*, Lisboa, n. 1, p. 1, maio 1942.

Intelectuais ministeriáveis

Um segundo passo no cotejamento que vimos ensaiando nos joga para o ministro Gustavo Capanema. Que pontos uma figura como a de António Ferro poderia se avizinhar de outra como Capanema? A experiência prévia de António Ferro como jornalista já o distingue do ministro Capanema. A primeira geração de literatos modernistas de Minas Gerais tinha em Capanema mais que um amigo, um aliado. Embora parte de um grupo voltado para a literatura em Belo Horizonte, Capanema deveu sua ascensão política à experiência anterior na Secretaria de Interior do estado de Minas, o que vale dizer, Secretaria de Segurança, chefia da polícia. E não foi pela influência dos literatos, mas pelas mãos de Francisco Campos que se processou a indicação a um posto nacional. A identificação de Ferro com a literatura e as artes, ao que conhecemos pela documentação, corresponde a suas habilidades de comunicação e à socialização que teve desde muito jovem com os livros, o teatro e as artes em geral. Tais habilidades foram fartamente fomentadas no longo tempo em que permaneceu à frente do governo Salazar como ideólogo da política do Estado Novo português em função de gestor da política cultural do regime. É como se Ferro acumulasse o lugar do político com o lugar do intelectual promovendo, criando, abrindo espaço para inclusão de outros tantos intelectuais e agentes de cultura em Portugal.

Um traço da personalidade de António Ferro é sempre recuperado como que para tecer o fio de sua biografia pública: o fascínio pelas lideranças autoritárias. É do historiador Ernesto Castro Leal esta avaliação que reproduzo por considerá-la esclarecedora:

> aquele que mais intensamente se envolveu, ao longo dos anos 20, na propaganda ideológica das ditaduras europeias e na ação política defensora de uma república presidencialista, participando no Partido Republicano Conservador (1919) – redator principal (6-11-1919/7-12-1919) de *O Jornal*, órgão do partido – ainda moldado num compromisso com o liberalismo autoritário pensado por Basílio Teles, e no Centro Republicano Dr. Sidónio Pais/Partido Nacional Republicano Presidencialista (1920-1925) –, membro da comissão de imprensa e candidato suplente a vereador à Câmara Municipal de Lisboa (1921) – onde já se exprimiam setores do autoritarismo antiliberal, ao mesmo tempo que acompanhava o oficial de Marinha Filomeno da Câmara

nas conspirações político-militares, seduzindo-se progressivamente por aspectos do fascismo italiano: ordem nova, chefe, carisma, vanguarda política, movimento ou corporativismo [Ferro, 2016:113].

A descrição do historiador fez inevitável uma primeira associação com Francisco Campos (1891-1968), jurista brasileiro erudito, intelectual que escreveu o clássico livro em defesa do autoritarismo, *O Estado nacional*, redator do projeto de Organização Nacional da Juventude e da Carta Constitucional de 1937 – um antiliberal por convicção. Perfeita sintonia encontramos entre os pressupostos teóricos defendidos em *O Estado Nacional* e os objetivos e justificativas dos projetos assinados por Campos durante o governo Vargas. Um dos projetos de impacto no ministério Capanema tinha assinatura de Francisco Campos. O movimento de organização de juventude em moldes autoritários era considerado por ele a chave para o sucesso de uma política de Estado que teria na educação o objetivo estratégico. Campos defendia um entrosamento fino entre órgãos federais, estaduais e, notadamente, municipais incumbidos da educação e da cultura. Era imperativa tal afinação. Estavam no setor pedagógico do Brasil "muitos obstáculos a serem vencidos" para que uma política de segurança nacional pudesse ter o sucesso ambicionado. Disciplina, hierarquia, solidariedade, cooperação, intrepidez, aperfeiçoamento físico, subordinação moral e culto do civismo: estavam postos os ingredientes para a agenda de socialização da cultura do Estado Novo que se pretendia implantar. Um *constitucionalismo antiliberal* à Carl Schmitt (1888-1985) inspirava e sustentava a intervenção de Campos em sua ácida crítica à fórmula rala do liberalismo tal como defendido pelo Estado democrático-liberal (Santos, 2007). Modernizar o país, levar o Brasil à estatura de nação civilizada pressupunha a reordenação política no sentido inverso ao que, na avaliação de Campos, a "água rala do liberalismo" havia alimentado (Bomeny, 2010).

Em Portugal, como no Brasil, o modernismo veio revestido de feições assimétricas – os trajetos ao moderno cobraram fidelidades distintas a credos controversos, aprendemos quando entramos nessa seara. As funções do SPN levantadas pelos críticos acabam sendo reveladoras: para Salazar era "uma máquina preparatória da obediência"; para Ferro, uma forma de "criar o homem novo salazarista". Complementares, talvez.

A crítica não poupou António Ferro em sua realização mais polêmica como jornalista. As entrevistas feitas com ditadores por toda a Europa, chegando a trazer a Portugal figuras importantes do nazismo como Albert Speer, o arquiteto da nova Berlim, e Robert Ley, o responsável do Reich pelo trabalho escravo. O lugar que ocupou no Secretariado da Propaganda Nacional, em 1933, depois Secretariado Nacional de Informação, Cultura Popular e Turismo, em 1944, "pilar e montra do regime" nas palavras de Alfredo Ramalho,[2] deu-lhe autonomia e autoridade para circular entre e fazer circular intelectuais, escritores, artistas, arquitetos, cineastas, museólogos. A ambição transformadora vinha de um diagnóstico nada promissor: Portugal como "nação-cadáver", marcada pelo crime, pelo clientelismo, pela agonia das colônias ou pelo misterioso Terreiro do Paço. A criação do homem novo seria projeto radical de mudança antropológica: de mentalidade, de maneira de ser e pensar. Fabricar uma consciência nacional por meio da propaganda. Uma mudança provocada por fora com efeito interno de alteração na forma de pensar e agir dos portugueses. Nesta nota, a associação de aproximação com o Brasil encontraria também, como mencionamos anteriormente, em Lourival Fontes (1899-1967) o primeiro vínculo que aqui foi estabelecido, uma contrapartida razoável e imediata.

A alteração antropológica pretendida por Ferro pressupunha o cuidado com a tradição. A valorização da cultura popular encontrou nele a disposição para construção do Museu de Arte Popular com preservação da criação genuína da cultura portuguesa pelo olhar de um modernista para quem "o minuto de hoje é mais fecundo do que a hora de ontem" (Torgal, 2004) – integrar Portugal na hora que passa, ou, nas palavras de Mário de Andrade, "no compasso da civilização". A atenção à cultura genuína de Portugal e o esforço que se concretizou na criação de um museu nos conduz à aproximação possível no Brasil com o projeto de Mário de Andrade. A dimensão antropológica requisitada por Ferro encontra ressonância na obsessão de Mário por fortalecer o sentimento de brasilidade nos intelectuais com a preservação da cultura e a

---

[2] Alfredo Sousa Pinto de Magalhães Ramalho é licenciado em direito pela Universidade de Lisboa e especializou-se em ciências documentais na Faculdade de Letras de Lisboa. Além de jurista, documentalista e entusiasta de mil causas, é, desde 1991, o diretor executivo da Biblioteca Universitária João Paulo II, da Universidade Católica Portuguesa, e, desde 1997, o presidente da Direcção da Associação Casa Veva de Lima. Ele prefaciou o livro *António Ferro 120 anos*.

inserção orientada e progressiva nas profundezas do Brasil criativo, plástico, múltiplo e original.

> Um Portugal dos sentidos para aqueles que sabiam ler, mas também para aqueles – a maioria – que só sabiam ver. O Bailado do Verde-Gaio, a hesitar entre a reinvenção de um folclore esquecido e uma tradição clássica internacional; os múltiplos prémios literários e artísticos, a construir os cânones da época – onde A Romaria do Padre Vasco Reis ganhou o prémio de poesia de 1934, relegando a Mensagem de Pessoa para um prémio de consolação; as pousadas de Portugal, para que os portugueses pudessem americanizar os seus lazeres e viajar na própria terra; o concurso da aldeia mais portuguesa de Portugal e a definição etnográfica de uma cultura popular (o povo deveria continuar a ser povo, mas um povo ciente das tradições que o identificavam e que deveria reproduzir [Acciaiuoli, 2013].

Mas o que alimentou e deu asas a António Ferro em Portugal foi precisamente o que cortou as asas de Mário de Andrade no Brasil. Incompatibilidade para um; condição de existência pública de outro. O regime autoritário impediu o voo de Mário de Andrade tanto à frente do Departamento Municipal de Cultura e Recreação de São Paulo (período de 1934 a 1938) quanto nos projetos elaborados para o Ministério Capanema (Bomeny, 2012). Mas foi pelo regime autoritário que Ferro alçou a importância que teve e galgou os degraus possíveis à realização de seu projeto cultural para a nação portuguesa. Uma curiosidade que demanda pesquisa foi a estada de António Ferro em São Paulo nos anos 1920. Há notícia de que estava na capital paulista por ocasião da Semana de 22. Casou-se inclusive por delegação, ele em São Paulo e a esposa em Lisboa. Margarida Acciaiuoli nos lembra que, em 1923, António Ferro publicou no Brasil "A idade do jazz band", um texto de elogio ao *jazz*, sinalizando a modalidade musical como um símbolo "frenético, diabólico, destrambelhado, ardente" da contemporaneidade.

> Num momento em que este tipo de música era ainda incompreendido por uma vasta maioria, vilipendiado por atentar contra a harmonia musical e usado para fundamentar teorias racistas que o associavam à música negra, o jazz era para Ferro o símbolo de uma Europa renascida depois da Grande Guerra, e aberta ao que vinha do outro lado do Atlântico [Vicente, 2015].

O esforço de cotejar António Ferro com personagens ativos na conjuntura de que estamos tratando me levou, mais fortemente, à associação com o ministro Capanema, não tanto por habilidades intelectuais ou artísticas de que, estou supondo pela literatura consultada, António Ferro dispunha e Capanema não, mas pelo fato de tais habilidades serem o centro de atração de um número expressivo de intelectuais e personagens públicos a serviço de um projeto de cultura para o país. A atração aos arquitetos foi exercida aqui e em Portugal. Foram eles artífices de monumentos e projetos que marcaram os regimes na dimensão do moderno que a esses profissionais esteve associada. Figuras proeminentes do modernismo brasileiro pela arquitetura – Lucio Costa, Oscar Niemeyer e Carlos Leão, por exemplo – tiveram naquele ministério o batismo que os incluiria na galeria dos mais notabilizados no repertório moderno brasileiro. Por inclusões como essas, e ainda por personagens como Heitor Villa-Lobos, Carlos Drummond de Andrade, Mário de Andrade, entre tantos mais que compuseram aquela constelação intelectual, é possível afirmar que o Ministério Capanema foi mais celebrado pela cultura do que propriamente pela educação, embora tenha produzido reformas de longa duração na tradição brasileira com sinalizações controvertidas, perseguições, interdições etc. (Schwartzman, Bomeny, Costa, 1984). Na cultura, ainda que tenham igualmente prevalecido critérios nem sempre ortodoxos, as realizações acabaram se consolidando como marcas de um ministério avançado para a época e de expressão internacional. Um ponto distinto que é possível ver pela documentação é a presença em António Ferro de disposição e realização como escritor, por exemplo, o que não é possível encontrar em Gustavo Capanema, apesar de comentários como o de Pedro Nava (1903-1984) sugerindo que a política havia roubado do público um talento de escritor.[3] Talvez seja mais a fala generosa de amigo próximo do que propriamente um talento refreado. Mas Ferro tem registros variados de sua permanência na escrita, quer nas produções como jornalista que o marcaram mais, sobretudo as entrevistas com os ditadores, quer artigos de revistas ou mesmo uns poucos livros. Ele seria um intelectual *no* e *com o* poder. Capanema me parece mais um político que trouxe para seu convívio próximo intelectuais que o credenciassem como homem do poder ou que o alimentassem de uma aspiração irrealizada no

---

[3] Pedro Nava em correspondência pessoal a Helena Bomeny, 1983.

campo da arte e da literatura. Seu empenho (fracassado) para ocupar uma cadeira na Academia Brasileira de Letras ao final da vida pode ser um sinal do desejo de estar, definitivamente, mais associado à cultura e à literatura do que à política. Uma suposição minha, talvez sem o devido fundamento.

Indagações finais

Trarei de volta Norberto Bobbio para finalizar estas notas. Interessado em se reaproximar da forma como a literatura sociológica tratou dos intelectuais, Bobbio nos oferece a seguinte sugestão:

> Em um debate que tenha por tema fundamental a relação política e cultura, os tipos relevantes de intelectuais são sobretudo dois, que denomino para que possamos nos entender, *ideólogos e expertos*. [...] a distinção pretende ser objetiva e não subjetiva, pois uns e outros desenvolvem, com respeito à dimensão política – que é a que aqui nos interessa – uma função diversa [Bobbio, 1997:72].

Bobbio (1997) alerta que não se trata da distinção gramsciana entre intelectuais orgânicos e tradicionais, nem da distinção entre humanistas e técnicos. Também não está mobilizado, em sua tentativa de classificação, pelo problema ou questão que Julien Benda tratou como "traição dos intelectuais". É mais direta sua preocupação, e em grande medida, pragmática também:

> O critério de distinção que proponho [...] é o único critério que considero válido em um debate que tenha por objeto a tarefa política do intelectual. De fato, aquilo que distingue um do outro é precisamente a diversa tarefa que desempenham como criadores ou transmissores de ideias ou conhecimentos politicamente relevantes, é a diversa função que eles são chamados a desempenhar no contexto político [Bobbio, 1997:72].

Os ideólogos são os que fornecem os princípios-guia; os expertos, conhecimentos-meio, ou, por outras palavras, os que intervêm no espaço público com base no seu conhecimento. Bobbio nos conduz à reflexão sobre a complexidade do problema do envolvimento dos intelectuais convidando-nos a evitar simplificações que "nascem mais do humor polêmico do que de uma pacata reflexão". Caberia aos intelectuais a única tarefa de "impedir que o monopólio da força" – atribuição do Estado na acepção weberiana a que recorre – "se transforme no monopólio da verdade". É como se nos sugerisse que apenas a vigilância e a capacidade de discernimento que distingue, matiza e qualifica a ação dos atores envolvidos nessa trama seria antídoto ao resvalar para acusações ou justificativas mais ralas analiticamente. Trata-se de um debate sem trégua que tem significado, ao longo do tempo, uma tensão insolúvel entre o exercício de atividades do universo da cultura como realização possível pela política ou a implantação de políticas pela atuação de intelectuais que, ao fim e ao cabo, contribuiriam para legitimação da política. O que seria levar a sério a pergunta que Bobbio mesmo nos faz com sua provocação:

> Falar dos intelectuais como se eles pertencessem a uma categoria homogênea e constituíssem uma massa indistinta é uma insensatez: a uma afirmação peremptória como "os intelectuais traem", deve-se imediatamente perguntar: "Precisamente todos?". "E se não todos, quais"? [Bobbio,1997:72].

Ao que nesta mesma linha poderíamos completar: "quem ou a quem?"

O exercício de cotejar dois personagens públicos que ambicionaram um lugar de prestígio na política e um espaço de reconhecimento intelectual por meio das políticas que promoveram nos obriga à busca de algum rendimento analítico possível. A primeira inquietação provocada pela atuação de ambos, António Ferro e Gustavo Capanema, pode ser formulada da seguinte maneira: foram dois personagens de atuação pública no campo da cultura com grande ambição e sensibilidade intelectual que não viram qualquer problema em combinar desenvolvimento da cultura e das artes sob a égide de regime autoritário. Restrição de liberdade não significou para um nem para outro impedimento ao desenvolvimento cultural e artístico. No paralelo entre ambos, António Ferro aparece como uma figura a quem se pode mais fortemente atribuir predicados de intelectual. Não somente pela pretensão pessoal (Capanema também poderia ser incluído nesse rol), mas por atuação mais efetiva no campo da literatura e das artes. Em certa medida, o desconforto de associá-lo posteriormente a um período autoritário da história portuguesa cobrou dos herdeiros familiares ou dos filiados um esforço de elaboração de progressivas atenuantes em prol de uma biografia mais aceitável. Capanema não encontrou em seus familiares ou em seu círculo mais próximo empenho tão destacável em favor de relativizar os tempos de sua política no ministério. Alguns dos personagens mais próximos, quer por convívio geracional em Minas, quer por colaboração mais estreita ao longo do período do ministério, reconhecem a importância do ministro em atrair intelectuais, arquitetos, personagens da literatura e das artes em geral para a construção do que seria uma política para a cultura e para a educação no país. No entanto, muitos dos que se envolveram diretamente nos projetos, ou que propuseram programas e plataformas de atuação, sofreram os reveses da política restritiva imposta pelo regime autoritário. O fechamento da Universidade do Distrito Federal (UDF) em 1939, no Rio de Janeiro, o cerceamento da atuação de professores universitários considerados subversivos na mesma conjuntura, o bloqueio à ação de liberais da educação, como Anísio Teixeira e outros, e o compromisso com a ala mais conversadora da Igreja católica na definição de políticas para a educação fundamental e superior, tudo isso pesou negativamente na avaliação posterior do personagem que esteve à frente do ministério de Vargas.

O dilema posto por Max Weber entre a ciência e a política acaba se estendendo nessa divagação sobre a aproximação ou a incorporação de intelectuais à política. Trabalhar orientado por princípios e agir moderando e negociando interesses nem sempre produzem resultados aceitáveis, frequentemente contra a imagem que se faz dos portadores do saber, os intelectuais. Até quanto ceder em princípios? E mesmo se não houver necessidade de alteração fundamental, até onde uma matriz intelectual que informa a concepção de política é aceitável no conjunto das possibilidades disponíveis para a realização de um ou outro empreendimento? Na conferência que se seguiu a *A ciência como vocação*, Weber levanta uma questão aproximada no interior da esfera política: o político por vocação e o político profissional. Aqui a nota da especialização e da necessidade imposta pela complexidade do Estado moderno em absorver *expertos*, na definição de Bobbio, conduz o analista a avaliação mais fina que distinguirá o técnico do *ideólogo*, ou do intelectual propriamente. Mas o próprio Bobbio nos alerta em seu pronunciamento contumaz:

> Como sempre, também nesse caso a realidade social é mais complicada do que as categorias que empregamos para dominá-la mentalmente: não há ideólogo que não

peça socorro a conhecimentos técnicos para elaborar os seus princípios, não há experto que não deva ter alguma ideia dos fins para dar um sentido às suas análises. O utopista, todo imerso na construção da cidade ideal, e o puro técnico, fechado no próprio laboratório como os ratos dos próprios experimentos, são dois casos-limite. Mas são precisamente os casos-limite que nos permitem dar conta da utilidade da distinção [Bobbio, 1997:119].

Processos de modernização do Estado no Brasil, e também em Portugal, tiveram protagonismo de intelectuais, quer como formuladores de políticas, quer como executores especializados de programas concebidos como projetos de Estado. No Brasil, há referências já constituídas como obrigatórias no tratamento da relação entre intelectuais e modernização do Estado brasileiro, intelectuais e política ou mesmo da interface possível entre criação literária e ideário nacional. O repertório analítico sobre a relação entre intelectuais e espaço público coteja, entre muitos outros, a interface entre a produção literária e a construção da nação; a experiência de institutos como fóruns de formulação de programas e projetos de modernização do país, como o Iseb; a formação da comunidade científica brasileira e sua relação com o desenvolvimento do país e ainda as reflexões sociológicas sobre a participação/ausência dos intelectuais na construção da democracia ou no fortalecimento do autoritarismo. Se há uma recorrência em tais interpretações, diz respeito certamente à tensão que envolve a ligação tão delicada entre intelectuais e poder. Criticando a postura dos que conceberam políticas para o regime autoritário, cobrando a ausência dos intelectuais no debate público quando situações de crise assim o demandavam, relativizando o alcance de intervenções justificadas como de interesse mais amplo na esfera pública, mas consideradas seletivas pelos críticos, a literatura já oferece um conjunto substantivo de resultados de pesquisa contemplando o comprometimento dos intelectuais com as dinâmicas políticas do Estado brasileiro. A distinção mais próxima do dilema ou da tensão sempre invocada na relação entre saber e poder, intelectual e política talvez possa ser identificada no posicionamento distinto de intelectuais que assumem a dimensão de atuação pública (mais ou menos marcadas pelo grau de engajamento/desengajamento) e intelectuais que exercem suas funções mais circunscritas ao espaço da academia. Os primeiros, mais expostos pela interferência visível na edificação de políticas públicas, e os segundos, em alguns momentos de recrudescimento do autoritarismo, afetados diretamente em seus espaços profissionais de exercício da atividade intelectual. De uma ou de outra maneira, a esfera pública não pôde dispensar, no âmbito da modernização do Estado, o protagonismo dos atores ou a demanda aos intelectuais em suas respectivas áreas de conhecimento.

As classificações, como alertou Bobbio, dificilmente correspondem às possibilidades múltiplas de captura do movimento e da dinâmica do mundo real. Serão sempre provisórias e incompletas. A distância dos acontecimentos beneficia o olhar mais apurado e, sobretudo, reivindica dos analistas a distinção, para a qual chamei a atenção no início deste texto, entre as posições dispostas no conjunto multifacetado correspondente ao protagonismo dos intelectuais nos espaços da política pública. Isso nos leva à percepção de que, não sendo possível pensar a política sem a interferência dos atores, e entre eles, os intelectuais, não é também esperado, sob pena de reducionismos mais estreitos, que os possamos encaixar de forma definitiva em um leque classificatório preconcebido. É nesta nota que se impõe como recurso promissor a pesquisa historiográfica capaz de iluminar os argumentos sociológicos de maior alcance. Um exercício sistemático que nos conduz a singularidades não redutíveis a postulados rígidos que mais empobrecem do que traduzem a multifacetada ação dos intelectuais, da inteligência, em sua trajetória pela política.

Referências

ACCIAIUOLI, Margarida. *António Ferro*: a vertigem da palavra. Retórica, política e propaganda no Estado Novo. Lisboa: Editorial Bizâncio, 2013.

BASTOS, E. R. Pensamento social da escola sociológica paulista. In: MICELI, S. *O que ler na ciência social brasileira, 1970-2002*. São Paulo: Anpocs; Brasília: Capes, 2002. p. 183-232.

____. O Cpdoc e o pensamento social brasileiro. In: CAMARGO, Clélia et al. *Cpdoc 30 anos*. Rio de Janeiro: FGV Ed., 2003. p. 97-120.

____; RÊGO, W. D. L. (Org.). *Intelectuais e política*: a moralidade do compromisso. São Paulo: Olho D'Água, 1999.

____; RIDENTI, M.; ROLLAND, D. (Org.). *Intelectuais*: sociedade e política, Brasil-França. São Paulo: Cortez, 2003. p. 146-171.

BOBBIO, Norberto. *Os intelectuais e o poder*: dúvidas e opções dos homens de cultura na sociedade contemporânea. Trad. Marco Aurélio Nogueira. São Paulo: Ed. Unesp, 1997.

BOMENY, Helena. Antiliberalismo como convicção: teoria e ação política em Francisco Campos. In: LIMONCIC, Flávio; MARTINHO, Francisco Carlos Palomanes (Org.). *Os intelectuais do antiliberalismo*: projetos e políticas para outras modernidades. Rio de Janeiro: Civilização Brasileira, 2010. p. 263-315.

____. *Um poeta na política*: Mário de Andrade, paixão e compromisso. Rio de Janeiro: Casa da Palavra, 2012. 168 p. (Coleção Modernismo + 90).

____ et al. (Org.). *Constelação Capanema*: intelectuais e políticas. Rio de Janeiro: FGV Ed., 2001.

BOTELHO, André. O poder ideológico: Bobbio e os intelectuais. *Lua Nova*, n. 62, p. 93-111, 2004.

CAMPOS, Francisco. *O Estado nacional*: sua cultura, seu conteúdo ideológico. Rio de Janeiro: José Olympio, 1939.

CARDIELLO, António. Orpheu acabou. Orpheu Continua: António Ferro e a geração de Orpheu – Elementos para uma exposição. In: FERRO, Mafalda (Coord.). *António Ferro*: 120 anos. Actas. Lisboa: Fundação António Quadros /Texto Editores, 2016.

FERRO, António. *Salazar*: o homem e a sua obra. Lisboa: Empresa Nacional de Publicidade, 1933.

____. *Entrevistas a Salazar*. Prefácio Fernando Rosas. Lisboa: Parceria A. M. Pereira, 2007.

FERRO, Mafalda (Coord.). *António Ferro*: 120 anos. Actas. Lisboa: Fundação António Quadros/Texto Editores, 2016.

MICELI, Sergio. *Intelectuais e classe dirigente no Brasil (1920-1945)*. São Paulo: Difel, 1979.

MOREIRA, Regina da Luz. Orelha. In: BOMENY, Helena et al. (Org.). *Constelação Capanema*: intelectuais e políticas. Rio de Janeiro: FGV Ed., 2001.

OLIVEIRA, Lúcia Lippi; VELLOSO, Mônica Pimenta; GOMES, Ângela Maria de Castro. *Estado Novo*: ideologia e poder. Rio Janeiro: Zahar, 1982. 166 p. (Política e Sociedade).

PÉCAUT, Daniel. *Os intelectuais e a política no Brasil*: entre o povo e a nação. São Paulo: Ática, 1990.

PONTES, Heloisa. Entrevista com Antonio Candido. *Revista Brasileira de Ciências Sociais*, v.. 16, n. 47, out. 2001.

RIDENTI, Marcelo. *Em busca do povo brasileiro*: artistas da revolução – do CPC à era da TV. Rio de Janeiro: Record, 2000.

____; BASTOS, Elide Rugai; ROLLAND, Denis (Org.). *Intelectuais e Estado*. Belo Horizonte: Ed. UFMG, 2006.

SANTOS, Rogerio Dultra dos. Francisco Campos e os fundamentos do constitucionalismo antiliberal no Brasil. *Dados*, Rio de Janeiro, v. 50, n. 2, 2007.

SCHWARTZMAN, Simon. *Formação da comunidade científica no Brasil*. São Paulo: Companhia Editora Nacional, 1979.

____. BOMENY, Helena Maria Bousquet; COSTA, Vanda Maria Ribeiro. *Tempos de Capanema*. Rio de Janeiro: Paz e Terra; São Paulo: Edusp, 1984.

SEVCENKO, Nicolau. *Literatura como missão*: tensões sociais e criação cultural na Primeira República. São Paulo: Brasiliense, 1983.

SILVA, Alex Gomes da. A recriação "atlântica" do processo colonizador português. A revista *Atlântico* (1941-1945*)*. *Angelus Novus*, n. 2, p. 120, jul. 2011.

TOLEDO, Caio Navarro (Org.). *Intelectuais e política no Brasil*: a experiência do Iseb. Rio de Janeiro: Revan, 2005.

TORGAL, Luís Reis. O modernismo português no Estado Novo de Salazar: António Ferro e a Semana de Arte Moderna de São Paulo. In: SILVA, Francisco Ribeiro da. *Estudos em homenagem a Luís António de Oliveira Ramos*. Porto: Faculdade de Letras da Universidade do Porto, 2004. p. 1085-1102.

VICENTE, Filipa Lowndes. Acciaiuoli, Margarida, António Ferro. A vertigem da palavra. Retórica, política e propaganda no Estado Novo. *Ler História* [*online*], 13 abr. 2015. Disponível em: <http://journals.openedition.org/lerhistoria/526>. Acesso em: 16 jul. 2019.

13. Intelectuais entre dois autoritarismos

*Marcos Napolitano**

Intelectuais, sociedade e estado no século XX brasileiro

Ao longo do século XX brasileiro, o intelectual se definiu como aquele indivíduo que colocou suas ideias a serviço da construção nacional, arvorando-se como "artífice do povo-nação". Em tal empreitada, colocou-se como uma espécie de mediador entre as classes populares e as elites. Das primeiras, extraía o sumo da identidade nacional, temperando a tentação de imitação e "estrangeirismos" das segundas. A partir da emergência do modernismo como movimento autoconsciente de seus propósitos, o intelectual se via como pedagogo de ambos os estratos. Foi a partir desta missão, que se imbrica a interesses pessoais, impulsos ideológicos autoritários e tendências sociológicas (Miceli, 2001), que o intelectual modernista migrou para a burocracia estatal nos anos 1930. Mario de Andrade talvez seja o caso mais paradigmático dessa definição e desses valores "missionários".

Mas também devemos levar em conta duas outras categorias que, em geral, qualificam a ação dos intelectuais brasileiros: o engajamento e o radicalismo. Ambos colocaram os intelectuais em rota de colisão com o *establishment* e com os estratos mais conservadores da sua classe social de origem. Ainda assim, ficou mantida a autoimagem do intelectual missionário, que traduz os interesses nacional-populares na direção do futuro redentor. Somente após o

---

* Agradeço ao CNPq pelo apoio financeiro que viabilizou a pesquisa por trás deste texto.

golpe de Estado de 1964, esta imagem entra em crise, surgindo um novo tipo de intelectual engajado, que se aparta da parceria com o Estado para postular a autonomia das classes ou falar em nome da "sociedade civil" contra o Estado.

O tema do engajamento é classicamente definido pela literatura francesa que delimitou um tipo de intelectual republicano, que se transformou em metonímia do intelectual *tout court*, ou seja, aquele que coloca sua palavra a serviço de causas coletivas e progressistas, em defesa das liberdades públicas e da inclusão social.

Já o conceito de radicalismo é menos utilizado nas pesquisas sobre a vida intelectual brasileira, ainda que tenha sido mobilizado como categoria teórica em trabalhos clássicos (Mota, 1994). Aqui tomo emprestada a definição de Antonio Candido, que vê o intelectual radical como aquele que defende a modernização da sociedade, a liberdade pública e a inclusão social, mas que não assume completamente a perspectiva crítica (ou autocrítica) de "classe contra classe", visão que caracteriza o intelectual revolucionário (Candido, 1990). Os marcos do debate no campo do "radicalismo" se dão na esfera da nação (postulando-se a aliança de classes) e da revolução nacional-democrática, e não da luta de classes e da revolução proletária. A tênue fronteira que separa o intelectual radical de esquerda (nos termos de Antonio Candido) do intelectual comunista, marcado pelo *partinost* (espírito partidário), revela uma particularidade do contexto brasileiro. À medida que o Partido Comunista Brasileiro abraçou a ideia da revolução nacional-democrática e da frente única policlassista, sobretudo a partir de 1958, tal fronteira praticamente se diluiu. No limite, arrisco dizer que o intelectual partidário foi fagocitado pelo intelectual radical, o que explica muito das configurações da "resistência cultural" de linhagem comunista durante o regime militar (Napolitano, 2017).

Em resumo, ao longo do século XX brasileiro, o intelectual burocrata de direita conviveu com o intelectual radical de esquerda. Ambos podem ser tomados como vetores, ainda que opostos, do engajamento das ideias e práticas culturais para redimir a nação, ainda que em campos ideológicos opostos. No primeiro caso, o Estado era visto como a ossatura da sociedade e da nação. No segundo, como obstáculo à liberdade pública e à realização do destino nacional, se não fosse tomado pelas "forças populares". Esse movimento, em parte, explica a curiosa migração dos valores nacionalistas da direita (década de 1930) para a esquerda (décadas de 1950 e 1960). Não raro, o mesmo indivíduo experimentou essa migração de campo ideológico. A imagem síntese dessa aparente desorientação ideológica pode ser vista no poeta Paulo Martins, personagem de *Terra em transe*, de Glauber Rocha (1967). Fascinado pelo autoritarismo messiânico da direita fascista e pelo populismo de esquerda, o intelectual se vê em um labirinto de incertezas e contradições quando vem o golpe. Nesse novo contexto, o eixo do nacionalismo, que dava certa coerência às ações intelectuais, se partiu. As novas elites políticas assumiram o capitalismo associado e dependente. Entretanto, mesmo sob o regime militar, o canto de sereia do nacionalismo ecoava aqui e acolá, como durante o governo do general Ernesto Geisel, provocando certo *frisson* no campo artístico e intelectual (Napolitano, 2017).

Os intelectuais e o primeiro autoritarismo: anos 1930

Devemos tomar cuidado com certa memória social que se formou em torno do conceito de intelectual, visto como crítico desinteressado, independente e engajado na luta pelas liberdades públicas. Nem sempre foi assim. Se utilizarmos como parâmetro de análise a memória social construída a partir dos anos 1960 em torno do papel dos intelectuais na vida pública, soa como uma espécie de "desvio de conduta" o papel ativo que vários intelectuais prestigiados tiveram em relação ao autoritarismo como categoria central para equacionar a "questão nacional", no contexto dos anos 1920/1930. Muitos destes não apenas "aderiram" ao autoritarismo, como se este fosse um apelo sedutor emitido por políticos manipuladores. Seria mais exato afirmar que os intelectuais ajudaram a formular as soluções autoritárias, que em muitos casos se transformaram não apenas em discursos ideológicos, mas em práticas políticas governamentais e estruturas institucionais de Estado (Velloso, 1997; Miceli, 2001; Capelato, 1998).

Portanto, a relação entre intelectuais e autoritarismo não deve ser vista como passiva, sendo os primeiros meras vítimas ou títeres comandados. Formuladores de projetos autoritários que passavam pelo reforço do viés autoritário e tutelar do Estado nacional – como Oliveira Vianna, Azevedo Amaral ou Francisco Campos –, eram intelectuais respeitados em seu tempo

(Beired, 1999). Por exemplo, a equação de Oliveira Vianna para o "problema brasileiro" defendia a ideia de que não havia sistema político liberal sem sociedade liberal. Assim, o Brasil precisava de um sistema autoritário que forjasse o progresso econômico e político, e fosse capaz de demolir as condições de atraso que impediam o sistema social de se transformar em liberal. Na perspectiva de Wanderley Guilherme dos Santos, ocorreu assim um reforço da tradição política brasileira, cujas bases estão no século XIX, chancelada intelectualmente, que conjugava "liberalismo doutrinário" x "autoritarismo instrumental" (Santos, 1978:93). Enquanto o liberalismo doutrinário cultuava e supervalorizava as leis e instituições, o "autoritarismo instrumental" defendia o centralismo e o papel tutelar da burocracia federal. Os intelectuais, portanto, forjaram matrizes do pensamento autoritário brasileiro no entreguerras, que seriam aplicadas no período pós-1930, sobretudo.

Se Oliveira Vianna pensava que as formas autoritárias do governo eram instrumentais para reformar a sociedade – degenerada em sua origem racial e histórica – outros intelectuais viam no autoritarismo não um mero "instrumento", mas um fim em si mesmo, como a única opção diante da anomia, do "jacobinismo" e da "revolução bolchevique". Para os integralistas, as formas autoritárias do governo correspondiam às diferenças naturais entre os homens, manifestadas em suas expressões morais e culturais. Azevedo Amaral e Francisco Campos explicavam o autoritarismo moderno como fruto das condições históricas geradas pelas sociedades industriais de massa, marcadas pelo conflito social extremo, diante do qual as relações privadas eram mecanismos insuficientes. Daí a necessidade de um Estado forte de caráter regulatório (Santos, 1978:101).

O Estado Novo deu forma ao "Estado forte" pretendido pelos autoritários instrumentais, mas, obviamente, não houve medidas práticas de "construção" da sociedade liberal, embora se tenham reforçado os agentes privados de desenvolvimento capitalista, devidamente regulados pelo Estado. Esta foi a fórmula política do varguismo que, até o começo da década de 1940, conseguiu garantir certa coesão das elites, apesar da desconfiança dos segmentos liberais.

Assim, a guinada antiautoritária do mundo intelectual, perceptível sobretudo após o golpe militar de 1964, não deve ser tomada como parâmetro para julgamentos históricos e ético-políticos da ação dos intelectuais nos anos 1930, pois não permite compreender as bases culturais e políticas que informavam o universo intelectual brasileiro daquela época, bem como as contradições efetivas perceptíveis em trajetórias intelectuais diversas dos grandes nomes da cultura brasileira (Mário de Andrade, Monteiro Lobato, Villa-Lobos, entre outros). As soluções autoritárias para a "questão nacional", sobretudo aquelas que envolviam a pedagogia das massas e a tutela sobre as elites regionais, vistas como desagregadoras da nação, podem ser vislumbradas em trajetórias individuais que, pelo ponto de vista filosófico, flertam com o liberalismo doutrinário. A rigor, não há contradição histórica nesta postura ambígua. A esses "liberais doutrinários" que aderiram ao "Estado forte", somavam-se os intelectuais francamente autoritários, que desconfiavam do liberalismo em si e formulavam novos princípios para a "vida nacional". A rigor, o autoritarismo parecia nem ser um problema pensável, desde que o papel dirigista e tutelar fosse reservado às grandes cabeças do país.

Ao longo da "era Vargas" (1930-1945), os intelectuais assumiram tarefas políticas e ideológicas na administração da cultura como "negócio oficial" (Miceli, 2001:197). Criou-se uma *intelligentsia* interventora em todos os setores da produção, difusão e conservação do trabalho intelectual e artístico, até com certa autonomia desde que mantidos os princípios da "brasilidade integradora" (nacionalismo, mestiçagem, valorização do patrimônio histórico e das tradições religiosas). Sergio Miceli propõe uma tipologia para pensar os intelectuais a partir de meados dos anos 1930, dividindo-os em três tipos: (1) elite burocrática do regime; (2) homens de confiança – assessores no interior dos núcleos executivos; (3) administradores da cultura – postos dirigentes e postos subalternos em instituições de difusão, propaganda e censura (Miceli, 2001:213).

Em linhas gerais, portanto, havia certo "espírito de conciliação" entre cultura e política mesmo durante o Estado Novo, ainda que a produção cultural não tenha sido relevante ao longo do regime (Capelato, 1998:123). Nesta linha de análise, a relação entre intelectuais e Estado nos anos 1930 não é a expressão de uma cooptação dos primeiros pelo segundo,

> mas da constituição de um novo bloco de poder com uma simultânea perspectiva autoritária e modernizadora, que busca consenso entre a intelectualidade, chamando-a para participar do processo realizando a fusão entre modernidade – projeto nacional [Lahuerta, 1997:106].

A política cultural gestada ao longo dos anos 1930, com maior senso de organicidade a partir de 1937, foi o *locus* privilegiado de ação dos intelectuais. Em certo sentido, a política cultural proativa na "era Vargas", calcada na busca de uma "brasilidade" renovada, ajudou a criar a memória ambígua sobre o período (Gomes, 2011). Se o período, declaradamente autoritário e repressor, foi deletério em várias instâncias socioculturais e sociopolíticas, deixou um constructo institucional e simbólico que sobreviveu (e sobrevive) em parte, até hoje. A política cultural da era Vargas, ainda que não apresente traços orgânicos e homogêneos, foi responsável por esse legado.

A política cultural, sobretudo a partir de 1934, ancorou-se numa inovadora burocracia da cultura, situada sobretudo no Ministério da Educação e da Saúde (ocupado por Gustavo Capanema desde 1934) e pelo Departamento de Propaganda e Difusão Cultural, criado no mesmo ano, embrião do futuro DIP (1939). Nesse sentido, as figuras de Gustavo Capanema e Lourival Fontes podem ser consideradas paradigmas do burocrata intelectual do período varguista, atuantes antes mesmo da grande guinada autoritária de 1937 (Schwarzman, Bomeny e Costa, 2000; Velloso, 1997). Além de Gustavo Capanema e Lourival Fontes, outros nomes estão presentes de maneira regular na burocracia cultural do Estado pós-30:

- Edgard Roquette Pinto: Museu Nacional, Serviço de Radiodifusão Educativa, Instituto Nacional do Cinema Educativo;
- Gustavo Barroso: Museu Histórico Nacional;
- Rodrigo Mello de Franco Andrade: Serviço de Proteção do Patrimônio Histórico e Artístico Nacional;
- Cassiano Ricardo: direção do jornal oficial *A Manhã*.

Após 1937, o papel dos intelectuais em um contexto autoritário "pouco mobilizador", conforme expressão de Maria Helena Capelato, tinha alguns focos bem definidos: (a) reconstruir o Estado (na qualidade de quadros burocráticos); (b) teorizar a "questão nacional" sob um viés integracionista e tutelar); (c) orientar a educação das massas dentro da pedagogia cívico-nacionalista; (d) servir como mediação entre "povo" e Estado (Pecaut, 1990).

Em que pesem essas tarefas comuns, aceitas de bom grado por vários intelectuais, nota-se um conjunto de "lutas culturais" endógenas à própria burocracia cultural, na disputa não apenas por cargos, mas pela hegemonia da própria política cultural, com algumas variáveis de estilo administrativo e político (Williams, 2001). No âmbito da própria política cultural, tutelada pelo Estado autoritário, houve uma luta intestina em torno do controle da identidade nacional, materializada na definição do sentido poético, geopolítico e imaginário dos "objetos, imagens e locais que o Estado Nacional apresentava como portadores da brasilidade" (Williams, 2001:24). Essas lutas expressaram tensões entre projetos intelectuais (e entre os quadros intelectuais em si mesmos) e dinâmicas mais amplas da vida cultural brasileira. As lutas culturais ocorreram não apenas dentro das estruturas burocráticas de Estado, sendo habilmente manejadas por Getúlio Vargas e seus principais colaboradores, mas também envolveram demandas de agentes privados abrigados na sociedade civil. Frequentemente, os campos de crítica e ação dos intelectuais oficiais, sobretudo a cultura popular comunitária e a cultura urbana já em processo de massificação comercial, foram um espaço de agenciamento por parte de grupos sociais que buscavam se afirmar diante das ações do Estado. O samba urbano carioca, por exemplo, passou por esse processo cultural, sendo objeto de disputa sobre seu significado racial, sociocultural e histórico (Napolitano, 2007).

A historiografia ainda precisa avaliar a capacidade e os limites da intervenção dos intelectuais e de suas políticas culturais oficiais ao longo dos anos 1930, mesmo na fase mais autoritária do Estado Novo. Lembremos que a era Vargas não apenas significou a gestação de um conjunto de símbolos de "brasilidade" e formas de gestão cultural (cultura nacional-popular, folclorismo, patrimonialização do passado, dirigismo cultural), mas também lançou as bases da modernização cultural, via massificação industrial da cultura. Nesse campo, a ação dos intelectuais foi limitada e, frequentemente, opositora desse processo. Enquanto os intelectuais tentavam dirigir a produção e o consumo cultural das massas a partir de uma perspectiva pedagógica que utilizava o rádio e o cinema educativo ou a música erudita ufanista, as massas urbanas cada vez mais se inclinavam para o que o mercado lhes oferecia, com produtos mais voltados ao entretenimento (Almeida, 1999; Morettin, 2013). A modernização real do país, em certa medida, solapou os projetos modernistas de construção e disseminação da "cultura erudita nacional".

O Estado não soltava nenhuma das pontas dessa amarra. Ao mesmo tempo que dava espaço para os intelectuais atuarem em órgãos burocráticos, estimulava uma produção cultural voltada para as massas, conciliando propaganda e entretenimento. O centro de poder do governo, a começar pelo próprio presidente Vargas, parecia estimular estas duas faces de sua política cultural: aquela ancorada em projetos intelectuais dirigistas e orgânicos, e outra mais permeável à dinâmica do mercado de bens culturais massificados e dispersos (sem conteúdo ideológico doutrinário). Atuando na primeira, ganhava legitimidade; na segunda, popularidade. Vale lembrar que o mesmo Estado que era dono da Rádio MEC, voltada para a educação musical das "massas" de base erudita, também era dono da Rádio Nacional, cuja grade de programação era pautada pelo mercado e pelo gosto popular. Por outro lado, essa ambiguidade da ação do Estado revela o chamado "corporativismo bifronte" que regulava a vida política brasileira do período: "estatista por um lado, por trazer para o interior do Estado os conflitos da sociedade civil – em parte privatista – ao tornar determinados espaços de decisão do Estado objeto de acirrada disputa de interesses privados" (Lahuerta, 1997:105).

O longo governo Vargas, em suas diversas fases, buscou agrupar os intelectuais e artistas, ainda que heterogêneos, procurando menos sua uniformização ideológica e mais sua adesão à "causa nacional" como interlocutores do Estado, e quando esse chamado não funcionava, o recurso era a neutralização enquanto atores políticos junto às "classes fundamentais" (Capelato, 1998).

As mudanças de forma e conteúdo da política nacional, pós-1942, já exaustivamente analisadas por Angela de Castro Gomes (Gomes, 1988), parecem estar no epicentro de um rearranjo geral dos atores políticos, incluindo aí os intelectuais. Em linhas gerais, essas mudanças rompem com o consenso forçado e forjado imposto em 1937. Quando os liberais brasileiros se rebelaram contra o Estado Novo – tendo como marcos o "Manifesto dos Mineiros" (1943) e a posterior criação da UDN (1945) –, sua demanda por democracia não conseguiu envolver as massas trabalhadoras. Para estas, diga-se, os liberais não dispensavam a regulação e a repressão do Estado, ficando os direitos sociais e a ampliação do sufrágio em segundo plano na sua pauta democratizante. As massas trabalhadoras (urbanas, ao menos) ficaram majoritariamente ao lado de Vargas, do trabalhismo ou do comunismo. No mundo intelectual, igualmente dividido entre liberais, católicos, socialistas e comunistas, a questão democrática passou a ser objeto de debates.

A invenção de uma nova política de massas, ancoradas nos sindicatos tutelados, fez com que muitas ilusões e expectativas conservadoras das elites civis e militares em torno de Vargas se diluíssem, suscitando novas formulações para a "questão nacional". Não é por mero acaso que, a partir deste novo contexto (1943), muitos intelectuais filofascistas perderam seus lugares privilegiados no governo. Outros partiram para uma oposição de viés liberal e democrático. O Congresso Brasileiro dos Escritores, no começo de 1945, pode ser visto como o baile de debutantes desse novo intelectual *ad hoc* ao Estado, que se via como democrático, independente e engajado em causas progressistas (Lima, 2015).

O que importa destacar neste texto, entre as várias demandas da comunidade de escritores e "homens de letras" em geral, era a sinalização de que a fina flor da intelectualidade brasileira, de católicos a comunistas, passando pelos liberais e socialistas, não estava mais disposta a legitimar projetos autoritários que lembrassem, ainda que de longe, os modelos fascistas de política e de Estado. Por outro lado, o Congresso mostrava que socialismo e o comunismo exerceriam cada vez mais um fascínio sobre os intelectuais, preparando a grande guinada ideológica do mundo intelectual brasileiro dos anos 1950 e 1960. A partir de então, a questão nacional será formulada sobre outras bases, incorporando o conflito como categoria central dessa questão, em que antes a vontade de ordem e de integração dava o tom.

Brasilidade e radicalismo na Quarta República

Após 1930 e sobretudo durante o Estado Novo, forja-se um sistema cultural-ideológico que pode ser chamado de "cultura brasileira", fruto de uma fabricação ideológica, com amplo concurso dos intelectuais (Mota, 1990). O fato de ser uma fabricação ideológica não a torna fortuita ou arbitrária. Ainda que a tese da "fabricação ideológica" seja pertinente, ela não pode ser tomada como pura ilusão nacionalista, facilmente desmontável. Conforme Angela de Castro Gomes, a "engenharia social ideológica" construída pelo Estado Novo, voltada para as campanhas nacionalistas, embora tenham sido feitas por uma "minoria ativista", foram socializadas para um público maior, visando produzir uma adesão das massas aos valores do regime autoritário, único porta-voz da nacionalidade, ensejando um "nacionalismo estatal" (Gomes, 1996:20). A autora, portanto, compreende esta "fabricação" protagonizada por intelectuais como uma operação que vai além da manipulação arbitrária das consciências por parte de um Estado, posto que seus valores fundamentais estão, em alguma medida, ancorados nas memórias e práticas sociais, ao mesmo tempo que pode causar "efeitos não previsíveis" no âmbito de sua recepção social e cultural (Gomes, 1996). O nacionalismo cultural dos anos 1930, cujas bases repousam nos movimentos modernistas, constitui uma dada "tradição", dotada de temas, procedimentos, referências organizacionais, simbólicas e figuras-chave (Gomes, 1996).

Além disso, a esquerda do modernismo também ajudou a formular certa ideia de "brasilidade", cujos primeiros sinais datam também dos anos 1930, dentro de um viés crítico e progressista. Intelectuais e escritores de esquerda, muitos deles ligados ao Partido Comunista, tentaram conciliar a questão nacional com a questão de classe, constituindo um conceito que poderia ser chamado de "brasilidade revolucionária" (Ridenti, 2010). O problema que se coloca para examinar essa tradição intelectual é avaliar se o nacionalismo autoritário, conciliatório e integrador dos anos 1930 foi apropriado e transformado em nacionalismo crítico pela esquerda, sobretudo nos anos 1950, ou se as duas variáveis foram coetâneas, disputando a hegemonia no sistema cultural brasileiro.

Tanto o modernismo quanto a "era Vargas" deixaram um legado para os intelectuais da Quarta República, cuja formulação passou a ser feita em um contexto democrático, com leituras que variavam conforme a filiação ideológica do intelectual, via de regra dividido entre o liberalismo democrático e o socialismo em seus diversos matizes (catolicismo social, socialismo, comunismo). Os principais elementos desse legado eram: (a) o conceito de brasilidade nacional-popular, ancorada na busca de um "povo autêntico", frequentemente lastreado pelo folclorismo e situado em comunidades rurais, pré-modernas; (b) a crença no Estado nacional como agente das mudanças históricas e sociais; (c) a crença no intelectual (humanista) como mediador entre as classes e arauto da nação perante o Estado (política). Ao que parece, esse legado foi disputado pela esquerda e pela direita até meados dos anos 1970, quando entra em crise de maneira peremptória, perdendo vigor histórico e cultural.

Na crise do Estado Novo, em 1945, há uma clara divisão no campo intelectual. Conforme Carlos Guilherme Mota, o campo se divide em duas frentes: uma voltada para o passado e outra para o futuro, pelos marcos do "pensamento radical da classe média" (Mota, 1990). Podemos extrair dessa formulação uma espécie de paradigma analítico da história política dos intelectuais brasileiros, com uma tendência clara que orienta o comportamento político dos intelectuais em processo de afastamento crítico em relação ao Estado. Nessa linha de análise, a "tradição radical" se opõe à tradição "afortunada" (da elite oligárquica forjada no Império e na Primeira República), oposição que se acentua em momentos de crise e "passagem" política de um regime político a outro (fim do Estado Novo, fim do "populismo", fim do regime militar). Nas palavras de Carlos Guilherme Mota, "o advento da nova classe fundamental [a classe operária] absorve os intelectuais da fase anterior (oligárquica) ao invés de suprimi-los" (Mota, 1994:51).

Devemos avaliar a hipótese que aponta a tensão entre o campo intelectual e o campo do poder (política), perceptível no fim do Estado Novo, como decorrente do próprio processo de busca de autonomia do primeiro, cuja expressão é o já citado I Congresso Brasileiro de Escritores. Entretanto, a autonomia do campo intelectual que se manifesta na Quarta República deve ser tomada com cuidado. A partir de 1945, uma parte significativa da intelectualidade brasileira ainda permanecia, de uma forma ou de outra, ligada ao Estado, fosse na condição de funcionários públicos de carreira como base material para sua atividade de "espírito" (literatura), fosse como intelectuais burocratas ligados às agências estatais ou paraestatais, cujos exemplos mais fortes foram o Instituto Superior de Estudos Brasileiros (Iseb, 1955) e o Instituto Brasileiro de Educação, Ciência e Cultura (Ibecc, 1946). Por outro lado, é inegável que sua participação no mercado, como escritores, professores universitários ou jornalistas, aumentou, processo que se afirmaria plenamente entre o fim dos anos 1960 e início dos anos 1970 (Miceli, 1994).

Os intelectuais ainda se mantiveram como interlocutores ou quadros da burocracia estatal, atuando na educação, na gestão histórico-patrimonial ou no planejamento econômico. Conforme Bresser-Pereira (2005), o intelectual dos anos 1950 foi marcado pelo ideário nacional-desenvolvimentista, atuando em órgãos de planejamento internacionais ou nacionais, como a Comissão Econômica para a América Latina (Cepal, braço da ONU) e o Instituto

Superior de Estudos Brasileiros, o Iseb (ligado ao MEC). O nacionalismo integrador em termos socioeconôomicos e políticos, portanto, ainda pautava os debates, mas crescia o espaço dos intelectuais que viam a nacionalidade como um processo de luta entre grupos sociais da elite "entreguista" e dos setores populares "anti-imperislistas". Neste caso, o nacionalismo não deve ser visto como orgânico e integrador, mas como essencialmente conflitivo. Vale ressaltar que esta nuance foi desconsiderada no grande debate sobre o nacional-popular que dividiu a esquerda nos anos 1980, no qual a "nova esquerda" que se aglutinou em torno do nascente Partido dos Trabalhadores criticou a esquerda nacionalista (trabalhistas e comunistas) de ter caído na armadilha da conciliação de classes e de ter desmobilizado a classe operária na crise de 1964 (Napolitano, 2017).

O tema do desenvolvimento nacional, entretanto, tinha outras vertentes intelectuais que iam além do nacionalismo, ainda pouco estudado pela historiografia. Seus formuladores eram pautados pela defesa de um capitalismo brasileiro associado – ideológica e economicamente – ao capital estrangeiro hegemonizado pelos Estados Unidos. Personagens como Roberto Campos ou José Garrido Torres seriam expressões desse tipo de intelectual crítico do nacional-desenvolvimentismo e do estilo "populista" de gestão de Estado, que apontam para outra agenda intelectual nos marcos da Guerra Fria (Cancelli, 2015; Penholato, 2017).

Outro fato marcante no mundo intelectual a partir dos anos 1950 é a conversão de muitos intelectuais, outrora autoritários de direita, em intelectuais progressistas, na chave de uma visão inclusiva das classes populares na política, ainda que em bases assimétricas e de uma ação democratizante na cultura, que se encaminhará para uma maior radicalização nos anos 1960. A ponte entre ambos os momentos históricos, era a "questão nacional", agora acrescida da "questão democrática" e da "questão popular". O que fazer com o povo, entendido como o conjunto das classes populares em franco processo de urbanização e proletarização, colocando em xeque as visões folcloristas e românticas do ente popular? Qual o lugar do povo no processo histórico brasileiro, que parecia vocacionado para a modernização nacional, aí incluída a democratização da sociedade e da política?

A febre folclorista que tomou conta do mundo intelectual da Quarta República pode ser vista como tentativa, em larga medida conservadora, para responder a essas questões sobre o "popular". Podemos considerar os folcloristas "intelectuais instituídos" (Williams, 1992), abrigados em instituições privilegiadas com fortes laços estatais, como a Academia Brasileira de Letras (ABL) e o Instituto Brasileiro de Educação, Cultura e Ciências (Ibecc, ligado ao Ministério das Relações Exteriores e à Unesco). Os intelectuais folcloristas estavam dispostos a identificar, coletar e "museificar" as tradições da cultura oral e comunitária das várias partes do Brasil, como antídoto da amnésia cultural que supostamente viria com a modernização e urbanização geral do país.

O Ibecc sediava a Comissão Nacional do Folclore, criada em 1947, dirigida por Renato de Almeida, propulsora da grande campanha folclorista que tomou conta do debate intelectual brasileiro até o começo dos anos 1960 (Vilhena, 1997). A "saída folclorista" para se comunicar com as classes populares ainda carregava um ranço tutelar, pois cabia aos intelectuais identificar o "fato folclórico" local, estudá-lo e colocá-lo em perspectiva nacionalista, adensando a "brasilidade" ameaçada pelos estrangeirismos. Até as esquerdas nacionalista e comunista abraçaram a causa, vendo no folclore menos o elo profundo entre as classes e regiões do Brasil, mas a matéria básica para defender a cultura brasileira da massificação "alienante" e do "imperialismo cultural", vindo, sobretudo, dos Estados Unidos. Novamente, a "questão nacional" será a ponte entre setores da direita e da esquerda, ensejando fórmulas e variações diferenciadas.

Mas a vida cultural brasileira dos anos 1950 também abria espaço para outras identidades intelectuais. As universidades começavam a dar seus primeiros frutos, fazendo com que a vida intelectual ultrapassasse os limites da atuação na burocracia estatal, nas academias de letras e história ou nos museus de ciência e antropologia. Nomes como Josué de Castro, Antonio Candido, Florestan Fernandes, Celso Furtado, grandes intelectuais do período, já poderiam ser considerados frutos do ambiente e da pesquisa universitária especializada, embora o ensaísmo literário de viés interpretativo não estivesse completamente superado.[1] A cinefilia e o jornalismo de crítica cultural também serão responsáveis por formar e aglutinar uma geração de intelectuais

---

[1] O papel de Anísio Teixeira e Fernando Azevedo como pontes entre o intelectual missionário dos anos 1930 e o intelectual acadêmico dos anos 1950 deveria ser mais pesquisado. Dentro dos limites deste texto, não poderemos desenvolver essa pista.

que renovou a crítica artística, como Paulo Emilio Salles Gomes, José Lino Grunewald, Décio de Almeida Prado, entre outros. Ao lado de artistas de vanguarda (notadamente, os concretistas) que retomariam os princípios do experimentalismo estético lançado pelo modernismo mais ousado dos anos 1920, esses intelectuais apontavam para uma visão de cultura brasileira para além da busca voluntarista da "autenticidade" nacional de bases folclóricas.

O tema do subdesenvolvimento, a luta pela autonomia nacional, a emergência do terceiro-mundismo anticolonialista, das causas humanitárias formatadas em linguagem republicana e democrática serão o substrato dessa conversão de muitos intelectuais autoritários de direita em intelectuais radicais de esquerda (aqui, sempre é bom reiterar, me utilizo do conceito de radicalismo tal como definido por Antonio Candido, longe do senso comum que define a palavra). As trajetórias de Roland Corbisier, Vinicius de Morais, San Tiago Dantas e Alceu Amoroso Lima, que flertaram com as doutrinas autoritárias nos anos 1930, talvez sejam o melhor exemplo dessa conversão.

O nascimento do intelectual engajado brasileiro, no pós-II Guerra, portanto, é fruto de um processo de reposicionamento dos produtores e críticos artístico-culturais na estrutura social e no sistema de valores ideológicos da Guerra Fria. Esta nova pauta encontrava lugar nas políticas oficiais do Estado brasileiro, sobretudo a partir dos governos de Juscelino Kubitschek e João Goulart. A radicalização do ambiente político a partir do final dos anos 1950, sob o acirramento da Guerra Fria na América Latina, também incidirá sobre a vida intelectual brasileira.

Os intelectuais serão chamados a se posicionar, a esgrimir suas ideias em torno dos "problemas brasileiros", agora pensados a partir das chaves da "revolução" e da superação radical do subdesenvolvimento. Em ambas, ainda havia a premência da "questão nacional". Entre a reforma e a revolução, o mundo intelectual se agitará, com grande afluência dos jovens universitários em torno do Centro Popular de Cultura da UNE e do Movimento de Cultura Popular do Recife (Ridenti, 2000; Souza, 2014). Esses dois movimentos serão a nova ponte entre o ativismo intelectual e as classes populares, ora pensadas como alvo passivo das ações intelectuais, ora pensadas como sujeitos conscientes e autônomos, plenos de agenciamento. De todo modo, menos no início dos anos 1960, as ações e movimentos intelectuais, à direita e à esquerda, também atuavam dentro ou em consonância com órgãos e ações dirigidos ou encampados pelo Estado, como o Iseb ou o Movimento de Educação de Base (MEB). A tônica da vida intelectual engajada enfatizava a necessidade de usar o Estado como instância de promoção do desenvolvimento nacional, da defesa dos valores culturais e de promoção do bem-estar das massas, paralelamente à radicalização das políticas trabalhistas de esquerda, sob João Goulart. As massas trabalhadoras, do campo e da cidade, também se organizavam em sindicatos que colocavam em xeque a tutela estatal ou em movimentos autônomos (sobretudo no campo). A grande novidade da vida cultural brasileira no início dos anos 1960 era a busca de uma conexão mais orgânica entre intelectuais e classes populares, inventando novas formas de comunicação e circuitos sociais de ação cultural e artística que superassem as velhas hierarquias e tutelas. Mas o tempo de maturação dessa experiência foi curto.

Autonomia e diluição do intelectual modernista pós-1964: intelectuais contra o Estado

Com o golpe de 1964, o solo que sustentava a colaboração entre intelectuais e Estado, ainda que por um viés crítico, ruiu. Igualmente, foram cortados, à base de repressão policial, os precários laços que ligavam os movimentos intelectuais às classes populares. Os inquéritos policial-militares (IPMs) da cultura tinham por objeto, precisamente, incriminar os intelectuais ativistas junto às classes populares, quadros do governo deposto ou de assumida militância partidária (Czajka, 2009). Além disso, o regime recém-implantado extirpou o intelectual de esquerda, reformista, da alta burocracia de Estado, embora pudesse mantê-lo, sobretudo nos anos 1970, em posições menores. Nomes como Paulo Freire, Josué de Castro, Darci Ribeiro e Celso Furtado foram para o exílio, e no exterior fizeram carreiras intelectuais brilhantes.

O Estado brasileiro queria um novo tipo de intelectual, o tecnocrata moderno e pró-capitalista, ainda que não pudesse prescindir completamente do intelectual humanista crítico, de artistas consagrados e formatadores dos valores sociais. Entretanto, logo nos seus primeiros meses, o regime militar foi visto como uma ditadura anticultural, como demonstra a retumbante campanha de denúncia do "terrorismo cultural" promovida por intelectuais de diversas matrizes ideológicas (liberais, comunistas, socialistas cristãos), a partir da perseguição do novo regime a professores, cientistas, artistas, jornalistas e escritores (Napolitano, 2017). Isso dificultou a formação de uma base de apoio entre artistas e intelectuais mais valorizados pela sociedade e pelas instituições culturais. Entre 1964 e 1968, emergiu um novo espaço público no qual o intelectual progressista, órfão do Estado e opositor do regime militar, mas ainda não totalmente incorporado no mercado empresarial ou nas carreiras burocráticas, tornou-se o epicentro dos conflitos com a censura e a repressão, minando as tentativas de hegemonia do regime militar nesse campo. A "resistência cultural" ao regime militar deve ser vista nesta chave.

Houve até tentativas de construção de um novo espaço oficial na área cultural, de caráter ideológico e normativo, como o Conselho Federal de Cultura, criado em 1967 (Maya, 2012), que conseguiu reunir intelectuais herdeiros da vertente conservadora do modernismo. Esse grupo, uma espécie de "gerontocracia cultural", tinha dificuldades reais de interlocução com artistas e intelectuais mais valorizados daquele momento histórico, afinados com demandas dos setores mais escolarizados da classe média e com o protagonismo juvenil na cultura que marcou os anos 1960. Tanto é que o próprio regime militar esvaziou paulatinamente suas funções em prol de uma política cultural mais ágil, conectada com o mercado e com intelectuais e produtores culturais situados no campo da esquerda. A Política Nacional de Cultura, sistematizada em 1975, foi a expressão dessa nova perspectiva oficial.

A afirmação de uma indústria cultural moderna e integrada, ao lado de uma nova estrutura de carreiras universitárias, a partir dos anos 1970, encerrará este movimento iniciado nos anos 1920. Foi neste momento – a década de 1970 – que, na minha hipótese, começou a se esgotar o campo de ação do intelectual modernista, centrado na missão de formatar a identidade do "povo-nação", cuja presença permanecerá apenas residual no debate cultural brasileiro, plenamente conectada ao mercado ou às carreiras universitárias.

A grande cisão no mundo intelectual, no campo da oposição ao regime militar, se deu justamente quando surgiu um novo tipo de radicalismo que prescindia da categoria "nação", em prol da "sociedade civil" e da classe. Ainda assim, esse novo tipo de intelectual que surgiu no final dos anos 1970 não conseguiu se livrar das matrizes do radicalismo de corte nacionalista e policlassista, embora fosse esta sua intenção crítica, como podemos ver nos escritos mais combativos de Marilena Chaui, grande crítica do nacionalismo de esquerda e do Estado nacional como motor da história (Chauí, 1980). Se o nacionalismo, como elemento integrador e aplacador dos conflitos, era expurgado pela porta da frente, como ideologia ele acabou entrando pela porta dos fundos, pelo culto à sociedade civil e às "classes populares". Essas duas categorias igualmente integradoras e mistificadoras passaram a ser vistas como o lugar de agenciamento da democracia e da ação do sujeito na história. O que esse debate obscureceu é que nem os intelectuais nacionalistas radicais da Quarta República deixavam de reconhecer o conflito no seio da nação, nem os intelectuais da nova esquerda do fim do regime militar conseguiram criticar a fundo a mistificação de novas categorias que ocupavam o lugar do Estado-nação como ímã da coletividade e da política nacional. Não por acaso, o próprio partido que galvanizou esta nova crítica, o PT, irá, paulatinamente, abrigar correntes nacional-desenvolvimentistas e estatistas, enquadrando o "partido movimento" de bases radicalmente societárias.

De todo modo, a emergência de um novo tipo de intelectual público, mais conectado com as indústrias da cultura ou à pesquisa especializada nas universidades, ao lado das clivagens no campo da oposição cultural do regime, com o surgimento de movimentos sociais críticos ao tradicional dirigismo e tutela intelectuais, serão causas e sintomas dessa mudança estrutural na vida intelectual brasileira.

Em relação à história da cultura nos anos 1970, existem ainda muitos pontos obscuros ou pouco explorados pela historiografia. Se é plausível afirmar que a década demarca o epílogo do "longo modernismo" enquanto identidade do intelectual e agenda cultural para o Brasil (Napolitano, 2014), há outras facetas da vida intelectual brasileira que não podem ser desconsideradas. O tema do "Partido Intelectual" (Lahuerta, 2001) como núcleo de oposição ao regime militar ainda não foi completamente mapeado, esquadrinhado e analisado. Milton Lahuerta intuiu a gênese de um novo intelectual, produto de ambiente universitário consolidado e de carreiras acadêmicas maduras, herdeiro dos valores genéricos da esquerda, que falava em nome da sociedade civil e não mais como mediador desta com o Estado nacional. Por outro lado, novas abordagens procuram analisar a vida intelectual brasileira a partir de fins dos anos 1960 como conectada às novas agendas intelectuais que emergiram no contexto da Guerra Fria, estimuladas pelas políticas de formação de quadros gestadas sobretudo nos Estados Unidos que pudessem defender a "democracia" contra o "totalitarismo" (Cancelli, 2015). A atuação das agências de inteligência, a começar pela CIA, ao lado de agências de financiamento de pesquisa, como a Fundação Ford, vem recebendo mais atenção dos historiadores. Em que pese ao risco de uma abordagem normativa que dilua as apropriações, adaptações e tensões entre essas agendas globais e a realidade brasileira, esta nova seara de pesquisa é bastante promissora, e poderá indicar novas questões de pesquisa no campo da história dos intelectuais brasileiros entre os anos 1950 e 1980. Em especial, essa abordagem poderá elucidar políticas de formação, temas e agendas intelectuais caros às áreas de economia, ciências sociais e direito, sobretudo.

Outro aspecto que ainda precisa ser melhor estudado, embora já tenham se desenhado trabalhos cartográficos inovadores, é a figura do "artista intelectual", personagem público que ocupou a cena brasileira entre os anos 1950 e 1980, marcado pelo hibridismo oriundo de três linhagens: (a) membro da comunidade letrada; (b) profissional da indústria cultural; e (c) herdeiro das tradições do intelectual missionário dividido entre a defesa da "cultura brasileira" (na esteira do "longo modernismo") e da democracia social inclusiva (na esteira do "radicalismo" e do "engajamento") (Napolitano, 2017).

Para concluir, reitero a hipótese que atravessa este texto. Visto em perspectiva histórica mais ampla, arrisco dizer que o caminho do intelectual brasileiro (aqui incluídos os artistas formuladores de novas linguagens estéticas e propostas reflexivas sobre a nação e a sociedade a partir de sua produção artística) protagonizou uma espécie de movimento parabólico, abrigado dentro do que chamo de "longo modernismo", que vai do período histórico situado entre a crise da Primeira República (1922) e o nascimento da Sexta República (1985), passando pelas duas ditaduras do século XX brasileiro (Napolitano, 2014). À esquerda e à direita, o modernismo galvanizou debates sobre a nação e o povo, mas a partir dos anos 1950 o debate intelectual foi revisando seu nacionalismo integrador e orgânico, típico do pensamento da direita autoritária, para incorporar o nacional-popular conflitivo, a denúncia da questão social e afirmação da questão das classes no contexto da Guerra Fria. Aliás, só recentemente a historiografia brasileira tem articulado esse contexto global à história intelectual brasileira, para além de uma moldura externa (Palamartchuk, 2003; Cancelli, 2015).

Se estas considerações, um tanto ensaísticas, tiverem algum grau de pertinência, a pesquisa sobre a vida intelectual brasileira deve prestar mais atenção às articulações de uma temporalidade de média duração (dos anos 1920 aos anos 1970), abarcando tanto a era dos nacionalismos autoritários e corporativistas quanto do antifascismo, das revoluções sociais e anticoloniais e da defesa da democracia "como valor universal". Esse movimento mais amplo no mapeamento das grandes linhas ideológicas que orientaram artistas e intelectuais brasileiros, suas produções e debates não deve perder de vista especificidades corporativas, institucionais, classistas ou profissionais, bem como os influxos internacionais. Essa, me parece, deve ser a pauta de pesquisa daqui para frente.

O entrecruzamento dessas variáveis em trabalhos que dialoguem entre si pode nos ajudar a compreender melhor as faturas e contradições da nossa breve e instigante "primavera cultural", quando o Brasil parecia "irreconhecivelmente inteligente" (para usar a expressão famosa de Roberto Schwarz), situada entre os dois invernos autoritários da vida nacional brasileira.

Referências

ALMEIDA, Claudio. *O cinema como agitador de almas*: 'Argila', uma cena do Estado Novo. São Paulo: Annablume/Fapesp, 1999.

BEIRED, José Luís. *Sob o signo da nova ordem*: intelectuais autoritários no Brasil e na Argentina. 1914/45. São Paulo: Loyola, 1999.

BRESSER-PEREIRA, Luiz Carlos. Do Iseb e da Cepal à Teoria da Dependência. In: TOLEDO, Caio Navarro de (Org.). *Intelectuais e política no Brasil*: a experiência do Iseb. Rio de Janeiro: Revan, 2005. p. 201-232.

CANCELLI, Elizabeth. O Ilari e a guerra cultural: a construção de agendas intelectuais na América Latina. *ArtCultura*, v. 17, p. 45, 2015.

CANDIDO, Antonio. Radicalismos. *Estudos Avançados*, São Paulo, v. 4, n. 8, jan./abr. 1990.

CAPELATO, Maria Helena. *Multidões em cena*: propaganda política no varguismo e no peronismo. Campinas, SP: Papirus, 1998.

CHAUÍ, Marilena. *Seminários*. São Paulo, Brasiliense, 1980. (Coleção Nacional e Popular na Cultura Brasileira).

CZAJKA, Rodrigo. *Praticando delitos, formando opinião*: intelectuais, comunismo e repressão no Brasil (1958-1968). Tese (doutorado em sociologia) – Universidade Estadual de Campinas, Campinas, SP, 2009.

GOMES, Angela de Castro. *A invenção do trabalhismo*. São Paulo: Vértice; Rio de Janeiro, Ed. Iuperj, 1988.

_____. *História e historiadores*: a política cultural do Estado Novo. Rio de Janeiro: FGV Ed., 1996.

_____. Estado Novo: ambiguidades e heranças do autoritarismo no Brasil. In: ROLLEMBERG, D.; QUADRAT, Samantha (Org.). *A construção social dos regimes autoritários*. Rio de Janeiro: Civilização Brasileira, 2011. p. 30-37.

LAHUERTA, Milton. Os intelectuais e os anos 20: moderno, modernista, modernização. In: LORENZO, Helena; COSTA, Wilma (Org.). *A década de 20 e as origens do Brasil moderno*. São Paulo: Ed. Unesp, 1997.

_____. Intelectuais e resistência democrática: vida acadêmica, marxismo e política no Brasil. *Cadernos AEL*, IFCH, Unicamp, n. 14-15, 2001.

LIMA, Felipe Vitor. *Literatura e engajamento na trajetória da Associação Brasileira de Escritores (1942-1958)*. Tese (doutorado em história social) – Universidade de São Paulo, São Paulo, 2015.

MAYA, Tatiana. *Os cardeais da cultura nacional*: o Conselho Federal de Cultura na ditadura civil-militar (1967-1975). São Paulo: Itaú Cultural/Iluminuras, 2012.

MICELI, Sergio. O papel político dos meios de comunicação de massa. In: SCHWARTZ, J.; SOSNOWSKI, S. (Org.). *Brasil*: o trânsito da memória. São Paulo: Edusp, 1994.

_____. *Intelectuais à brasileira*. São Paulo: Companhia das Letras, 2001.

MORETTIN, Eduardo. *Humberto Mauro, cinema, história*. São Paulo: Alameda, 2013.

MOTA, Carlos G. Cultura brasileira ou cultura republicana. *Estudos Avançados*, v. 4, n. 8, p. 19-32, 1990.

_____. *Ideologia da cultura brasileira (1933-1977)*. São Paulo: Ática, 1994.

NAPOLITANO, Marcos. *Síncope das ideias*: a construção da tradição na MPB. São Paulo: Ed. Fundação Perseu Abramo, 2007.

_____. Arte e política. In: KAMINSKI, Rosana; FREITAS, A.; EGG, André (Org.). *Arte e política no Brasil*. São Paulo: Perspectiva, 2014.

_____. *Coração civil*: a vida cultural brasileira sob o regime militar. São Paulo: Intermeios, 2017.

PALAMARTCHUK, Paula. *Os novos bárbaros*: escritores e comunismo no Brasil – 1928-1948. Tese (doutorado em história) – Universidade Estadual de Campinas, Campinas, SP, 2003.

PECAUT, Daniel. *Os intelectuais e a política no Brasil*: entre o povo e a nação. São Paulo: Ática, 1990.

PENHOLATO, Diego. *José Garrido Torres nas sombras do poder:* um economista na construção do projeto de modernização de 1964. Dissertação (mestrado em história social) – Universidade de São Paulo, São Paulo, 2017.

RIDENTI, Marcelo. *Em busca do povo brasileiro:* artistas da revolução, do CPC à era da TV. Rio de Janeiro: Record, 2000.

____. *Brasilidade revolucionária*. São Paulo: Ed. Unesp, 2010.

SANTOS, Wanderley Guilherme dos. *Ordem burguesa e liberalismo político*. São Paulo: Duas Cidades, 1978.

SCHWARZMAN, Simon; BOMENY, Helena; COSTA, Vanda (Org.). *Tempos de Capanema*. Rio de Janeiro: Paz e Terra, 2000.

SOUZA, Fabio. *O movimento de cultura popular do Recife* (1959-1964). Dissertação (mestrado em história social) – Universidade de São Paulo, São Paulo, 2014.

VELLOSO, Mônica. Os intelectuais e a política cultural do Estado Novo. *Revista Sociologia e Política*, Curitiba, n. 9, p. 57-74, 1997.

VILHENA, Rodolfo. *Projeto e missão*: o movimento folclórico brasileiro (1947-1961). Rio de Janeiro: FGV Ed., 1997.

WILLIAMS, Daryle. *Culture wars in Brazil*: the first Vargas regime. Durham, NC: Duke University Press, 2001.

WILLIAMS, Raymond. *Cultura*. São Paulo: Paz e Terra, 1992.

DEMOCRATIZAÇÃO

14. Por uma agenda popular para a democratização brasileira (1970-1990)

Américo Freire

A proposta deste texto consiste em apresentar alguns resultados da pesquisa que vem sendo realizada sobre a produção de intelectuais de esquerda no contexto da democratização brasileira das décadas de 1970 a 1990. A assertiva geral que rege essa investigação é a seguinte: algumas vertentes das esquerdas cristãs, em contraposição às teses que deram fundamento à luta armada, tiveram papel-chave na elaboração de uma nova narrativa que, ao colocar em xeque o papel proeminente das vanguardas na condução das lutas políticas, propôs o mergulho direto nas massas, no mundo popular. Essa narrativa ganhou fôlego nas décadas de 1970 e 1980, vindo a apresentar importantes modulações no contexto da redemocratização brasileira dos anos 1990.

Marco Antonio Perruso (2009), em seu livro seminal que examina as relações entre intelectuais e os movimentos populares nas décadas em tela, nos apresenta um amplo panorama de iniciativas levadas a cabo nesse sentido por entidades que promoveram o que chamou de "marcha para o povo". Compuseram esse campo, segundo o autor, organismos como o Centro de Estudos de Cultura Contemporânea (Cedec); o Grupo de Educação Popular do Instituto de Planejamento Regional e Urbano (GEP-Urplan), vinculado à PUC-SP; o Centro de Educação Popular do Instituto Sedes Sapientiae (Cepis); a Federação de Órgãos para Assistência Social e Educacional (Fase); o Centro Ecumênico de Documentação e Informação (Cedi) etc.

José Ricardo Ramalho e Neide Esterci (2017), em *Militância política e assessoria: compromisso com as classes populares e resistência à ditadura*, lidaram com o mesmo tema por meio de entrevistas de história oral com militantes que se engajaram diretamente no trabalho popular. Esses militantes, registram Ramalho e Esterci, foram aqueles que paciente e conscientemente "ficaram na 'retaguarda', reconhecendo no conjunto diverso de trabalhadores e seus movimentos, os reais sujeitos da história". Foram os que

> ora vinculados a grupos clandestinos de esquerda, ora a setores progressistas das igrejas e a organizações de assessoria e formação política, se recusaram à opção de luta armada e acreditaram na organização popular que se constituiria sob o controle e liderança dos próprios trabalhadores no seu processo de emancipação" [Ramalho e Esterci, 2017:5-6].

Neste trabalho, tendo em vista nutrir os estudos sobre a constituição de um "campo popular" no país,[1] optamos por concentrar o foco de análise nas proposições de Frei Betto, aqui entendido como uma figura-chave para se buscar compreender a formação, a composição e a dinâmica desse campo nas décadas em tela.

Frei Betto, frade dominicano e ex-combatente da luta armada ao lado de Carlos Marighella, foi um dos principais formuladores e divulgadores desse novo vocabulário político junto a amplos setores da sociedade brasileira. Homem de trânsito entre setores da hierarquia católica e cristã reformadora, as esquerdas revolucionárias e as bases sociais organizadas nas comunidades eclesiais de base (CEBs), o religioso teve envolvimento direto na criação da Central Única dos Trabalhadores (CUT), da Articulação Nacional dos Movimentos Populares e Sociais (Anampos), da qual se tornou o primeiro coordenador-geral, e da Central de Movimentos Populares (CMP). Intelectual identificado com o Partido dos Trabalhadores (PT), foi assessor do presidente Lula no trabalho de mobilização social em apoio ao Programa Fome Zero nos anos de 2003 e 2004.

---

[1] A noção "campo popular" está sendo empregada na pesquisa compreendendo: as formulações teóricas produzidas em torno das categorias "popular", "classes populares" e "novos movimentos sociais"; as estratégias simbólicas e de ação acionadas por formuladores, mediadores e líderes populares; o repertório de lutas empreendido por esses agentes. Essa noção se fundamenta especialmente Moisés (1974); Cardoso (1983); Sader (1988); Gohn (2008); Tilly(1981).

O estudo do ideário político-pastoral do frade dominicano levará em consideração as seguintes questões necessariamente entrelaçadas: (1) a crítica ao "vanguardismo" e a defesa de uma ação política plasmada pela presença popular; (2) proposições e estratégias para o movimento popular; (3) as bases de uma educação popular libertadora; (4) os desafios do movimento popular em fins da década de 1990.

Da autocrítica à ação político-pastoral

Frei Betto fez parte das esquerdas brasileiras que partiram para o enfrentamento armado contra a ditadura militar. São deveras conhecidos os resultados desse ciclo revolucionário que se espalhou por quase todo o continente: torturas, assassinatos, exílio, prisões. Para alguns sobreviventes desses embates, durante os tempos de refluxo, ocorreu o momento do reexame do que havia dado errado naquilo tudo. Em suma: estava aberta uma longa e exaustiva temporada de autocrítica por parte das esquerdas revolucionárias.

O frade dominicano, durante os quatro anos em que esteve preso em cárceres brasileiros (1969-1973), veio a participar direta e intensamente dessa agenda de debates que deveria ter como consequência o relançamento do processo revolucionário no Brasil. Em carta dirigida a Herbert de Souza – ex-companheiro de Ação Católica –, datada de fevereiro de 1978, Frei Betto apresenta, em termos fortes, como entendeu o resultado daquelas discussões:

> Para mim ficou claro [o] caráter elitista [da esquerda] (pois sempre se origina nas classes média a alta) e golpista (jamais houve uma real conversão ao povo). Quando muito, fomos ao povo para cooptá-lo e, assim, legitimar nossas pretensões de ser sua vanguarda. De modo que já não confio em iniciativas que surjam nessas camadas sociais.[2]

O dominicano, em seu livro de memórias políticas, publicado em 2006, manteve o mesmo tom crítico à atuação elitista da esquerda. Relata que, ao sair da prisão, se surpreendeu com a força do movimento popular que "não

---

[2] Carta de Frei Betto a Herbert de Souza, o Betinho. Vitória, 19 de fevereiro de 1978. Cpdoc. Arquivo Herbert de Souza.

havia sido organizado por nós da esquerda carimbada, ornados de teorias professadas num lapidar rigor acadêmico que as transubstanciava em dogmas religiosos". E prossegue com a crítica direta:

> Como o povo se organizara se nós, a "vanguarda", os dirigentes, estávamos na cadeia? Como criara movimentos de moradia, de luta contra a carestia, de mulheres, negros, de indígenas, de direitos humanos... se nós, intelectuais, nós que conhecíamos bem o marxismo [...], nós, os timoneiros, não figurávamos à frente de seus movimentos? (Quanta pretensão!) [Betto, 2006:50].

Betto fez da cidade de Vitória, capital do pequeno estado do Espírito Santo, sua primeira base de operações. Ali, com amplo respaldo da Igreja católica local, mergulhou no trabalho pastoral junto às comunidades eclesiais de base (CEBs) que então vicejavam pela periferia da capital e pelo interior do estado. Para demarcar seu novo momento de vida, foi morar num barraco em uma favela no morro da Ilha de Santa Maria. Por lá permaneceu por cerca de cinco anos.

Dois dos mais importantes resultados do trabalho pastoral de Frei Betto em Vitória foram: a transformação da Cáritas local – uma entidade de cunho assistencial – em órgão voltado para a educação popular e para o trabalho de base junto aos movimentos de trabalhadores da capital, e a coordenação dos dois primeiros encontros nacionais das CEBs – os chamados intereclesiais –, eventos que tinham como principal objetivo ajudar a criar as bases de uma Igreja católica de rosto popular no país.

Por fim, Frei Betto também esteve à testa, ao lado dos freis Ivo Lesbaupin e Fernando Brito, de outra iniciativa importante na afirmação da Teologia da Libertação do Brasil. Em 1973, ainda durante os tempos de cárcere, os três frades avaliaram que se fazia necessário criar um grupo de reflexão/ação que reunisse teólogos e agentes pastorais tendo em vista uma aproximação entre marxismo e cristianismo. Um ano depois, contando com o apoio e a adesão de nomes como Carlos Mesters (carmelita), Leonardo Boff (franciscano), e João Batista Libânio (jesuíta), entre outros, o projeto tornou-se realidade. Na década de 1990, depois de enfrentar dissensões internas, passou a se autodesignar "Emaús". Para alguns analistas, o "Emaús" pode ser visto como o verdadeiro estado-maior da Teologia da Libertação no país.

O "Emaús", há mais de quatro décadas, permanece como uma usina de ideias e iniciativas. Dali saíram propostas como a criação do Centro Ecumênico de Serviços à Evangelização e Educação Popular (Ceseep), entidade sediada em São Paulo e coordenada por nomes como o padre Oscar Beozzo, o frei dominicano Gorgulho, o pastor Jetter Ramalho, o sociólogo Luiz Edurdo Wanderley, o teólogo Júlio de Santa Ana, entre outros; do Centro de Estudos Bíblicos (Cebi), sob a liderança de Carlos Mesters, Eliseu Lopes e Jether Ramalho, entre outros, assim como para a formação do movimento Fé e Política. Além disso, o grupo serviu de centro fundamental de reflexão para o trabalho de assessoria nos encontros intereclesiais das comunidades eclesiais de base (Betto, 2006:165).

Em 1979, Betto transferiu-se de Vitória para São Paulo com vistas a acompanhar mais de perto a reemergência dos movimentos sindical e popular no mais importante polo industrial e econômico brasileiro. No plano profissional, dividiu-se entre o ABC paulista e a capital. No ABC, contando com as bênçãos de dom Cláudio Hummes, bispo da diocese de Santo André, integrou-se ao trabalho de reconstrução da Pastoral Operária (PO) da região. Entre 1979 e 2002, assessorou a PO de São Bernardo e Diadema, e mais tarde de todo o ABC, ao mesmo tempo que veio a estabelecer laços estreitos com os movimentos sociais e com líderes sindicais da região, entre os quais Luiz Inácio da Silva, o Lula, então presidente do Sindicato dos Metalúrgicos de São Bernardo do Campo e Diadema. Um dos frutos do trabalho pastoral de Betto no ABC foi contribuir para a formação de gerações de militantes cristãos comprometidos com as lutas populares e sindicais.

Na capital paulista, optou por aceitar o convite de alguns ex-companheiros de luta armada para trabalhar com eles no Centro de Educação Popular do Instituto Sedes Sapientiae (Cepis), entidade criada em 1978, vinculada a segmentos da Igreja católica progressista e voltada para projetos de educação junto aos movimentos populares que se espalhavam por toda a grande metrópole (Lopes, 2013). Para Frei Betto, o trabalho no Cepis representava a oportunidade de dar continuidade aos projetos de educação popular iniciados na Cáritas do Espírito Santo. Em São Paulo, o desafio – e a escala – seriam bem maiores.

Proposições e estatégias para o movimento popular

Frei Betto, no começo da década de 1980, era reconhecido nos círculos religiosos, intelectuais e políticos como um importante articulador das esquerdas cristãs brasileiras. Nessa ocasião, publicou um livro síntese, sob o título *O que é comunidade eclesial de base* (1981), em que condensa algumas de suas principais reflexões acerca das relações dos cristãos com a política e das relações dos movimentos populares com os partidos políticos e o Estado. Nesse livro, sucessivamente reeditado, o religioso passa em revista a agenda de questões que deveriam ser enfrentadas pelas CEBs e pelos movimentos populares, em geral. Vejamos algumas das proposições presentes na obra.

Segundo ele, naquela conjuntura de desgaste da ditadura militar e de retomada do jogo político-parlamentar, era mister fazer com que se buscasse evitar o processo clássico de cooptação de lideranças populares pelos partidos políticos de esquerda que se encontravam em processo de construção e reconstrução. Para tal, Betto alertava para a importância de se assegurar autonomia aos movimentos sociais frente às instituições e às agremiações partidárias. Para ele, o importante era assegurar que as CEBs e a Pastoral Operária se mantivessem como "postos de abastecimento" para as lutas nas diferentes instâncias de representação política e social.

Para o religioso, durante o período mais duro da ditadura militar, dado o cerceamento da oposição, coube à Igreja comprometida com o trabalho popular fazer-se hegemônica na defesa dos direitos humanos e na denúncia das arbitrariedades cometidas em nome da segurança nacional. Foi nesse momento que, segundo Frei Betto, a Pastoral Popular assumiu conotação fortemente política, vindo a transformar-se em importante fonte de rearticulação do movimento popular e do movimento operário.

Já no contexto de liberalização política, a sociedade civil assumiu nova configuração.

> O movimento popular e o movimento operário se emancipam, prescindindo de seus vínculos com a pastoral; os grupos políticos emergem da clandestinidade; muitos exilados retornam; novos canais de expressão política são criados. [...] A Igreja comprometida com a pastoral popular já não é o núcleo hegemônico da manifestação do povo. A pastoral popular fica num impasse. Sente-se como quem se vê numa encruzilhada da história [Betto, 1981:92].

Tornava-se necessário, portanto, enfrentar a "questão partidária".
Para Frei Betto, esse desafio não era novo, uma vez que havia muito a Igreja assumia posições político-partidárias. Segundo ele,

> a hierarquia sempre deixou clara sua preferência por este ou aquele partido, na medida em que a agremiação assumisse os interesses empresariais da Igreja (como a escola particular) e procurasse preservar a legislação condizente com sua doutrina (a proibição do divórcio) [Betto, 1981:100].

Com base nisso, propunha que o tema fosse tratado de frente e sem qualquer receio de que os partidos pudessem vir a concorrer com ou substituir a Igreja no trabalho junto às bases populares ou sindicais. E mais: no âmbito das lutas sociais, o partido cumpria uma função estratégica: a de servir de conduto político com vistas a alcançar o "aparelho de Estado".
Frei Betto também achava que o partido não devia ser a soma dos movimentos de base, mas a consequência politicamente estruturada da prática desempenhada por esses movimentos. E concluía:

> É falsa a alternativa organização de base ou partido. Trata-se de assegurar a autonomia das organizações populares e operárias de base e, ao mesmo tempo, criar condições para que interfiram, através de um conduto político, no sistema legislativo-judiciário e no poder Executivo [Betto, 1981:101].

Com isso, mandava um recado a setores da Igreja popular que viam com grandes reservas qualquer aproximação com os partidos.
Nessa mesma linha, o dominicano defendia a posição de que a Pastoral Popular nem devia recuar ante a prática política, nem devia confundir-se com ela. Para tanto, propunha que fosse orientada em torno de algumas exigências básicas. A primeira, a da ação evangelizadora e explícita de seus militantes nas lutas sociais e políticas ao lado de todos que lutavam pela libertação. A segunda: que essa ação transformadora se realizasse referenciada por instrumentos de análise que lhe permitissem captar as contradições fundamentais dessa realidade. Para ele, a via teórica desse entendimento era a concepção científica da história sistematizada nas obras de Marx (Betto, 1981:107-108).

Passando para questões mais práticas, Frei Betto alertava para que o debate sobre a questão partidária no âmbito da Pastoral Popular não se desse em torno de siglas ou figuras que encarnariam uma ou outra proposta. Para ele, no âmbito da Pastoral Popular, o debate político-partidário deveria levar em conta quatro critérios gerais: (1) opção pelas classes populares: que se constitua um conduto político como obra das classes populares que expresse a hegemonia do proletariado urbano e rural; (2) respeito à autonomia das organizações populares de base: que não se incorra no erro de transformá-las em meros redutos eleitorais ou de absorvê-las numa estrutura partidária; (3) incentivo às formas de organização de base que exprimem os interesses objetivos das classes populares; (4) valorização de todas as formas de educação que favoreçam o projeto de libertação do povo. Essas iniciativas, segundo ele, ajudariam a fazer do povo sujeito de seu destino histórico. "Querer atrelá-las a uma estrutura partidária", alerta, "é contribuir para asfixiá-las, impedindo que as classes populares deem os passos pedagogicamente necessários às formas mais amplas de luta" (Betto, 1981:112).

No livro, o religioso lida com temas e questões que costumam ser tratados com enorme cuidado pela hierarquia eclesial, até porque havia muito a Igreja alimentava a imagem de se colocar acima da política e dos partidos. A esse respeito, o autor não tergiversava: Igreja, política e partidos andaram e andam juntos. Para Frei Betto, o problema não era esse; portanto, não havia por que fugir dele. A questão-chave que vislumbrava era a de criar e estabelecer mecanismos de inter-relação entre Igreja e política, no sentido de levar adiante uma ação conjunta revolucionária libertadora.

Frei Betto, como se pode perceber, trata do tema dos partidos com os pés fincados na Pastoral Popular e nos movimentos sociais; ali é seu lugar de fala, "o chão onde pisa". No livro, registra a importância estratégica do partido como entidade capaz de congregar e avançar na luta libertadora, e refuta teses que opõem partido e organizações populares. Paralelamente, mantém o alerta contra quaisquer possibilidades de subordinação ou tutela das segundas pelo primeiro. Para ele, o fundamental nessa discussão era assegurar a construção e a manutenção de organizações populares de base autônomas – essas seriam, no seu modo de ver, a base da construção do novo, e serviriam de fundamento para as estruturas políticas.

Educação popular libertadora

Para Frei Betto, assim como para outros intelectuais militantes do mesmo cariz, o mergulho na base significou também atuar em entidades voltadas para a educação popular. Em tese, caberia à educação popular o papel estratégico na formação de um conjunto expressivo de novas lideranças oriundas do meio popular, tendo em vista contribuir para conformar uma nova cultura política de direitos no país.

Dois foram os momentos-chave na história da construção do campo da educação popular no país. O primeiro deles corresponde ao período compreendido entre a segunda metade dos anos 1950 e o começo da década de 1960 (Marques, 2008). Nessa conjuntura – marcada pela preeminência de governos mais afeitos à mobilização e à organização popular; pelo *aggiornamento* na Igreja católica sob a égide de João XXIII, desdobrado no avanço de movimentos de cunho cultural e educativos vinculados à Ação Católica; pelo exemplo e simbologia da Revolução Cubana; e pela primeira elaboração e aplicação do sistema Paulo Freire (Konder, 1988) –, houve a presença e a influência decisiva do governo federal e/ou da Igreja na conformação do campo da educação popular. Esses movimentos terminaram por se associar ao fenômeno político-social-cultural da "Revolução Brasileira" (Ridenti, 2010).

Em fins da década de 1970, na esteira da crise do regime ditatorial-militar, abriu-se uma nova etapa da expansão da educação popular no país, a qual teve como traço marcante a presença múltipla de entidades locais que cobriram boa parte do território brasileiro, muitas das quais com algum tipo de vínculo direto com segmentos avançados da "Igreja católica progressista" e do protestantismo de esquerda. Essas entidades puderam contar com o apoio financeiro e político de organismos internacionais e congregaram antigos e novos militantes que se reuniam em prol de um projeto de empoderamento popular, fora do estrito controle estatal ou mesmo partidário.

Frei Betto esteve na linha de frente desse novo ciclo da educação popular no país. Em julho de 1979, o mesmo mês em que desembarcou em terras paulistas, publicou um artigo na revista *Encontros da Civilização Brasileira* sob o título "A educação nas classes populares", no qual resume algumas de suas principais reflexões sobre o tema. Nele, dirige críticas frontais aos métodos tradicionais de ensino adotados pelos grupos que atuavam na base popular.

Em lugar disso, propõe uma educação popular "libertadora" e fundada em uma "nova pedagogia".

"Educação popular", para o religioso, diz respeito ao trabalho que se situa na linha da *conscientização* – entendida como contribuição à emergência de uma consciência explícita de classe – e na linha da *libertação* – entendida como busca de um projeto social alternativo que englobe tanto o regime de governo quanto o sistema capitalista de produção. E esse trabalho é *popular* por que se volta para a parcela da população que sobrevive, basicamente, da venda ou do emprego de sua força física de trabalho. Segundo o autor, *educador* é o termo que designa todos aqueles que, mesmo oriundos das classes média e alta, estão engajados no exercício da educação popular, à qual procuram dar consistência ideológica e uma direção histórica. No texto, Frei Betto propõe-se a examinar o que chama de *questão pedagógica*, isto é, a maneira pela qual se relacionam o educador (o agente pastoral, o político ou mesmo o partido político) e os educandos (as classes populares) (Betto, 1979:163).

Para ele, cada um de nós é uma pessoa geograficamente situada, historicamente determinada, culturalmente condicionada em sua formação, não apenas pelo meio, mas sobretudo pela classe a que pertence. Em uma sociedade dividida em classes, na qual a classe dominante busca impor suas concepções e valores, dá-se um processo educativo que visa à reprodução dessa sociedade. Porém, registra o autor, numa perspectiva libertadora, isso que chamamos de educação popular quer *transformar* a sociedade e não reproduzir a ideologia dominante que justifica a sociedade em sua atual formação (Betto, 1979:164).

Frei Betto trabalha ainda com o pressuposto de que cabe ao educador criar as condições para que os trabalhadores se eduquem, isto é, venham a assumir-se como protagonistas da história. Em razão disso, a educação popular deve munir-se de instrumentos que busquem evitar tanto posturas assistencialistas e reformistas quanto vanguardistas. Em ambos os casos, alerta o autor, o que temos é uma educação *para* e não uma educação *em* e *com*. "O povo será o elemento passivo fadado a sofrer, uma vez mais, uma ação opressora, manipuladora, direcionista, por mais carregada de intenções libertadoras que ela seja em seus propósitos e objetivos" (Betto, 1979:164-166).

Nas seções finais do artigo, Frei Betto avança em algumas proposições tendo em vista buscar superar nossa tradição elitista e vanguardista no tocante às relações entre educadores e educandos. Segundo ele, para que se construa uma proposta de educação libertadora faz-se necessário que o educador, ao dirigir-se à base, dispa-se, o quanto possível, da carga que traz de seu meio de origem e de seu processo de formação. Isso não se obtém por mera intenção, mas por uma efetiva revolução cultural, mediante uma prática pela qual *o educador se deixa reeducar pelos educandos*. "Antes de falar, ouve; antes de ensinar, aprende; antes de explicar, pergunta; antes de formular, pratica; antes de querer conduzir, deixa-se conduzir" (Betto, 1979:169).

Outro passo importante nesse processo diz respeito às relações entre prática e teoria. Para ele, o educador aberto ao aprendizado e munido da teoria,

> *recria* a teoria a partir da prática, redimensionando seus conceitos a partir das exigências do trabalho, questionando suas análises a partir da realidade concreta em que vivem os trabalhadores [...]; enfim, passa a acreditar que o próprio povo é capaz de, à sua maneira, [...] de elaborar a teoria que nasce da prática e, assim, traçar o rumo de sua ação [Betto, 1979:170].

Por outro lado, alerta para o fato de que esse processo não é espontâneo e nem a base chega, sozinha, a formular sistematicamente sua teoria. "É um esforço dialeticamente articulado com as referências teóricas trazidas pela presença do educador junto aos educandos, e não do educador *para* os educandos ou dos educandos para si mesmos" (Betto, 1979:170).

Por fim, propõe explicitamente a adoção de uma atitude proativa do educador em criar as condições para a educação de base. Isso significa, entre outras coisas,

> que não deva ficar esperando, "por respeito ao povo" que os educandos adquiram, espontaneamente, consciência política, mas procura ajudá-los a desvendar os mecanismos de exploração da sociedade capitalista. Isso é tanto mais fácil quanto menos se parte de princípios teóricos extraídos de livros, mas da experiência de exploração que os educandos carregam e, por outro lado, de exercício de seu poder popular nas lutas que travam, como é o caso da luta pela terra, do movimento do custo de vida e das greves [Betto, 1979:162-163].

As proposições de Frei Betto neste texto giram em torno de três questões centrais. A primeira delas: não é possível confundir educação para o povo e educação popular. Para ele, a segunda é fruto de um projeto de empoderamento popular que tem como perspectiva a transformação social e se orienta por ela. Segunda questão: os grupos e partidos que atuam no campo da educação popular, ao reproduzirem práticas pedagógicas tradicionais, contribuem para manter a dominação de classes presente na sociedade brasileira. Nesse ponto em particular, ele, implicitamente, coloca em xeque a maneira pela qual boa parte das esquerdas tem lidado historicamente com as classes populares. Terceira: preocupa-se com iniciativas no campo da educação popular que sejam fruto ou de mera especulação teórica ou da expressão exclusiva da ação prática. Propõe, portanto, uma nova pedagogia baseada em uma relação dialógica – de mão dupla – entre educador e educando, na qual o primeiro se mostre disposto a ouvir, a "fazer-se aprendiz".

Para Frei Betto, assim como para equipe do Cepis, um dos grandes desafios foi o de colocar todas essas ideias gerais em prática, ou seja, fazia-se necessário construir e aplicar métodos e técnicas pedagógicas coerentes com o objetivo de uma pedagogia libertadora. A esse respeito, ele teve a oportunidade de expor suas ideias em longa entrevista concedida ao lado do educador Paulo Freire ao repórter Ricardo Koscho, cujo resultado foi o livro intitulado *Essa escola chamada vida* (Betto e Freire, 2004).

Para o religioso, a ação educativa deve pautar-se no princípio pedagógico de sempre fazer um trabalho a partir dos elementos fornecidos pelas experiências vitais anteriores. O educando tem de estar no centro do processo. Professor, assessor, educador, é apenas aquele que vai ajudar a explicitar e sistematizar aquilo que a vida e contexto dos educandos fornecem como elementos. "A gente ajuda a fazer isso que eu chamo de 'técnica do saca-rolha'. Tirar deles e, depois, entrar com a 'chave de fenda', para apertar os parafusos" (Betto e Freire, 2004:44).

Na entrevista, afirma de forma categórica: "a questão central da educação popular está na metodologia". Segundo ele, é ela que define o caráter da educação popular (Betto e Freire, 2004:75). Vejamos por quê. Frei Betto distingue "metodologia tradicional" e "metodologia dialética", a qual vem sendo aplicada no trabalho do Cepis. A primeira, segundo ele, é dedutiva, e baseia-se no aprendizado de conceitos e de noções, dentro da relação professor-aluno. "É o que Paulo Freire qualifica de 'bancária', pois reproduz o sistema de dominação vigente nas relações sociais capitalistas" (Betto e Freire, 2004:76)

Já na metodologia dialética, segundo ele, o ponto de partida é a prática social dos educandos. Antes de se elaborarem os conceitos, é preciso extrair dos educandos os elementos de sua prática social: quem são, o que fazem, o que sabem, o que vivem, o que querem, que desafios enfrentam. "Aqui, o conceito aparece como ferramenta que ajuda a aprofundar o conhecimento do real, e não a fazer dele mera abstração. O aprendizado comum, que liga teoria e práxis, só se dá a partir da realidade coletivamente refletida" (Betto e Freire, 2004:77).

Portanto, conclui Frei Betto, a metodologia dialética é indutiva; nela, o processo de teorização do real vai do pessoal para o coletivo, do biográfico ao histórico, do local ao nacional, do específico ao geral, do conjuntural ao universal, do parcial ao estrutural, do concreto ao abstrato. "Enfim, a teoria se faz guia para a ação transformadora do real" (Betto e Freire, 2004:77-78).

Novo giro crítico e autocrítico

Frei Betto, nas décadas de 1980 e 1990, manteve intensa atividade profissional junto aos movimentos populares e à Pastoral Operária do ABC. Paralelamente, estabeleceu uma relação pessoal e política bastante próxima de Luiz Inácio Lula da Silva, vindo ainda a participar diretamente das campanhas presidenciais do líder petista. Outra frente profissional do dominicano nesse período foi o trabalho que veio a realizar em Cuba, tendo em vista o objetivo de promover o degelo das relações entre o Estado e a Igreja católica naquele país. Um dos desdobramentos mais importantes desse trabalho foi sua atuação no mundo comunista europeu com esse mesmo sentido.

O religioso sempre conciliou suas atividades práticas com a produção intelectual sobre os assuntos mais variados. Nessa quadra de vida, chegaria mesmo a experimentar o uso da linguagem ficcional, vindo a publicar contos e romances, ao lado dos tradicionais ensaios político-pastorais.

Em 1998, Frei Betto proferiu palestra nos 20 anos de criação do Cepis. Na oportunidade, retomou e revisitou algumas de suas proposições relativas à configuração e à dinâmica do movimento popular que haviam sido expressas em publicações anteriores. Passadas duas décadas de atividades no campo popular, fazia-se necessário um novo giro crítico e autocrítico. A palestra de

Frei Betto foi publicada sob o título "Desafios da educação popular: as esferas sociais e os novos paradigmas da educação popular" (Betto, 2000).

O campo popular no Brasil, segundo o religioso, seria composto por cinco esferas de organização social, a saber: a pastoral, cujo centro de gravidade são as CEBs; os chamados movimentos populares, muitos deles inspirados e estimulados pela ação pastoral e pelas CEBs; o movimento sindical, cujo ponto de referência é o sindicalismo do ABC; os partidos políticos surgidos de projetos de sociedade oriundos dos movimentos sociais; e, por fim, as administrações populares estabelecidas pelos partidos políticos que haviam conquistado espaços no Estado por meio de pleitos eleitorais. Segundo o religioso, "essas são as esferas de articulação do movimento social brasileiro. Não há como articulá-lo fora dessas esferas" (Betto, 2000:4).

Para Frei Betto, todas essas esferas deveriam ser vistas como estratégicas e não faz sentido o estabelecimento de uma hierarquia entre elas. Conforme mencionara outras vezes, a luta pela transformação social no Brasil passava necessariamente pela Igreja católica. Registra ele:

> Boa parte da esquerda mexicana se diz agnóstica, ateia e anticlerical. Por razões históricas, a Revolução Mexicana [...] se fez contra a Igreja. Brincamos com os companheiros do México dizendo: enquanto a companheira Guadalupe não aderir à proposta de vocês, aqui não vai ter mudança. [...] Acredito que, no Brasil, é a mesma coisa: enquanto a companheira Aparecida não aderir, não tem jeito. [...] A Igreja é um setor estratégico no contexto latino-americano, como mostra a experiência, sobretudo na Nicarágua. No Brasil, isso é muito mais acentuado [Betto, 2000:5].

Na palestra, Frei Betto também retomou a tese da necessidade de se assegurar autonomia a cada uma das esferas sociais. Propugnou pela autonomia e interação entre elas. De forma didática, mencionou: "O partido não pode tutelar o movimento popular e sindical. O movimento popular e sindical não pode atrelar-se ou manter uma relação utilitarista com o partido" (Betto, 2000:5).

Dois aspectos merecem ser examinados por conta dessas proposições de Frei Betto quando comparadas aos seus escritos do começo da década de 1980 que buscaram estabelecer um norte aos movimentos populares. Um deles é a permanência da defesa de dois princípios que sempre compuseram sua narrativa de pregador revolucionário: a força do catolicismo no mundo popular e a necessária autonomia dos movimentos sociais frente aos partidos e vice-versa. Um segundo aspecto – e é daí que vem a novidade – é o entendimento de que os partidos e os governos locais podem ser efetivamente instrumentos importantes da luta social. Afinal, são esferas próprias de ação social, as quais, segundo o autor, estariam no mesmo nível de importância das demais. O que temos aqui, portanto, é uma postura menos refratária e mais afirmativa do dominicano quanto à presença dos movimentos no jogo político-parlamentar e na conquista limitada do aparelho do Estado.

As décadas de 1980 e 1990, como se sabe, foram decisivas para as esquerdas de diferentes matizes que tiveram de lidar com a debacle do chamado socialismo real. No caso brasileiro, esse período, paradoxalmente, foi um momento-chave para a afirmação e consolidação de uma corrente de esquerda que se configurou como nova e como um poderoso instrumento de ação política que não se confundia com o comunismo soviético. A expressão partidária dessa corrente foi o Partido dos Trabalhadores, acima mencionado. Ao projetar-se nacionalmente, *pari passu* à conquista de espaço nos poderes locais, o PT, na narrativa de Frei Betto, se torna um espaço estratégico de organização dos movimentos sociais.

É por essa ótica renovada que Frei Betto trata de reexaminar o que designou como os novos paradigmas da educação popular. A esse respeito, o religioso parte do diagnóstico de que se fazia necessário romper com a noção "conscientização" até então empregada acriticamente pelos educadores populares formados nas acepções do personalismo humanista e do marxismo e sintetizadas por Paulo Freire. Frei Betto considera o paradigma da "conscientização" cartesiano e idealista, dado que supõe que as pessoas são sujeitos históricos somente do pescoço para cima, desconsiderando outros aspectos dos indivíduos (Betto, 2000:9). E adiciona: "Descobrimos que as pessoas não fazem exatamente o que julgam certo, nem o que pensam. Fazem o que gostam e, muitas vezes, gostam do que não pensam ou pensam uma coisa e fazem outra", sublinha o dominicano (Betto, 2000:9).

> O problema [desse paradigma] é que, com muita frequência, formamos [uma] liderança conscientizada. Porém, sua relação, nas instâncias do poder, é opressiva e burguesa como qualquer político inimigo. Por isso, é difícil ter verdadeiras lideranças [Betto, 2000:9].

Para dar respostas a esse desafio, o religioso aponta a necessidade de trabalhar a educação popular nos movimentos sociais com base nos seguintes paradigmas:

1) Dimensão holística da realidade. O educando deve ser visto em sua totalidade, dotado de razão e emoção. "É um ser que tem uma série de relações que ultrapassam a análise política, cartesiana, explícita, conceitualmente correta e definida. Essa teia de relações precisa ser levada em conta no processo educativo" (Betto, 2000:10).
2) Dimensão ecológica. Para o dominicano, a bandeira da ecologia também é revolucionária. Ela atinge a todos.

> Isso nos faz reformular, também, a ideia de aliados. Nós tínhamos uma ideia de classe, [...] muito permeada pelo econômico. Às vezes, deixávamos de ampliar o leque de aliados por não perceber que há demandas que dizem respeito à vida das pessoas da classe dominante, tanto quanto à nossa vida, como é a questão do meio ambiente [Betto, 2000:10].

3) Discussão sobre relações de gênero, sexualidade, afetividade e subjetividade.
4) A relação do micro com o macro. Para Frei Betto, há de se pensar em avançar com a educação popular para esferas maiores. Em suas palavras: "Corremos o risco de estar certinhos no miúdo, enquanto o geralzão segue noutra direção e acabamos atropelados por essa enchente" (Betto, 2000:11). O religioso propõe o uso da metodologia da educação popular nos meios de comunicação e na administração pública. E conclui: "É importante repensar os paradigmas e conseguir criar uma cultura pedagógica dentro de novos parâmetros, novas referências e uma nova visão [Betto, 2000:10].

Palavras finais

Frei Betto é uma figura pública bastante original no quadro intelectual brasileiro. Nunca foi um intelectual católico das altas esferas que costuma ter como objetivo precípuo a apresentação, a divulgação e a defesa da doutrina da Igreja romana em livros e nos meios de comunicação. Tampouco apostou no projeto de se constituir em teólogo profissional com os atributos necessários a formar quadros para a Ordem Dominicana. Passados os tempos de prisão, o religioso concentrou suas atividades político-pastorais no trabalho de formação política e de organização popular. Parte importante da sua produção intelectual dessa época teve como foco o leitor de origem popular.

Em paralelo, Frei Betto deu início à produção de cunho memorialístico, um dos veios mais importantes de sua vasta obra. Foi por meio da publicação de livros desse gênero que ele veio a se tornar um escritor reconhecido entre seus pares e com um amplo público leitor. O dominicano também não descurou de manter presença constante na grande imprensa brasileira, tendo sido articulista de alguns dos principais jornais de São Paulo. Ainda hoje, ele mantém escritos regulares em jornais do Rio de Janeiro e de Minas Gerais.

A história dos intelectuais de inspiração francesa há tempos vem chamando atenção para a importância dos mediadores culturais ou dos chamados "intelectuais mediadores", ou seja, aqueles que constroem a capacidade de elaborar e transmitir suas ideias e proposições para públicos dos mais variados (Sirinelli, 1986, 2003; Dosse, 2007; Gomes e Hansen 2016; Gontijo, 2005). Frei Betto é um militante cristão e, ao mesmo tempo, intelectual dessa espécie. Homem que se aprazia – e ainda se apraz – em transitar e circular por diferentes espaços, o dominicano teve como eixo central do seu trabalho intelectual e prático a construção de uma linguagem a ser compreendida por todos os públicos.

Frei Betto é um dos artífices do que poderíamos chamar de a "nova esquerda" no Brasil, qual seja, a que se reorganiza em interlocução direta seja com a experiência vanguardista configurada na luta armada, ou com a tradição marxista ortodoxa representada pelos partidos comunistas. O mergulho nas bases deveria ditar o rumo do que deveria ser feito. O norte é o conhecido axioma marxista: *"a emancipação dos trabalhadores deverá ser obra dos próprios trabalhadores"*. Essas proposições divulgadas por Frei Betto e por outros intelectuais e militantes, oriundos ou não da experiência revolucionária, tiveram ampla ressonância e ajudaram a compor os movimentos sociais no Brasil contemporâneo. Também contribuíram para a construção de um eixo de poder que girou em torno do PT.

Dito tudo isso, cabe perguntar acerca do legado dessa agenda para a democratização brasileira. A literatura acadêmica, até o momento, tem dado respostas parciais a essa questão. Há mais dúvidas e perguntas do que certezas, a saber: (1) Até que o ponto a Carta Constitucional de 1988, a chamada "Constituição Cidadã", incorporou aspectos dessa agenda em seus dispositivos voltados para uma presença popular no Estado brasileiro, historicamente marcado pela exclusão? (2) Os governos que se seguiram à promulgação da nova Constituição rechaçaram em bloco ou colocaram esse receituário em prática? Tendo em vista a produção relativa à administração dos presidentes Fernando Henrique Cardoso e Luiz Inácio Lula da Silva, nem uma coisa e nem outra. Cada qual, conforme seu programa, veio introduzir determinadas medidas, de menor ou maior escopo, que cobriram em parte a agenda popular acima referida.

Nos últimos anos, tendo em vista a crise que atingiu em cheio a hegemonia das esquerdas dirigidas e coordenadas pelo Partido dos Trabalhadores, cujo reflexo ainda se faz sentir nos meios políticos e sociais, cabe levantar questões a respeito da viabilidade – e da necessidade – da retomada dessa agenda, que tem como eixo central o empoderamento popular. Frei Betto, um dos seus artífices, propõe que se faça, o quanto antes, um novo mergulho nas bases. A conferir.

Referências

BETTO, F. A educação nas classes populares. *Encontros com a Civilização Brasileira*, Rio de Janeiro, v. 13, p. 162-173, 1979.

____. *O que é comunidade eclesial de base*. São Paulo: Brasiliense, 1981.

____. *Desafios da educação popular*: as esferas sociais e os novos paradigmas da Educação Popular. São Paulo, Cepis, 2000.

____. *A mosca azul*: reflexão sobre o poder. Rio de Janeiro: Rocco, 2006.

____; FREIRE, P. *Essa escola chamada vida*. São Paulo: Ática, 2004.

CARDOSO, R. C. L. Movimentos sociais urbanos: balanço crítico. In: SORJ, Bernardo; ALMEIDA, Maria Hermínia T. de. (Org.). *Sociedade e política no Brasil pós-64*. São Paulo: Brasiliense, 1983. p. 215-239.

DOSSE, François. *La marcha de las ideas*: historia de los intelectuales, historia intelectual. Valéncia: Ed. Universitat de Valéncia, 2007.

FREIRE, Américo; SYDOW, Evanize. *Frei Betto*: biografia. Rio de Janeiro: Civilização Brasileira, 2016.

GOHN, M. G. *Teoria dos movimentos sociais*: paradigmas clássicos e contemporâneos. São Paulo: Loyola, 2008.

GOMES, A. C.; HANSEN, Patrícia Santos. Intelectuais, mediação cultural e projetos políticos: uma introdução para a delimitação do objeto de estudo. In: ____; ____ (Coord.). *Intelectuais mediadores*: práticas culturais e ação política. Rio de Janeiro: Civilização Brasileira, 2016. p. 7-37.

GONTIJO, R. História, cultura e sociabilidade intelectual. In: BICALHO, M. F.; GOUVÊA, M. F. S. (Org.). *Culturas políticas*: ensaios de história cultural, história política e ensino de história. Rio de Janeiro: Maud/Faperj, 2005. p. 259-284.

KONDER, L. História dos intelectuais nos anos 50. In: FREITAS, M. C. (Org.). *Historiografia brasileira em perspectiva*. São Paulo: Contexto, 1988. p. 355-374.

LOPES, B. *Semeadores da utopia*: a história do Cepis – Centro de Educação Popular do Instituto Sedes Sapientiae. São Paulo: Expressão Popular, 2013.

MARQUES, M. P. *Construção do campo da educação popular no Brasil*: história e repertórios. Dissertação (mestrado em educação) – Pontifícia Universidade Católica de São Paulo, São Paulo, 2008.

MOISÉS, J. A. *Classes populares e protesto urbano*. Tese (doutorado) – Pontifícia Universidade Católica de São Paulo, São Paulo, 1974.

PERRUSO, M. A. *Em busca do novo*: intelectuais brasileiros e movimentos populares nos anos 70 e 80. São Paulo: Annablume, 2009.

RAMALHO, J. R.; ESTERCI, N. *Militância política e assessoria*: compromisso com as classes trabalhadoras e resistência à ditadura. São Leopoldo, RS: Oikos, 2017.

RIDENTI, M. *O fantasma da revolução brasileira*. São Paulo: Ed. Unesp, 2010.

SADER, Eder. *Quando novos personagens entraram em cena*: experiências e lutas dos trabalhadores na Grande São Paulo 1970 e 1980. Rio de Janeiro: Paz e Terra, 1988.

SIRINELLI, J. F. Le harsard ou a necessité? Une historie en chantier: l'historie des intellectuels. *Vingtième Siècle: Revue d'Historie*, n. 9, p. 97-108, 1986.

____. As elites culturais. In: RIOUX, J. P.; SIRINELLI, J. F. (Dir.). *Por uma história cultural*. Lisboa: Estampa, 1998.

_____. Os intelectuais. In: RÉMOND, R. (Org.). *Por uma história política.* Rio de Janeiro: FGV Ed., 2003. p. 231-269.

TILLY, C. *Class conflict and collective action.* Londres: Sage, 1981.

15. História, memória e testemunho: narrativas da resistência às ditaduras no Brasil e em Portugal*

Maria Paula Nascimento Araujo

Apresentação

Fazer uma reflexão sobre o Estado Novo português e os temas do autoritarismo e da democracia nos permite ir além de Portugal e estabelecer comparações com outros países que vivenciaram, no século XX, regimes ditatoriais, lutas de resistência, violenta repressão, processos políticos de transição, procedimentos de justiça transicional e políticas de memória. Este texto pretende estabelecer comparações entre Brasil e Portugal, especificamente abordando o tema da memória – memória das lutas políticas, da repressão e do próprio processo de transição política. Nossas fontes para esta reflexão foram depoimentos de brasileiros e portugueses coletados em dois projetos de memória realizados nos dois países.

Esses dois projetos representaram, em certa medida, políticas de memória implementadas e incentivadas por órgãos oficiais dos dois países. Para o caso do Brasil, trabalhei com os depoimentos do projeto "Marcas da memória: história oral da anistia no Brasil", analisando um de seus produtos, que foi o acervo audiovisual "Marcas da Memória", que contém entrevistas de pessoas que tiveram suas vidas marcadas pela ditadura militar. No tocante a Portugal,

---

* Este texto é parte de um estudo comparativo entre os processos de redemocratização no Brasil e em Portugal. A pesquisa teve financiamento da Capes para a realização de um estágio pós-doutoral na Universidade de Lisboa, entre setembro de 2015 e fevereiro de 2016. Atualmente, a autora conta com o apoio de uma bolsa de produtividade em pesquisa do CNPq.

analisei uma série de entrevistas realizadas na rádio portuguesa Antena 1 e no Museu do Aljube, que foram publicadas em 2014 no livro *No limite da dor*, de Ana Aranha e Carlos Ademar (2014).

Brasil e Portugal: modalidades diferentes de transições políticas

Brasil e Portugal são apresentados, pela historiografia, como polos opostos no que diz respeito ao fim das ditaduras que vivenciaram e ao início de seus processos de redemocratização: o Brasil vivendo esse processo a partir de uma longa e negociada transição política e Portugal saindo do autoritarismo pela ruptura da Revolução dos Cravos, que derrubou a ditadura do Estado Novo. Os dois países configurariam, assim, dois modelos de transição política: uma transição negociada e uma transição por ruptura (Pinto, 2004).[1] Mas os processos de consolidação democrática e justiça de transição vividos pelos dois países não repetiram exatamente essa dicotomia. São distintos entre si, mas essa distinção não reproduziu a polarização inicial.

No Brasil, a democracia deu seus primeiros passos a partir de amplos processos de negociação política. A mais importante delas foi a própria negociação que definiu a saída da ditadura por meio de eleições indiretas para presidente da República, após a derrota das demandas populares por eleições diretas. Alguns anos depois, novas negociações políticas tomaram forma na Assembleia Nacional Constituinte de 1987 que marcou avanços significativos, mas consagrou também continuidades das elites políticas do regime anterior. No tocante à justiça de transição, o Brasil deu ênfase à reparação das vítimas da ditadura em detrimento de questões como a memória e a justiça. Já em Portugal, como definiu Antonio Costa Pinto a respeito da queda inesperada da ditadura portuguesa em 1974, "o processo de democratização caracterizou-se por uma crise do Estado, interferência militar na política e um súbito rompimento com o autoritarismo" (Pinto, 2012). A reconstrução democrática em Portugal teve um primeiro momento de grande participação popular, sob a direção de militares radicais e políticos ligados a partidos e organizações de

---

[1] As autoras apresentam, na introdução do livro, esses dois tipos gerais de transição: por ruptura e por negociação.

esquerda. A primeira fase da revolução foi marcada por medidas de justiça transicional radicais como "saneamentos" (legais e "selvagens") de todo o aparelho estatal, com milhares de demissões de funcionários públicos ligados ao Estado Novo, libertação dos presos políticos, realização de uma reforma agrária na região do Alentejo e concessão da independência das colônias ultramarinas. Foram os anos que ficaram conhecidos como o processo revolucionário em curso (Prec). Mas, poucos anos depois, a situação se alterou e o processo político tomou outro rumo. Sob a direção dos socialistas, o discurso da transição passou a ser marcado pelas ideias de pacificação e reconciliação. Para Antonio Costa Pinto, a transição portuguesa foi, efetivamente, uma transição por ruptura, sem negociação com a elite política da ditadura, mas isso não produziu um processo político radical de democratização e de justiça de transição (Pinto, 2004:88). Como bem apontou Francisco Martinho (2014), inexiste uma relação direta entre ruptura e consolidação democrática. Em direção contrária, tendo iniciado sua transição sob o signo da negociação, o Brasil viveu diferentes etapas de justiça transicional, começando pela reparação e, décadas após o fim da ditadura, buscando um aprofundamento do processo de memória e justiça instalando, quase 30 anos após o início da redemocratização, a Comissão Nacional da Verdade, em 2012.[2]

Apresentando os projetos de memória

"Marcas da Memória"

O projeto "Marcas da Memória" foi uma iniciativa do Ministério da Justiça do Brasil, encaminhado e coordenado pela Comissão de Anistia. Voltava-se especificamente para as universidades, centros de pesquisa e organizações não governamentais, conclamando os pesquisadores e subsidiando pesquisas de história oral que tivessem por objetivo principal *dar voz às vítimas da*

---

[2] A instalação da CNV foi efetivamente um avanço no processo de justiça transicional brasileira. No entanto a análise de sua repercussão e significado político encontra-se em suspenso em razão dos rumos do país após o *impeachment* da presidente Dilma Rousseff em agosto de 2016. A presidente Dilma foi a principal responsável pela instalação da CNV e sua derrota política significa, de certa forma, a derrota das forças que apoiaram a comissão.

ditadura. Eu participei de uma das iniciativas desse projeto que reuniu três grandes universidades federais, o que quer dizer públicas, gratuitas e subvencionadas pelo Estado: a Universidade Federal do Rio de Janeiro (UFRJ), a Universidade Federal de Pernambuco (UFPE) e a Universidade Federal do Rio Grande do Sul (UFRGS). Foi o projeto "Marcas da Memória: História Oral da Anistia no Brasil", desenvolvido entre 2010 e 2013 e coordenado pelos professores Antonio Montenegro (UFPE), Carla Rodeghero (UFRGS) e por mim (UFRJ). Seu objetivo era realizar entrevistas em todo o território nacional, tendo em vista a criação de um amplo acervo de depoimentos sobre a ditadura militar. A intenção do governo da presidente Dilma Rousseff era envolver a sociedade num debate sobre o passado de violência política, com forte foco nas vitimas. A diretriz política geral era registrar e dar a conhecer a experiência de luta e o trauma vivido no embate com a ditadura visando lembrar para não repetir, auxiliar na reparação das vítimas e transformar os depoimentos em fonte histórica. Foram entrevistados militantes políticos, ex-presos, ex-exilados, familiares de mortos e desaparecidos, padres, intelectuais, estudantes, operários, advogados de presos políticos. O principal objetivo era compor um acervo que desse uma visão geral das experiências e dos protagonistas da luta contra a ditadura. Nesse sentido, os pesquisadores fugiram um pouco da perspectiva inicial do projeto, que era colocar o foco nas *vítimas*, ampliando a abordagem para os *protagonistas* do processo. Mais de 100 entrevistas foram realizadas em todo o país, constituindo efetivamente um amplo e variado acervo de fonte oral sobre a história da ditadura militar no Brasil. A equipe da UFRJ realizou cerca de 60 entrevistas em São Paulo, Minas Gerais e Rio de Janeiro. Os depoimentos foram gravados, filmados, editados e transcritos. Cada uma das três universidades ficou com a guarda de seu acervo específico e encaminhou uma cópia para a Comissão de Anistia do Ministério da Justiça, que detém a totalidade do acervo documental. O acervo constituído pela UFRJ pode ser acessado por meio do Núcleo de História Oral e Memória do Instituto de História da UFRJ. A partir deste acervo, já foram produzidos pesquisas, livros, material didático e documentários.

"No Limite da Dor"

Em 2012, a jornalista Ana Aranha desenvolveu um projeto radiofônico intitulado "No Limite da Dor". O programa era emitido semanalmente na rádio Antena 1, estação pública de radiodifusão, ligada ao grupo RTP (Rádio e Televisão de Portugal), entrevistando ex-presos que haviam passado pelas prisões da Pide[3] e pelo campo de Tarrafal.[4] Os depoimentos abordavam as prisões, as torturas, a vida nos cárceres e faziam também uma avaliação sobre a justiça pós-ditadura. O conjunto dessas entrevistas foi publicado num livro também intitulado *No limite da dor* (Aranha e Ademar, 2014). Em 2015, com o intuito de ampliar a divulgação dos depoimentos, novas entrevistas foram feitas no auditório do Museu do Aljube, abertas para a população e, sempre, com uma turma de alunos do ensino médio convidada. Antigos entrevistados do projeto anterior e novos depoentes gravaram depoimentos públicos no auditório do museu que, no período do Estado Novo, fora uma prisão política. O objetivo era, como no projeto brasileiro, "não deixar apagar a memória",[5] mas tinha o foco específico na abordagem do trauma, da dor e do sofrimento, por isso o título do projeto e do livro: "No Limite da Dor". Além de construir um registro histórico da violência do Estado Novo, o projeto pretendia também promover uma reflexão sobre a experiência humana em situação-limite. Nas palavras da historiadora portuguesa Irene Pimentel, que prefacia o livro:

> Como resultado, podemos ler aqui testemunhos de uma terrível e tremenda profundidade, que colocam questões de caráter ontológico, de questionamento sobre a morte e a vida, a convicção e preparação política e ideológica e, em suma, acerca do comportamento do ser humano em situação-limite [Pimentel, 2014:11].

---

[3] Pide: Polícia Internacional e de Defesa do Estado. Era a temida polícia política do Estado Novo entre 1945 e 1969.

[4] Colônia Penal de Tarrafal: campo de prisioneiros políticos para onde eram encaminhados os opositores do Estado Novo. Localizava-se na Ilha de Santiago, no arquipélago de Cabo Verde.

[5] "Não apaguem a memória" é uma expressão utilizada por uma das entrevistadas do projeto "No Limite da Dor", Helena Pato, integrante e uma das fundadoras de um movimento chamado exatamente "Não Apaguem a Memória".

O livro apresenta a transcrição de 12 entrevistas que compõem um painel representativo dos ex-prisioneiros da Pide, ao mesmo tempo que oferece também um painel representativo das forças oposicionistas portuguesas: entrevistas de militantes do Partido Comunista Português (PCP), de organizações dissidentes como o Movimento Reorganizativo do Partido do Proletariado (MRPP) e a FAP (Frente de Ação Popular). Depoimentos de operários, estudantes, intelectuais, militantes mais velhos e mais jovens, mulheres e militantes africanos pela independência das antigas colônias também compõem o acervo.

Comparando os dois projetos: aproximações e diferenças

Tive, pessoalmente, contato com os dois projetos, embora muito mais profundo com o projeto brasileiro. Como já mencionei, trabalhei no projeto "Marcas da Memória" coordenando a equipe de bolsistas de graduação e pós-graduação da UFRJ e participei de produções acadêmicas baseadas nesse acervo. Meu contato com o projeto português foi menos profundo, mas muito impactante. Durante uma temporada de pesquisa em Portugal, em 2015, assisti a várias entrevistas públicas realizadas no Museu do Aljube, conduzidas por Ana Aranha.

Os dois projetos – "Marcas da Memória" e "No Limite da Dor" – têm semelhanças e diferenças significativas. Ambos têm como finalidade a construção de acervos de depoimentos orais. No projeto brasileiro, eles são construídos a partir da metodologia de história oral; no português, com a técnica do jornalismo radiofônico.

Ambos colocam seu foco na experiência de pessoas vivendo uma situação-limite. Mas as abordagens explicitadas são um pouco diferentes. No projeto português, há, explicitamente, uma preocupação mais definida com a dor, com o sofrimento (expressa inclusive no título). "Falar do *limite da dor* para terminar com ela" é o título do prefácio de Irene Pimentel. Ou seja, falar da dor para superar o trauma. Há também, como aponta Pimentel, a perspectiva de uma reparação. A historiadora enfatiza o fato de que, no imediato pós-25 de abril, "não houve espaço nem tempo, em nome da luta pelo presente de então, para esse processo de reconhecimento do sofrimento dos ex-presos políticos" (Pimentel, 2014:10). A narrativa do sofrimento e da dor é vista, portanto, como reparatória, como o reconhecimento da dor e do valor do depoente.

Existe também uma preocupação em especificar e descrever as modalidades de tortura, assim como também de analisar as formas de resistência possíveis a essas diferentes formas de tortura. Ter acesso à realidade imposta pela dor, pelo sofrimento, pela tortura e pelas condições de enfrentamento e resistência à tortura é o principal objetivo explicitado pelo projeto no prefácio do livro.

No projeto realizado por historiadores no Brasil, a dor e o sofrimento também são abordados, mas a partir de uma questão historiográfica: o trauma da violência política, tal como foi abordado por Dominick LaCapra (2005) no livro *Writing history, writing trauma*.[6] Nesse livro, LaCapra discute a possibilidade de uma narrativa sobre o Holocausto e comenta o papel que assumiram os testemunhos pós-traumáticos e a especificidade do aporte que eles trazem: "*la importancia de los testimonios se hace más evidente cuando se piensa en que aportan algo que no es idéntico al conocimiento puramente documental*" (LaCapra, 2005:105). Os depoimentos são encarados como uma fonte histórica que traz um conhecimento específico, singular. O testemunho traz para o historiador, mais do que relatos objetivos e empíricos, a experiência subjetiva dos depoentes, no caso a experiência do trauma e da violência política. Esse trauma não se refere apenas à experiência da prisão e da tortura (embora estas se apresentem como situações-limite e experiências extremas), mas também à vivência das diferentes formas de violência e resistência ao arbítrio, como o exílio, a clandestinidade, o banimento, o isolamento, o desmantelamento de projetos, a solidão, a perda de entes queridos. A outra matriz de abordagem dos depoimentos que tem se consolidado no meio acadêmico brasileiro deriva dos trabalhos de Márcio Seligmann-Silva no campo da literatura testemunhal. Seligmann-Silva define sua posição a partir da obra de Primo Levi, em especial *É isto um homem?*. No prefácio de seu livro, Primo Levi escreve:

> A necessidade de contar aos "outros", de tornar os "outros" participantes, alcançou entre nós, antes e depois da libertação, caráter de impulso imediato e violento, até o ponto de competir com outras necessidades elementares. O livro foi escrito para satisfazer essa necessidade em primeiro lugar, portanto, com a finalidade de liberação interior [Levi, 1988:7].

---

[6] Como o livro não foi traduzido no Brasil, utilizamos a edição argentina *Escribir la historia, escribir el trauma*.

É com base nos escritos de Levi que Seligmann-Silva (2003) propõe uma investigação sobre a literatura testemunhal. Uma literatura característica do século XX, que dá testemunho do trauma produzido pela violência política que marca a experiência de homens e mulheres contemporâneos. No entanto, para o autor, o testemunho traz um paradoxo. Para aquele que testemunha, narrar e compartilhar com outras pessoas a experiência traumática seria a condição necessária para incluí-lo de novo na humanidade. Por outro lado, se narrar o trauma é necessário, essa narrativa é, muitas vezes, impossível. Por vários motivos: ela é dolorosa, ela expõe feridas, muitas vezes ela não é entendida, outras vezes ela não é crível. As pessoas para quem o depoente (algumas vezes sobrevivente de regimes violentos) narra suas experiências traumáticas, muitas vezes não desejam ouvi-las ou então não conseguem acreditar. Além disso, a narrativa desse depoente, muitas vezes, é marcada por uma culpa: ele sobreviveu, enquanto outros morreram. Por esses motivos, o testemunho de sobreviventes de violência política é sempre um texto (ou uma fala) fragmentado.

No entanto, apesar das diferenças de enquadramento, o foco dos dois projetos é muito próximo: a experiência individual, os sentimentos, as emoções, o trauma. Apesar da maioria dos entrevistados ser composta por militantes ou ex-militantes políticos, vinculados a diferentes partidos e organizações, o foco não são as análises políticas que eles ou seus partidos faziam na época (ou mesmo agora, no momento da reconstrução da experiência), mas sim a vivência individual do enfrentamento da violência política. Nos depoimentos, algumas vezes, essa experiência individual se apresenta como coletiva porque, em algum momento, foi vivida de forma coletiva – numa cela, numa prisão, num campo de detenção. Ambos os projetos abordam o tema da tortura (embora esse tema seja mais explícito no projeto de Ana Aranha) e ambos destacam a especificidade da tortura infligida às mulheres. No entanto podemos destacar algumas diferenças metodológicas que apontam diferentes formas de enquadrar e analisar o passado.

No Brasil, o projeto foi fruto de uma parceria entre historiadores e a Comissão de Anistia, que tinha uma abordagem voltada para a questão da reparação. A Comissão de Anistia era o órgão do Ministério da Justiça que analisava e concedia (ou não) os pedidos de reparação econômica e política. O projeto "Marcas da Memória" tinha um cunho e uma preocupação reparatória muito fortes, apesar de os historiadores que nele trabalhavam tentarem mitigar essa orientação. Os historiadores que trabalhavam no projeto procuraram atenuar esse foco e dar mais um sentido de recuperação da pluralidade de memórias. No projeto "No Limite da Dor", essa questão existia, mas de outra forma. Não estava em pauta, naquele momento, nenhum processo de reparação por parte do governo português. Em seu prefácio, Irene Pimentel refere-se a uma reparação política: para ela a denúncia pública das torturas e a disposição da sociedade em ouvir e valorizar os depoimentos acolhendo os relatos de dor tinham o significado de uma reparação moral e política. Os objetivos do projeto eram, fundamentalmente, a denúncia, o resgate da memória e transmitir às novas gerações o conhecimento da violência perpetrada pelo Estado Novo.

As entrevistas são também diferentes, seguiram metodologias distintas. No projeto brasileiro, as entrevistas foram feitas na modalidade de "história de vida", metodologia característica da história oral que procura recompor a trajetória do depoente a partir de sua própria lógica. Já no projeto português, as entrevistas eram "temáticas", focadas nas experiências de prisão e tortura dos depoentes. Embora no livro *No limite da dor* seja apresentada uma pequena biografia do entrevistado antes do texto da entrevista, o foco principal é o relato da prisão e da tortura. Isso se explica pelo fato de que no projeto brasileiro os historiadores envolvidos eram pesquisadores que trabalhavam com história oral (filiados à Associação Brasileira de História Oral e/ou à International Oral History Association) e por isso estavam, mais do que tudo, preocupados em recompor a memória dos depoentes; melhor dizendo, *as memórias*, muitas vezes ocultas e subterrâneas,[7] de um conjunto diversificado de depoentes. Já o projeto português, encaminhado por jornalistas (no início era um projeto radiofônico), tinha uma atenção maior para os detalhes, procurando *recompor os fatos*. Assim, creio poder dizer que o projeto brasileiro se voltava mais para a *memória* e o português para a *história*. Apesar destas diferenças metodológicas, muita coisa aproxima os dois projetos: mais do que tudo, a preocupação em denunciar a violência, lembrar para não repetir e fazer chegar esse conhecimento às novas gerações. História e memória se articulam numa decisão política de "não apagar a memória".

Muitos temas se repetem nos dois projetos e podemos cotejá-los.

---

[7] "Memórias subterrâneas", como definiu Michel Pollak (1989).

Em primeiro lugar, a prisão e a tortura – um tema incontornável em se tratando de ditaduras e regimes autoritários. Não farei aqui um inventário das práticas de tortura empregadas pelos dois países relatadas nos depoimentos. Não porque isso não seja profundamente importante, mas porque meu interesse neste texto não são as práticas da repressão, mas a memória dos ex-prisioneiros e prisioneiras. Alguma vez pode aparecer menção a uma prática específica em função dos depoimentos, mas eu não pretendo me aprofundar nelas. O que me interessa aqui são os relatos dos enfrentamentos da prisão e da tortura. Temas que envolvem o tabu da delação, o medo de fraquejar, o isolamento, a própria experiência da prisão e de tudo que ela acarreta de significado para quem a viveu. Nas entrevistas feitas por Ana Aranha, a jornalista deu destaque à tortura e à delação, e os entrevistados não se furtaram a falar. Nas entrevistas feitas no projeto "Marcas da Memória", os entrevistadores nunca faziam essas perguntas diretamente, mas os depoentes queriam falar e abordavam espontaneamente esses temas, mesmo que lhes fosse custoso. Ou seja, é impossível não falar sobre a tortura num contexto posterior a um regime de violência política. É um tema incontornável. Dessas falas, induzidas ou espontâneas, algumas questões sobressaem e podem nos ajudar a compreender a experiência humana do trauma da violência política.

Em primeiro lugar sobressai a ideia, tanto entre os depoentes brasileiros quanto portugueses, de que o isolamento é uma das torturas mais duras. *Aurora Rodrigues*, atualmente procuradora da República, nos anos 1970 era estudante de direito e militante do MRPP. Foi presa em 1973 e refere-se ao isolamento dizendo "nunca toquei em ninguém. Era uma privação emocional e sensorial" (Aranha e Ademar, 2014:52).[8] Essa privação do toque, do contato com outras pessoas aparece referida como uma das torturas mais violentas e difíceis de enfrentar. A mineira *Maria José Nahas*, a Zezé, militante da organização armada Comando de Libertação Nacional (Colina), presa em 1968, ficou na "solitária" por cinco meses e surpreendeu a todos com sua resistência. Ela comenta em seu depoimento: "Ainda não tinha acontecido isso, uma pessoa ficar cinco meses lá e não enlouquecer!".[9]

---

[8] Depoimento de Aurora Rosa Salvador Rodrigues.
[9] Maria José Nahas. Depoimento concedido ao projeto "Marcas da Memória: História Oral da Anistia no Brasil" (equipe do Rio de Janeiro – UFRJ). Belo Horizonte, 27 de novembro de 2011.

Nos porões das prisões brasileiras e portuguesas, a tortura era praticada com assessoria de médicos que indicavam até onde o preso podia aguentar e quando era necessário suspender o interrogatório. Suportar a tortura, não falar, não entregar nomes nem locais era o grande desafio para os presos. As organizações clandestinas de esquerda tinham um código muito rígido sobre isso, tanto no Brasil como em Portugal. Em 1947, Álvaro Cunhal escreveu o célebre documento "Se fores preso, camarada..." com regras duríssimas indicando o que era considerado um comportamento digno e correto de um militante preso e submetido a torturas. Alguns anos mais tarde, em 1963, circulou clandestinamente no Brasil um documento com o mesmo título atribuído a Marighela, que foi escrito com base no texto de Cunhal. Em ambos os documentos, não há nenhuma concessão possível. A primeira página do documento explicita "A prisão se enfrenta com coragem – é um posto de honra para o militante revolucionário". E por isso, "falar na polícia" ou "abrir na prisão" (nos diferentes jargões dos dois países) era a suprema derrota. Como afirmou *Fernando Rosas*, um dos historiadores mais conhecidos de Portugal que foi preso em 1971 como militante do MRPP, "A derrota é dar, àquilo que nós considerávamos o inimigo, informações que, no nosso código de conduta, estávamos impedidos de dar" (Aranha e Ademar, 2014:111).[10] Apesar do rígido código de conduta imposto pelas organizações, os próprios militantes e ex-presos em seus depoimentos (que foram dados posteriormente às experiências de tortura), relativizam esse enquadramento. Rosas reconhece que "aguentar a tortura é uma coisa que depende das convicções, mas depende também de outros fatores estruturais de caráter psicológico, pessoal, até de conjunturas que são muito variáveis" (Aranha e Ademar, 2014:108).

O brasileiro *Ivan Seixas*, que tinha 16 anos quando foi preso junto com seu pai por militarem ambos na organização armada Movimento Revolucionário Tiradentes, afirma, em seu depoimento, que não se podem ter ilusões sobre este enfrentamento e apresenta outra interpretação:

Porque na tortura, uma coisa muito importante de dizer, não tem valente, não tem covarde. Tem o bom e o mau administrador do medo, porque o medo todo mundo

---

[10] Depoimento de Fernando Rosas.

sente. Ninguém tá preparado pra ser torturado, ninguém tem controle absoluto. O que tem é controle do medo, então se eu tenho um bom controle do medo, eu percebo que eu tenho a informação. Eles podem me matar, mas se eles me matarem eles perdem a fonte que, possivelmente, vá fornecer informação. É um jogo que você tem que, minimamente, dominar. Você tem que entender que isso daí é o seu capital.[11]

A vida dos presos nos porões do Dops e da Pide era sempre regulada pela ansiedade e pelo medo da tortura. *Fernando Rosas* refere-se à "violência de estar à espera de ser torturado e ver os companheiros a ir e não voltar" (Aranha e Ademar, 2014:114).[12] E os prisioneiros do Dops de São Paulo, no prédio que hoje foi transformado no Memorial da Resistência, escreveram na parede de uma das celas: "A tortura começava ali no barulhinho da chave" (Araujo, 2016:89).

Mas as torturas, muitas vezes, se submetiam a outros fatores que não apenas o desejo de obter informações do preso. *Fernando Rosas* diz que havia discriminação social nas prisões: operários e trabalhadores eram, geralmente, torturados de forma mais brutal do que outros presos. O operário naval *José Pedro Correia Soares*, militante do Partido Comunista Português (PCP) e integrante do Movimento dos Jovens Trabalhadores foi preso em 1971 com 21 anos e tem o triste título de ter enfrentado a tortura mais violenta de que se teve registro nas prisões da Pide (nos espancamentos e nas várias técnicas de tortura da estátua, do sono etc.) que ele detalha em seu depoimento a Ana Aranha. Mais do que reproduzir esse detalhamento, trago aqui o último parágrafo do seu depoimento, que considero emocionante:

> Às vezes, a forma como falam de mim, eu sinto-me chocado. Não gostava de ser conhecido por isto, por ter sido a pessoa mais torturada, mais violada, mais barbaramente agredida... Não é honra nenhuma. Aquilo é uma estupidez humana. Preferia ser conhecido por outra razão qualquer. Como um homem bom [Aranha e Ademar, 2014:222].[13]

---

[11] Ivan Seixas. Depoimento concedido ao projeto "Marcas da Memória: História Oral da Anistia no Brasil" (equipe do Rio de Janeiro – UFRJ). São Paulo, 27 de janeiro de 2012.
[12] Depoimento de Fernando Rosas.
[13] Depoimento de José Pedro Soares.

A vida e o dia a dia nas prisões também se apresentam como um tema fundamental dos relatos, mas gostaria de distinguir alguns pontos mais específicos para explorar: a importância da rotina e a prisão como escola.

Ex-presos e presas falam da importância de construir uma dinâmica de vida cotidiana, de rotina, de hábitos saudáveis e produtivos. A brasileira *Jessie Jane Vieira de Souza* foi presa em 1970, com 19 anos, por militância armada, e passou quase 10 anos no presídio Talavera Bruce (presídio misto de presas comuns e políticas). Jessie relata o esforço em constituir uma rotina que conferisse uniformidade e sentido ao cotidiano, para que as horas passassem de acordo com certa regularidade.

> Nós éramos militantes de uma causa e a gente tinha muita consciência de que nós éramos parte de uma outra coisa, entendeu? Então nós tínhamos que dar o exemplo e era aquela coisa meio militarista. Tínhamos que estudar, cumprir tarefa. [...]; tínhamos uma rotina muito pesada, discussão de conjuntura, escrever documento... uma coisa muito... de construção de coletivo, às vezes era pesado.[14]

Flávia Schilling, brasileira que ficou presa nove anos no Uruguai por envolvimento com os Tupamaros (Flávia foi para o Uruguai em 1964, com 11 anos de idade, acompanhando seu pai, Paulo Schilling, braço direito de João Goulart, e se envolveu com o movimento estudantil do país de exílio), também fala da importância da rotina e do esforço em preservar a dignidade e a saúde:

> Eu tinha uma rotina de tentativa de saúde, a gente tinha uma hora de banho de sol, às vezes duas, uma de manhã, outra de tarde e caminhar, caminhar erguida, caminhar com energia, entendeu? Caminhar olhando para longe.[15]

Mas a prisão também é lembrada como "escola de vida" e como espaço de solidariedade. Recorro mais uma vez ao depoimento de *Fernando Rosas*:

---

[14] Jessie Jane Vieira de Souza. Depoimento concedido ao projeto "Marcas da Memória: História Oral da Anistia no Brasil" (equipe do Rio de Janeiro – UFRJ). Rio de Janeiro, 27 de abril de 2011.

[15] Flávia Schilling. Depoimento concedido ao projeto "Marcas da Memória: História Oral da Anistia no Brasil" (equipe do Rio de Janeiro – UFRJ). São Paulo, 18 de julho de 2011.

> Agora, devo falar-lhe do outro lado da questão: a cadeia para mim foi uma escola fantástica, uma escola de vida fantástica. Porque nós pertencíamos a um mundo de estudantes [...]. Nós vivíamos num mundo à parte, não sabíamos o que era o país e ali soubemos. Estávamos a dormir nas mesmas celas que os assalariados rurais do Couço, de Pias, de Baleizão, do Vale de Vargo com os homens das pedreiras ali da zona de Pêro Pinheiro. Descobrimos a vida, o que era a vida do país [Aranha e Ademar, 2014:115].[16]

Além de escola de vida, para muitos a prisão significou também uma experiência de solidariedade e de construção de fortes laços de unidade. Reproduzo aqui um trecho da entrevista de um português que esteve preso no Brasil, *Alípio de Freitas*, ex-padre que veio para o Brasil como missionário em 1957 e se envolveu com as lutas rurais do Nordeste e posteriormente com a luta armada. Alípio foi preso em 1970 e permaneceu preso pela ditadura militar brasileira até 1979. Saindo do Brasil, atuou por alguns anos em Moçambique, e em meados da década de 1980 retornou a Portugal. Eu o entrevistei, junto com a historiadora portuguesa Inácia Rezola, em sua casa em Lisboa, em janeiro de 2016. No ano seguinte, em junho de 2017, Alípio faleceu aos 88 anos. A entrevista com o ancião que participou da política no Brasil, em Moçambique e em Portugal integra hoje o acervo do Núcleo de História Oral e Memória da UFRJ. Em seu longo depoimento, o único momento em que Alípio efetivamente se emocionou, foi quando se referiu à greve de fome realizada na Fortaleza de Santa Cruz, um antigo forte colonial, em Niterói, que foi utilizado como prisão política durante a ditadura militar.

> Eu por exemplo, claro, sofri tanto quanto os outros ali dentro, mas recordo-me da Fortaleza às vezes até com uma certa saudade. Parece mentira, mas é que foi um tempo de tanta unidade e que todos que estávamos sabíamos que só nós é que podíamos sair daquela situação, que ninguém nos tiraria dali a não ser nós. E que, portanto, tínhamos que brigar até o fim ou morrer ali. Não havia outra saída. Então resolvemos que morreríamos ali mesmo. Não era como as outras greves de fome, que elas se emplacavam de uma forma... Ali era vida ou morte. Não tinha mais saída.[17]

---

[16] Depoimento de Fernando Rosas.
[17] Depoimento concedido por Alípio de Freitas à autora e à historiadora Inácia Rezola. Lisboa, 15 de janeiro de 2016.

Algumas histórias chamam atenção nos dois acervos. Entre elas alguns casos de pai e filho encarcerados juntos: os portugueses *Gabriel Pedro* e *Edmundo*, aprisionados no Tarrafal e os brasileiros *Joaquim Seixas* e *Ivan* presos pela Operação Bandeirantes (Oban).

A história dessa dupla de pai e filho – *Gabriel e Edmundo Pedro* – é uma história fascinante que infelizmente não pode ser contada com detalhes nos limites deste texto. Gabriel nasceu em 1898 e seu filho, Edmundo, em 1918. Eu assisti à entrevista de Edmundo no Museu do Aljube em 2015, quando ele tinha 97 anos. Pai e filho foram militantes do Partido Comunista Português e foram presos várias vezes. Numa delas, em 1936, foram enviados juntos para o campo de prisioneiros do Tarrafal. O pai tinha 38 anos, o filho ia fazer 18. Eles lá ficaram por quase 10 anos. Edmundo relata:

> Acho que foi importante para ele e para mim. Considerava-o um herói, um exemplo extraordinário de dedicação a uma causa. Ele foi determinante em toda a minha vida. A permanência no Tarrafal foi importante porque nos apoiamos um ao outro. Porque eu tive momentos de grande angústia […] Claro que perante os meus camaradas e perante o meu pai aparentava sempre um aspecto de grande coragem. Mas muitas vezes, dentro do mosquiteiro sozinho à noite, chorava. Pensando na vida cá fora... [Aranha e Ademar, 2014:86].

Ter o pai por perto, fazia com que Edmundo quisesse se mostrar tão valente quanto ele e isso o ajudou a ser efetivamente valente. Gabriel Pedro morreu em 1972, com 74 anos. Dois anos antes, tinha participado de uma atividade político-militar da Ação Revolucionária Armada (ARA), uma organização armada do PCP que realizava ações de sabotagens nos navios portugueses que combateriam na guerra colonial na África.

Mostrar ao pai que é tão bom quanto ele pode ser um estímulo forte no momento da prisão. O depoimento de Ivan Seixas reforça essa ideia. Filho de pais operários e comunistas, *Ivan Seixas* muito cedo começou a atuar politicamente. Em 1971 ele e seu pai, *Joaquim Seixas*, foram presos pela Oban. Eram militantes do Movimento Revolucionário Tiradentes. Ivan tinha 16 anos. Quando narra sua prisão, Ivan apresenta o episódio como um pacto firmado entre ele e seu pai:

> Ao chegar na Oban nós fomos tirados do carro no pátio [...] Começou uma pancadaria e eu e meu pai, presos por uma algema única, os dois pulsos, nós tínhamos como uma decisão nossa que era "nós não vamos apanhar, nós não vamos falar, mas vamos brigar", aí começou o espancamento e nós brigamos com eles, apesar de estarmos algemados foi uma troca de coronhada, com soco, pontapé [...].[18]

Para Ivan, era importante mostrar ao pai que ele estava enfrentando com coragem a situação. Joaquim Seixas foi morto na prisão. Ivan atualmente é editor e um dos membros mais atuantes da Comissão de Familiares de Mortos e Desaparecidos.

Muitos dos depoimentos – tanto de portugueses quanto de brasileiros – expressam uma frustração. Na visão dos depoentes dos dois países, a tortura não fui punida, nem sequer reconhecida como prática do Estado, e os torturadores não foram responsabilizados nem punidos. Os procedimentos de justiça de transição não avançaram no sentido de apurar responsabilidades dos representantes do Estado nem de aplicar a justiça. Integrantes dos quadros da polícia política não responderam por seus crimes de violação dos direitos humanos.

O depoimento da portuguesa *Maria Georgina Maia de Azevedo* aborda esse ponto. Georgina foi presa em 1964, aos 20 anos, por integrar uma organização de esquerda dissidente do PCP: a Frente de Ação Popular. Era estudante da Escola de Belas Artes de Lisboa. Passou meses na prisão da Pide enfrentando o isolamento e outras sevícias. Foi libertada por uma campanha internacional que seu pai, um conhecido e prestigiado jornalista, moveu pela sua libertação. Um abaixo-assinado foi encaminhado ao ministro da Educação e Georgina e um grupo de estudantes foram soltos. Mas os meses passados na prisão da Pide marcaram sua memória. Sobre "*os pides*"[19], Georgina comenta:

> Olhe, eu acho que eles foram apenas arranhados. Eu não sou vingativa, não tenho ódios profundos, mas acho que o que eles fizeram a este povo, e penso nos quase 30 mil presos políticos, presos e presas, acho que foi pouco o que se fez [Aranha e Ademar, 2014:138].[20]

---

[18] Ivan Seixas. Depoimento concedido ao projeto "Marcas da Memória: História Oral da Anistia no Brasil" (equipe do Rio de Janeiro – UFRJ). São Paulo, 27 de janeiro de 2012.
[19] Como são chamados os policiais, informantes e carcereiros da Pide.
[20] Depoimento de Georgina Maia de Azevedo.

Mas Georgina também acusa os juízes integrantes dos tribunais políticos: "esses nem beliscados foram! Os *pides* eram primários, eram homens com a quarta classe; os juízes não... Os juízes tinham responsabilidades e não foram beliscados" (Aranha e Ademar, 2014:138).

A queixa de impunidade também é recorrente em vários depoimentos brasileiros. No caso do Brasil, a Lei de Anistia de 1979, que permitiu o retorno de exilados e banidos e a saída de vários militantes da clandestinidade, também assegurou a impunidade dos militares e agentes do Estado. Ao longo dos anos, a Lei de Anistia tem sido alvo constante de debate. O que está em causa é a interpretação de que a anistia significou perdão para os que cometeram crimes políticos, mas também para os militares que cometeram "crimes conexos" a esses crimes políticos. Os organismos de direitos humanos tentam derrubar essa interpretação afirmando que os crimes de tortura, assassinato e desaparecimento forçado, cometidos pelos agentes de Estado, não podem se beneficiar da anistia que perdoou delitos políticos, porque tortura é crime contra a humanidade e, portanto, imprescritível. No entanto, a Lei de Anistia continua sendo um entrave para a apuração dos crimes cometidos pelos agentes do Estado durante a ditadura. A impunidade dos agentes é um golpe profundo para os brasileiros que sofreram violência da ditadura. Clarice Herzog, viúva do jornalista Vladimir Herzog, assassinado no Dops de São Paulo em outubro de 1975[21] expõe esta revolta em seu depoimento:

> Eles [ainda] estão trabalhando para o governo, nós pagamos, e eles estão trabalhando, estão na ativa, e continuam declarando que fariam tudo outra vez, e isso eu acho que essas pessoas não poderiam estar, eles têm que ser julgados, são assassinos![22]

Tanto no caso de Portugal quanto no caso do Brasil, os arranjos, as negociações ou as próprias demandas políticas da transição são os fatores que impediram e impedem os processos de justiça e responsabilização dos perpetradores e garantem a impunidade. No Brasil, como mencionamos, é a própria Lei de Anistia que impede a responsabilização – ou pelo menos a vigência de

---

[21] O caso de Herzog foi apresentado pela polícia política como um suicídio. A viúva, Clarice Herzog, travou uma luta de anos para conseguir que o Estado admitisse que o jornalista havia morrido na prisão em decorrência de torturas.

[22] Clarice Herzog. Depoimento concedido ao projeto "Marcas da Memória: História Oral da Anistia no Brasil" (equipe do Rio de Janeiro – UFRJ), São Paulo, 30 de janeiro de 2012.

uma determinada interpretação da lei, a de que a anistia abrangeu e anistiou a *todos* os atores políticos. No caso de Portugal, a própria construção de um *novo* Portugal – democrático, semelhante às democracias europeias, distante de um passado retrógado e violento – aparece como justificativa para a não responsabilização. Em seu depoimento, *Georgina Maia de Azevedo* expressa este paradoxo de um país que se deseja moderno, avançando politicamente, mas à custa do esquecimento:

> Claro que eu percebo que o que estava em causa era o 25 de Abril e, na altura, havia coisas prioritárias a tratar. Mas dói-me imenso. Fico incomodada, porque não houve consequências. Houve meia dúzia de chefes de brigada que foram presos. Foi pouco para aquilo que eles fizeram. E lembro-me [de] que uma vez vi uma declaração de um *pide* na televisão... É espantoso como é que se faz o branqueamento das torturas tenebrosas que foram feitas durante anos, décadas. Isso não está resolvido. Ainda não está resolvido em mim [Aranha e Ademar, 2014:139].[23]

Nos dois países é a singularidade do próprio processo de transição que trava os mecanismos de responsabilização e de justiça, impedindo o julgamento dos agentes de Estado que cometeram graves violações aos diretos humanos e produzindo, assim, uma sensação de impunidade que pode ser extremamente prejudicial para a construção de uma democracia saudável.

À guisa de conclusão

Encerrando esta breve análise desses dois projetos de memória desenvolvidos no Brasil e em Portugal, eu gostaria de reproduzir um pequeno trecho do depoimento da professora portuguesa *Helena Pato*. Trata-se da introdução de sua entrevista em que ela diz:

> Eu quase tenho vergonha, pessoalmente, de falar do limite da dor, porque ainda hoje me comovem os exemplos dos meus companheiros que chegaram, de fato, a autênticos limites da dor. Isto é, o meu limite de dor foi tão ínfimo comparado com o que outras pessoas sofreram... [Aranha e Ademar, 2014:147].[24]

---

[23] Depoimento de Georgina Maia de Azevedo.
[24] Depoimento de Helena Pato.

Lendo essa passagem percebemos que, em muitos casos, a pessoa que dá seu testemunho não o valoriza. Lembro aqui, novamente, a obra de Primo Levi, neste caso seu livro *Os afogados e os sobreviventes* (Levi, 2016). Na introdução à obra, Levi também desdenha de seu próprio testemunho. Escreve uma diminuta passagem que se tornou clássica para os historiadores que trabalham com os testemunhos de violência política:

> A história do Lager foi escrita quase exclusivamente por aqueles que, como eu próprio, não tatearam seu fundo. Quem o fez não voltou, ou então sua capacidade de observação ficou paralisada pelo sofrimento e pela incompreensão [Levi, 2016:12].

Essa sensação a que Primo Levi se refere, de estranhamento em relação à sua experiência e ao seu testemunho, é a matéria-prima fundamental utilizada tanto por Dominick LaCapra quanto por Márcio Seligmann-Silva para refletir sobre o papel do testemunho não apenas como fonte histórica, mas também como um exercício político de reinserção social de homens e mulheres que vivenciaram, de diferentes formas, contextos de violência política. Um processo que envolve memória, denúncia, culpa, coragem, reparação e o empenho da não repetição; que envolve sobreviventes, vítimas, protagonistas, sociedade e Estado. Um processo que, mais do que tudo, se refere à história e à memória.

Referências

ARANHA, Ana; ADEMAR, Carlos. *No Limite da dor*: a tortura nas prisões da Pide. Lisboa: Parsifal, 2014.

ARAUJO, Maria Paula. Museus e memoriais na construção de narrativas sobre ditaduras: o Museu do Aljube em Lisboa e o Memorial da Resistência de São Paulo. In: ARAUJO, Maria Paula; PINTO, António Costa (Org.). *Democratização, memória e justiça de transição nos países lusófonos*. Recife: Ed. UFPE, 2016.

____; MONTENEGRO, Antonio; RODEGHERO, Carla (Org.). *Marcas da memória*: história oral da anistia no Brasil: Recife, Ed. UFPE, 2012.

BRITO, Alexandra Barahona de; AGUILAR, Paloma; GONZALEZ, Carmen. *Las políticas hacia el pasado*: juicios, depuraciones, perdón y olvido em las nuevas democracias. Madri: Istmo, 2002.

LACAPRA, Dominick. *Escribir la historia, escribir el trauma*. Buenos Aires: Nueva Visión, 2005.

LEVI, Primo. *É isto um homem?* Rio de Janeiro: Rocco, 1988.

_____. *Os afogados e os sobreviventes*: os delitos, os castigos, as penas, as impunidades. São Paulo: Paz e Terra, 2016.

MARTINHO, Francisco. A transição portuguesa, 40 anos: história e historiografia. In: ENCONTRO REGIONAL DE HISTÓRIA, 16, 2014, Rio de Janeiro. *Anais...* Rio de Janeiro: Anpuh-Rio, 2014. Texto apresentado em mesa-redonda em 31 jul. 2014.

PIMENTEL, Irene. Prefácio: Falar do *limite da dor* para terminar com ela. In: ARANHA, Ana; ADEMAR, Carlos. *No Limite da dor*: a tortura nas prisões da Pide. Lisboa: Parsifal, 2014.

PINTO, A. Costa. Ajustando as contas com o passado na transição para a democracia em Portugal. In: BRITO, Alexandra Baronha de; ENRÍQUEZ, Carmen González; FERNÁNDEZ, Paloma Aguilar. (Coord.). *Política da memória:* verdade e justiça na transição para a democracia. Lisboa: Imprensa de Ciências Sociais, 2004. p. 88.

_____. Transições democráticas e justiça de transição na Europa do sul. Perspectivas comparadas. In: ARAUJO, Maria Paula; FICO, Carlos; GRIN, Monica (Org.). *Violência na história*: memória, trauma e reparação. Rio de Janeiro: Ponteio, 2012.

POLLAK, Michael. Memória, esquecimento e silêncio. *Estudos Históricos*, Rio de Janeiro, v. 2, n. 3, p. 3-15, 1989.

SELIGMANN-SILVA, Márcio (Org.). *História, memória, literatura*: o testemunho na era das catástrofes. Campinas: Ed. Unicamp, 2003.

Acervos

Acervo de depoimentos do Projeto "Marcas da Memória" do Núcleo de História Oral e Memória do Instituto de História da Universidade Federal do Rio de Janeiro.

Acervos (Centro de Documentação) e observação de entrevistas públicas realizadas no auditório do Museu do Aljube.

Os autores

Américo Freire
Professor do FGV Cpdoc e pesquisador do Conselho Nacional de Desenvolvimento Científico e Tecnológico (CNPq) e da Fundação de Amparo à Pesquisa do Estado do Rio de Janeiro (Faperj).

Angela de Castro Gomes
Professora titular de História do Brasil da Universidade Federal Fluminense (UFF), professora visitante da Unirio, professora emérita do FGV Cpdoc e pesquisadora 1 A do Conselho Nacional de Desenvolvimento Científico e Tecnológico (CNPq).

Ernesto Bohoslavsky
Professor e pesquisador da Universidad Nacional de General Sarmiento e do Consejo Nacional de Investigaciones Científicas y Técnicas (Conicet).

Fernando Tavares Pimenta
Docente do Departamento de História, Estudos Europeus, Arqueologia e Artes da Faculdade de Letras da Universidade de Coimbra. Investigador do Ipri/Nova e do Ceis20-UC.

Francisco Carlos Palomanes Martinho
Professor livre-docente do Departamento de História da Faculdade de Filosofia, Letras e Ciências Humanas (FFLCH) da Universidade de São Paulo (USP). Pesquisador do Conselho Nacional de Desenvolvimento Científico e Tecnológico (CNPq).

Helena Bomeny
Professora titular de sociologia da Universidade do Estado do Rio de Janeiro (Uerj), coordenadora do Programa de Pós-Graduação em Ciências Sociais (PPCIS) da Uerj no período 2017-2019.

Hildete Pereira de Melo
Doutora em economia. Professora associada da Universidade Federal Fluminense (UFF), editora da revista *Gênero* no período 2004-2016. Autora de livros e capítulos publicados, entre os quais: *Mulheres e poder* (2018); *Economia, história e memórias* (2017); *A sinhazinha emancipada* (2012); "La trajectoria de las mujeres comunistas brasileñas: una historia sin contar" (2017); "Dez anos de mensuração dos afazeres domésticos no Brasil" (2016).

Janaina Martins Cordeiro
Doutora em história pela Universidade Federal Fluminense (UFF) e professora adjunta de história contemporânea do Departamento e do Programa de Pós-Graduação em História da UFF. É jovem cientista do nosso estado da Fundação de Amparo à Pesquisa do Estado do Rio de Janeiro (Faperj) e autora dos livros *A ditadura em tempos de milagre: comemorações, orgulho e consentimento* (2015) e *Direitas em movimento: a Campanha da Mulher pela Democracia e a ditadura no Brasil* (2009).

Lucia Lippi Oliveira
Socióloga, é professora emérita do Programa de Pós-Graduação em História, Política e Bens Culturais do FGV Cpdoc. Dedicou-se ao estudo da construção de identidade nacional no Brasil e das relações entre os intelectuais e a política. Publicou *A questão nacional na Primeira República*, *Americanos: representações da identidade nacional no Brasil e nos EUA*, *O Brasil dos imigrantes* e diversos artigos em revistas acadêmicas. É bolsista de produtividade em pesquisa do CNPq com projeto sobre cidade e patrimônio.

Luís Reis Torgal
Professor catedrático jubilado da Faculdade de Letras da Universidade de Coimbra, fundador e investigador do Centro de Estudos Interdisciplinares do Século XX da Universidade de Coimbra (Ceis20).

Marco Aurélio Vannucchi
Professor da Escola de Ciências Sociais da Fundação Getulio Vargas (FGV Cpdoc) e vice-coordenador do Programa de Pós-Graduação em História, Política e Bens Culturais (PPHPBC) da mesma instituição. Foi editor da revista *Estudos Históricos* entre 2014 e 2018 e coordenador da graduação em história do FGV Cpdoc entre 2014 e 2016. Graduado, mestre e doutor em história pela Universidade de São Paulo (USP) com período sanduíche na Universidade Paris IV (Sorbonne). Pós-doutor em sociologia pela Universidade Estadual de Campinas (Unicamp). É autor de livros e artigos sobre história do Brasil República.

Marcos Napolitano
Professor do Departamento de História da Universidade de São Paulo, bolsista de Produtividade em Pesquisa (PQ) do Conselho Nacional de Desenvolvimento Científico e Tecnológico (CNPq).

Maria Paula Nascimento Araujo
Professora titular de história contemporânea do Instituto de História da Universidade Federal do Rio de Janeiro (UFRJ), onde integra o Programa de Pós-Graduação em História Social (PPGHIS).

Marly de A. G. Vianna
Professora aposentada da UFSCar, atualmente leciona no PPG em História, Mestrado e Doutorado da Universidade Salgado de Oliveira (Universo) em Niterói.

Martín Vicente
Professor e pesquisador da Universidad Nacional del Centro de la Provincia de Buenos Aires e do Consejo Nacional de Investigaciones Científicas y Técnicas (Conicet).

Valéria Marques Lobo
Professora do Departamento e do Programa de Pós-Graduação em História da Universidade Federal de Juiz de Fora (UFJF). Doutorou-se pelo Instituto Universitário de Pesquisas do Rio de Janeiro (Iuperj, atual Iesp). Realizou estágio pós-doutoral na London School of Economics and Political Science e no Centro de Desenvolvimento e Planejamento Regional (Cedeplar) da Faculdade de Ciências Econômicas da Universidade Federal de Minas Gerais. Atualmente é bolsista da Capes e atua como professora visitante do Instituto de Ciências Sociais da Universidade de Lisboa.